THE WAR QUEENS

玫瑰与利剑

改变历史的非凡女性

EXTRAORDINARY WOMEN WHO RULED THE BATTLEFIELD

乔纳森·W. 乔丹
Jonathan W. Jordan

艾米莉·安妮·乔丹
Emily Anne Jordan

著

王秀莉
译

中国人民大学出版社

我曾经遥望你的宫殿，高高地安居山顶之上，

我总是想，我们为那个女人杀戮，她又到底是何模样？

——苏珊·薇格[1]（Suzanne Vega），

《女王与士兵》（*The Queen and the Soldier*）

① 苏珊·薇格：美国女歌手，歌曲作者。《女王与士兵》收录于她 1985 年的同名专辑中。——译者注

前言　掌控战争的女性

八千年来，男人拥有一项特别技能——将士兵诱哄到血淋淋的战场上，而只有少数无畏的女性曾经踏足战场。能留下故事讲述她们如何战斗、为什么战斗的，更是少之又少。她们是否掌握了男性制定的规则？当雌性荷尔蒙与雄性荷尔蒙的混合气息倾洒在残酷的战场上，会产生什么影响吗？有没有一种未知元素令女性更适合做出关于大规模生死的决定？

我们唯有在死者的尸骨中挖掘答案。

历史上的战争女王们肤色各异，年龄有老有少，个人性格和领导风格均不尽相同。伊丽莎白·都铎（Elizabeth Tudor）和果尔达·梅厄（Golda Meir）都是敢于冒险的赌徒，精于计算，眼神坚毅，能看透战争的迷雾。安哥拉女王恩津加（Njinga）所拥有的资源有限，其勇猛却无与伦比，为在非洲腹地建立一个稳定的国家而挥洒自己的热血（有时也会饮下别人的血）。虔诚的女王塔玛拉（Tamar）将战争视作高加索生活中自然而然的一部分。卡泰丽娜·斯福尔扎（Caterina Sforza）以大炮和弯刀捍卫自己孩子在意大利的遗产。

在本书中，我们小心翼翼地走近每一位女统帅，近距离审视她们如何砸碎拦在她们道路上的障碍。她们活着时，将自己视作解决问题的人，而非未来女性的引领者和楷模。她们的任务是敲碎危机的肋骨，从它的胸膛里找出一个仍在跳动的答案。如果战争是一种解决方式，那么就开战吧。

要加入权力的游戏，这些女性所要跨过的门槛，高得令人望而却步。在漫长的文明史的大多数时间中，将权力交到一个女人手中，是一个国家最不得已之举，是唯有继承危机或内战这样的大难才会促成的"必要之恶"。这些女性手中的剑从来都不是由仁善而开明的男人交给她们的，而是自己从"亚瑟的石头"中拔出来的。她们为了获得权力而战，然后又为了保留住权力继续战斗，当战争的号角响起，她们要面对的敌人几乎都是男性。随着新的领袖从政治背景中脱颖而出，取代这些女性在前排的位置，她们是如何胜利的，抑或是如何失败的，都给我们上了宝贵的一课。

† † †

战争给政治领袖的角逐游戏增加了一个激烈的维度。就仿佛21点牌戏，要赢一场相对简单，而要一直和庄家赌下去，输掉的概率就很高。这世间，拿破仑（Napoleon）、亚历山大大帝（Alexander the Great）只是少数，纵马奔赴战场却躲在盾牌下仓皇逃走、铩羽而归的国王往往数以百计。同样，每出现一个伊丽莎白一世或一个叶卡捷琳娜大帝（Catherine the Great），我们也总能发现众多孤注一掷却鲜少被人提及的女人。研究女王们的军事战争，我们可以更清晰地看懂为什么有些人输了，而有些人赢了。

有些历史上非常成功的战争女王却几乎未能留下名字，尽管她们的军事功绩足以与国王腓特烈二世（Frederick Ⅱ）和沙皇彼得一世（Peter Ⅰ）匹敌，而这二人都被后世冠以"大帝"之称。

这样的错漏因何而生？

其中一部分原因是人们拒绝把统治权交给女性。而更重要的、更真实的答案在于，每位成功女性的故事，要从她死后流传到 21 世纪，必须经历无比曲折的道路。有些女王的战争得以被参战的另一方记录下来，如梵蒂冈、罗马或进行奴隶贸易的葡萄牙；而在另一些故事中，继任的国王会贬低他们的母亲兼摄政者的成就，出于各种各样的政治目的将事实修剪改编，男权本能反而不是那么首要的原因。

对于其他女性，命运将她们置于迷雾笼罩的岛上，与神、半神的英雄和怪物同处——在口口相传主导的时代，在她们死后一百多年都不会有书面记录将她们的故事版本固定下来。亚述的塞米勒米斯（Semiramis）、日本的神功皇后（Empress Jingu）或维京女战士拉葛莎（Lagertha），这些传说中的勇士，徘徊在真实和神话之间，世人根本不可能准确地分辨出哪些是真实的历史、哪些是传说的故事。当我们解析血肉之躯的生活时，这些传奇红颜不得不继续作为神话中的女英雄存在。

所以，容许我们选出这些非凡的女性，将她们排列在一起。这一队列的女性领袖们曾经穿过战争的熔炉，有些人被锻造成伟人，有些人则被烧成灰烬。而她们所有人，都是传奇。

目录

第一篇

开天辟地

喜马拉雅山区的农民，遭遇到傲慢的公熊，
他大吼着想吓退怪兽，公熊往往逃命匆匆。
同行的母熊亮出牙齿指甲，誓要撕碎农民。
因为这些物种的雌性，要比雄性更加致命。

——鲁德亚德·吉卜林（Rudyard Kipling）：
《物种的雌性》（*The Female of the Species*）

　　在那个诸神和与神一体的国王们统治的时代，欧亚大陆的河谷孕育了诸多帝国，并塑造了相邻地区的国王们的生活、死亡和统治的方式。王朝时代的埃及统治着非洲一角和黎凡特地区。巴比伦、波斯和希腊征服了美索不达米亚。汉朝统辖东亚，罗马称霸西欧、北非以及中东的一个条形地带。

　　当文明迈开摇晃的双腿，战争同样开始起步。国王们任命专门人才管理军队的人员、后勤和战术。有远见的将领们将乌合之众划分为步兵大队、万人之师和骑兵队。粗糙的石器工具演变为青铜盔甲和复合弓，战车令战场上的指挥官拥有了毁灭力强大的新选择。军事力量成为决定权力游戏的终极手段，骑射手和工兵等专门人才在这样的世界中开辟属于他们的天地。

　　大自然惩罚弱者，如埃及这般的"帝国之狼"到疆域之外的土地上狩猎，这么做是对是错，是否符合道义，于它们来说，根本是不足为虑的琐事。支配地位便是世界的天然秩序——这是一种众神认可的暴力等级制度，无论是阿蒙拉（Amen-Ra）、巴力（Ba'al）、宙斯（Zues），还是人类声称遵奉的任何一个神。幸运的上等人出生在强大到可以任其随心所欲的王朝，而没有那么幸运的国王和女王（也就是几乎所有的国王和女王）成了绵羊，或者，充其量，成为豪猪。

然而，有些豪猪耸立起尖锐的刺。《士师记》（*Judges*）中的士师底波拉（Deborah）制定出的作战计划能消灭装备着战车的迦南军队。叙利亚的芝诺比娅（Zenobia）女王令两个强大的帝国鹬蚌相争，自己则缔造了一个位于缓冲区的王国。而在罗马大理石映照的暮色中，玛维娅（Mawiyya）女王率领阿拉伯人和叙利亚人的军队迫使罗马皇帝投降求和。

拨开战争的尘埃，我们会发现，古代的战争女王们在一个充满动荡与大规模暴力的世界中努力发出自己的声音。她们机敏狡黠，她们足智多谋，而且她们很幸运。

我们也将看到，她们被挑衅时，也会怒不可遏。

1."血多到你喝不完"

听我说，这些话于你乃是良言：
把我儿子还我，滚出我的国家。

——托米丽司（Tomyris），公元前530年

马萨格泰是一个粗野而不发达的民族，波斯帝国金碧辉煌的王庭对他们所知甚少。居鲁士大帝（Cyrus the Great）也鲜少会想到他们，如果想到，也不过是当作一个普通的征服目标而已。

公元前540年，居鲁士大帝已经缔造出当时世界上最大的国家之一。他以强大的军队力量为基础，征服了米底人、巴比伦人，战胜了小亚细亚诸王，纵横捭阖，成就大业。他的诸多称号——大帝、王中之王、世界四极之王——反映出了广袤的波斯帝国的辉煌和威势。

波斯帝国西及地中海，东至印度河，幅员辽阔，面积超过 200 万平方英里。东北方向，居鲁士大帝将国土扩展到丘陵和高原，远达阿拉克斯河畔①。而在河的另一边，西亚的高原上驰骋着一个游牧民族，这便是马萨格泰。

马萨格泰人横跨在文明与野蛮两个世界之间，强壮而饱经风霜的马萨格泰骑手们因其宽腿裤、尖顶帽和多彩的厚重外套而广为人知。他们纵马驰骋、厮杀征战以及庆祝的方式都透着习惯于艰苦的民族热情。在居鲁士及其洞明世事的朝臣们看来，马萨格泰人的生活方式原始而野蛮。

在有"历史之父"之称的希腊历史学家希罗多德的笔下，马萨格泰是一个由牧民和渔民组成的神秘部落，那里的人崇拜一位太阳神，以肉和鱼为主要食物，喝牛奶。他们的武器、盔甲、马具和个人饰品由青铜制成，经常装点着黄金。

部落内的男女关系比那些文明开化的邻居灵活变通。"每个人都有妻子，"希罗多德写道，"但所有的妻子都是大家共有的……如果一个人想要一个女人，他所要做的，就是把自己的箭筒挂在她的马车前面，然后就可以毫无疑虑地'享用'她了。"

---

① 希罗多德（Herodotus）的《历史》（*Histories*）写于居鲁士大帝死后一百年，其中数次提及阿拉克斯河，但并没有明确其位置。有些现代资料——如《伊朗百科全书》（*Encyclopaedia Iranica*）——指出阿拉克斯河就是现代的阿拉斯河，位于里海以西，在伊朗位于高加索地区的西北边境区域。有其他说法认为它是现代的药杀河，即锡尔河，最终注入里海东面的咸海。希罗多德并未留下太多可依赖的证据，所以，这条河在现代地图上的位置并未确定。

同样毫无疑虑的，还有马萨格泰人的"退休庆祝"。当部落成员太老无法再打猎、战斗或悬挂箭筒时，他的亲人们就会为他举办一次盛宴。在吃吃喝喝、讲讲故事的过程中，宴会的主宾会被充满仪式感地杀死。肉被从他依然温热的骨头上剥离下来，煮熟之后由家人分食。希罗多德说："他们认为这是最好的死法。"

反正这是和平时期的死法。在战时，马萨格泰人都是令人生畏的战士。驰骋奔袭的骑射手和长枪骑兵能刹住敌人的势头；步兵紧跟在骑兵身后，手举斧头，压低长矛，步步紧逼，准备大开杀戒。

管辖这些淫乱而好武的骑手的，是托米丽司女王——前任马萨格泰国王的遗孀。她温和稳健，头脑冷静，喜欢务实的外交政策。之后几百年中，她的后代在亚洲和欧洲横行无忌，推翻国王，屠戮邻国；但托米丽司却与之不同，她基本上一直在避免冲突——尤其是避免与波斯的冲突。

她一直头脑清醒地谨守阿拉克斯河一侧的领土。尽管周边国家大都安守本分，竭力避免挑衅居鲁士，然而他缔造的广袤帝国依然肆意践踏它们。托米丽司看着居鲁士吞噬一个又一个王国，她怀疑，波斯人将剑指向她也不过是早晚的事，但她并不想主动挑起这场战争。

阿契美尼德的入侵

刀光剑影在公元前530年终于到来，居鲁士在这一年将精力投向了东北边境。大帝多年征伐，征服者的盛名令他信心满满，于是他一开始尝试以怀柔政策对待托米丽司：他想要用温言软语和诱人的提亲来征服这个蛮族女王。

但居鲁士的魅力传达到马萨格泰后便黯然失色了。"女王很清楚，他想得到的，并不是她，而是她的疆土。"希罗多德说。托米丽司看透了这场王室联姻的本质——不过是获得她的土地的策略而已——于是拒绝让居鲁士把箭筒悬挂在她的马车外面。他既不能上她的床，也不能踏足她的王国。

除非开战。

情场失意，居鲁士便养精蓄锐，准备开战。他在波斯东方边境集结人马，筹备武器和粮草，然后离开首都亲征，满心以为马萨格泰会被轻而易举地拿下，就如同他从巴克特里亚①摘下成熟的无花果那么轻易。吕底亚、巴比伦、埃及，甚至印度，都已经被阿契美尼德②的军队扫平。敌军将领被砍头，国王们在大帝面前俯首称臣。现在，大帝只是再去吞并一个国家，将它纳入帝国版图而已。

居鲁士将军队集结在阿拉克斯河畔马萨格泰的边境线上，然后派工兵建造一座桥以及多处渡口，以便军队渡河。

而在河东岸，马萨格泰人的侦察骑兵不断向女王通报波斯人的先锋部队和大部队的动向，以及那座用心险恶的桥的建造进度。随着波斯人将支撑的桥柱沉入水中，敲敲打打钉起横跨于上的桥板，时刻戒备的托米丽司稳定心神，准备与世界上最强大的势力开战。

战斗打响之前，托米丽司尝试劝阻居鲁士不要跨越边境到她的

---

① 巴克特里亚王国是希腊殖民者在中亚建立的国家，位于帕米尔以西的阿富汗一带。公元前 550—公元前 330 年为波斯行省。——译者注

② 阿契美尼德王朝，由居鲁士大帝开创，又被称作波斯第一帝国。王朝以阿契美尼斯（Achaemenes）为祖先，故有此称。——译者注

领土上来。"米底人的国王①，我建议你放弃你的企图，"她给居鲁士传信，"统治好你自己的臣民，我的臣民交给我统治。"

这是一个理性的外交开场白。然而，当意识到居鲁士无意放弃武力征服之时，女王的言辞也变得冷酷起来。被迫开战的她向居鲁士提出在开阔场地上好好打上一场。

"若你一心要与马萨格泰人兵戎相见，那么就不要再费事造桥了，就让我的军队后撤三天的路程，你率领军队渡河过来。或者，你要是愿意，也可以把你的军队退出同样的距离，让我们到你们那边和你们相见。"

面对女王傲慢的提议，居鲁士一开始不知该做何反应。他轻抚胡须，琢磨该如何回复，还召来大臣们咨询。

大臣们几乎众口一词地建议，让托米丽司到波斯土地上来，在河这边将她打败。女王的军队不可能长时间在波斯作战，因为一旦她渡过阿拉克斯河，那么波斯帝国的骑兵能轻而易举地从她后方切断她的粮草和箭支的供应。如果波斯军队在战斗中将她击败——十有八九是这一结果，溃败的士兵也会在泗水渡河时被波斯骑兵干掉。而万一马萨格泰人在战斗中占了上风，居鲁士则可以轻易地后撤到熟悉的疆土上，等待援兵到达，或等到托米丽司带着深入的孤军退回本国。

就在事情几乎议定之时，有人提出了异议。克洛伊索斯（Croe-

---

① 波斯本是米底帝国的附属，居鲁士大帝的母亲是米底国王阿斯提阿格斯（Astyages）的女儿，相传因有预言说女儿的后代将征服米底，国王故意将女儿嫁给了身份低微的波斯王子冈比西斯（Cambyses），令将来的外孙缺少优势。居鲁士统一波斯多个部落后首先征服了米底，并以米底为根基向外扩张，所以托米丽司将其称作"米底人的国王"。——译者注

sus）曾是吕底亚的国王，几年前被居鲁士击败。居鲁士很喜欢这位精力充沛的昔日国王，没有砍下他的脑袋，而是让他作为谋臣效忠自己。

克洛伊索斯极力主张应该到阿拉克斯河东岸将托米丽司击败。因为从军心来分析，"在一个女人面前后退，这对冈比西斯之子居鲁士来说，绝对是无法容忍的耻辱"。尽管波斯不太可能战败，但如果在波斯的领土上被击败，那么帝国的东方就相当于敞开了大门，任由马萨格泰的骑兵劫掠。

不知是担心被女人羞辱，还是为了避免后退，总之，居鲁士接受了这位昔日国王的建议。他派信使回复托米丽司，要求她从河边撤退。她信守约定，向后撤退，波斯军队毫无阻碍地渡过了阿拉克斯河。居鲁士和他的军队在马萨格泰人的领土上扎营，谋划下一步动作。

居鲁士又一次采纳了克洛伊索斯的建议，将营帐建造得富丽堂皇，如同王庭。他在指挥官和军需官的帐篷中大摆宴席，还痛饮海量甜酒。然后，他带着军队主力进发，只留下一支战力不佳的小队守卫营地。

大帝丰富的物资如同火烛吸引飞蛾一般吸引着马萨格泰人。在侦查人员将波斯主力部队动向报告上来之后，托米丽司女王军力的三分之一在其子斯帕尔伽彼赛斯（Spargapises）王子的带领下袭击了波斯人的营帐。他们攻入营地，杀死卫兵，然后便扫荡藏酒。马萨格泰人平时喝的酒都是度数不高的奶子酒，不胜酒力，王子的士兵很快就都喝得酩酊大醉。

居鲁士谨慎地安排了撤回的时间，当他估计马萨格泰人正派兵袭击他设下的陷阱时，他便调转方向，开始回营，并确保在自己的军队到达时斯帕尔伽彼赛斯和他的人马都已经睡熟——即便是醒着，也已大醉。

波斯人轻而易举就获得了胜利。居鲁士的军队屠杀马萨格泰士兵，并活捉很多俘虏。而在这些俘虏之中，有托米丽司的儿子斯帕尔伽彼赛斯。

尽管马萨格泰人的男女关系非常随便，但家人之间的忠诚却至关重要。托米丽司是一个保护欲极强的母亲，得知儿子被俘以及受到羞辱的方式之后，她勃然大怒。她无法克制言辞行为，再也无法让剑安于鞘中，于是派人给居鲁士送去了最后的警告。

"如你这般嗜血无厌，却没有理由因今日之事得意扬扬，此事毫无军人之勇！"她严厉指责他：

> 你以葡萄的果实作为武器……阴险地使用这种毒药将我儿子抓获。听我说，这些话于你乃是良言：把我儿子还我，滚出我的国家，如此做你可以不损兵折将，你已经踏足过马萨格泰三分之一的国土，就此满足吧。如果你拒绝，我以我主太阳神之名起誓，不管你多么嗜血，我给你的血之多，都会多到你喝不完。

居鲁士没将一个狂怒母亲的恨意当回事①，继续向东进军，最终与托米丽司的主力部队遭遇。

按照希罗多德的说法，那场战争，"据我判断比有史以来希腊以外的国家之间的任何战争都要激烈"。两支部队冲锋进入射程便

---

① 托米丽司再也没能见到她的儿子。懊丧羞恼之中，斯帕尔伽彼赛斯恳求看守解开束缚。出于对王子的礼仪，波斯人慷慨同意。斯帕尔伽彼赛斯立刻自杀身亡，令居鲁士失去了与狂怒的马萨格泰母亲讨价还价的筹码。

开弓放箭，箭矢如云，遮天蔽日，直至双方箭筒都射空。箭雨停下之后，幸存的步兵便拉近距离，进行殊死一搏。

这场战役完全算不得战术上的典范，没有蓄谋设计的侧翼包抄，没有精心安排的声东击西，没有精巧的排兵布阵。仅仅是纯粹野蛮的血腥搏斗。挥汗如雨的战士挥动战斧、长矛和刀剑，杀向彼此。双方都不会手下留情，也都不退缩半分。士兵们被刺穿心脏、开膛破腹，他们嘶吼呐喊，血流不止，最后倒地而亡，尸体被践踏到烂泥之中。双方统治者在战场两端对峙，将兵力投入到浴血的屠杀中，直到屠夫哼唱的小曲告终，战场上只剩一方。

剩下的，是马萨格泰人。

波斯军队几乎被全歼——拉丁作家查士丁（Justin）给出了一个没有根据的数字，他认为有 20 万波斯人死于此役。帝国军队的残部退回到阿拉克斯河另一畔，以保卫波斯帝国。

托米丽司赢得了胜利。

关于居鲁士的命运，有数种说法。有很多人认为大帝死于与托米丽司女王的战争，不过，关于其尸体的下场，则存在分歧。有人说托米丽司将他的尸体钉在了十字刑架上；其他人则说，尸体被运回波斯，埋葬在了都城帕萨尔加德。

不过，历史之父希罗多德认为下面这个说法最为可信：

> 在战役结束后，托米丽司下令在波斯人的死尸中搜寻居鲁士的尸体；找到后，她把他的头按入了一只装满人血的皮囊中，边做出此等骇人听闻之事、边放声嘶喊："我战胜了你，我活了

下来，但你阴险地夺走了我的儿子，彻底毁了我的生命。看看吧——我实现了我的承诺：血多到你喝不完。"

† † †

波斯帝王——至少是他的头颅——落入一位怒火中烧的战争女王手中，结局极为不体面。而时移事易，没有真正永恒的敌人，也没有真正永恒的盟友。两代人之后，一位来自当今土耳其境内的女王会在历史上最伟大的一战中效忠于居鲁士的孙子。和托米丽司一样，这个女人也以其睿智的谏言、富于谋略的眼光和精于计算的无情而令希罗多德铭记。

2. 当妇人成为男人

如果你不急于在海上开战，而是让这里的舰队待命，或者去攻打伯罗奔尼撒，我的主人，你都会不费吹灰之力取得胜利。

——阿尔忒弥西亚（Artemisia）给
薛西斯（Xerxes）的建议，公元前480年

托米丽司与居鲁士大战的五十年后，另一位战争女王在战斗中站在了居鲁士的孙子一边。希罗多德记载，在薛西斯的雄鹰旗帜引领的王室战争中，"除了阿尔忒弥西亚，我无意提及任何其他指挥官。我之所以认为阿尔忒弥西亚是一个令人钦佩的特别人物，是因为她虽身为女人，却在对希腊的战争中发挥了重要作用"。

阿尔忒弥西亚女王的祖国卡里亚位于现今土耳其的西南部，大

约在居鲁士惨遭横死前十年被纳入波斯版图。2 世纪时期的希腊作家波利艾努斯（Polyaenus）说，阿尔忒弥西亚是吕戈达米斯（Lygdamis）国王的女儿，她的母亲是克里特女王，但未提及名字。这位来自半希腊国家、拥有一半希腊血统的公主长成了一个悍妇，希罗多德称赞其精力充沛，"似男人一样勇敢"。在父亲死后，她的丈夫继承王位，未留下什么功勋便死去，唯一的成就是将王位传到了遗孀阿尔忒弥西亚手中。新继位的女王做好了面对困境的充分准备。

由于没有记录阿尔忒弥西亚容貌的钱币、壁画或雕塑保留下来，所以她的面孔已经被历史的尘埃掩埋，难以看清楚。她的母亲是克里特人，所以，她一般被描绘为橄榄色皮肤，黑色头发，鼻子高挺，圆眼睛，深眼窝。但她的父亲拥有西亚血统，无论是纯正的还是混血的，都令我们难以还原阿尔忒弥西亚的容貌。不可能想象她在卡里亚艳阳普照的海岸边漫步时，仆人眼中的她是什么样子。

她效忠于波斯皇帝，是个尽忠的臣子，并未对伟大的皇帝所行的卑鄙勾当表现出什么反感。希腊的科斯岛拒绝向薛西斯献上象征臣服的土壤和水，他便下令阿尔忒弥西亚去让她的邻居就范。她忠实地执行了命令，在保证帝国利益的同时，将科斯岛、尼西罗斯岛、卡里亚地区的哈利卡纳苏斯城和卡林达城都纳入自己的统治范围。

阿尔忒弥西亚证明了自己对亚得里亚海的希腊人毫不心慈手软，因此，薛西斯在筹谋未来大计时不会忘记她。而在这个大计中，其他的希腊人都会沦为背景。

在将近二十年的时间中，希腊都如同荆棘一般令波斯统治者不安。希腊人沿着波斯的爱奥尼亚海岸煽风点火，鼓动叛乱。公元前492年，一支运载着波斯侵略军的、由300艘船组成的舰队因猛烈的暴风雨在希腊北部海岸附近沉没。两年后，大流士（Darius）派出另一支征伐雅典的军队，结果在马拉松战役中被击退。尽管在海神波塞冬（Poseidon）和战神阿瑞斯（Ares）的庇佑下，波斯人频频受挫，大流士仍计划着更大规模的进攻，但他死于公元前486年，未能如愿。

六年后，他的长子薛西斯，准备实现父亲心心念念的击败希腊的梦想。他在小亚细亚聚集起一支大军——有18万人①之多，然后进军至赫勒斯滂②，即欧洲与亚洲分界的窄窄海峡。他手下的士兵们打造出了军事工程的奇迹，用674艘船只连接成两座巨大的浮桥，士兵们可以鞋不沾湿地轻松跨海走到欧洲。渡海之后，披坚执锐的大军便向希腊中心地带进发。

好奇的乌鸦在天空中盘旋，在它们眼中，这支行进的纵队就仿

---

① 关于波斯军的规模，存在各种矛盾的估测。希罗多德认为有180万士兵，以及同等数量的后勤部队；现代的资料则提出，希腊的乡村地区甚至无法支持这个数目的十分之一的军队给养。一位历史学家推测，有权阅览波斯档案的希罗多德可能误将千人（chilead）理解成了万人（myriad），因此，波斯军队的实际规模约为18万人。从进军速度看，这个比较少的数字更加合理。——译者注

② 赫勒斯滂，即达达尼尔海峡，位于巴尔干半岛与小亚细亚半岛之间，是亚洲与欧洲分界线的一部分。赫勒斯滂是古希腊人对海峡的叫法，赫勒斯滂本意为赫勒之海，希腊神话中少女赫勒在此溺水身亡。——译者注

佛一条披着青铜鳞片的大蛇，在向西方滑行——这是一条神话中的大蛇，吞噬掉前进道路上的一切，将人能携带或牛能拖动的所有一切都抢走。希罗多德说，波斯人将湖水全都喝干了。要供给将近20万名饥饿士兵的每日所需，是薛西斯和他的将领们挥之不去的烦恼。

拥有这样的大军，薛西斯和他的海军将领们都知道，供给线将是决定战争成败的关键。他们组织了3 000艘商船往返于小亚细亚和希腊之间，宽阔的木头船体内装满食物、信件和补给品。为了保护这条容易受到攻击的供给干线，薛西斯组织了一支海军，包括1 207艘三层船桨战船，这是一种大型帆船，船上都是战士，船首有青铜撞角。公元前480年春，这些战船在希腊怪石嶙峋的海岸线上逡巡，令正向希腊的阿提卡及其都城雅典进发的大军都黯然失色。

在这些庞然怪兽般的大船中，有一个小队由阿尔忒弥西亚女王指挥。尽管有一半的希腊血统，但她响应了薛西斯大帝的征召，她的王国为这次远征提供了士兵和战船。她的小队由波斯海军中最强势、最灵巧的几艘战船组成。在去往雅典的路上，阿尔忒弥西亚凭借富于魅力、直言不隐的行事作风，赢得了薛西斯的青睐。

薛西斯亲征雅典

在陆地之上，薛西斯势不可挡。在向希腊北部行军的过程中，他没遭遇到有效抵抗，一直到一处名为温泉关的地势狭窄的关隘，才有一小股由斯巴达人、底比斯人和柯林斯人组成的军队暂时阻挡了他的攻势。然而，突破这处瓶颈，通往雅典的大路便畅通无阻了。薛西斯的大军仿佛暴怒的独眼巨人一般横扫希腊半岛，攻占雅典城，将其卫城付之一炬，夷为平地。①

不过，爱琴海却是凶险万分的，因为水流湍急、礁石林立，当然，还有那位名为波塞冬的希腊神祇守护。在猛烈的风暴以及温泉关附近海岸的战役中，薛西斯损失了数百艘船。埃维厄岛附近的一次海战中，希腊海军和波斯人打成平手，阿尔忒弥西亚和她的卡里亚海军参与了这场战役。

但波斯可以负担沉重的损失，希腊则不能。希腊派出了一小支舰队，船员都是低阶水手和临时征召的市民，在其中，有一位来自埃琉西斯的年轻剧作家——埃斯库罗斯（Aeschylus）。这些"宙斯之子"来自斯巴达、雅典、科林斯等不同城邦，过去几百年中这些地区一直纷争不断，如今他们搭乘着各式各样的船只聚集在一起，依然没有放下芥蒂。

卫城的硝烟飘散，希腊军队的残部向西撤退至地势狭窄的科林斯地峡。这个咽喉要地守卫着伯罗奔尼撒半岛，希腊军队的将领们希望在此再做一次抵抗。在海上，希腊人把船泊在了萨拉米斯岛的一个海湾里，封锁从东面的海上登陆伯罗奔尼撒的路径。他们按兵不动，等待复仇的风吹向波斯的船帆。

波斯人也许是陆地上最强大的力量，然而"万王之王"并不习惯在水面上作战。9月中旬，暂时驻军帕勒隆港时，薛西斯召开军事会议，讨论如何摧毁希腊人的抵抗。薛西斯安坐长桌主座，桌边

---

① 30年之后，雅典人建造了著名的帕台农神庙，来取代之前被薛西斯和他的军队摧毁的木头神庙。

的军事将领按照级别高低依次排列：西顿国王、推罗国王……一直到级别最低的与会者。

在薛西斯的示意之下，他的首席军师——一位名为马尔多尼乌斯（Mardonius）的将军，询问各位将领的建议。大家众口一词，认为波斯应该对萨拉米斯海湾的希腊舰队发动正面攻击。希腊将一半的船只部署在那里，如果波斯在海上取得胜利，便能登陆，直捣科林斯地峡的希腊战线后方。只要进入伯罗奔尼撒的广阔乡野，波斯军队就可以将负隅顽抗的斯巴达人、柯林斯人以及所有残留的希腊人歼灭。

唯一的异见来自帐中唯一的女人。阿尔忒弥西亚，一个海岸边的王国的女王，理解被海水包围的国家的政治和军事思维模式。身为希腊后裔，她也有一扇通向希腊人头脑的窗口。当马尔多尼乌斯询问阿尔忒弥西亚的观点时，她看着他，回答说：

> 马尔多尼乌斯，请代我向国王转达，说出这个答案之人，于埃维厄海战中证明了自己的实力，绝非胆小或软弱之人……这是我对你的建议，不要用船只，不要在海上作战。因为他们的人在海上强过你们的，就如同男人强过女人。你到底为何要冒险选择海战呢？你已经占领雅典，这正是此次征战的目标，而且你已经控制了希腊的其他地区，不是吗？

阿尔忒弥西亚从希腊视角出发，预言希腊盟军将会自行崩溃，不是由于一场激战，而是因为低落的士气、断线的补给，以及古老的希腊天罚——内部不和。她以流畅而从容的声音接着说：

> 且听我解释在我看来敌人会如何。如果你不急于在海上开战，而是让这里的舰队待命，或者去攻打伯罗奔尼撒，我的主

人，你都会不费吹灰之力取得胜利。因为希腊人无法长久地抵抗你，但他们会分散力量，逃向不同的城市。据我所知，他们的补给有限，也不认为这里是他们的家园。如果你派兵攻打伯罗奔尼撒，希腊军队中的伯罗奔尼撒人便不太可能留在这里打一场保卫雅典的海战。如果你此时在海上开战，恐怕舰队会被摧毁，牵连陆军也会战败。

不赞同的国王们都暗自发笑。阿尔忒弥西亚提议的策略保守谨慎，无法张扬军威，薛西斯不会喜欢的。说出这样逆耳的建议，女王等于是毁掉了自己在薛西斯心中的声望，必然会被弃用。波斯国王的脾气阴晴不定，倔强的女王最终可能会跪倒在刽子手面前等待死亡。

不过，薛西斯并没有发火。他喜欢阿尔忒弥西亚。她忠心耿耿，思虑缜密，不畏直言。在会议上，她头脑冷静，而作为奖励，她不会丢掉脑袋。

然而，薛西斯却赞同多数派的建议，因为若能在萨拉米斯海湾取得胜利，会令这场耗资巨大、旷日持久的战争结束，他便能回波斯去。薛西斯派出的3万人向科林斯地峡进发，阻住陆地上的希腊人，但他准备在海上、在萨拉米斯岛的东海岸进行决战。

阿尔忒弥西亚虽不情愿，但忠心耿耿，屈从了薛西斯的意愿。她返回舰队，让船只做好开战准备。①

---

　　①　尽管希罗多德被公认为"历史之父"，但他笔下的一些奇闻轶事也都要接受审慎的批评。有些明显是建立在档案之上，有些听起来像是有一定依据的猜测，但也有些来自民间传说。他关于阿尔忒弥西亚的说法也是如此，一些学者就曾经有过争论。但在缺乏反面证据的情况下，我们都会将希罗多德的说法作为能找到的史料中最优秀、最详尽的。

萨拉米斯海战

阿提卡的西麓与萨拉米斯岛隔着窄窄的海峡相对，薛西斯指挥人马在此处建了一个观察点，己方的军事力量蓬勃盛大，肆无忌惮，尽收眼底，令他陶陶然。他和侍从们准备在那里饱览希腊舰队被摧毁的盛况。

希腊各地的人一向都不是友好的邻居，波斯人还没打来，他们自己就已经吵起来了。就如同阿尔忒弥西亚的预测一样，大多数的伯罗奔尼撒人不愿意为雅典牺牲自己的生命，雅典则因不同的海战和陆战战术与其他城邦产生了分歧。他们的战舰停在萨拉米斯岛的岸边，斯巴达和科林斯的海军将领要求向西方的开阔水域突围，而一位雅典将军的观点刚好与他们背道而驰，这人名为地米斯托克利（Themistocles），如斗牛犬一般脾气暴烈，极力想说服脆弱的联盟成员同意在狭窄的萨拉米斯海峡中开战。

而在同一条海峡的南端，阿尔忒弥西亚的船长们下令拆除桅座上的桅杆，分发登船斧、盾牌和长柄武器。划桨手在桨边就位，弓箭手在船艏楼集合，刀刃在磨刀的飞轮上做最后一次打磨。

9月19日夜，女王身披铠甲，登上旗舰。船桨随着抑扬顿挫的号子声和鼓声起起落落，阿尔忒弥西亚的战舰在波斯战线中就位。

波斯的大船列开阵势。而希腊这方一名了解雅典人计划的奴隶躲过薛西斯的哨兵，出现在阿提卡。这个名为西钦努斯（Sicinnus）的奴隶，对审问他的波斯人说，希腊的团结已经瓦解，正如阿尔忒弥西亚的预料。据他说，雅典一派的人准备逃到开阔水域。①

为了防止希腊人从海峡的西端出口逃走，薛西斯派出埃及舰队，包括 200 艘三层桨战船，将岛的最西端包围，不让任何人从海峡后方逃走。残阳如血，开始下坠，薛西斯的主力部队划船从东部的海峡进入。他们在希腊船只停泊处的对面排列成三排，阵势是经过精心设计的。

9 月的夜晚温和舒爽，波斯桨手却已挥汗如雨，使船只逆着潮水保持紧密的阵列，他们有条不紊地摇着桨，还要克服睡意的侵袭。船长和军官们必须警惕地监视着希腊人，以防他们夜间突围。但随着月亮升起又落下，没有船只出现，没有箭羽飞来。

9 月 20 日早晨，随着太阳神赫利俄斯将太阳拖到天空中，从萨拉米斯海峡中传来了一阵低沉的声音。那是一曲献给阿波罗的赞歌，是水手们的歌谣，男中音的歌声从水面上飘荡过来，而希腊的船只也从帕娄基亚海湾中现身。② 在波斯人疲劳红肿的眼睛的注视下，团结一致的希腊人列开阵势，伯罗奔尼撒人在右边，雅典人在左边，其余人位于中央。

他们的桨开始拍溅起水花。

八年后，埃斯库罗斯在他的剧作《波斯人》（*The Persae*）中

---

① 据希罗多德说，这条消息是地米斯托克利耍的诡计。这个消息也正是薛西斯想听到的，于是他自然上钩，没有半点怀疑。

② 赫利俄斯是古希腊神话中的太阳神，是提坦神许珀里翁与忒亚的儿子，月亮女神塞勒涅和黎明女神厄俄斯是他的姐妹。传说他每日乘着四匹火马所拉的日辇在天空中驰骋，从东至西，晨出晚没，令光明普降世界。阿波罗是宙斯的儿子，是古希腊神话中的光明、预言、音乐和医药之神，同时也是航海者的保护神。因阿波罗象征光明，因而他也常被称作太阳神。但二者并不是同一个神。这里水手唱颂献给阿波罗的赞歌，是因为阿波罗是航海者的保护神。——译者注

从波斯人的视角再现了这一场景：

> 战斗的嘶吼回声不绝，仿佛一首胜利的歌
>
> 从每一个希腊人喉咙中冲出，厉声呼唤
>
> 引得岛上的峭壁都报以阵阵回响。
>
> 此时，恐惧攫住了我们：我们的期待
>
> 都已破灭。这神圣的战歌
>
> 不是逃亡的信号，而是坚毅的勇气
>
> 迫不及待要发动攻击。

随着希腊人迫不及待地向前，波斯的指挥部发出信号：向敌人冲锋，摧毁他们。经历过一整夜潮水的拍击，排成三排的波斯舰队都还维持着稳定的队形，此时终于缓缓向前。

阿尔忒弥西亚的小舰队与战线一起推进，驶入越来越窄的海峡。而希腊舰队的回应却是在地米斯托克利的指挥下后撤，他们速度比波斯舰队慢，船体也更加笨重，但秩序井然。

希腊人的撤退令波斯船长们胆子大了起来，一时之间，没有任何人意识到他们犯了天大的错误。三层桨战船逼近不断缩窄的海峡，阵线便开始变得拥挤。相邻船只的船桨发生碰撞、纠缠，然后破裂。划桨手们已经逆流划了一整夜，此时精疲力竭，努力拉回船桨以继续原来的节奏。但混乱蔓延开来，前排渐渐停下。船队乱成一团，第二排、第三排与第一排的船只发生碰撞。

而希腊人毫无预警地停止后撤，转而开始冲锋。

青铜包裹的撞角撞入波斯船体的侧舷，轰隆一声，木头船体裂开。海水涌入，人员嘶叫，恐惧的水手忙抓住漂浮的零碎物什。箭羽飞袭，战船倾覆，久经沙场的波斯士兵却大部分都不会游泳，更

何况此时还有沉重的铠甲在身，他们被波浪淹没，最后一次呼吸不过是在水面冒了一个泡。

埃斯库罗斯见证了这场大屠杀：

> 碎裂船体底部朝天，在海上密密麻麻
> 你看不到海水，全挤满船只的残骸
> 和被屠戮的人；在海滩上和礁石上
> 也遍布尸体。

随着波斯战线崩溃，一艘飞速航行的希腊三层桨战船调转方向，将船头撞角对向阿尔忒弥西亚的船。女王的船只处于一个极易受到攻击的角度，于是她命令其舵手向阿提卡海岸猛冲。

如果他们处于外海之中，阿尔忒弥西亚可以升起希腊的旗帜，浑水摸鱼，堂而皇之地离开。希腊的最高统帅宣布捉到阿尔忒弥西亚的人能获得一笔高额悬赏——1万德拉克马金币——然而，敌方的船长们还没有确认她的船是哪一艘。

但他们并非在外海，且薛西斯认识阿尔忒弥西亚的船。擅离位置，哪怕是为了重新部署，都是死罪。

不过，这些都已无关紧要，因为阿尔忒弥西亚被困住了。乱成一团的波斯战舰阻住了她的逃生路线。面对即将到来的灭顶之灾，她似乎无路可逃。

敌舰渐渐靠近，阿尔忒弥西亚设法让追击者停了下来：她把她的船撞向了盟军之一——卡林达国王达马斯提莫斯（Damasithy-mos）的旗舰，并在撞击的瞬间保住了己方的性命。随着船头撞角楔入卡林达的船只，她感到青铜撞击木头带来的震颤，双腿随之抖个不停。达马斯提莫斯的木头船只船体变形，水涌进去，船沉入海湾底部，船上所有人员无一幸免，包括国王。

希腊追击船只的船长看到他追的目标撞沉了一艘波斯船只，便认为自己之前搞错了：他在追的船只显然是希腊的，不是波斯的，否则为什么要攻击友军？他调转船只方向，去寻找新的目标。

不过，阿尔忒弥西亚的举动并未能逃过波斯皇帝的瞭望员的眼睛。薛西斯在海岸上的宝座中，看着他的船只在希腊人带来的漩涡冲击中一批一批地沉没，他渐渐陷入绝望。就在此时，麾下有人认出了远处阿尔忒弥西亚的船只，以为她撞沉了希腊的敌舰，于是急匆匆地将这个难得的捷报报告给皇帝。

"主上，你看到阿尔忒弥西亚有多骁勇了吗？"侍从问，"她撞沉了一艘敌舰。"

据希罗多德记载，薛西斯用敬慕与绝望交织的语气答道："我手下的男人似妇人，而妇人却成了男人！"

卡林达旗舰上的人要么不会游泳，要么被铠甲拖累，所以，没有任何幸存者，阿尔忒弥西亚无须担心有人揭露她的狡诈。在这灾难的一天中，消息散播开来，阿尔忒弥西亚成了波斯海军中的英雄。

† † †

到太阳爬上顶点时，希腊人已经摧毁数百艘波斯战船，赢得了历史上最具决定性的战役之一。残损的波斯海军撤退，震惊不已的波斯皇帝又召开了一次军事会议。

在薛西斯看来，波斯人的选择应该是不依靠舰队继续作战，或者在雅典扶植一个傀儡统治者，自己班师。马尔多尼乌斯将军力劝薛西斯不要在意最近的挫败，向西进军，攻打科林斯和斯巴达。
"决定胜负的关键可不是木头做成的物件，而在于人和马。"他向国
王保证。

国王无法确信。他的军事专家们也曾经向他保证可以轻易赢得
海战，浑浊的海水却夺走了胜利。所以，他遣散所有军官，只留下
阿尔忒弥西亚。上一次，他没有理会她的建议；这一次，他准备好
好聆听。

"就当前的情形而言，我相信你应该班师回朝，将马尔多尼乌
斯留在这里。"阿尔忒弥西亚对国王说。

> 如果他实现了他所说的目标，如果他按照计划得偿所愿，
> 那么，这成就是属于你的，主上。但如果事情与马尔多尼乌斯
> 的计划背道而驰，也不会有太大损失，因为你和你的家族都将
> 安然幸存……你可以在烧毁雅典城之后回家去，雅典就是你此
> 役的目标。

这一次，薛西斯采纳了女王的建议，返回萨迪斯。为了表示对
阿尔忒弥西亚的感谢，他赏赐给她一套希腊盔甲作为战利品，并派
她去往以弗所，将自己的一个私生子交给她照顾，以示对她的
荣宠。①

阿尔忒弥西亚一直效忠于她的皇帝，渡过了难关，脖子和名声
都完好无损。尽管她一直是一个附庸国的女王，但薛西斯容许她几

---

① 和所有仁慈的皇帝一样，薛西斯偶尔会给下属送上礼物表示感谢。在伦敦的大
英博物馆，参观者可以看到一个从阿尔忒弥西亚家乡哈利卡纳苏斯的著名墓葬中出土的
方解石酒罐，上面用四种语言写着"薛西斯大帝"的字样，时间可以追溯到阿尔忒弥西
亚统治时期，几乎可以确信是国王送给这位战争女王的礼物。

乎独立地统治自己的王国。阿尔忒弥西亚的席位距离波斯皇帝之近，远超她的同僚们的想象，因而为古代世界中参与战争的女王的华丽形象又添了一笔。

在阿尔忒弥西亚参与的这场海战过去三百年后，另一个女人——一个女神、一个勾人的狐狸精、一个精通多国语言的"语言学家"、一个统治者，同时也是一个学者——对于附庸国的女王和宗主国的皇帝之间该保持什么样的关系，持有截然不同的看法。她继承了一个拥有辉煌财富的王国，她拥有无尽魅力；如果她能够按自己的想法行事，她不会理睬任何一个男人。

3. 最后的法老

> 很难看出与参加远征的任何一位君主相比，克娄巴特拉（Cleopatra）的智慧有何不足。她已独自统治如此大的一个王国那么长时间。
>
> ——普鲁塔克（Plutarch）《安东尼传》（*Life of Antony*），
> 约公元100年

在托勒密家族中，谋杀常有，战争却没有那么频繁。

自从托勒密家族盘踞于被亚历山大大帝征服的埃及土地上开始王朝的统治，他们家族之树的枝丫一直都被毒药、杀手的利刃等精心修剪着。[①] 托勒密家族的法老们偶尔也会陷入战争的泥沼——通

[①] 公元前332年，希腊文明圈的马其顿王国的亚历山大征服了属于波斯帝国的埃及。托勒密一世（PtolemyⅠ）本为亚历山大麾下的将军。公元前323年，亚历山大病逝以后，托勒密在巴比伦分封协议中成为埃及总督。公元前306年，托勒密宣布自己为国王。——译者注

常是和另一个姓托勒密的开战——但战争从来都不是这个家族心仪的手段。埃及的巨大财富令其非常重视本国与希腊、朱迪亚、亚洲国家以及罗马等邻国之间有利可图的和平关系。此外，正如维吉尔（Virgil）曾说过的："流血是高昂的成本。"

但是，恺撒生活的时代不是普通年月。罗马长长的阴影笼罩了整个地中海世界。公元前 55 年，这个嚣张妄为的共和国将自己的目光瞄准了法老、金字塔和众神的国度。

那里正是克娄巴特拉的国度。

† † †

克娄巴特拉·提亚·菲洛帕托尔，这个名字的意思是"敬爱父亲的女神"，她自幼生长于父亲托勒密十二世（Ptolemy ⅩⅡ）的王庭之中。托勒密十二世是个性格懦弱的纨绔子弟，被人讥笑为"吹笛者"。克娄巴特拉的大姐贝勒尼基四世（Berenice Ⅳ）将父亲驱逐流放，"吹笛者"以重金贿赂罗马将领庞培（Pompey），帮助他重夺王位。庞培的军团将贝勒尼基废黜并处死。为了确保"吹笛者"能兑现承诺，偿还许下的重金，庞培派 2 500 名罗马军团士兵驻守于亚历山大城。

四年后，"吹笛者"死于一种普通疾病——但对托勒密家族来说，这种死法实在算不上"自然死亡"。贝勒尼基已经不在，按照托勒密十二世的意愿，王国由他十八岁的女儿克娄巴特拉和十二岁的儿子托勒密共同继承。按照埃及的传统，兄弟姐妹如奥西里斯和伊西斯两位神祇一般共同统治，在凡人世界就要结为夫妻。① 出于对希腊文化传统的尊重，他们确定了希腊文的共同称号：提奥伊·尼奥伊·斐拉代弗伊，意为"新的热爱手足的神"。

没多久，这个称号就变得像个冷酷的笑话。

这位"热爱手足的女神"可能是他们家那像竹子一样不蔓不枝的家族树上的典型枝条。克娄巴特拉生着马其顿人的鼻子，微微隆起，皮肤呈淡古铜色，双唇丰满，下巴尖尖。其美貌，按照普鲁塔克的话来形容，"并非那么引人注目，并不是无与伦比，也不至于令所有见过的人都为之动心"。

克娄巴特拉身上，真正令每个人都心动的，是她的学识、睿智和魅力。她在当时地中海世界的学术中心亚历山大长大，接受了最优秀的老师们的指导。在很小的时候，她就已经掌握了修辞与演讲的艺术。她能大段大段背诵荷马史诗，学习过自然科学，读过记录在莎草纸卷上、与原貌相去无几的希腊戏剧。

少女之时，克娄巴特拉就展现出语言的天赋。希腊语是她的母语，但普鲁塔克称她还掌握了八门其他语言，包括希伯来语、阿拉伯语和帕提亚语。她也是托勒密王室中唯一一个花费精力学习埃及语的人，这是为她耕耘土地和守卫国家的人所说的语言。当家人和她反目时，她流利使用埃及本土语言的能力显现出了巨大价值。②

---

① 在埃及神话中，奥西里斯和伊西斯都是大地之神盖布和天空之神努特的孩子，二人后结为夫妻，伊西斯是象征生命与生育的女神，奥西里斯为主管冥界、复活、农业和丰饶的神。——译者注

② 尽管普鲁塔克并没有将拉丁语列入克娄巴特拉掌握的语种，但她应该也学习过这种语言。公元前58—公元前55年，她随着父亲流亡，可能到过罗马，如果的确去过，那么在十一岁到十四岁之间，她生活在拉丁世界的首都，而这个年龄段的孩子非常善于接受学习新语言。无论如何，克娄巴特拉都有充足理由去掌握罗马当地的语言。

克娄巴特拉和托勒密十三世以名义上平等的方式共同执政三年。托勒密的谋臣们代表少年男国王做决定，克娄巴特拉则更希望能将统治的缰绳牢牢握在自己训练有素的小手中。

她日常十分繁忙，大部分时间用于管理物价、税收、食物配给和埃及严格的计划经济的其他方面。她主持宗教仪式，督促法律实施，接见大臣、使节、会计、贵族以及其他即便是女神也无法无视的要占用她时间的人。

亚历山大之战

由于托勒密家族热衷于杀害兄弟、杀害父亲、杀害姐妹以及正常家族中罕见的其他阴谋，所以，埃及的王位上坐着两位王室成员，自然会令他们感到拥挤不适。姐姐克娄巴特拉即将满二十岁，在弟弟托勒密看来，她过于咄咄逼人，令他不喜。她赞成只铸有她的肖像的钱币设计——这并不符合传统，传统应该是她弟弟的肖像——而且她在官方档案中开始省略掉托勒密的名字。这些举动，在托勒密和他的支持者看来都是无法接受的。

托勒密的支持者组成了一个宫廷小圈子，中心人物是他之前的老师——一个名为波提纽斯（Pothinus）的宦官，另外还有他的皇家卫队队长阿基拉斯（Achillas）将军，以及他的修辞学老师狄奥多图斯（Theodotus）。国王的支持者们对于他那野心勃勃的姐姐没有丝毫信任，悄悄地形成阵营对抗克娄巴特拉，等待着她行差踏错。

公元前 49 年，一场席卷罗马的内战导致了克娄巴特拉第一次重大政治失误。伟大的庞培和尤利乌斯·恺撒（Julius Caesar）为争夺罗马共和国的统治权开战，庞培的儿子格奈乌斯（Gnaeus）乘船来到亚历山大，不失礼貌却不容拒绝地要求埃及提供士兵、粮食、钱财和一艘战舰。由于庞培是托勒密家族在罗马的守护神，所以克娄巴特拉和托勒密都无法拒绝他的要求，他们听命行事，送上一船船黄金和粮食。

然而，这个决定并未被亚历山大人接受。埃及正遭受饥荒，却要把粮食提供给庞培，这引起了市民的广泛不满。托勒密的大臣们对政治迫害十分擅长，在城中散播谣言，说将面包从饥饿的埃及人口中夺走并运去罗马的，是克娄巴特拉，而非她仁慈的弟弟。示威抗议者涌上街头，喧嚷的呐喊声令托勒密的支持者胆子壮了起来，他们贿赂皇家护卫，要设法对付女王。

克娄巴特拉也养了一小批暗探，因而得到了关于宫廷政变的小道消息，知道自己寡不敌众。她召集了一些忠诚的臣子，在事发前逃离首都，躲入沙漠。

世界上最富有的落难者一路向东，依靠语言技能和对财富的承诺，征召起一支雇佣军。在西奈和巴勒斯坦南部的沙漠中，克娄巴特拉度过了一个冬天和一个春天，招募到朱迪亚、叙利亚和埃及士兵。臣属们在沙漠中的绿洲间游走，百夫长们则在沙漠的营地中训练新兵，让他们学会战阵编队，磨炼他们使用剑、长矛和盾牌的技巧。

公元前48年夏，二十一岁的克娄巴特拉麾下的战士已达2万名。按照她的计算，已经足够去夺回属于她的王国。罗马内战波及希腊之时，她的军队便向位于尼罗河三角洲东端的培琉喜阿姆要塞进军。此处要塞属于托勒密，位于大海和沙漠之间，位置具有重要的战略意义，红砖筑成的堡垒扼守着埃及的东大门。

当时，克娄巴特拉的主要障碍既不是培琉喜阿姆的砖墙，也不是它 20 英尺高的塔楼，而是在要塞之内：托勒密的谋臣一直没有虚度光阴；由士兵和雇佣兵组成的大约 2 万人的队伍效忠于国王，军队指挥是能力卓越的阿基拉斯将军。而且，天时也没有在克娄巴特拉这一边；若是不能战胜阿基拉斯继续进军，她的军队可能会在炙热灼人的沙漠中断水断粮，军心溃散。她夺取王位的野心，可能还有她的项上人头，都会立刻被取走。

8 月末，就在她权衡下一步动作时，一位出人意料的客人将两位"热爱手足的神"的计划都打乱了。一艘载着庞培、他的妻子以及儿子塞克图斯（Sextus）的战舰在培琉喜阿姆附近停泊，并传信给托勒密国王：伟大的庞培希望面见埃及国王。

在希腊，庞培的军队在法萨罗一役中被尤利乌斯·恺撒重创，战败的消息已经传到托勒密的谋臣们耳中。托勒密知道恺撒也会接踵而至，大臣们心中飞快地盘算着，要决定到底该支持哪一方：是家族长久以来的保护者庞培，还是冉冉上升的新星恺撒。

讨论并没有花费太多时间。古语曰："死人无法伤到活人。"因而，托勒密先发制人，庞培一上岸就被他杀了。他留下庞培的人头并进行防腐处理——可以作为迎接恺撒的大礼——然后任由昔日最高统帅的尸体在培琉喜阿姆的海滩上腐烂。

庞培的双脚已经冰冷之时，恺撒紧随着庞培的脚步而至。他率领着一支由 23 艘战船组成的舰队驶到亚历山大港，船上有五千大军。战船在宏伟的亚历山大港平静的水域航行，从那座传奇的灯塔边驶过，440 英尺高的庞然巨物闪烁的灯光经过镜子的反射引导着船只——连恺撒的手下兵士都对这座巨塔充满了敬畏。恺撒身穿猩红色斗篷，引人注目，一路穿过人群直奔王宫。他住进了宫中宽敞的客舍，等待着托勒密国王从培琉喜阿姆返回。

吸引恺撒南来的，并不仅是逃亡的庞培。埃及是一个重要的粮食产地，而在风云变幻的时代，粮食便是稳定的重要基础。在大多数年份，尼罗河每年固定的洪水都会造就丰收，足以保证罗马的面包匠忙碌不堪，而暴徒们安安分分。既然已经是罗马的主人了，恺撒并不希望粮食供应链断裂。

他还有一些法律事务需要履行。"吹笛者"指定罗马城的主人作为自己遗嘱的执行人，而现在，关于托勒密家族中谁来继承这位死去国王的王座，显然存在争端。作为罗马的代表，恺撒要来做仲裁。他召集正在交战的手足双方都到亚历山大来，要在这里了结他们的争端。

托勒密把军队交由阿基拉斯指挥，由其封堵克娄巴特拉，便急匆匆地回到亚历山大。他将经防腐处理过的庞培的人头献给罗马统帅——这个礼物令恺撒内心多愁善感的一面感到不快——而埃及国王和朝臣们便担当起了热情好客的东道主。

托勒密这边招待着尊贵的客人，那边用军队将克娄巴特拉牢牢封锁在培琉喜阿姆的城墙外。而私下里，托勒密的大臣们煽动了易怒的亚历山大民众中反罗马的情绪，很快，虎视眈眈的团伙就开始在王宫周围聚集滋事，要求赶走罗马的野蛮人。恺撒察觉到亚历山大的民情倏忽间变得极为恶劣。

恺撒在亚历山大城中煎熬之时，克娄巴特拉依然被封锁，无法靠近都城——而她不能继续停留太久了。亚历山大城所有人都知道，在庞培和恺撒交战时，她给庞培提供了援助。而且，有谣言说，她给庞培英俊的儿子的，不仅仅是政治上的支持。克娄巴特拉可以断定，托勒密的谋臣会散播所有令人难堪的细节，不论真假。随着恺撒和她弟弟一日日沟通磋商，她为自己开解的机会也在一天天丧失。

托勒密的军队却是难以移除的障碍。克娄巴特拉的军队战力不足以打败阿基拉斯的人马，而且她知道，若是要求弟弟许可她遵从恺撒的命令前往亚历山大，她肯定会在路上遭遇不测。要么痛快地速死，要么受尽折磨地死去，似乎没有别的选择。

她的性命，取决于能否找到另一条回亚历山大的路。

在西奈沙漠的边缘处，克娄巴特拉——或者是她的一个随从——灵机一闪，想出了让女王偷偷进入都城的办法。由于没有其他选择，克娄巴特拉登上了一艘小商船，沿着三角洲西面的河汊，驶向下游的亚历山大。

在船靠岸之前，克娄巴特拉蜷缩起小巧的身体，钻进一个毫无特色的大口袋，一个值得信赖的名叫阿波罗多罗斯（Apollodorus）的西西里奴隶将袋子扛到肩头。王宫各处要维持日常运作，需要数百名奴隶，阿波罗多罗斯混到他们之中，从容地进入王宫。没有人质疑过这个奴隶要做什么，也没有人问他要去哪里。

他要去的地方，是恺撒的居所。

从皮口袋中钻出来的克娄巴特拉身穿长袍，头戴王冠，登场方式成为历史上最令人难以忘记的登场方式之一。恺撒很欣赏她优秀的政治舞台表现，对这个冒险绕过敌人战线的"不速之客"产生了强烈好奇。正如历史学家普鲁塔克所述："克娄巴特拉的小把戏展现出了她撩人的无礼，据说是俘获恺撒的心的第一桩事。随着对她的了解越来越多，他渐渐为她的魅力所征服。"

克娄巴特拉仿佛刀锋边的女人般施展着自己的魅力。她极具说服力地为自己开脱。听了她这一面的说法之后，恺撒有礼有节地吩咐姐弟两个和平共处，共同统治埃及，彼此平等。

克娄巴特拉用眼角余光乜斜了弟弟一眼，继续在他旁边稳坐。托勒密年少气盛，怒不可遏。他献上庞培的人头，想要换来属于自己的王国，而恺撒却站在了姐姐那边，这令他暴怒。普鲁塔克称，少年国王泪水涟涟地冲入亚历山大城的街道，把头上的王冠扯掉，扔在地上，向每一个路人哭诉自己遭到了忘恩负义的姐姐和粗鄙无礼的罗马暴君的背叛。

托勒密的泪腺爆发，并非单纯的青春期情绪宣泄。罗马占领者的存在，一个胆敢告诉亚历山大人谁才是他们的神选之王的罗马人的存在，足以点燃国民心中的怒火。由波提纽斯挑拨起来的反罗马暴动，令恺撒的人一旦走出王宫就不再安全；而阿基拉斯率军从培琉喜阿姆返回，将王宫包围了起来。等到了秋天，恺撒发现自己被困在一座金碧辉煌的牢笼中，与他一起被困的是四个兄弟姐妹：二十一岁的克娄巴特拉女王，她十六岁的弟弟托勒密国王，他们十七岁的姐妹阿尔西诺伊（Arsinoe），以及同样名为托勒密的十二岁的小弟弟。

秋末，和姐姐一样野心勃勃的阿尔西诺伊出逃，与亚历山大的军队结盟，共同对抗克娄巴特拉和恺撒。局势更加紧张。由于少了一个可以交换的人质，恺撒派出船只求援，一边抵挡着攻击，一边等待着突围的机会。克娄巴特拉没有盟友，她紧随恺撒，白天在宫殿中，夜晚在床榻上。

关于恺撒的功绩，历史学家留下了文辞经过润饰的记录，令罗马人惊叹不已。但克娄巴特拉不同，她在亚历山大王宫守卫战中发挥了什么作用，并没有留下什么记述。虽然她的战争经验无法与恺撒相提并论，但过去一年多，她和诸多将领交谈、饮宴、共商大事。她征召来他们，和他们一起行军，付钱给他们，听从他们的建议。她从政治维度理解战争，她对亚历山大城中隐秘的犄角旮旯所知甚详——包括阿基拉斯极有可能会攻击的水源和薄弱之处。所有的战争都是基于地形地势的，克娄巴特拉的洞见极有可能对恺撒及其人马的幸存做出了重要贡献。

到了公元前 47 年，围攻已经四个月了，王宫成为一个离奇的舞台。宫外嗜血的暴徒们的嘶吼嚎叫被港口来的风吹入开着的窗户，风中还夹杂着篝火的刺鼻气息。宫内，恺撒和他的将领们与王宫的埃及"主人们"一起在埃及毯子、镶珠嵌宝的象牙椅子、各种金银餐具间坐立不安。主人中唯一友好的，是一位意志坚定的女王，她明显怀了身孕，孩子自然是恺撒的。

暂时为止，恺撒能做的，只有加强对亚历山大港的防线，派遣信使船求援。但时不我待，冬天到来，迫使他在权衡之后铤而走险：恺撒和托勒密坐下来谈判，要求他到宫外去，劝服埃及军队解除包围。托勒密满眼热泪，信誓旦旦地保证至死效忠恺撒，同意了这个要求，恺撒释放了他。

对恺撒这一举动，克娄巴特拉做何感想，我们不得而知。她了解自己的弟弟，可能认为托勒密一旦走出罗马的防线，便会转而攻击恺撒。而另一方面，如果托勒密的确背叛了，如果恺撒最终赢了，并且如果她最后活了下来——三个很重要的如果——克娄巴特拉就会成为埃及唯一的统治者。她所能做的，就是等待诸神给她一个预兆。

出了宫，托勒密便违反自己的诺言，接过埃及军队的指挥权，重新组织攻击。事态这般变化，本来可能成为对恺撒和克娄巴特拉的致命打击，只是在冬日的地平线上透出了一线希望的光芒：恺撒的一个多年盟友——帕加马的米特拉达梯（Mithridates of Pergamon）① 从东方派兵而来，规模虽不大，战力却很强。

2月，米特拉达梯占领培琉喜阿姆。第二个敌人出现，令托勒密感到了压力，他派一支先遣队乘船逆尼罗河而上，迎击米特拉达梯，以防其与恺撒会师。米特拉达梯遏制住了埃及的部队，然而也无法向亚历山大推进。

恺撒把握良机，从王宫突围，向培琉喜阿姆急行军，克娄巴特拉由留下的一小队护卫保护。恺撒到达盟友的军营，而托勒密紧随而至。接下来，在尼罗河畔一场持续两天的战役中，恺撒训练有素的军队将埃及人屠戮于刀下。托勒密逃跑了，因为逃跑时惊慌失措，他的御船超载过多，最后翻了船。这位喜欢耍性子、"热爱手足的神"，身穿着装饰性的盔甲，沉入了尼罗河泥泞的河底，在那里走入来生。

恺撒归来，克娄巴特拉设酒摆宴，款待地中海的主人。她为他献上了价值连城的礼物——这非常有用，因为恺撒在国内积累了极沉重的战争债务——同时用即将出生的儿子和继承人来诱惑这位目

---

① 本都国王米特拉达梯大帝（Mithridates Ⅵ）的养子，本是帕加马的一个富有市民的儿子。——译者注

前还没有子嗣的统帅。克娄巴特拉的感激态度，她对于罗马保护的需要，共同为人父母的牵绊，以及战时的患难与共，将她和恺撒的命运交织缠绕在一起。

在离开亚历山大回罗马之前，恺撒向克娄巴特拉保证，她对埃及的统治牢不可破。他留下三个军团驻守亚历山大，作为克娄巴特拉的亲兵，然后又将她不听话的妹妹阿尔西诺伊作为诸多战利品之一打包带走。恺撒率凯旋之军走过罗马的圣道时，这位公主身缚锁链，将成为城中人群讥笑的乐子。

托勒密已死，克娄巴特拉需要一个傀儡与她共同统治埃及。尽管近亲通婚在希腊文化中并不普及，但亚历山大的民众继承了埃及的古老传统，十分推崇兄弟姐妹间的婚姻。为了应付这种大众看法，恺撒和克娄巴特拉把小托勒密放到了双人王座上。他们认为这个十三岁的男孩不敢反对自己二十二岁的大姐：一个寡妇，怀着身孕的母亲，经历过战争，且还是世界上最有权势的男人的情人。克娄巴特拉以合乎古老传统的、中规中矩的埃及仪式与弟弟成婚，然后就对他视若无物。①

可以放开手脚、随心所欲地统治埃及，怀孕的克娄巴特拉要对旧政府做一次大清扫。首先，不出意料，对在战争中表现不够忠心的大臣们一轮轮地清洗、抄家、处决和降职。亚历山大的祭司们迫不及待地要证明自己对挚爱的女王的忠心，反复查阅神庙里的碑文，确保他们正确无误而又明确昭昭地强调了克娄巴特拉便是女神伊西斯，她的话就是神圣的律法。没过多久，亚历山大城的男女老

---

① 小托勒密一直都没有插手国家事务，任凭姐姐随其心意地治理国家。然而，谨小慎微并未能令他免于一死，三年后，克娄巴特拉杀了他，以便给自己的儿子让位。做国王，并非总是好事一件。

幼便都知道是谁在统治埃及了。

　　内战对经济造成了破坏性的打击，但很快，大丰收和兴盛的贸易活动便令克娄巴特拉得以重新充盈国库。谷物、油、玻璃、织物、酒和莎草纸的生产，恢复到了战前水平。东方来的商队蜂拥而至，他们的麻袋装满货物，要在亚历山大的市场售出，然后再转运至世界各地。带入亚历山大城的所有物品都要缴纳进口关税，除去惯有的贪污受贿外，其余的款项都会落入克娄巴特拉的国库。

　　克娄巴特拉的都城恢复了繁忙而喧嚣的正常生活，人民安居乐业。祭司们传道教化，窃贼们偷鸡摸狗，官僚们严格审查，城中主要的街道——华盖大道——挤满了商人、官府书记员、农民、妓女、赶着牲口的人，还有普通市民。每次想到城市的繁华辉煌，众人皆充满敬畏。

　　这段日子幸福安宁，克娄巴特拉沐浴在众神的青睐之中。

　　公元前47年6月10日，恺撒在抵达埃及的十个月后踏上归程。回国的路上，他平息了本都国王的一次叛乱——在来过、见过之上又增加了一次征服过——然后，他在罗马驻留了很长时间，清理行政能力不济的护民官马克·安东尼（Marc Antony）留下的烂摊子。接着，他出征西班牙，在蒙达挫败了共和国最后一波敌人，罗马共和国将从大西洋至波斯沙漠的土地尽收入版图，而恺撒成为共和国无可争议的主人。

　　克娄巴特拉的财富和恺撒的权势，彼此相互吸引，双方都难以抗拒。有了克娄巴特拉，恺撒就有钱来建造神庙，偿还战争债务，在罗马周围挥金如土。而只要恺撒掌权，克娄巴特拉就可以高枕无忧。

第二年夏天，克娄巴特拉将政府事务安排妥当，放纵地去罗马度长假。世界上最富有的女人要到地中海这座痴迷财富的都城去与爱人重逢。

她以外国女王的身份抵达罗马，而非恺撒的情妇身份，所以入城仪式必然备受瞩目。保守的罗马人反应难料，可能会十分粗野，所以，她小心翼翼，避免过度强调她与恺撒的私人关系。她保持低调——至少以克娄巴特拉的标准来说是低调的——那年秋天，她很可能在不引人注意的位置观看了恺撒的凯旋式。也许在附近的某个屋顶上，她可以看到一车车的战利品、异域的动物、士兵、俘虏、更多的士兵、更多的战利品，最后，是恺撒自己，一路迤逦而行，穿过罗马的街道，前往广场。

元老院迫不及待地要讨好恺撒，已经投票选出他空前绝后的四次大捷，分别是他征服高卢、埃及、本都和努米底亚①。在凯旋式上，人们喜闻乐见的结尾是看到囚车押解着缚着铁链的敌国首领，穿过罗马的街道，带他走下一道窄窄的阶梯，到达图里亚纳姆（那是一处小小的黑暗的监牢，刽子手和绞刑架就等在那里）。

克娄巴特拉有理由特别关注为恺撒的埃及大捷而举行的凯旋式。手推车里名义上装的是缴获的战利品，但可能满载着克娄巴特拉送给恺撒的礼物，以证明他在军事上的成功。如果她占据了有利的观看地点，她还会看到妹妹阿尔西诺伊：戴着锁链，被关押在粗

---

①　恺撒的努米底亚大捷实际上是指他在塔普索斯击败共和国内部的残余势力的胜利。不过，统帅只能因击败外国军队而被授予功勋，而不能因为击败罗马臣民，且恺撒也并非爱揭手下败将的疮疤之人。所以，他把战败的共和势力改为努米底亚，又让努米底亚六岁的君主朱巴二世（Juba Ⅱ）出现在游行阵列中。

糙的囚车上，从讥诮的人群中经过，歇斯底里地号啕大哭。①

公元前45年冬，克娄巴特拉居住在恺撒位于台伯河西岸的一处豪宅中。她与恺撒关系亲近，却又将分寸把握得很好，没有引起与恺撒的妻子的麻烦，也没有引起罗马民众的反感。恺撒谨慎地处理与克娄巴特拉的私人关系和政治关系——至少，依照恺撒的标准是如此——不过，他还是做出了令众人目瞪口呆的举动：他在他家族的守护女神维纳斯的神庙中立起了一座真人大小的埃及女王雕像。

公元前45年春，恺撒让克娄巴特拉回埃及，他送给她各种礼物，并授权她可以将他的名字用在她儿子身上，那孩子被取名为恺撒里昂（Caesarion）。当年秋天，克娄巴特拉又回罗马来，为恺撒于次年春天的军事远征送行——他正准备东行去收服帕提亚。那年冬天，她又一次怀孕，孩子应该是恺撒的。尽管危机四伏，然而对这位二十五岁的女王来说，生活依然是一场美好的梦。

共和国内战

尽管埃及有过很长的侵略邻国的历史，但克娄巴特拉在纯粹的军事事务方面满足于追随罗马的领导。毕竟，像帕提亚、本都和罗马这样的国家比托勒密家族更擅长培养精兵强将。那些国家不满足于商业，并不介意将制造财富的农民转变为消耗财富的士兵。但克

---

① 阿尔西诺伊至少不用前往图里亚纳姆，恺撒将她发配去以弗所，在阿尔忒弥斯的神庙中度过余生。

娄巴特拉介意。

而在军需官、武器匠人和财务人才方面，埃及没有敌手。如果真如西塞罗（Cicero）调侃的，战争的支柱是钱造就的，那么，罗马的战争需要大量的埃及支柱，恺撒的军团干着血淋淋的勾当，而克娄巴特拉的商人和建造工支撑起了独裁者的兵工厂。

但是在公元前44年3月，克娄巴特拉外交政策的柱石坍塌了，恺撒在一次元老会议上遭到一群共和派的攻击。匕首在独裁者胸膛、脖子、脸和双腿上刺了二十三下。恺撒的罩袍上绽开片片殷红，人瘫倒在湿滑的地上。密谋者们手上沾满恺撒的鲜血，就这样逃离现场，一种不祥的寂静将罗马笼罩。

马克·安东尼——恺撒的副手，身裹一件奴隶的束腰衣回到家中，锁上家门。等从震惊中恢复过来，他便联合城中的民众将密谋者赶出了罗马城。然后，他和恺撒的外甥盖乌斯·屋大维（Gaius Octavius）联合起来，为恺撒之死复仇。罗马陷入了又一场内战。

爱人被刺杀令克娄巴特拉惊恐至极，她乘船逃回埃及，然后才开始评估罗马的乱局。埃及依然是罗马的盟友，但"罗马"的意义，则可以重新定义。克娄巴特拉与安东尼、屋大维或谋反者之间都没有强有力的纽带联系；而和错误的一方联盟，可能会面临灭顶之灾。为了活下去，她必须谨慎选择，选出当刀光剑影止息时依然站立的一方。

安东尼和屋大维搜捕共和派期间，克娄巴特拉透过希腊来的消息得知，在她不在亚历山大城的这段日子，她的家里人又冒出来制造麻烦了。她的妹妹阿尔西诺伊在以弗所集合了来自希腊、罗马、塞浦路斯和埃及的一些支持者。站在阿耳忒弥斯神庙的台阶上，阿尔西诺伊宣布自己为埃及女王，并宣布等她扳倒克娄巴特拉，她和她们的小弟弟托勒密十四世（Ptolemy XIV）将结为新的一对"热爱手足的神"，共同统治埃及。

为了阻止阿尔西诺伊回来，克娄巴特拉送她们的小弟弟踏上来生之旅，然后宣布她的儿子恺撒里昂为埃及国王——"恺撒，热爱父亲、热爱母亲的神"。她令工匠在神庙中、硬币上和纪念碑上将她塑造为女王和恺撒里昂之母，提醒所有人谁才是统治埃及之人。

这解决了家族继承问题，但阿尔西诺伊依然是一个长期威胁，而罗马内战也变得不容人置身事外了。在第一艘信使船驶入亚历山大港口之前，克娄巴特拉就已经非常清楚，战争中所有的派系都会向她要求经济上和军事上的支持。唯一的问题是，每个自诩的新"恺撒"会要求多少，以及援助其中任何一个是否会是致命的错误。

由于忠于恺撒派系，所以，克娄巴特拉最初选择了支持普布利乌斯·科尔涅利乌斯·多拉贝拉（Publius Cornelius Dolabella），后者是恺撒青睐的得力大将、久经沙场的海军将领。克娄巴特拉金钱充裕，但对权势十分在意，所以她告诉多拉贝拉，她的援助是有代价的：多拉贝拉必须保证罗马政府会确认她三岁的儿子恺撒里昂为埃及的合法君王。多拉贝拉欣然同意，克娄巴特拉便派恺撒留在埃及的三个军团去援助他，同时派出的还有一支舰队，去对抗盖乌斯·卡西乌斯·朗基努斯（Gaius Cassius Longinus），这是谋害恺撒的人之一。

克娄巴特拉不情愿地参与到这些新的角逐争斗中，但灾难随之而至：卡西乌斯的舰队击败了多拉贝拉的海军。恺撒的亚历山大军团背叛，改投共和派。光杆司令多拉贝拉很快回到埃及，寻求更多援助。

正当多拉贝拉游说女王再给他一支舰队和军队时，嗜血的卡西乌斯派来的信使到达埃及，同样提出了军事援助的要求——当然，他自称为罗马的朋友。要对谋杀了自己爱人的人低头，克娄巴特拉无法接受这样的想法，于是便以各种各样的借口拖着卡西乌斯的使者。最后，卡西乌斯认清了埃及女王的拒绝，将她列为恺撒派，准备在合适的时机再处理她。

对克娄巴特拉不利的是，她在塞浦路斯岛上的海军将领也叛变了，带着第二支埃及舰队投靠卡西乌斯。越来越绝望的克娄巴特拉开始为多拉贝拉组建第三支舰队，不过这支舰队也注定永远不会飘扬起多拉贝拉的旗帜：卡西乌斯在叙利亚追击上多拉贝拉，歼灭了他的小部队。孤立无援的将军下令手下一个士兵将自己杀死，以免遭受折磨人的屈辱之死。

嗜血的欲望被激起，卡西乌斯将视线投向埃及。这位叙利亚的征服者迫切地想要克娄巴特拉给自己的军队援助，准备率领十二个作战经验丰富的老兵军团前往埃及。惊恐之下的克娄巴特拉拼凑起一支本土防御力量，准备迎接最糟的结果。

就在卡西乌斯即将入侵埃及之时，安东尼和屋大维挺进希腊，向马尔库斯·尤尼乌斯·布鲁图（Marcus Junius Brutus）指挥的共和派军队进军，布鲁图是卡西乌斯的盟友，他给卡西乌斯送来消息，卡西乌斯便暂时放弃入侵埃及的计划，率军渡海前往希腊，应对即将到来的威胁。

克娄巴特拉抓住机会与恺撒派会合，她筹备了另一支舰队，随着海军一起从亚历山大港起航，但地中海的风暴摧毁了她舰队中的一部分船只，沮丧之中的克娄巴特拉不得不返程回国。

在希腊，众神眷顾安东尼和屋大维，他们在腓力比击败了共和派，然后将罗马世界当作战利品瓜分。安东尼获得了意大利以东的全部区域，包括希腊、埃及和中东，而屋大维获得了意大利及以西的全部区域。埃及在罗马有了一个新主人。

安东尼

马克·安东尼乘着征服、运气以及恺撒的支持的热风，攀上权力高峰。他相貌英俊，身姿健美，富于魅力。四十二岁时，他干起正事来殚精竭虑，玩乐起来也是"殚精竭虑"。他曾随庞培征战埃及，也曾效忠于恺撒，随其征讨高卢、意大利和希腊。他沉湎于饮酒作乐，热衷美食，也热衷性爱和战争。

安东尼宴会厅和卧房中的喧嚣声萦绕回荡，经年不散。身处一个变化无常的时代，安东尼亦是一个变化无常的人，他和各种各样的人交往，无论傻瓜还是贤者，无论元老还是低阶军官，无论守规矩的还是放荡不羁的女人——不过他更喜欢放荡不羁的。犹太历史学家约瑟夫斯（Josephus）写道，安东尼"只要权势容许，便尽情沉溺于这些乐事中"，而那权势，令他拥有了很多东西可以沉溺。他的帝国现在包含了埃及丰富的资源、无尽的财富，还有克娄巴特拉。

安东尼想要将三者都收入囊中。

腓力比一役后，安东尼率军向小亚细亚进军。他传召东方国家的君主们，想让他们认清东方的新现状，克娄巴特拉自然也在被召之列。

克娄巴特拉身处亚历山大城的王宫中，知道由于自己在近期的内战中未能给恺撒派提供援助定会被传召。但她无意跪倒在安东尼的脚下，奴颜婢膝地祈求他的原谅。她有六个月的时间都没有理会他的传召（这六个月中，安东尼正忙着重整内部秩序）。在表明她要按照自己的安排行事后，克娄巴特拉才派人送信说，她要到土耳其西南部的塔尔苏斯面见安东尼。

克娄巴特拉的少女时代是在亚历山大宫廷的财富之中度过的。她将美貌和智慧融于一体，构成自己的第二天性。这是她的财富，是每一个罗马君主都想要得到的。当初看着凯旋队列在罗马圣道上迤逦而行时，她看到了自己的意大利恋人在盛典中的风采，也对安东尼的那颗意大利花心有所了解。他冲动无赖，会为酒、美人或华丽盛况而神魂颠倒。

她准备同时使出这三样本事，迷得他神魂颠倒。

伴随着令人入迷的鼓声和桨片拍打水面的声音，一队埃及平底船逆塞德纳斯河而上，向塔尔苏斯进发。领头的船上飘散起团团的焚香烟气。笛声和竖琴声仙乐飘飘，船上的景象令人目眩神迷，从绿草如茵的河岸边漂过，呈现在村民的眼前、耳中以及头脑中，令他们目瞪口呆。女仆们的着装如同海中神女，在船帆、索具和船舵间衣袂翻飞。克娄巴特拉的御船十分招摇，船尾镀金，扬着紫色风帆，银铸桨片随着音乐起起伏伏。

克娄巴特拉打扮成维纳斯的样子，斜倚在矮榻上，金缕的华盖遮阴，穿着好似小天使的年轻男孩们给"女神"打扇。船只停靠在塔尔苏斯的港口中，随从向充满崇敬之情的人群大声宣布：维纳斯前来"与巴克斯（Bacchus）一起尽享欢乐，缔造亚细亚的福祉"[1]。

---

① 巴克斯：罗马神话中的酒与植物之神，是享乐与青春的象征，对应希腊神话中的狄奥尼索斯（Dionysus）。本书后文也有以狄奥尼索斯代指安东尼处。——译者注

公元前 41 年夏天，"维纳斯"放纵享乐，规模盛大，震惊了"巴克斯"和他的手下。第一场宴会时，她的仆人们搭建起十二个房间，布置上装潢精美富丽的长榻。一张张桌上，黄金盘碟中堆满食物，镶嵌宝石的高脚杯中斟满美酒。树枝之上悬挂着密密麻麻如蛛网般的灯盏，安东尼和客人们在灯光照耀下大快朵颐，欢饮达旦。安东尼和手下们吃到腹中饱胀、睡意恹恹、脚步踉跄，便被微醺的女王安排着送回家；那些华丽的挂毯、高脚杯、长榻和帘幕，全被女王当作礼物打包，也一齐送上。

克娄巴特拉的第二场宴会上，安东尼要蹚过深及小腿肚的玫瑰花瓣才能到达宴会厅；而这一次的宴会厅，比第一次的更加富丽堂皇。和第一次相同的是，离开时，酒足饭饱、醉意醺醺的手下们推着装满家具的车，另外还有附赠的轿夫和马匹——马身上银镶边的鞍辔也都是来自埃及女王的礼物。

奢华的盛宴一场接一场，每一场都比之前更不寻常。结果正如克娄巴特拉所计划的。没有多久，安东尼的心和神便都属于她了——心和神是很少能分开的。

在接连不断的享乐与休息之间，两位首脑抽空探讨了一下治国之道的实际问题，首先是克娄巴特拉在之前的内乱中的表现。克娄巴特拉解释，对于多拉贝拉军团的叛变，以及她的舰队的损失，她是不应该受到谴责的。她已经尽自己所能行事，只是事情发展并未如她所愿。

安东尼接受了克娄巴特拉的说辞，原谅了她。他也有自己的理由接受克娄巴特拉做盟友，不仅仅是持续存在的欲望和贪婪。他的老师恺撒曾经说过："有两样东西能够缔造、维护和增进权势——士兵和金钱。而这两样东西又相互依赖，如果缺少其中一样，另一样也会垮台。"和恺撒一样，安东尼有兵。而克娄巴特拉有钱。

克娄巴特拉也有她自己的理由支持安东尼。其中之一便是她那个棘手的妹妹阿尔西诺伊正在以弗所大张旗鼓地策划政变。恺撒已经不在，克娄巴特拉需要让阿尔西诺伊安分守己——非常安分。

安东尼以非常符合罗马传统的方式解决了这个特殊难题。他派一队杀手前往以弗所，将阿尔西诺伊杀死于神庙的台阶上。问题就此解决。

另一个难题——屋大维——就没有那么容易被解开了。按照伟大的恺撒的遗愿，外甥被认定为他的继承人，但只要恺撒传说中的儿子恺撒里昂还坐在亚历山大的黄金王座上，屋大维在元老院中的位置就永远无法安坐——特别是安东尼这位"新酒神"就坐在恺撒里昂和"维纳斯"身边。两位征服者的关系不甚稳定，与其说是盟友，不如说是对手，如果他们之间起了纷争，所有人都可以预料到事情会变得非常糟糕。

就安东尼来说，麻烦很可能会因为一个女人而生——或者是两个女人。

不过，那还是遥远的未来。当下许给安东尼和克娄巴特拉的只有幸福，接下来的数月之中，两个人始终形影不离。下午的漫长时光中，他们会沉溺于头脑的欲望，而从黄昏到黎明则放纵其他方面的欲望。穿梭于亚历山大大学的课堂和粗鄙酒馆的喧嚣豪饮中，这对东方头号权势伴侣沉浸在女人的财富和男人的力量之中。

虽然宫墙之内，欢叫、笑声、觥筹交错之声经久不绝，但在东方的地平线上，一个积年存在的威胁又浮现出来。帕提亚，也就是恺撒在被刺杀时想要入侵的地区，聚集起令人生畏的军队，对叙利亚和小亚细亚虎视眈眈——与这些地区的贸易收入正是克娄巴特拉国库收入的来源。克娄巴特拉此时已经怀有安东尼的孩子，她鼓励她的"狄奥尼索斯"拔剑征讨帕提亚人。胜利的战役会消灭对埃及的威胁，同时提升安东尼在罗马公众中的声望（当领导人长期不在政府之中时，公众很容易会忘记他们）。

公元前 40 年春天到来之时，克娄巴特拉诞下一对双胞胎：小女孩按月神塞勒涅的名字命名为克娄巴特拉·塞勒涅（Cleopatra Selene），小男孩则按照太阳神赫利俄斯的名字命名为亚历山大·赫利俄斯（Alexander Helios）。乳母、老师和侍女们对三个孩子悉心照顾，新生儿的哭声笑声与六岁的恺撒里昂的话语声交织，回荡在王宫走廊中。

同年，安东尼乘船回罗马，将他与屋大维的和约延续至公元前 33 年。伴随着和约的签订，安东尼与屋大维的姐姐屋大维娅（Octavia）喜结良缘；次年，屋大维娅为安东尼诞下一女，完成了她的为妻之责。

不过，埃及情人的吸引力从来都没有离开安东尼，三年分隔之后，他离开意大利，前往叙利亚的安条克城与克娄巴特拉团聚，权势和旧梦重温如同双重的春药，令他们的激情发展到一个新高度。安东尼对克娄巴特拉的迷恋狂热至极，于是在古城中与她完婚，他们的脸孔一起出现在埃及的钱币上，在整个地中海世界的商人之间通行。没多久，这些钱就出现在了罗马。

安东尼和克娄巴特拉的统治如同狄奥尼索斯和伊西斯一般，如梦似幻，聚会盛宴不断。他们享受着绝对的权力，生活在充溢幸福的宫殿中，任何事情都无法干扰到他们。他们是神和女神，他们拥有彼此。似乎，一切都在他们掌控之中。

然而，帕提亚磨牙切齿的恶狼不可能一直都在触手不及的地方，即便这伸出的手臂是属于世界上最富有的女人的。经过克娄巴特拉几句温和的刺激挑拨，公元前37年，安东尼发动了他蓄势已久的战争，准备踏平帕提亚。他率领十万之众向东征讨，军费全部由克娄巴特拉提供。

克娄巴特拉便如尼罗河谷一般多产，在安东尼离开去征讨帕提亚时，她怀上了自己的第四个孩子。尽管天气炎热，身体不适，但她依然愿意共同经历一段旅途的艰辛，她陪同丈夫东行，直至幼发拉底河。

送别安东尼后，怀孕的女王在返回埃及的途中绕道大马士革和耶利哥城，在耶利哥城，她以非常强硬的方式与犹太的附庸王希律（Herod）以及其他地方豪强解决了贸易和税收的问题。她促成的经济和政治交易为埃及国库带来了新的收入，可谓大获全胜。

而安东尼却惨败一场。他畅通无阻地经过亚美尼亚，一直到米底，捷报频传。克娄巴特拉却了解真实情况。通过由间谍、仆人和外交联系组成的网络，她得知安东尼并没有拿下任何战略性的目标，并且损失了辎重车队、兵器和十分之一的军力。

安东尼受挫的军队从米底撤回，但路途之上步履维艰，每走一步都受到帕提亚骑兵的骚扰。箭矢、饥饿、寒冷、沙漠中的炙烤、变质有毒的菜蔬以及疾病，极大地削弱了他的军力。焦渴的兵士如同沙漠中的苍蝇一般折损，抛下的武器装备被游牧的拾荒者收为己用，尸骨则由游荡在荒原中的食腐动物料理。

率领残兵向叙利亚海岸前进的路上，安东尼向爱人紧急求援，要求食物、给养和冬衣。克娄巴特拉以惯有的高效集结起援军，冒着冬季风暴渡海前去救夫。供给匆匆下发到安东尼饥肠辘辘的军团中，夫妻二人回到亚历山大城中舔舐伤口。

内战再起

帕提亚惨败后的安东尼休养生息之际，屋大维却设下了一个政治陷阱。他派自己的姐姐屋大维娅，也就是安东尼在罗马的妻子，给安东尼送去 2 000 名装备精良、作战经验丰富的士兵，以及补给、钱财和食物。屋大维娅到达希腊后，才送信给安东尼，请他容许自己过去看他。

屋大维的姿态在罗马已经被大肆宣扬，令安东尼陷入两难之境。前一年，屋大维曾许诺为安东尼提供 2 万名步兵帮他征讨帕提亚，安东尼不愿让屋大维以原有约定的十分之一来偿还债务。但是，拒绝屋大维的相助，会被视作对屋大维的羞辱，可能令安东尼陷入与恺撒的继承人和罗马对立的境地。

克娄巴特拉不愿意屋大维娅出现在安东尼身边。安东尼的对手的姐姐可能比克娄巴特拉更漂亮——对待品位如安东尼这般的男人，任何一个谨慎的妻子都不能轻视漂亮这回事。克娄巴特拉此时已经三十五岁，按照古代的标准而言，已经步入中老年。五次怀孕令她身体损耗，已经不复昔日的美丽健康，不再是当年那个从奴隶的口袋中钻出来迷惑住恺撒的身娇体软的美女。①

但她依然拥有财富——无尽的财富。这个世界上教养最好的女人，在为自己开解时，是极具说服力的。从童年时起，克娄巴特拉

---

① 在公元前 44 年冬做客罗马期间，克娄巴特拉怀上了第二个孩子，但在恺撒被刺后不久流产。

就是人性的密切观察者，她了解安东尼这样的男人：要打动他，不是通过他的头脑，甚至也不是通过他的情欲，而是通过他的心。所以，她落泪涟涟，让说客们从中斡旋，却将自己关在屋中，不肯吃东西。她表现出一副惨兮兮的样子，令恋人心痛不已。

这种种表现，无论是装的还是真的，都起到了效果。她将安东尼难以捉摸的心从罗马妻子那边拉了过来，让它重回到伊西斯的胸前。安东尼拒绝见屋大维娅，借口自己需要筹备第二次帕提亚远征。这一切如同屋大维所料，他设计这一事件，就是为了激怒元老和贵族们。屋大维娅——可怜的、被拒绝的屋大维娅——被安东尼置之不理，屋大维对一个罗马兄弟慷慨相助的提议也惨被拒绝。屋大维身裹羞辱的外衣，激起了当地人对那个酗酒无度的嫖客的愤怒：他鄙弃自己尊贵的罗马妻子，却选择了蛮夷的荡妇。

如果说受辱的屋大维娅令罗马公众生出恼怒，那安东尼接下来的举动甚至令他的支持者都大为惊骇。公元前 34 年年底，在亚历山大的大竞技场中，安东尼和克娄巴特拉坐在黄金座椅上，在众多朝臣和达官显贵的围绕下，宣布给他们的孩子分封土地和封号。首先，他们宣布如今十三岁的恺撒里昂为"万王之王"，是克娄巴特拉的钦定皇家配偶。亚历山大·赫利俄斯同样被命名为"万王之王"，受封的土地是亚美尼亚、米底和帕提亚，这些地方至今还未被征服。两岁大的托勒密·费拉德尔甫斯（Ptolemy Philadelphus）得到了腓尼基、叙利亚和奇里乞亚等近东王国，而他们的女儿克娄巴特拉·塞勒涅得到了昔兰尼。安东尼宣布，克娄巴特拉将拥有"王中女王"的称号，他要罗马的钱币铸刻他爱人的容颜。罗马一向排外，钱币上出现一个外国人的脸，这是史上第一次。

此次事件被称作"亚历山大的奉献"。原本维系脆弱和平的框架虽然岌岌可危，但还算行之有效，经此一事，却被彻底打破。地中海上信件往来不断，安东尼和屋大维互相谩骂羞辱对方。他们的信件由罗马的朋友有选择地公开，贵族们不情愿地开始站队——大多数人表达了他们对罗马广阔的西部土地的主人的忠诚。而安东尼与屋大维的和约在公元前33年的最后一天到期，两个人都没有选择延期。相反，他们拔剑相向。

† † †

　　屋大维对克娄巴特拉治下的埃及宣战。元老院投票剥夺安东尼的执政官头衔，同时削去他指挥军队的权力。作为对此事的回应，安东尼和克娄巴特拉在希腊科林斯湾的港口城镇佩特雷设置了一个军事基地。他们将帕提亚远征所剩的破败残部驻扎于此，同时从安东尼的附庸国抽调雇佣兵来补充兵力。克娄巴特拉的船坞一直忙碌不息，安东尼共有800艘船，其中200艘就来自这里；她用高额的报酬和源源不断的供给来维持军队运转，以供养7.5万名军团士兵、2.5万名辅助军和1.2万名骑兵。

　　然而，屋大维在海上先安东尼而动。公元前31年3月，他的海军将领马库斯·阿格里帕（Marcus Agrippa）对安东尼护卫伯罗奔尼撒的舰队发动闪电奇袭。他歼灭了这支舰队，由此切断了克娄巴特拉与埃及的供给线。随着阿格里帕的舰队攻下希腊海岸线上一个又一个港口，克娄巴特拉的人不得不在距离营地很远的港口卸下船上的货物，用牛车运送食物、钱财、武器和供给，路途漫长，速度缓慢。

　　在海上胜了一筹，阿格里帕的舰队开始将士兵从意大利运送到希腊西北部。没多久，屋大维和 8 万名补给充足的军团士兵便在希腊的土地上构筑起一个滩头阵地。他们以那里为起点，顺着海岸线移动，准备决战。

安东尼希望能利用地利迎战屋大维，将自己的部队缩入一个易守难攻的地区。他将 500 艘战舰聚集在安布拉基亚海湾中，这里几乎可以说是一个湖，只有一个窄窄的入海口。他在海湾入海口的要道上设置了投石机和投石部队，并将陆地上的军力聚集至亚克兴——这是海湾入海口南岸上的一个小海角。

之后数周时间，两军对峙，仿佛一条鲨鱼与一头老虎的对峙。屋大维控制着海洋，而安东尼安居陆地，触不可及。但是，由于战场是被水包围的，所以于鲨鱼有利。阿格里帕的战舰牢牢封锁着希腊的海岸线，安东尼的供给开始跟不上了，食物储备量开始不足。

口粮一次次缩减，一周接一周地按兵不动，一个月又一个月，暴雨侵袭，炎热炙烤，痢疾腹泻疫情暴发，滋生了安东尼军中的不安情绪。士气低落，东方的君主们开始悄悄离开，有些转投屋大维，有些仅仅是离开这艘即将沉没的船。安东尼对一个试图逃跑的小国国王施以酷刑，将其折磨致死，但这样侮辱人的事例并未阻挡住所有人。安东尼的密友和同盟者——格奈乌斯·多米提乌斯·阿赫诺巴尔布斯（Gnaeus Domitius Ahenobarbus），在经历了一次动摇内心的个人打击之后，迫于无奈加入屋大维的阵营。

安东尼努力保持自信满满的样子。一位罗马历史学家记载，他对自己的手下说："你们本身就是优秀的士兵，即便没有优秀的首领也能胜利……而我是即便率领不像样的士兵也能取胜的首领。"但安东尼和克娄巴特拉不过是给自己壮胆而已。一周周过去，他们的力量每况愈下，但二人似乎没有意识到时间的侵蚀能力。

当大地在脚下隆隆作响时，克娄巴特拉在做什么呢？

克娄巴特拉是个政治谋略家、财政专家，是将领们的管理者，却并不是战术家。她感受到的所有不安都绝对不会促使她与爱人决裂。她相信安东尼可以应对这场战役，即便他们飞得离太阳太近，他们也是在比翼齐飞。她是一个赌徒。昔年她和恺撒在亚历山大面对的境地远比现在绝望，而那时，恺撒式的运气令他们挺了过来。也许，那运气也能保住安东尼。

给安东尼做参谋的罗马人认为双方协商和谈是保住脑袋回家的最好方法。屋大维是对埃及宣战，而不是对安东尼。安东尼没有理由为了一个行省赌上一切——哪怕是像埃及这么重要的行省——更别提一个外国女人了。这一妙招是要牺牲女王来保全国王。

将领们又补充道：如果安东尼对他们的建议弃之不理，和屋大维开战，他至少应该把克娄巴特拉送回家。任何军营中出现女人，都会造成内部涣散。统帅让一个女人在军事事务中有发言权是没有男子气概的，是不符合罗马做派的，不管这个女人是情妇、妻子还是女王，甚至是女神。

克娄巴特拉知道和谈的代价便是她的头颅。活了这么多年，她是不愿意身首分离的。她也不愿意将自己用财富、睿智、运气、坚持和多产缔造出的王国拱手让人。她知道她的爱人是一个心软的人，缺少拒绝谋臣建议的决绝，于是便大打自己的感情牌，使出浑身解数，说服安东尼站在她这一边。

最终，安东尼拒绝送走克娄巴特拉。安东尼有其缺点，但不忠不是其中之一。克娄巴特拉与他共度多年，为他生育子女，将他从帕提亚拯救出来，让他成为一个神。他信任她的判断，需要她的船只、金钱和供给。他们会齐心协力打败屋大维。

亚克兴海战

8月末，安东尼召开了一次作战会议，宣布了一项新策略：军队要向北移动，进入色雷斯和马其顿的山区，他要在那里诱使屋大维展开陆战。在开阔地面上，安东尼的军队可以摧毁屋大维的军力，然后再向罗马进发。

从战略上说，安东尼的计划是说不通的。在希腊北部进行陆战，并不会削弱屋大维在意大利的根基，而翻越马其顿植被稀疏的山丘是非常艰辛的行军，他们的军队本就给养不足，若是进行这样的行军，会大规模地损兵折将。

克娄巴特拉，应该还有其他人，都主张陆战是错误的举动。向北转移会牺牲安东尼强大的舰队，以及她运送到亚克兴的无尽财富。这些财富到了屋大维的手中，能够收买组建另一支军队，令安东尼的军力比之前更显弱势。

几害相权取其轻，安东尼不情愿地同意了克娄巴特拉的看法。他不得不和阿格里帕在海上开战。如果战事不利，他就乘船返回埃及，用他留在昔兰尼、埃及和叙利亚的军团筹备第二次战役。

安东尼和克娄巴特拉的信心建立在重型战船上，这是四个世纪前阿尔忒弥西亚指挥的那种船只的改进升级版。安东尼的船只比屋大维的船只大，还装备了更加沉重的撞锤。安东尼舰队中最大的船只就是漂浮的城堡，除了装配青铜撞角之外，船上还有数层楼高的塔楼，密布着投石兵、弓箭手和刀剑手。

安东尼把他的大部分军力留在岸上，用180艘大帆船搭载了大约 2 万名军团士兵、2 000 名弓箭手和 4 万名划桨手。由于缺少船员来填充剩下的船只，他命令将克娄巴特拉的 80 艘船拖上岸，并将其烧毁，以免落入屋大维手中。

而在希腊海岸线上的屋大维船队也在等待着攻击的命令。尽管屋大维的船比安东尼的小，但数量更多。而且与安东尼适合做长途航行的大帆船不同，阿格里帕率领的战舰更轻巧，机动性更强。船上还装载了更多的军团士兵，总计约 3 万人。

安东尼一直都对自己的计划保密，直到发动攻势前不久才告知手下军官。很多前线的舰长原本准备着决战一场，在收到升起主桅杆、装上风帆的命令时都大吃一惊。平底大帆船在战斗中从来都不会使用风帆，因为帆布和帆索会挡住箭矢的路线，降低战斗中的机动性。桨手们耐力不足以支持的长途航行中才会用帆。

如果安东尼要用到桅杆和帆，这就表明他的目标不是歼灭敌人。他是要突围回家。

当安东尼的舰队起锚时，阿格里帕将他的战舰移动到了海湾狭窄出口外的一个封锁位置。屋大维在舰队的右侧，可能穿着战斗盔甲和一件君王的红色斗篷。阿格里帕负责左侧舰队，正是最有可能遭遇安东尼的侧翼。

安东尼在他的舰队右侧，乘坐的是一艘速度轻快的小型传令船，以便在舰队中快速穿梭，并随着战况变化发布命令。他的舰队主力大约有 120 艘船，分散开来与阿格里帕对峙。克娄巴特拉在处于后方的后备舰队中。她的旗舰名为"安东妮娅号"，是一艘十层甲板的平底船，携带着军队的薪饷和仓促之中手下能安全地塞入船舱的其他财宝。

从黎明到中午，两支舰队一直对峙，双方都没有移动。要扬起风帆逃脱，安东尼知道他必须把握攻击的时机，等待下午时的风——趁着北风的势。如果战事对他不利，他手下的战舰就会尽量保持逃生的缺口，让克娄巴特拉和剩余的船只向南飞驶到开阔的水域，驶向埃及。

太阳到达顶点时，安东尼发动攻击。阿格里帕的船发出的投石和箭矢如同雨点般砸向安东尼的舰队，然后，他们发动撞击，或是将船驶到附近，登船后使用刀剑展开近身作战。安东尼的船只数量本就处于劣势，为了防止被从北面包抄，只能分散得更加稀疏，而阿格里帕敏捷的帆船如同梭鱼一般向它们聚拢，安东尼的战线乱了。

战事焦灼之时，克娄巴特拉在"安东妮娅号"的船头眺望，命令她的小队起锚，向埃及出发。她的平底帆船从中间穿行而过，在风和桨的推动下飞速前进，足以碾压拦路的一切。安东尼留在岸上的士兵不可置信地看着他们的首领乘坐着小指挥船，带着不多几艘勉强从阿格里帕的鲨口中逃脱的船只，跟在克娄巴特拉的船队后面离开。

没有了首领，安东尼军的抵抗瓦解了，先是在海上，然后是在陆地上。安东尼和克娄巴特拉的强大舰队在希腊海岸覆灭，而他们的统帅和女王却逃向了银光闪闪的大海。

太阳升起又落下，庞大的"安东妮娅号"缓缓驶回亚历山大。已经换船到"安东妮娅号"的安东尼却几乎没有留心到日出日落。亚克兴惨败之后，克娄巴特拉的"巴克斯"就沉溺于沮丧之中不可自拔。他坐在旗舰船首，凝望着海天交接之处，却什么都入不了他的眼，他什么都做不了，尽管克娄巴特拉恳求他要好好进食，要振作精神。

振作精神？他为什么要振作呢？他的舰队已经覆灭。他的军队已经覆灭。他的名声已经化为齑粉，他能想象屋大维收买曾经属于他的军团来对抗他。如果他们真的这样做了，他也不会责备他们。

爱人自怨自怜，克娄巴特拉却开始考虑埃及的防御。他们刚一在亚历山大抛锚，她就飞速回到王宫，着手肃清都城中可疑的告密者。她抄没他们的财产，占领神庙的宝库，派出骑手带信给东方的国王们，拉拢依然会支持安东尼的所有力量。为了防备另一场灾难，她还通过陆路运送了一支舰队的帆船到苏伊士湾，这支舰队接到的秘密指令是：如果埃及被占领，就要将女王送去印度。①

她还私下里开始和屋大维和谈，希望能保住对她来说最宝贵的一件东西：她的王朝。

年轻之时，为了保住自己的王位，克娄巴特拉愿意冒险牺牲生命。现在，如有必要的话，她也准备献上自己的生命，只要能够将自己缔造的一切传承保留下去。万王中的女王绝对不会妥协的一件事就是恺撒里昂、亚历山大·赫利俄斯、克娄巴特拉·塞勒涅和小托勒密与生俱来的对王朝的继承权。除此之外，几乎一切都可以商量。

安东尼和克娄巴特拉达成一致看法，即认为安东尼应该去昔兰尼，在那里重整军团，以残余力量为核心组建新军。但当他得知那

---

① 西奈的纳巴泰人一直都不是托勒密家族的朋友，他们攻击克娄巴特拉的劳工，烧了她的船只，阻断了这条逃生之路。

些军团都已经转投屋大维时，他便又陷入抑郁之中。他的朋友们阻止了他自杀的尝试，但亚历山大成为安东尼抑郁的黑色洞穴。他几乎没有朋友，看不到希望，将世界拒于心门之外，只容怜悯蜷缩在他身边，陪伴着他。

克娄巴特拉费尽心机，想要挽救自己的世界免于崩溃。但各种事务纷繁，即便是女神，也疲于奔命，难以掌控。她试图征募希律的犹太人和米底的骑兵，结果徒劳无功。安条克叛变。大马士革叛变。安东尼的附庸国一个接一个地转投向屋大维，世界静寂得令人恐惧。克娄巴特拉和她的爱人成了真正的孤家寡人。

在公元前 30 年的初夏，一直在他们身后的暗影终于成型。屋大维的大军抵达培琉喜阿姆，那里正好是十七年前克娄巴特拉走向传奇的旅程的起点，而此刻，她知道，她的旅程就要到达终点了。

† † †

在亚克兴一役之后，克娄巴特拉就和屋大维进行私人通信，尝试解决他们之间的争端。尽管屋大维对埃及宣战了，但他们二人都认为屋大维真正的战斗是和安东尼，而克娄巴特拉希望能与罗马达成和解。屋大维告知克娄巴特拉，和平的代价便是安东尼的项上人头。

就如同安东尼在希腊时拒绝背叛克娄巴特拉，克娄巴特拉也依然对意志消沉的爱人保持忠诚。而且，她没有理由认为屋大维会忠于对自己的承诺。谈判破裂，屋大维率军向亚历山大进发。

安东尼除了自己的性命之外已经没有其他可以交易的筹码，克娄巴特拉却找到了能打的最后一张牌。那年冬天，她为自己建造了一座陵墓。随着屋大维的军队渐渐逼近，她命令仆从将宝石、黄金、镶嵌着珍宝的家具、华贵的织锦挂毯、礼服、香料、沉香、珍珠和首饰都搬入陵墓之中，堆垒在如山般的沥青和引火柴堆之上。如果屋大维逼得克娄巴特拉去寻死，那她的火葬堆将是史上最昂贵、最闪耀的。她知道屋大维因为征战而债台高筑，不能承受这样的情况。

克娄巴特拉把自己禁闭在陵墓里，用铁棒和楔子闩住大门。她身边仅有几个忠诚的仆人。她知道结局已经不必等待多久，给安东尼送去一个口信，说她要死了。他是战是逃全凭他自己选择，或者也可以选择不等她，一个人直接上路。

没有克娄巴特拉，安东尼就生无可恋。他决定以伟大的罗马帝王的自杀方式来自我了结……这其实是说，他命令一个奴隶来为他做这件事。

然而即便是这个计划也未成功。他忠实的仆人反而自杀了，成了放弃自我的安东尼致敬仿效的榜样。他解开胸甲，拔出剑，将剑尖压在肋骨下方，将剑刃向内收，要向上切开肌肉和胃。但是，他把剑刃的角度调得太低了，剑刃错过了心脏和肺。他恼怒地跪倒在地，鲜血流淌到他的腿上，他恳求剩下的为数不多的朋友来结束他的痛苦。

他们也抛弃了他。

实施未遂的自杀令他惨叫连连，引得克娄巴特拉走到陵墓上层的一个窗口。看到鲜血淋漓的爱人被抬到她的坟墓前，克娄巴特拉泪如泉涌，叫自己的侍女帮助她用建筑绳索将他从窗口吊上来。普鲁塔克的记载如下：

> 再没有比此更凄惨的景象了。安东尼满身血污，气息奄

奄，被向上拉的过程中在空中晃来晃去，还竭力想把手伸向
她。这活计对女人来说并不轻松，克娄巴特拉双手紧握，面露
忧虑，但几乎拉不动绳索；下面的人对她高声叫喊以作鼓励，
与她共担忧愁。

克娄巴特拉，大胆的政治谋算家，一个王国的继承人，一个王
朝的缔造者，沉浸在悲痛之中。伤心的她将安东尼的血涂抹到自己
身上，撕烂自己的衣服，抓挠自己的脸颊。她看着垂死的恋人，泪
水涟涟，他则平静地要求她不要怜悯他。他度过了充实的一生，他
说。他只还有一个要求：死前再喝一杯酒。

克娄巴特拉点点头，一个仆人给安东尼拿来了一杯酒，让他去
往来生的路好走一些。他抿着酒，然后低声喃喃向他的"维纳斯"
道别。在女神染满鲜血的怀抱中，安东尼永远闭上了眼睛。

屋大维的使节们隔着陵墓已经被闩住的厚重大门与克娄巴特拉
磋商。就在她听着他们提出的条款时，屋大维的一些手下从一扇窗口
偷偷潜入，静悄悄地爬下来，在克娄巴特拉抽出匕首准备自杀时，将
她扑倒在地。他们谨慎地搜了她的身，以防她身上藏着小瓶装的毒
药，并向她保证，与人为善的屋大维会待她以仁慈，甚至以慷慨。

克娄巴特拉眼睁睁看着自己巨额的财宝被车拉走去偿还屋大维
的战争债务。她被囚禁在自己的陵墓中，她能用来伤害自己的每一
件东西都被守卫夺走。她既茫然又沮丧，准备将爱人的尸体火葬。
火焰升起后，她抓挠自己的脸、肩膀和胸口，这是埃及妻子表示悲
悼的方式。

这些伤口并非仅仅是哀悼的表演。没过几天，抓痕上便出现了
感染，她也拒绝进食，可能是希望感染这种自然的毒药就此了断她
的生命。安东尼已经不在，她的王朝也已经毁灭，她生无可恋。她

曾经见过托勒密家族的人戴着镣铐走在罗马的圣道上。她决定不能再出现另外一个。

8月10日午后，屋大维打开克娄巴特拉通过看守送过来的信的封印。她在简短的信中向罗马世界的新统治者恳求最后一个恩惠：能被埋葬在安东尼身边。

这封信惊得屋大维从座椅中跳了起来，他派侍从飞速赶往陵墓，去搞清楚到底发生了什么。他们冲进去，只发现克娄巴特拉身穿礼服，躺在黄金长榻上，身体已经冷透。她的手已经无法动作，但手中紧紧抓着法老的曲柄杖和连枷，王冠绑在她的头上。三十九岁的女王已经死了。

她的两个仆从伊拉斯（Iras）和查米昂（Charmion）跪在她的身边，也已经气息奄奄。两个侍女匆匆地要穿过死亡的阴霾去与她们的女主人团聚，而埃及这位最后的法老已经展开双翼，飞去寻找她的"狄奥尼索斯"。

"查米昂，这可真是好样的！"屋大维的一个侍从怒不可遏，对已经神志不清的侍女吼道。

"这的确是最好的，她是历代帝王的后裔，这正配得上她。"查米昂声音喑哑，说完便倒地不起。[①]

---

① 毒药是如何被偷运进克娄巴特拉的房间（并进入她的血液），随着伊拉斯和查米昂死去而成为永远难解的谜。屋大维称克娄巴特拉让一条角蝰爬入了自己的房间，但正如历史学家斯泰茜·希夫（Stacy Schiff）指出的，斯特拉波（Strabo）、普鲁塔克等早期同时代的传记作者，甚至是以夸张著称的狄奥，应该都不会相信蛇的故事。角蝰，甚至是眼镜蛇，都很难成为迅速而无痛苦的死的工具。身为托勒密家族的人，克娄巴特拉对毒的知识掌握十分全面，还曾经为了给安东尼启蒙在死囚身上做过示范。普鲁塔克的总结十分巧妙："事情的真相如何，无人知晓。"

克娄巴特拉的死，扫除了屋大维统一帝国的最后一个障碍。但是，当罗马的统治者们进入一个财富、权势和铺张奢靡各方面都史无前例的时代，被征服的边远行省中的男男女女都希望打破一座傲慢城市施加给他们的桎梏，那座遥远城市的统治者横征暴敛，发号施令，却不提供任何回报。

　　不到一百年后，其中一个行省——一个名为不列颠尼亚的神秘而偏远的岛——在一位渴望复仇的凯尔特王后的无情指挥下，揭竿而起，反抗罗马的占领者，引得血流如河。

4. 血腥渴望

要么赢，要么死。

——布狄卡（Boudica），公元 62 年

鞭子抽打在她赤裸的后背上，每抽一下，她都能感到痛苦在蔓延。她压抑住哭叫声，即便不是为了她的部落，也是为了她的家族，但如蛇一般的皮条舔舐她的皮肤时，她依然不由自主地拉动绑在她手腕上的绳子。她的后肋浮现出条条伤痕，由粉红变成朱红，由朱红变成殷红，然后血一滴滴地滚落。布狄卡——艾西尼的王后，几乎来不及缓上一口气，士兵便又举起手臂，准备再次抽下皮鞭。

布狄卡被鞭打的情形极为屈辱，她双乳袒露，后背遭到虐打，而围观的罗马第九军团的士兵更令这份屈辱雪上加霜。有人笑容恣

意嚣张，有人目光淫荡猥亵，有人似乎觉得无聊。对于第九军团的男人们来说，这个痛苦地挣扎着的可怜的黄发女人不是一个王后，甚至不是一个平民。而仅仅是一个动物，需要被好好教训，让其学会什么叫尊重。

鞭笞，并不是教训的全部。王后有两个女儿，都还未到婚嫁之年，军团长官决定将两个女孩也作为示众的项目。他的士兵抓来了女孩，在村民们低垂着的视线前将她们强奸。

鞭打王后、侮辱两个公主，长官感觉今天对艾西尼的教训已经够了。他集合整队，跨上战马，率领手下出发，将安慰受辱女儿的受辱母亲甩在身后。

对布狄卡王后随意施加的酷刑是来自她已故丈夫艾西尼国王普拉苏塔古斯（Prasutagus）的意想不到的遗产。艾西尼，不列颠东部的一个部落，是大约六百年前从北欧渡海而来的凯尔特人后裔。在古典艺术作品中，艾西尼人体型高大，骨架壮硕，生着金发或红发，看上去就非常强健而野蛮。他们穿着深色衣服，佩戴黄金项圈——一种厚厚的绳状项链，用以彰显他们在凯尔特社会中的地位。他们生活的地方远离人口稠密的地中海城市，是一个充满色彩与黑暗、鲜血与奇迹的鲜活世界。那是一片神秘的土地，在那里，树木、野兔和狼都是神灵的表达媒介。

凯尔特人是一个思虑深重的民族，他们在战斗时激烈厮杀，但并不缺乏礼仪规矩。他们的道德规范来自德鲁伊的布道，德鲁伊负责主持宗教仪式，包括人类献祭。尤利乌斯·恺撒曾经如此评价，整个民族都"对迷信仪式极端虔诚"——这话从罗马曾经的大祭司口中说出，可见其程度。

在战斗中，凯尔特人士气高涨，或步行或驾轻便战车，冲锋陷阵，所向披靡。他们极为勇敢，甚至勇敢到令勇敢成为错误，有时这种勇敢会让他们代价惨重。单打独斗的荣耀的诱惑，跳下战车加入血战的习惯，往往令他们在机动性、人数和冲击力等方面的优势不复存在。

公元前 54 年，恺撒入侵不列颠，艾西尼首次遭遇罗马人。当时，恺撒的军团渡过英吉利海峡，抢滩泰迈撒河①。恺撒的军队降伏了艾西尼和其他数个部落。

"降伏"，至少这是恺撒在向罗马老家的人描述自己的征战时用的字眼，他知道不会有几个罗马人愿意游泳渡海到不列颠尼亚亲眼看看那些部落到底是怎么被降伏的。毛发蓬乱、兽性十足的野蛮人拜倒在罗马统帅面前，这一画面被精彩地记录下来。恺撒宣布得胜，返回欧洲大陆。接下来的一百年中，凯尔特人困惑地猜想着是否还会再见到那些奇怪的短发外国人。

公元 43 年，他们等待的答案终于到来，在皇帝克劳狄乌斯（Claudius）翠绿色眼睛注视下，四个军团登上不列颠海岸。克劳狄乌斯的功勋甚至超越了强大的恺撒，他宣布有十一个蛮族国王臣服于罗马的统治。但和恺撒不同，克劳狄乌斯想让罗马的统治对原始的不列颠人产生一些意义。

公元 47 年，克劳狄乌斯派驻不列颠的殖民总督普布利乌斯·奥斯特里乌斯·斯卡普拉（Publius Ostorius Scapula）展开征讨，

---

① 即今泰晤士河。——译者注

以强硬的残酷手段镇压了艾西尼人的抵抗。屠戮结束后，他指定容易摆布的酋长普拉苏塔古斯为艾西尼合法国王。对于普拉苏塔古斯来说，成为国王的代价是忠于罗马，并将克劳狄乌斯指定为下任国王。

公元 60 年时，罗马占领军的形势堪忧，如同坐在隆隆作响的火山口上。奥斯特里乌斯的继任者中最新的一位——总督盖乌斯·苏埃托尼乌斯·保利努斯（Gaius Suetonius Paulinus）及其财政长官加图·德西安努斯（Catus Decianus）成了凯尔特人根深蒂固的仇恨的焦点。"臣服罗马，我们一无所获，只有负担愈加沉重。"塔西佗（Tacitus）记载了凯尔特人的抱怨，"曾经一个部落只有一个国王，而现在却有两个踩在我们头上——总督用怒气践踏我们的生活，财政长官吞噬我们的财产。无论如何，我们的臣服都没好结果。"

罗马对待相邻的特里诺文特部落的方式，令艾西尼人引以为戒。最初，苏埃托尼乌斯在特里诺文特部落的土地上设置了一处要塞，六年后，他和他的军团将特里诺文特都城中原本的居民驱逐走，腾出地方给退伍的罗马士兵住。罗马的退伍兵以及他们的家人在一个名为卡姆洛杜努姆①的城镇分得了土地，这些闯入者成了不列颠东部的新兴上层阶级。雪上加霜的是，罗马人为最近被认定为神的克劳狄乌斯建造了一座神庙，并强迫当地部落成员缴纳高额税款来资助神庙的建设和维护。

---

① 即今科尔切斯特。——译者注

根据早期记述、考古学上的证据以及我们对公元初期东盎格鲁其他部落的了解，可以拼凑出布狄卡王后落到罗马人皮鞭下的来龙去脉。在大约公元 60 年，皇帝尼禄（Nero）统治时期，普拉苏塔古斯国王死了。在他的遗嘱中，他将王国留给了两个女儿，他的妻子布狄卡将作为女儿们的摄政者统治国家，直到长女长大成人到婚龄并可以自己当政。为了防止罗马人在他死后夺走王国，普拉苏塔古斯将一部分土地和财产遗赠给了尼禄皇帝。

　　然而在罗马看来，附属国的国王只不过类似佃农监工，他们的合同到他们死掉就终止了。国王死后，他的疆土将由他的继承人统治，但依然是一个附属国。但如果死掉国王的疆域富饶且容易管理，那么罗马就会将其吞并，派像苏埃托尼乌斯这样的总督，由帝国直接统治。

　　对罗马人来说，性别令问题更加复杂。按照塔西佗的记载，在艾西尼，"王室的继位传承中并不认为性别有什么区别"，普拉苏塔古斯仅有女儿作为继承人，同时让妻子作为摄政者统治。他的部落不认为女孩们长大成人后继承父亲的位置成为统治者有什么问题。

　　罗马却认为有问题。在拉丁人看来，摄政王后的统治是荒谬绝伦的。罗马的妻子们可以躲在王座之后悄悄地说些看法，但谁也不敢坐到王座之上。女主内，照顾好家里的炉灶、管理好家中的仆从就够了——不能插手公共事务。对罗马帝国来说，女性君主统治的外族王国并非闻所未闻，但在尼禄的时代，这样的国家都是可以被帝国吞并的绝佳猎物。

为了给艾西尼打上罗马的印记——同时杀鸡儆猴警告其他部落——财政长官加图·德西安努斯率兵进入艾西尼的都城，抢走了贵族家庭的财产。第九军团的一个步兵小队在艾西尼的土地上一路奸淫掳掠，威吓当地人，确保他们不敢去想反抗罗马权威的事情。而在德西安努斯看来，传递信息最有效的方法，便是亲自去拜访这位新上任的艾西尼摄政王后，这个无礼、可能还不忠的女人，这个名为布狄卡的女人。①

我们对布狄卡的外貌特征所知甚少，这方面的古代记录不多，只告诉我们她长着黄褐色头发，声音粗哑。丈夫死去那一年，她应该是三十岁上下，可能是三十二岁——年龄足够担当摄政治国重任，但又很年轻，两个女儿都还未到成婚的年龄。

对艾西尼王室成员的鞭打和强奸都只是为了传达一个信息，因为当地军队的指挥官并不想将布狄卡或她女儿斩首（如果他的目标是彻底的生灵涂炭，他肯定会这么做）。但为了让他想传达的信息到位，他囚禁了布狄卡的一些亲戚，夺走了贵族的土地，提高了本就非常严苛的税收和贡奉，并对艾西尼施放高利息的"贷款"，他认为艾西尼有足够的财富支付这些。

但十五年来，艾西尼人一直心怀怨怼，此时只会在愤怒的路上越走越远。正如文艺复兴时代的一位作家所说："暴政带来的往往

---

① 根据英国历史学家米兰达·阿尔德豪斯-格林（Miranda Aldhouse-Green）的说法，布狄卡可能领导了艾西尼王国中一支反对罗马的派系。如果真是这样，那么普拉苏塔古斯作为罗马的支持者，可能会认为将王国交到布狄卡手中是不当的。我们没有布狄卡在普拉苏塔古斯死前的政治倾向的直接证据，但在普拉苏塔古斯死后，她确切地表明了自己的感情和立场。

是无法承受的恶意，激起受害者复仇的渴望。"① 布狄卡的双唇就渴求复仇之水的滋味。蹂躏了她的家人的罗马人走后，她搂住啜泣的女儿安抚，亲戚们帮她给伤口涂药。

她用复仇之杯畅饮，准备让整个不列颠尼亚陷入血海。

艾西尼起义

公元 61 年初，冬季就要结束，布狄卡背部结出蜿蜒的伤疤，仿佛出征前涂绘的迷彩，又像是由一条条毒蛇交织而成。冬末春初，她派出使节前往其他财产被抢走、神圣的橡树林遭到玷污的部落，劝说他们带上人、马、战车和武器来和她会师。

在动员部落首领和战士们的时候，布狄卡应该让他们看了自己的伤疤，并向他们保证罗马人并非不可战胜。有了他们的帮助，不列颠人不会对罗马人心慈手软。特里诺文特人对自己被从卡姆洛杜努姆驱逐怀恨在心，与布狄卡志同道合，艾西尼起义势如破竹。

那年春天，东盎格鲁乡村已成燎原之势。多达 12 万名起义者没有耕种土地，而是以家族为单位成群结队，集合在一起。很多人有武器，也有人没有。他们曾经饱受鞭笞、十字架②和刀剑的伤害，如今准备去复仇。

---

① 此处引文作者为彼得鲁乔·乌巴尔迪尼（Petruccio Ubaldini），16 世纪意大利托斯卡纳人，曾作为雇佣兵为英格兰的亨利八世（Henry Ⅷ）和爱德华六世（Edward Ⅵ）效命，伊丽莎白一世（Elizabeth Ⅰ）时为宫廷文人，主要从事书法和绘图。——译者注

② 十字架最早是由腓尼基人发明的刑具，后在地中海沿岸的希腊、罗马、波斯等地区广为传播，在罗马帝国时代是执行死刑的用具，直至公元 337 年才被君士坦丁大帝废除。——译者注

罗马派来的总督苏埃托尼乌斯此时已经六十岁，但他依然反应迅速、行动果决。在皇帝派遣他来治理不列颠尼亚之前，他曾经指挥过在非洲的军团，担任过毛里塔尼亚的总督。他不安于和平，一直期待着能再有一个机会提升自己作为大军事家的声名。

尼禄皇帝当政第六年，上天给了他这样的机会。在布狄卡的暴动浮出水面之际，另一支起义军已经集结在不列颠尼亚西海岸的莫纳岛上。这个蛮荒的威尔士岛屿成为反抗的中心，苏埃托尼乌斯率领第二十军团，准备采取一次强势行动，重建罗马在凯尔特人中的权威——同时提升自己在元老院和罗马民众心中的地位。

苏埃托尼乌斯率军向已知世界的尽头进发，布狄卡则在不列颠东部筹谋自己的第一次征战。对于想要复仇的人来说，罗马在卡姆洛杜努姆的定居点是一个诱人的绝佳目标。那个城镇城墙还是当年凯尔特人所建，破旧不堪，已经被推倒以容纳更多的民居和农场。那里防守很弱，退伍老兵早就把他们的刀剑换成耕犁。罗马人还在那里建造了一座供奉被神化的克劳狄乌斯皇帝的神庙，奢华张扬，所用的钱财是向本地人勒索压榨而来，这是最大的耻辱的象征。

布狄卡率军向卡姆洛杜努姆从容而沉稳地进发，那里的天空开始被噩运笼罩。村子中央一座胜利女神的雕像无故栽倒，只留下后背供村民观看。当地集会的地方开始听到尖锐的声音，可能是叛军的渗透者搞出来的；定居点夷为平地的幻象，泰迈撒河中流淌着鲜血，种种谣言令退伍兵和他们的家人胆战心惊。

当一群暴徒逼近卡姆洛杜努姆的消息确定无疑时，镇上的人派出一名加急信使，前往伦底纽姆①求援，那是位于泰迈撒河畔的不

---

① 即今伦敦。——译者注

列颠尼亚财政中心。然而，贪婪的财政长官加图·德西安努斯只派出了一支装备不良的两百人小队去增援当地民兵。

德西安努斯算计着还能从哪里抽调兵力之时，凯尔特人的间谍破坏了村民们在最后一刻修建防御城墙和壕沟的企图。布狄卡的人马出现在视线时，罗马退伍兵们和他们的家人都蜷缩在一起，等待着即将到来的攻击。

† † †

据卡西乌斯·狄奥（Cassius Dio）记载，布狄卡王后在战役前夜对手下士兵发表演讲，其中位于前排的应该听清了她的话语。狄奥的著作创作于3世纪初期，在他的描述中，布狄卡长矛在手，刺向天空。他让她身穿"一件杂色的束腰上衣，外披厚斗篷，用一个胸针固定"，遮住了她伤痕累累的后背，还给她的脖子上戴了一条大金项链。他说，她撩起裙褶，一只野兔从中跳出，朝"一个吉利的方向"跑去，惹得人们阵阵深受鼓舞地呐喊着。然后，她向凯尔特人的胜利女神安德拉斯特祈祷，"作为一个女人，与另一个女人交流……恳请你赐予胜利"。

狄奥的叙述中加入了大量的诗意的行文，但很有可能，布狄卡设计用兔子预言来鼓舞士气。制造预兆，是历史上最古老的手艺之一，至少，她极有可能说服艾西尼的指挥官、盟友和战士们为王后和自己的家人们复仇。

对战斗渴望已久的布狄卡军咆哮呐喊着扑向卡姆洛杜努姆，气势如北海上的暴风骤雨。战车冲破民兵脆弱的外部防线，激荡飞扬的尘土过后，布狄卡的步兵紧随而至，屠戮定居点中的居民。男女老幼都死于狂暴的战士之手，毫无差别。头颅被砍下，尸体被悬挂于十字架上，木头房屋被付之一炬，大火足以将烂泥烧成陶瓷。没有在大火中坍塌的房屋被有条不紊地拆除，一尊克劳狄乌斯皇帝的骑马像被斩首，青铜头部被扔入奥尔德河中。凯尔特人甚至拒绝让死者安息，他们闯入当地墓地，破坏士兵及其家人的墓碑。

第一波攻击的幸存者挤在克劳狄乌斯的神庙中，抵挡着一波又一波进攻，祈祷能得到解救。然而，那位罗马大神肯定在别处忙碌着，因为他并没有出手。两天后，布狄卡的战士用强力打开青铜大门，如风卷残云般冲入神庙。卡姆洛杜努姆定居点残余的人都惊恐万分，被就地屠戮，或是被拖出去献祭。

艾西尼的女儿们被蹂躏，回之以一座罗马的城镇被蹂躏。

卡姆洛杜努姆所遭受的命运，布狄卡军队渐渐逼近的消息，令伦底纽姆人心惶惶。狮子已经冲出斗兽场，数量众多，嗜血如命，要来将他们的城市撕碎。加图·德西安努斯用船运走了伦底纽姆的档案和财宝，疯狂地派出骑手前去寻找苏埃托尼乌斯和他的军队。

苏埃托尼乌斯正在威尔士海岸平定莫纳岛上的德鲁伊叛乱，位置实在太靠西，鞭长莫及，赶不及回援伦底纽姆。加图绝望之中集合起后备军——位于北方的第九军团，命令他们在从卡姆洛杜努姆过来的路上拦截布狄卡。

罗马人的情报部门传达了布狄卡军队的破坏力，但显然没有说清它的规模。第九军团有大约 3 000 名军团士兵与一小队骑兵和投石兵，跟布狄卡的军队规模一比，简直就是小巫见大巫，但罗马人并不知道。

他们会知道的，很快就会。

军团在行军途中通常会有本地的侦察兵或骑兵打前站，以提防埋伏，并确定敌军的驻军地点。第九军团的指挥官名为佩蒂利乌斯·塞里亚里斯（Petilius Cerialis），可能低估了叛军的实力，或者纯粹是因为粗心大意，然后，他为自己的错误付出了代价。第九军团直接闯入了凯尔特人的埋伏圈，军团士兵都惨叫着死去。当凯尔特的太阳神贝勒努斯将不列颠尼亚的太阳送到地平线下时，很多曲木战车都装点上了罗马士兵苍白而面无表情的头颅。

布狄卡的军队如同野火燎原一般向伦底纽姆迫近。点燃火种的贪婪的德西安努斯仓皇渡过英吉利海峡，一路狂奔到高卢的安全地带。不列颠的命运何去何从，便取决于布狄卡和苏埃托尼乌斯谁输谁赢。

† † †

卡姆洛杜努姆遭到大屠杀的消息传到苏埃托尼乌斯耳中时，他和他的军队正在西方 20 英里外。这位久经沙场的将军命令士兵拔营，身先士卒，率领步兵飞奔回伦底纽姆。卡姆洛杜努姆的浴血已经令布狄卡暂时满足，她下令部队可以休息、抢掠、洗劫周边乡村，然后再继续行军。苏埃托尼乌斯抢得了先机，率着一小队人急行军，抢在布狄卡的先遣侦察兵之前上气不接下气地冲入伦底纽姆。

检查过城市的防御之后，苏埃托尼乌斯认为在这里作战没有意义。这座城市居民有 3 万人，是一个欣欣向荣的经济中心和行政中心，但既没有高墙，也没有防御工事，抵挡不了巨浪般的攻击。他的军队经过长途跋涉会非常疲惫，而且这里又是漫长而脆弱的供给线的尽头。在对军事形势冷静地思考过后，苏埃托尼乌斯命令所有部队离开伦底纽姆，随他向西行军，回去和主力部队会合。

在苏埃托尼乌斯身后，跟着一大群惊慌失措的伦底纽姆人，希望强大的罗马军队能够拯救他们。但更多人被甩在了后面——其中主要是没有办法逃离的老幼病残。北方的尘埃如云一般弥漫，宣告布狄卡军队的到来，被留在后面的生灵们无能为力，只能向朱庇特祈求神迹。

朱庇特，就像之前的克劳狄乌斯一样，拒绝彰显神迹。烧焦的硬币、烧焦的屋瓦、烧焦的陶器和烧焦的木材，无声地见证了布狄卡的复仇。在现今伦敦的街道上向下大约 14 英尺，有一层黑色的废墟，就是被布狄卡和她的人付之一炬的城市所留下的全部痕迹。所有能被找到、从隐藏处拖出来的居民都被屠杀，无头尸体在伦底纽姆肮脏的街道上横七竖八，凯尔特的军队继续向前。

那些死于最初攻击的人是幸运的。凯尔特军队几乎从不做赎买战俘的交易，被他们俘虏的人，或被钉十字架，或被绞死，或被活活烧死，也可能被割开喉咙和胸腹。据狄奥记载：

> 那些被不列颠人俘虏的人，都遭受了已知的所有暴行……他们将最高贵、最受人敬重的妇人们赤身裸体地吊起来，切下她们的胸部，缝到她们嘴上，好像这些受害者要吃掉自己的胸部一样……然后，他们把这些女人钉在尖锐的烤肉叉上，贯穿她们整个身体……

狄奥记载，酷刑致死，以及活人献祭、感恩的盛宴，以及其他种种"放荡行为"，都是献给他们的胜利女神安德拉斯特的。

烟尘的味道还在舌尖，女王下令军队向维鲁拉米恩（在今赫特福德郡内圣奥尔本斯附近）开拔。布狄卡的军队在行军过程中洗劫了沿路乡村的牛马牲畜和粮食，以及所有有价值的东西。最后，他们猩红的眼睛看到了维鲁拉米恩。

维鲁拉米恩和伦底纽姆一样，防御力量主要是并不驻扎在这里的罗马军队的威名，因此，所遭受的命运也相同。为数不多的居民被屠杀，家园被焚毁，城市被夷平。唯一不同于伦底纽姆的是，由于提前知道敌军即将到来，几乎所有的居民都在风暴爆发前逃走了。布狄卡的战车隆隆驶入维鲁拉米恩时，发现这里是一座空城。

布狄卡的军队开拔向维鲁拉米恩却没有去追击苏埃托尼乌斯，这一举动违反了一个最基本的军事原则：消灭敌人为先，攻占城市和劫掠次之。她的部队人员个性冲动急躁，勇敢而坚强，但非常不适应无趣或漫长的战役——所以，她和苏埃托尼乌斯速战速决是至关重要的。无论是过于自信，还是单纯无法控制军中冲动的怪兽，布狄卡都错失了在苏埃托尼乌斯撤退时攻击他的机会。

苏埃托尼乌斯撤到不列颠中部，和从威尔士撤回来的卫戍部队会合。他召集第二军团到中部地区与他会合，但军团的实际指挥官博恩尼乌斯·波斯杜穆斯（Poenius Postumus）却拒绝移动。被自己人弃于危难见死不救，苏埃托尼乌斯设法抽调了另外两个军团的步兵，外加一些当地的后勤人员，拼凑出一支大约 1.5 万人的队伍。

由于对女王的部队规模有个粗略了解，苏埃托尼乌斯决定利用他们自己的数量来对付他们。他拖着凯尔特人进行了一场缓慢的长途行军，在这个过程中几乎将他们的食物和水统统消耗光。布狄卡的军队尽管规模很大，气势汹汹，但在后勤方面却管理无方，被行李、战利品、奴隶和随军人员拖累。与之相反，苏埃托尼乌斯的军队则人员精简，对于每天 18 英里的行军速度早已经习惯。如果能够找到一个合适的地方，并做好准备应对一波猛烈攻击，苏埃托尼乌斯及其人马活下来的机会就会很大。

他在伦底纽姆的西面找到了合适的地方。他加快行军速度，甩掉布狄卡迟缓的部队，领先于不列颠人四五天的时间——足够确保水供给，将附近所有食物都收入军中或付之一炬，并准备好防御工事。据塔西佗记载，就在布狄卡的军队吃力地向西跋涉之时，苏埃托尼乌斯占据了一个易守难攻的地点，"在一处狭道之上，后方有一片森林"①。

这处狭道是经过精挑细选的。后方有浓密的森林，苏埃托尼乌斯就无须担心战车从后方攻来。两侧密集的林木意味着布狄卡无法从侧翼包抄他，而且因为地形在靠近罗马阵线这边时收窄，当凯尔特人撞上罗马盾牌筑就的墙，罗马人可以肩并肩地抵挡住。由于前锋狭窄，凯尔特人不得不展开一对一地面战——而在这样的战斗中，罗马人没有敌手。

在胜利之喜的冲击下，布狄卡联军数量激增，到了她无力控制的程度。她还能影响部队的基本行军方向，但与苏埃托尼乌斯作战的决定，可能并非完全是她做的。与罗马人速战速决如果是她的决定，这一战略是有其逻辑合理性的。自信乃胜利之母，而布狄卡率领的凯尔特人士气高涨，空前绝后。

即便布狄卡的战略没有问题，她对地势的判断也不够好。在地势狭窄的林地作战，意味着她的战车不能充分驰骋，碾轧楔入敌军的侧翼。艾西尼武士手中的长剑尽管威力十足，但需要空间来挥舞

---

① 英国历史学家史蒂夫·凯（Steve Kaye）在对罗马和不列颠的后勤以及不同行军点的水源可用性的详细研究中，推测苏埃托尼乌斯是在伦敦以西约70英里的米尔登霍尔作战。

和劈砍。面对正面和侧翼都有防护的步军，凯尔特狂飙猛进的战术并不能完全发挥作用。

但她怎么可能取消作战呢？第二军团可能随时会过来，令形势变得对她不利。而且，在战场另一端的，是苏埃托尼乌斯总督，是抢夺她的土地、强奸她的孩子、令她和艾西尼伤痕累累的暴君。他可憎的面目刺激着布狄卡开战。她热血上涌。布狄卡，艾西尼的女王，要打一场千古留名的战役。

布狄卡的攻击

她把部队驻扎在开阔地带的另一端。随军人员——战士的家人以及每一支军队都会有的随军商贩、祭司、奴隶、妻子、营妓和其他依附者的大杂烩——在凯尔特军后方辎重车辆的后面形成了一个松散的半圆形。两方都等待着杀戮的指令，隔着遥远的绿草地，虎视眈眈地盯着对方。每一个战士都在对方阵营中挑选出了一个他要杀死的人——或是可能杀死他的人。当他们互相估量对方时，两军之间的对比再明显不过了。

大多数挥舞着刀剑长矛的凯尔特人都是农民或牧民。他们抛下家中没有耕种的土地，响应布狄卡的号召，除了一路上的屠杀，他们缺少大规模部队作战的训练。装备好一些的人手持凯尔特大刀和盾牌，但身上没有铠甲，作战时只能赤膊，下半身通常是宽松的裤子，裤脚扎在短靴中。养得起马的贵族乘坐轻便的战车——其实就是配有两个轮子的柳条筐子，他们从上面刺出长矛，也有下车徒步作战的。他们也不屑沉重的护胸铠甲和头盔。在凯尔特贵族看来，这些东西是阶层的象征，而非能起保护作用的物件，勇气就是他们的铠甲，勇敢就是凯尔特人胜利的关键。

而随苏埃托尼乌斯征战的人，即便曾经干过农活，那也是很多年前的事情了。他们是专业的士兵。在过去三百年的征战中，罗马人的武器和战术一再改良。军团士兵会拿着一面高大的长方形盾牌、两柄被称作"横肋"的标枪，以及一柄可以用于近身刺杀的两面开刃的短剑。与凯尔特人的大刀不同，罗马剑是一种短小的刺伤型武器，士兵在盾牌的掩护下快速刺向敌人的腿部和下腹。这并非是为了猛地一挥将敌人斩首，而是用盾牌的冲击或快速刺扎将敌人放倒在地，然后便可以刺向其胸部、脖子或头部，瞬间结束其生命。

纪律和训练，这是罗马人胜利的关键。

在对于古代战争的记述中，如果没有敌对的统帅们戏剧性的演讲，那是不完整的。据塔西佗记载，布狄卡驱动战车在部队前缓缓驶过，两个女儿在她身边，她黄褐色的头发堆叠在条纹长袍上。"我们不列颠人早习惯由女人指挥作战。"她对部下说，"而我是作为一个普通人而战，为我失掉的自由而战，为我受鞭笞的身体而战，为我受蹂躏的女儿而战。"她提醒追随者们罗马统治的恐怖，最后以对队伍中的男人的挑战为结尾：

> 敢于出战的罗马军团已经被歼灭。其余的胆小鬼躲在军营中，或在伺机逃跑。他们连我们这千万人的呐喊声、嘶吼声都不敢面对，更别提我们屠戮的威慑了。想想你们有多少人在战

斗吧！想想你们是为了什么战斗吧！赢下这场战斗，要么赢，要么死。我，一个女人，就打算这么办——如果有男人愿意活着当奴隶，就随他们的便。

在空地的另一边，苏埃托尼乌斯也提到了布狄卡军队中的女人，却是出于完全不同的原因。"在他们的队伍里，女人比作战的男人还多。"他讥诮地说。不列颠人会是被轻而易举拿下的猎物。等到战斗打完，他们小小的罗马军队将荣耀加身。

吹过牛后，苏埃托尼乌斯说到了正事。他提醒手下："保持紧密队列。投出标枪，向前冲；用盾牌打倒他们，用剑杀死他们。不要想着抢东西。等赢了这场仗，想要什么就有什么。"

狄奥说，苏埃托尼乌斯又提出了一个警告：失败不是他们的选择。据狄奥记载：

> 对我们来说，最好在勇敢作战中倒下，这胜过被俘虏然后被钉在尖桩上，胜过看着我们自己的内脏被从身体上割下来，胜过被插在火红的肉签子上噼啪作响，胜过在滚水中被煮化没了痕迹——总之，胜过沦落到无法无天的野兽中去受苦。因此，我们要征服他们，不然就死在这里。

布狄卡人数上占优势，苏埃托尼乌斯则在素质上占优势。她赌上了自己的性命，相信勇猛、激情和人数能战胜远离家园作战的罗马杀手。

布狄卡抛出命运的骰子。那骰子飞了一阵，悬而未决。

在那个混沌的时刻，凯尔特人的战线中响起了德鲁伊圣歌、小号吹奏和战斗口号，各种声音交杂在一起，嘈杂纷乱，仿佛一团烟雾一般飘荡开来。刀剑挥舞，长矛举起，布狄卡的战士们向罗马人发起冲锋。

经过多年艰苦训练的罗马人守住了阵地。凯尔特人移动到 40 英尺内时，罗马军团士兵将标枪抛向呐喊着的人。铁头的标枪刺入凯尔特前锋人马的血肉骨骼，夺走战士的生命，令一波波人潮陷入混乱，踩踏在跌倒的尸体上磕磕绊绊。被血冲昏了头脑的部落人马向前压进，地势变窄，本来走在外围的几排人被挤向中心，妨碍了长剑的挥舞。他们气喘吁吁，又劈又砍。但是，他们无法在盾牌连成的墙上砍出缺口。

面色铁青的军团士兵被淹没在喧嚣的口哨声、呐喊声和咆哮的命令声中，以楔形队形向前推进，用盾牌挡开攻击，将凯尔特人推得失去平衡。罗马剑劈砍刺扎。百夫长们让手下兵卒保持稳定的队列，每隔一段时间就用精力充沛的新人替换一排人。白天似乎被拉长了，军团士兵像丑陋的短刃镰刀一样收割着一排排强健的不列颠人。

随着由刀剑和盾牌组成的人墙向前逼近，布狄卡的人开始向后退。在他们后退的过程中，后排的人被车辆和随军人员给堵住了。战士们和非战斗人员混成一团，老弱妇孺惊恐失措，恐慌在战线中蔓延开来。

"等赢了这场仗，想要什么就有什么。"苏埃托尼乌斯许诺过。凯尔特的主力垮掉，四散逃跑。罗马人的骑兵手持长矛，冲向丢了武器亡命奔逃的人；他们严守纪律，一个人都没有放过，即便是拉辎重车的牲畜也都被宰杀。布狄卡的马匹在受惊之下想要挣脱束缚，最后嘶鸣着死去，死时依然被套在马车上。

凯尔特人的血液顺着田地中的犁沟流走，空气中弥漫着血液散发出的铁腥气。据塔西佗说，这可怕的一幕结束时，8 万名不列颠人死去，而军团士兵只有 400 人死亡。布狄卡方大多数的死者应该是在战役的追击阶段被砍死的：这个阶段，站不稳的脚或是疲惫无力的腿就意味着死亡。①

布狄卡王后是死者之一。不过，她到底死于何处、因何而死，详情已经被时间的荆棘掩盖。她可能是在战斗中倒下的，但是塔西佗称她在战败后服毒身亡——这可能是不久后罗马人中流传的小道消息。

无论是死于刀剑还是死于毒药，角神科尔努诺斯②将布狄卡带去了冥界，而她的残部一盘散沙地回到各自家乡。她的女儿到底如何了，再也没有任何消息，有可能这两位艾西尼公主在她们的母亲注视下香消玉殒，和母亲一样走向死亡。

反叛的心跳在林木间的狭道上冻结。茫然不知所措的部落成员和家族成员回归未开垦的田地。只是当起义者的尸体僵硬之时，季节已经变换，来不及耕种庄稼了。在冬至日之前，会有千万凯尔特家庭成员被饥荒夺走性命。

为了让凯尔特人真正吸取教训，苏埃托尼乌斯在不列颠尼亚东部肆意破坏，留下了新的伤痕。他将农场付之一炬，将一家家人杀死，将圣林砍伐，将金银没收入行省库房。艾西尼人和特里诺文特人因是腥风血雨的源头，付出了十分高昂的代价，再也没有兴盛起来。

---

① 塔西佗称这个数字"根据一个说法"，这表明他并不是十足确信这个数字。因为在恺撒之前很久，统帅们就习惯在送回国的信中夸大敌军的伤亡。但考虑到凯尔特军队的规模，以及在辎重车辆中很容易遇到妇女和儿童，1.5 万名到 2 万名凯尔特人死亡倒也不难想象。

② 凯尔特神话神祇之一，名字为"有角者"的意思，故亦被称作角神，一般认为掌管狩猎、生育、动物、植物、荒野等，并具有支配冥界的力量。——译者注

✝ ✝ ✝

正如一代人之后的一位加勒多尼亚酋长所言,罗马人"制造出一片荒芜,并称其为和平"①。苏埃托尼乌斯带来了和平,但在经济、政治和军事方面都付出了令人震惊的代价。第九军团被彻底歼灭。乡野之间尽管无能为力,但沸腾着愤怒的浪潮,行省支付税金和放贷的能力大为削弱。没多久,尼禄皇帝就派一位温和很多的总督替代了苏埃托尼乌斯,这位新总督来自高卢,带着新的军团前来,以保岛上的太平。

统治权的问题已经暂时解决。布狄卡死了,尼禄统治着从不列颠尼亚到叙利亚的世界。在欧亚大陆上,一些勇敢的女人发动起义。但要经过罗马帝国的衰败,以及新的神和信仰的兴起,我们才能迎来下一批伟大的女性战争领袖。

---

① 加勒多尼亚:苏格兰古称。此处引文出自塔西佗的《阿古利可拉》(*Agricola*)。阿古利可拉是罗马将领,公元77年末或78—85年任不列颠总督。在任期间,他完成了对威尔士地区的征服,并在苏格兰取得格劳皮乌斯山战役胜利。此处所说的加勒多尼亚酋长名为卡尔加库斯(Calgacus),但这些话有可能是塔西佗杜撰的。——译者注

第二篇

她的时代

晒太阳的眼镜王蛇纳格听到人类无心的脚步，
他常会竭尽所能避开人类，蠕动身体让出道路。
但他的配偶休憩之时，绝不会做如此反应。
因为这些物种的雌性，要比雄性更加致命。

——鲁德亚德·吉卜林

在布狄卡死后四百年，罗马帝国衰亡，从西班牙一直到犹太行省，辽阔的国土上展开了权力争夺。罗马领土的东半部分分裂出去，形成拜占庭帝国。不久后，拜占庭帝国便会被近东的哈里发们征服，这些哈里发像常春藤一样从印度边境一直蔓延到大西洋。在欧洲北部，帝国秩序分崩离析，野心勃勃的小国星罗棋布，而成吉思汗（Genghis Khan）自东亚草原而来，麾下骑射手的马蹄声如雷奔，让从中国到东欧的同时代君主都相形见绌。

和古代一样，在中世纪，男人依然主导着伟大的战争游戏。无论是撒克逊人还是诺曼人，无论是辽代还是明代，无论有怎样的信仰，当权者都是男人俱乐部的成员，长子继承制几乎是不可侵犯的。女人可能出现在王座所在的大殿中，甚至可能在王座之侧，但绝对不会在王座之上。

由于无法粉碎这种隐形屏障，中世纪时期最聪明的女性统治者倾向于躲在帘幕后主政，通常是作为丈夫的外事代表，或幼帝的摄政。阿基坦的埃莉诺（Eleanor of Aquitaine）、奥斯特拉西亚的布伦希尔德（Brunhilda of Austrasia）、基辅的安妮（Anne of Kiev），这些精力充沛的人改变了历史，她们是大使，是谋士，或是同盟质子，更重要的是，她们是孕育了男性孩子的生产者。她们可以担任一切角色，除了统治者。

然而，在中世纪这个污浊的"粪坑"中，一些女性依然胜过男性竞争者，闯出了自己的路。由于远见卓识的父亲或男性继承人意外死亡，继承法不得不勉强接受例外，迫使国家将命运交托给"较弱的"性别。在合适的环境中，如果策略得当，一个女人可以以自己的名义统治，甚至可以联合起宗教势力——甚至领导征战。

有不少人手段高超。在中国北方，男人主导战争与和谈的规矩被辽王朝的承天太后多次打破。在印度北方，屈指可数的女苏丹之一拉齐亚（Razia al-Din）骑着大象身先士卒。在西方，女伯爵卡诺萨的玛蒂尔达（Matilda of Canossa）统治着意大利北部大部分地区，与德意志出身的皇帝亨利四世（Henry Ⅳ）作战。与之同名的英格兰国王亨利一世（Henry Ⅰ）的女儿玛蒂尔达（Matilda），横渡海峡去争夺威斯敏斯特的王座。西班牙的女王乌拉卡（Urraca）和前夫争夺对莱昂、卡斯提尔和托莱多的控制权，然后又与同父异母的妹妹争夺加利西亚的王座。14 世纪，丹麦女王玛格丽特（Margaret of Denmark）被敌人嘲笑为"不穿裤子的国王"，却用一支军队缔造出斯堪的纳维亚的卡尔马联盟。在 15 世纪的玫瑰战争期间，被莎士比亚形容为"女人外表包裹着一颗虎狼之心"的王后——安茹的玛格丽特（Margaret d'Anjou）在丈夫亨利六世（Henry Ⅵ）发疯后，将兰开斯特派系联合在一起。

在一个绝对权力不那么绝对的时代，战争女王们学会了管理顽固、一心谋私利的贵族阶层。英国的玫瑰战争和蒙古的继承战争大致发生在同一时期，都突显出当政的女王需要获得贵族和军事统帅的信任，因为这些统帅的军事素质是她们无法匹敌的。由于不能亲自领导战争，她们学会了依靠智慧和意志的力量。对任何统治者来说，统领难以控制的贵族都是挑战，而一个女人要让他们听命行事，更是几乎不可能的事。

　　然而，有人做到了。在嶙峋的高加索山上，一片动荡不安的土地上，一个女人针眼中求出路，排除万难，以自己的名字统治着一个封建王国。她平衡着旧宗教与新现实之间的关系，在向古老传统保持敬意的同时开拓着处女地。她睿智、虔诚，喜欢做针线活，还承受着史上最讨厌的前夫的拖累。

　　她也知道如何激励士兵：在开战前赤着双足与军队同行。

5. 高加索之狮

尽管她确实是个女人，然而作为君主，
她是天选之子。她了解统治的奥秘。
　　　　——诗人绍塔·鲁斯塔维利（Shota Rustaveli），约 1200 年

夜幕降临，女王在扎营的士兵中择路而行。上万团营火刺破黑暗，温暖了飘荡在被褥、马车、马匹和士兵们间的冷冷空气，士兵们纷纷屈膝跪拜女王。

借着昏黄如琥珀的火光，她凝视着一张张的脸——有老有少，而那些脸上的眼睛也坚定地回望着她。开战的时刻越来越近，此刻那些凝视着她的眼睛，明天也许会永远闭上。这些眼睛的主人为人子、为人夫，他们或许很快就要到救主的怀抱中安息。

而在地平线的另一边，还有很多其他的面孔。她知道，那些面

孔的主人会被救主鄙弃。那些新月的信众此刻正平静地睡在自己的帐篷中，对于即将席卷他们的暴风雨一无所知。恰如曾经通过约叔亚（Joshua）、基甸（Gideon）、君士坦丁（Constantine）和查理曼（Charlemagne）的力量，上帝即将通过一道霹雳来决定他的子民的命运——一道被他放在一个女人手中的霹雳。

塔玛拉，"国王中的国王，女王中的女王"，高加索的格鲁吉亚王国的统治者，集合了一支 8 万人的军队——格鲁吉亚有史以来最强大的兵力。但是，罗姆苏丹及其同盟号称征集了两倍于此的兵丁，他誓要将基督教从高加索地区拔除，将塔玛拉女王纳入后宫，之后，任他的士兵去蹂躏女王的国土，而他去蹂躏女王的身体。女王的侦察兵已经警告过她，苏丹人马充足，足以兑现这两个誓言。

周围战旗飘扬，圣物和圣徒像遍布，塔玛拉向人群发表了鼓舞人心的演讲，恳求他们为他们的上帝而战、为他们的国家而战、为他们的家园而战、为他们的女王而战。然后，她脱掉鞋子，如一个赤脚的悔罪者一般，步行走向伟大的瓦尔齐亚修道院。到了修道院中，她会拜倒在瓦尔齐亚的圣像前，等待神圣的判决。

她启程去往她的岗位。满面风霜和胡须的士兵们举起长矛，向着天空高声呐喊。

"为了我们的国王！"他们吼道。

† † †

这个与苏丹对抗的女人，脚下的道路始于 1178 年。那一年，她父亲格奥尔基三世（Giorgi Ⅲ）任命十八岁的她担任格鲁吉亚王国的联合统治者。

　　塔玛拉的祖国位于黑海与里海之间，是一片脆弱之地，三面都环绕着危险的邻国。格鲁吉亚北方边境面对着反复无常的奥塞梯王国、喜欢掳掠的钦察人和基辅罗斯公国。南面是久经战乱的阿塞拜疆、亚美尼亚以及与强大的苏丹国结盟的小规模酋长国。西面是岌岌可危的拜占庭帝国，野蛮残酷，治理无方，但其国力依然足以威震邻国。

　　巴格拉季昂家族统治格鲁吉亚已经近两百年。尽管女儿是家族的正统后代，但格奥尔基国王也知道，父亲传位给女儿的过程会充满风险。在格奥尔基的长兄达维特五世（Davit V）被谋杀后（据传言是格奥尔基下令杀的），格奥尔基担任摄政王保护哥哥的儿子，然后篡夺了王位。他削减格鲁吉亚的贵族阶层"阿兹纳尔里"的特权。一个贵族派系叛乱，试图让他的侄子复辟，格奥尔基残酷无情地镇压了反叛。他还阉了侄子，一劳永逸地消除了出现竞争的继承人的威胁，并更换高官大臣，让忠诚和功绩凌驾于出身之上，进一步激怒了贵族。

　　格奥尔基知道自己治下的贵族们都很乐于来割开他的喉咙，因此，他十分忧虑在他死后王国会如何，那时会是塔玛拉力量最脆弱的时候。为了预防政变，他在活着时便宣布女儿为君主，和他是联合统治者。在格鲁吉亚的都城第比利斯的宫殿中，他将一顶镶嵌红绿宝石的金冠戴到女儿头上。塔玛拉身着有黄金装饰和流苏的紫色礼服，坐在父亲的右手边，开始了二人的联合统治。

　　谄媚的中世纪编年史家们都被塔玛拉的虔诚、美貌和谦逊深深触动。一个早期的传记作者大力赞美她黑色的眼睛、酡红的面颊和悦耳欢快的声音。一个同时代的作者将她描述为"幸运、虔诚、美貌、好性情……热爱教堂、僧侣和修女；施舍乞丐，对寻求公正之人施以援手"。

格鲁吉亚的史书，如 13 世纪的《列王历史与颂歌》（*Histories and Eulogies of Kings*），以及绍塔·鲁斯塔维利的史诗《豹皮骑士》（*The Knight in the Panther's Skin*），其中都描写了一个十分虔诚的女人，"喜欢像修女一样祈祷，在睡前要祈祷并诵读晚祷诗篇"。

"耶和华是应当称颂的，他没有把我们当野食交给他们吞吃。"《圣经·诗篇》中有一篇如此说。塔玛拉会需要这些词句的精神援助——以及一支庞大的军队的协助——因为生活将会变得甚为艰难。

† † †

1184 年，塔玛拉的父亲过世，王位为阿兹纳尔里们和野心勃勃的东正教信徒环伺。在保守派眼中，塔玛拉不过是一个鼓舞人心的傀儡，他们不断试图将她囚禁在狭隘的政治空间里。她统治的最初几年，都要用来击败这些尝试。

巴格拉季昂家族自称是《圣经》中的所罗门王（Solomon）的后裔，在格鲁吉亚深受敬重，然而，东正教会的影响力却更胜一筹。一千年前，使徒安德鲁（Andrew）和奋锐党的西门（Simon the Zealot）把东正教传播到格鲁吉亚。到了塔玛拉时代，东正教由一位留着大胡子的大牧首领导，他的统治方式很像罗马天主教教皇。当时的大牧首是米克四世（Mikel Ⅳ），擅长投机取巧，是一个能敏锐察觉到王室弱点的老练政治家。

格奥尔基之死形成的权力真空，被封建的阿兹纳尔里乘虚而入。贵族们不仅赢得了教会的支持，还争取到了塔玛拉有影响力的姑姑鲁苏丹（Rusudan）的支持，一开始便要求塔玛拉举行第二次加冕仪式来确认她的合法性。塔玛拉勉强同意了——这种要求历史上也有先例——她经由一位高阶主教加冕，两个贵族为她献上统治王权的标志：一柄剑、权杖和木头十字架。

然后，嚣张的贵族要求她剥夺她父亲任命的王室财政大臣的头衔和权力。塔玛拉知道自己缺少政治支持和军事支持，无法反抗这些贵族，所以她迫不得已地解除了那位大臣的职务。丢车保帅。

贵族们信心大增，于是要求塔玛拉选一个丈夫。他们提出国家需要一个军事领导人，女人骑马冲锋陷阵是荒唐可笑的。对于最后这个观点，大家看法一致，但女王到底该与何人执手偕老，各派都提出了自己心中的候选人。最后，贵族议会替塔玛拉做出了选择：基辅大公的儿子。

尤里·安德烈耶维奇·博戈柳布斯基（Yuri Andreevich Bogoliubski）是一个不入流的小军阀，在与俄罗斯南部的亲戚们的交战过程中磨炼了英勇之气。他被一个心怀叵测的叔叔驱逐出他自己的土地，到钦察人处寻求庇护，钦察人靠偷袭高加索北部地区的定居点勉力维持部族的生活。贵族们希望，通过塔玛拉女王与尤里的婚姻与基辅缔结联盟，巩固格鲁吉亚的北方边境，令王国可以集中精力于南方边境的防务，对抗土耳其人和拜占庭。

尽管塔玛拉并不想与一个来自陌生国度的陌生人成婚，但她的姑妈鲁苏丹、米克大牧首和一位格鲁吉亚的贵族联合派出信使去向尤里提亲，并开始筹备婚礼。新娘都来不及提出一个有效的抗议，婚约和婚礼仪式就匆匆完成，然后尤里被加冕为格鲁吉亚的国王。因为塔玛拉是伟大的巴格拉季昂历代国王的后裔，贵族议会非常谨慎地要确保一个外国人的头衔不越过血统纯正的格鲁吉亚女王，所以，塔玛拉被授予了"国王中的国王、女王中的女王"的称号。①

　　这是一个很宏大的头衔，而且，从字面上说，格鲁吉亚的权力归属于塔玛拉。但是目前，真正的权力还在阿兹纳尔里们手中。这些勋贵自信到了盲目无知的地步，他们在一个名叫库特鲁·阿尔斯兰（Qutlu Arslan）的野心勃勃的贵族领导下，提出了大胆的要求：他们呼吁成立一个贵族议院，由其通过所有法律，任命所有大臣。阿尔斯兰躲在幕后操纵，想为自己谋得女王军队指挥官的职位，如此一来，女王若是发生什么不测，他便是王位的有力竞争者之一。

　　如果阿尔斯兰和贵族们得逞，那塔玛拉的作用就会变成对贵族们已经通过的法令进行皇家批复。她将成为格鲁吉亚美丽、迷人而又完全无害的傀儡首脑。

　　不过，命运的钟摆及时地摆向了塔玛拉一面。塔玛拉继位两年之时，大牧首米克死了，她通向权力的障碍因此少了一个。"没有人为他惋惜，大人物里没有，小人物里也没有，因为所有人都鄙视他。"塔玛拉的历史作者如此写。米克的弟弟捷夫多雷（Tevdore）继任大牧首，但塔玛拉意识到，他需要一些时间才敢插手宫廷政治事务。

　　塔玛拉利用教会领袖变更的过渡时期，着手行政管理。她的一个早期传记作者记载："她开始磨砺手中的双刃剑，消除有害的源头，并召开了一次会议，以界定和确立所有的重要会议和将领们的会议的规则秩序。"她送重礼收买主教和修道院院长，让他们保持沉默，然后扫除那些被证明存在麻烦的贵族任命。她任命了新的军

---

　　① "国王中的国王、女王中的女王"，尽管塔玛拉的称号中有一部分是男性特质的称号，但她并没有试图在形象和着装上掩盖她的女性气质。她始终都被描绘成一个美丽的高加索女人。

队统帅、新的财政大臣、新的内政大臣。效忠派控制住了关键的岗位。

塔玛拉清扫行动的尾声是逮捕库特鲁·阿尔斯兰，将其软禁在第比利斯辉煌壮丽的纳里卡拉城堡中。反对派的贵族们威胁说，如果不释放阿尔斯兰，就袭击王宫。塔玛拉一面派出两个忠于她的女性去与反对派斡旋，另一面在悄悄地筹备着真正的回应。她在第比利斯城外集结起一支王室军队，进入都城，并准备如果贵族拒绝下台就发动袭击。

在短暂但紧张的对峙之后，塔玛拉和贵族们达成协议，避免了流血冲突。她指示使节去向所有的反对派提供赦免——只有阿尔斯兰除外，然后等待着联盟自身分崩离析。反对派贵族们不安起来，猜测阵营中有谁会最先倒戈。然后，他们得知了塔玛拉军队的规模，便都重新计算了一番，放弃反抗，转而恳求女王的宽恕。

"她会怎么对待反对派？"格鲁吉亚所有贵族都在不安地思索着这个问题。塔玛拉的祖父冷酷无情，对叛乱余党一向赶尽杀绝，胆敢造反的人会被处以挖眼、阉割或死刑。不过，塔玛拉处事要灵活变通很多。她赦免了反对派，除了阿尔斯兰，他被她简单粗暴地逐出了公众生活。①

"罗网破裂，我们逃脱了。"塔玛拉读过很多次的《圣经·诗篇》中字句描述的欢欣正合其心情。她肯定看到上帝的手指引着她如何摆脱阿兹纳尔里们，以及摆脱上帝自己选定的大牧首。

但还有一个罗网她没有打破。在摆脱贵族和教会的威胁后，塔

---

① 按照中世纪的标准来说，格鲁吉亚的法律制裁是非常仁慈的了。当时没有长期监禁的刑罚，所以，对于严重犯罪者，代替斩首的刑罚是弄瞎重罪犯的眼睛，然后放回村子里，使他无法再对邻人造成威胁。

玛拉准备切割王国的另一个毒瘤：她堕落的丈夫。

† † †

将近三年的时间中，尤里一直担任妻子的军事统帅，成功率领着她手下的人马对抗亚美尼亚。他指挥战斗，女王则随军队到达最远方的教堂或修道院，以演讲和胜利的祈祷来激励士兵。

这种分工很适合塔玛拉。她是个坚强的苦行者，喜欢在路上的生活，并且会利用征战之机去拜访友好的附庸国，参观教堂和城市，摸清王国的脉搏。身为君主，她可以做出战略决策，如分配税收或产出，以确保军队得到良好的供应。不过，作为一个女人，她永远无法做出战术决策，但与士兵共同经历征战生活的辛苦，令她能了解军队需要什么才可以在战场上活下来。

尤里外出征战时，这种安排还算不错。格鲁吉亚军队畅通无阻地行进在塞西亚人、帕提亚人和马萨格泰人昔日游牧的土地上，这位女王配偶被誉为征服者。铸币上刻着铭文："上帝赞美国王与女王"。

塔玛拉也许会质疑上帝与"国王"有多大关系，因为除了有限的军事胜利外，她和尤里两个人是极其不般配的。塔玛拉在教会中成长，东正教的信仰深植于她的灵魂中。她参加礼拜仪式，每日祈祷，缝制衣物分发给第比利斯的穷人。

尤里也自称信仰东正教，但实际上，他尊崇的是酒、性和施虐——虔诚程度大致依此顺序排列。作为一个以生产美酒著称的国家的国王，他经常酩酊大醉，然后留下一串情妇，也不怎么遮掩。"那个罗斯人喝醉后就会显出塞西亚人的习性……醉生梦死，堕落到底，甚至会有鸡奸的行径。"一位当时的作者厌恶地写道，"他责打虐待身份尊贵的人，甚至肢解他们。"

塔玛拉从未爱过尤里。阿兹纳尔里们强加于她的这场婚姻，是否曾圆房都不确定。随着尤里的道德败坏不断升级，从单纯的粗野无礼演化为嗜杀如命，她派了一个僧侣团去劝诫他。罗斯人对他们的警告置之不理，继续折磨第比利斯的王室。

在经历了长达三年的尴尬之后，塔玛拉终于要求教会宣布婚姻无效。主教们和贵族们都十分不喜欢尤里，很快便通过了她的请求。塔玛拉的侍臣们匆忙地把尤里打包送去君士坦丁堡，同时送去的还有一批黄金和对他的未来追求的美好祝愿，只要他的追求与格鲁吉亚无关就行。

贵族们站到了自己的一边，曾经的大牧首已经死了，前夫待在君士坦丁堡，塔玛拉终于可以自由地规划新的目标——如果她愿意的话，也可以选择一个新丈夫。

有一段时间，她并不愿意。来自邻国的王子和君主到第比利斯来向她求婚，但她已经因第一场婚姻受伤严重，便都拒绝了。"上帝为我作证，我从未想过成婚，过去不想，现在也不想，所以，我请求你们让我免于这一生命必须之事。"她对一些贵族说。

但她的姑妈鲁苏丹和贵族们都坚持。塔玛拉迫不得已重新考虑该怎么应对这令人不喜的未来，她给新的婚姻设定了自己的条件：必须有爱才能成婚。

塔玛拉对成婚人选有了发言权，没多久，她便陷入爱河。奥塞梯王子达维特·索斯兰（Davit Soslan）是塔玛拉的一个远房亲戚，带着可信凭证来到第比利斯。"体型中等，身形健美，宽肩膀，长相英俊。"一份早期的格鲁吉亚手稿中如此描述。达维特是名骑术高超的骑士，并且在军事方面天赋异禀。塔玛拉第一次婚姻解除后一年，1189 年，她与达维特举行婚礼。

塔玛拉的第二次婚姻是政治联姻中罕有的在宫廷、战场和私人生活中都非常成功的范例。不到两年，这对夫妻便孕育了第一个孩子。1192 年，塔玛拉生下一位王子，也就是未来的国王格奥尔基四世（Giorgi Ⅳ）。一年后，她又为王国诞下一位公主，取名时根据她那位喜欢多管闲事的姑妈的名字命名为鲁苏丹。

卷土重来的前夫

塔玛拉与达维特婚后最初几年，是非常幸福的一对，但她那个刚愎自用的前夫却要在她的王国中搅风搅雨。就凭尤里·博戈柳布斯基在格鲁吉亚的所作所为，塔玛拉的父亲可能就会将这个恶棍弄瞎或开膛破肚，但塔玛拉反对死刑，从来都没有想过要他的命。

她很可能会后悔自己这么宽大仁慈。

恢复单身的尤里越发不安分。1191 年，尤里与受格鲁吉亚控制的一个西方王国埃尔祖鲁姆的苏丹联合兴兵攻打格鲁吉亚，称要夺回尤里"失去的"王位。尤里和他的支持者沿着黑海海岸行进，突然出现在格鲁吉亚西北部库塔伊西的王宫中。当地贵族对尤里的暴虐还记忆犹新，于是立刻将他加冕为国王。

得知尤里带着军队卷土重来，震惊之下的塔玛拉采用了十多年前对待造反的贵族们使用的策略：她一面派使者去斡旋协商争取时间，一面匆匆地集结军队。她派出捷夫多雷大牧首和一个地方主教去劝诫支持尤里的贵族们，但是这次这一招没有见效。造反派们大胆冒进，将军队一分为二，从两个方向攻击。一支军队在尤里的指挥下进入格鲁吉亚东部，吸引效忠者的注意力；主力部队则向南移动，将沿路城镇付之一炬，向着山中要塞第莫戈维进军，这是一座高踞于格鲁吉亚山区一处陡峭悬崖上的城堡。

塔玛拉关注着有关前夫行动的情报，作为回应，她也分兵两路。她派侍卫长率领军队中的绝大部分向南迎击叛军主力，然后由她的现任丈夫带领一支规模较小的部队去迎战她的前夫。

在米特卡瓦利河①河畔，两支主力部队遭遇。双方先是都射出一阵箭雨以削弱对方的步兵，然后又互相劈砍、刺扎。叛军首先溃败撤退。接着，在第二场战役中，塔玛拉的军队给予叛军致命性打击，令她确定无疑地成为格鲁吉亚中心地带的女主人。

得知南线败绩后，尤里与钦察人、造反的格鲁吉亚人和小贵族们之间的联盟瓦解。塔玛拉的军队追击造反首领，罗网张开，尤里·博戈柳布斯基便撞了进来，他的战友们为赢得女王的仁慈而背叛了他。

塔玛拉依然不愿意砍掉尤里的脑袋，又把他送去了君士坦丁堡，这一次是让他空着手去的。她剥夺了造反的贵族们的土地——毕竟，造反对女王从来都不是一桩毫无风险的举动——但她容许他们留住脑袋和其他器官（对此，他们应该是非常感激的）。

1191年的造反并非尤里最后一次尝试修改自己的离婚条款。令塔玛拉恼火的是，两年后，尤里卷土重来，身后率领一支阿塞拜疆军队。对塔玛拉来说很幸运的是，尤里太粗心大意了，被她的一个公爵设计擒获。尤里还是保住了脑袋，但这一次塔玛拉恼火至极，没有将他送回君士坦丁堡去再来一次。她将他囚禁在第比利斯

---

①　即库拉河。——译者注

一座修道院中的一间小牢房里，在那里，除了看守他的人和当地僧侣，他折磨不了任何人。

终于把自家的事务都处理好了，塔玛拉有了精力将目光投向国境之外的敌人。

沙姆基尔之战

格鲁吉亚位于诸多苏丹国和垂死的拜占庭帝国的余烬的包围下，即便是在最好的时期，也与邻国关系紧张——而塔玛拉当政时期并非最好的时期。小亚细亚地区横亘着拜占庭帝国下辖的特拉布宗王国、罗姆苏丹国、阿尤布苏丹国、亚美尼亚和阿塞拜疆。在东面，沿着里海海岸，分布着高加索人的阿尔巴尼亚和希尔凡，希尔凡是格鲁吉亚的盟国。

塔玛拉与邻国的关系是权力的产物。像埃及人的阿尤布王国或塞尔柱这样的大型国家必须小心谨慎地对待，招惹这些沉睡的熊不会有什么好结果。所以，应对这些国家的君主时，她使用的是外交手段，而非武力。

宗教信仰的不同并不一定意味着敌对。她发现，有些异教统治者，她可以与之各取所需，就如同基督教的商人会与波斯和阿拉伯的伙伴维持贸易繁荣。她与一位苏丹协商出一条安全通道，格鲁吉亚的朝圣者能由此安全前往耶路撒冷的圣十字修道院。对另一位信仰不同的统治者，她承诺说："以圣父、圣子和圣灵之名，只要在我有生之日，与你的友人为友，与你的敌人为敌，与你永葆最大善意，绝不攻击你的城镇或堡垒。"

而对于较小的国家，无论其信奉的宗教为何，她都可以无所顾忌地去摆布。在儿子格奥尔基出生之时，塔玛拉容许骄傲的父亲放纵地进行了一次传统军力展示，以纪念格鲁吉亚的王子诞生。达维特组织了一支小部队，而塔玛拉也吩咐她手下的"狼"去掳掠。达维特的军队朝东南的阿塞拜疆进军，攻占了阿尔巴尼亚一座旧都。然后，他又向西奇袭埃尔祖鲁姆，这是一个向罗姆苏丹缴纳保护费的附庸国。

塔玛拉的人马从埃尔祖鲁姆凯旋时带回了掳掠来的妇女儿童、马牛牲畜、金钱货物，女王期待这次奇袭能够威慑周边国家的统治者们。但达维特有些过于成功了，塔玛拉误判了当前的外交局势。高加索的帕夏们和毛拉们①请求巴格达的哈里发纳绥尔（al-Nasir）来教训一下格鲁吉亚人，哈里发欣然同意，命令所有的与自己信仰相同的君主对格鲁吉亚发动讨伐。

阿塞拜疆的国师名为努斯拉特·阿尔丁·阿布·贝克尔（Nus-rat al-Din Abu Bakr），是一个野心勃勃的刽子手，他组建起一支联军，召集了6万人马，入侵格鲁吉亚的保护国希尔凡，驱逐了希尔凡的沙阿②，希尔凡沙阿逃到第比利斯，向塔玛拉求援。女王小心翼翼地不去挫败阿塞拜疆的征战——否则肯定会招惹来更多敌人的军队——但她私下告诉沙阿，她和达维特会尽他们所能，帮助他复国。

1195年春，一支约3万人的格鲁吉亚军队准备出征去应对异教

---

① 帕夏：奥斯曼帝国行政系统里的高级官员，通常是总督、将军及高官。毛拉：宗教人员教职称谓。帕夏与毛拉，一个是世俗权威，一个是宗教权威。——译者注

② 沙阿：或简称"沙"，本是古代伊朗君主的称号，一些阿拉伯小国的君主也以此为号。——译者注

徒的攻击。塔玛拉在南部边境与军队会合，然后停留数日，与达维特和士兵们共度、祈祷，令士兵们更加坚定地去应对未来的任务。

"我的兄弟们，不要让你们的心因恐惧而颤抖，不要因他们人数众多而你们人数少便畏惧，上帝与我们同在。"她真情流露，"在圣母的帮助下，依靠不可战胜的信仰之力，战胜那些敌人。"

对麾下人马演讲之后，塔玛拉走在崎岖不平的路上，像虔诚的忏悔者一样赤着脚，前往梅特希圣母教堂。女王拜倒在圣像前，流着眼泪，祈祷圣母庇佑她的丈夫和士兵的安全。

达维特的军队沿阿拉斯河而下，6月1日，在阿塞拜疆的沙姆基尔与阿布·贝克尔的军队相遇。达维特和先锋军一路冲杀，攻入城门，主力部队则迂回行军，攻击敌人的侧翼和后方。

守军奋力抵抗，但及时的增援扭转了格鲁吉亚的局势。"箭矢饮血，刀剑品尝敌人的血肉。"一位史家记载。经历过艰辛战斗，达维特的手下将城中大部分守军都杀死或俘房。

阿布·贝克尔及其残部向东遁逃。达维特追击其后，攻下小行省占贾，当地人尊达维特为他们的新埃米尔。附近的君主们纷纷送来贡奉。

尽管并非决定性的，但沙姆基尔之战是塔玛拉治下格鲁吉亚的重大胜利。达维特运回约1.2万名奴隶、2 000匹马、7 000头骡子和1.5万匹骆驼，此外还有很多黄金和上好的纺织品。奴隶和牲畜塞满了第比利斯的郊区，俘房市场变得供过于求（有一段时间，城中一个奴隶的价格相当于一木桶面粉的价格）。

在沙姆基尔战役胜利后，塔玛拉一直密切关注着边境上的局势。她选派了一些重要家族去分区守卫格鲁吉亚的边境，当边境守军听到塞尔柱人逼近的传言，就立刻汇报给第比利斯。塔玛拉决定是否召集军队，军队会被她安排由少数值得信赖的几位将军中的一位指挥。"她不容许她的军队无所事事。"传记作者写道，这种表述，实际上仅仅是格鲁吉亚人习惯的轻描淡写。

巴西亚尼之战

塔玛拉谨慎提防着边境局势，而野心勃勃的罗姆苏丹卢肯·艾丁·苏雷曼沙二世（Rukn ad-Din Suleimanshah Ⅱ）正在西南方缔造一个帝国。苏雷曼沙推翻自己的兄弟登上王位，准备将军队开赴邻国特拉布宗，这里本由古老的拜占庭帝国控制，是罗姆苏丹与塔玛拉的格鲁吉亚之间的缓冲地带。1201 年，苏丹的军队俘虏了一个国王，这个国王向塔玛拉支付保护费，一般被美称为"贡奉"。

多年来，格鲁吉亚和罗姆国一直和睦相处。两国偶尔互送礼物，在对方的都城中派驻使节。当苏雷曼沙决定与格鲁吉亚反目时，并不希望外交上的细节弱化了自己想传达的信息。他派出一个信使前往格鲁吉亚，带着几乎没有斡旋余地的书面要求：塔玛拉必须放弃来自不同信仰国家的所有贡奉，并改变宗教信仰——不然后果自负。

信使读出苏雷曼沙的词句："现在，我要派出我所有人马，只为了消灭你国家中的所有人；只有那些来见我、向我的面纱拜倒、放弃原有信仰的人，才能活下来。"

这个开头让人不乐观，但塔玛拉听信使继续往下读苏丹的条件：如果她放弃基督教信仰，他会娶她为他的妻子之一；如果她拒绝，他会消灭她的人民，然后将她纳入后宫。

　　信使念出的词句以及他傲慢的腔调令一位贵族怒不可遏，一击将他打倒。塔玛拉同样勃然大怒，警告他："如果你不是个信使，就凭你这般无礼，该先割了你的舌头，再砍了你的脑袋。"但她既没有割他的舌头，也没有砍他的脑袋，而是让他毫发无伤地回去见苏丹，传递预料中的回答。

　　信使离开后，塔玛拉就召集枢密会议。一个当时的作者写她"向他们咨询，并非像一个无助的人或一个女人，她并没有不顾理智的要求"。她对士兵极度信任，这种信任感充斥她的身心，她下令全面动员军队。

　　贵族们响应号召，很快，塔玛拉及其盟友就聚集起大约 8 万人的军队，这是格鲁吉亚有史以来最大规模的军队。她派出手下士兵去迎战敌军主力。对方大约有 15 万人，扎营在亚美尼亚边境区域的巴西亚尼山谷。

　　双方军队，一方向亚伯拉罕（Abraham）的神祈祷，一方向易卜拉欣（Ibrahim）的神祈祷，双方在装备上也是不相上下的。格鲁吉亚的精锐骑兵的战斗模式和武器都与塞尔柱骑兵相似，两方军队也都非常依赖弓骑兵。双方还部署了法兰克和钦察的雇佣骑士，步兵都使用传统的刀剑、长矛、盾牌作战。

　　当格鲁吉亚军队集中在群山庇护的瓦尔齐亚修道院附近的集结地时，塔玛拉出现在她的军队面前，又一次赤着双脚，但穿着富有宗教象征意义的衣服。她发表了一段祈求上帝祝福的演讲，令士兵们士气高昂、团结一心，在演讲结束时，他们齐声欢呼，称她为他们的国王。然后，军队迅速向巴西亚尼进军，而她前往修道院祈祷，唱诵祈祷的诗篇。

　　格鲁吉亚部队的闪电进军令塞尔柱的指挥官们始料未及。达维

特的前锋攻过来时，很多塞尔柱人还在帐篷中酣睡。"战斗打响，
残酷而激烈，那些场面可能仅在古时战争中才出现过。"塔玛拉的
历史作者记录道。

塞尔柱人临时布防反击，抵挡住格鲁吉亚人第一波攻击。达维
特在正面攻击之后，以两翼的骑兵发起经典的钳形攻势。苏丹大旗
倒下，防线溃败。很多塞尔柱士兵死于追击阶段，塔玛拉的军队缴
获了大量的财宝、囚犯以及能在适当的时候进行赎买的高级俘虏。

塔玛拉这场决定性的胜利拯救了她的王国，由此，格鲁吉亚成
为高加索地区的霸主。但与其他东正教国家之间的问题也一直分散
着她的注意力。1203 年，她给安条克和阿索斯山的格鲁吉亚修道
院的大笔捐赠被拜占庭皇帝夺走。一怒之下，塔玛拉开始筹备推翻
特拉布宗王国——这是拜占庭帝国在黑海沿岸的傀儡国。

第二年，当法国、威尼斯和神圣罗马帝国共同发起的第四次十
字军东征队伍忙着洗劫君士坦丁堡时，塔玛拉派两个侄子指挥一支
军队，攻占了特拉布宗的都城。她的侄子建立起一个亲格鲁吉亚的
国家，以塔玛拉的军队作为后盾，他们将新王国扩展为一个区域型
小帝国，成为塔玛拉的盟友和贸易伙伴，影响遍及黑海沿岸地带。

格鲁吉亚与塞尔柱人的战争又持续进行了数年。1209 年，阿
尔达比勒的埃米尔屠杀了 1.2 万名亚美尼亚的基督教徒，并俘虏了
更多人。作为报复，塔玛拉在次年的开斋节发动突然袭击。格鲁吉
亚人摧毁了阿尔达比勒城，按照相当的数量，屠杀了 1.2 万名城中
民众，并缴获奴隶、牲畜和其他战利品。

第二年，塔玛拉时不时派兵奇袭波斯，或平定山区的反叛。她
的一个将军在得知格鲁吉亚在米亚纳城的守军被屠杀后，将当地的
总督及其子女处以剥皮之刑，以警告那些反对塔玛拉权威之人。以

恐怖威慑和外交手段相结合，塔玛拉令格鲁吉亚得以长期维持边境安全稳定。

† † †

塔玛拉女王执政二十四年，到了末期，她的成就已经超过她的父辈祖辈。但时间犹如无情的骑士，1207 年，她深爱的达维特死了。接着，塔玛拉最信赖的大臣也撒手人寰。然后，她的大将军随之而去。到了五十岁时，她越发孤单。年迈的女王会惆怅地回想很久很久之前，将军们和大臣们畅饮她斟在征服之角中的美酒的岁月。

由于已经没有什么可以点燃心中的火焰，渐渐地，塔玛拉不再关心政务。她将还是少年的儿子格奥尔基·拉沙加冕为她的联合统治者，就如同近三十年前她父亲为她加冕一样。在她生命的最后一年，她无情地镇压了车臣的一次叛乱，但大部分情况下，她都把战略问题交给一众新兴的年轻领导人。

1213 年初，五十二岁的塔玛拉病逝，此时，她治下的格鲁吉亚的版图之大在其历史上是空前绝后的。亚美尼亚和阿塞拜疆的一部分土地当时都隶属于格鲁吉亚，而且格鲁吉亚主宰着周边阿拉伯人和塞尔柱人的附属国。她的国都第比利斯，在商业贸易、宗教建筑、科学、文学等方面都繁荣至极，达到这个国家从来未有过的程度——而且也不会再有。从战争中获得的财富，以及通过这些战争加强的贸易关系，塑造了有关格鲁吉亚黄金时代的大众记忆："农民像贵族，贵族像王子，王子像国王。"

不过，道出王国成功核心的，却是格鲁吉亚的另一句谚语：

"我们依靠狮爪认出狮子，依靠功绩熟知塔玛拉，如果想要了解她，就去看看曾经属于苏丹们但如今都归于她的城镇、堡垒和省份，去看看比她登上王位时继承到的扩大了一倍的疆土。"

† † †

塔玛拉并不是最后一个为一个古老而不稳定的王朝开疆拓土的女人。在亚洲的另一边，两个世纪之后，一个熟知历史的女人梦想着恢复昔日伟大帝国的荣耀。与塔玛拉不同，她身先士卒，亲自带兵作战，骑着马弯弓射箭打击敌人，并为她团结的人民夺回他们的土地。她还是一个对羽毛装饰的帽子极为喜爱的女人。

6. 虎年

满都海彻辰可敦，呼吁部众
为死去的可汗复仇，率军出征。

她命令步兵和牛车队先行前进，
三天三夜之后她亲率骑兵动身。

满都海彻辰可敦，背上箭筒
优雅从容，整理好蓬乱的头发，

将达延汗装在一个箱子中，带上出征。

——《黄金史》（*Altan Tobchi*）第 101 节，1651 年

破旧的毡帐并不似历史的支柱该有的样子。饱经风霜的神龛被绑在一辆结实的木车上，短腿马拉着车在草原上车辙纵横的土路上前行，神龛随之一摇一晃，令人不安。但是，对于跟在后面的部落民众来说，那帐篷就是联通"母后"的地方，这片被他们称作家园的多风之地，全靠这位女神赋予生命。①

在这样的背景下，一个名叫满都海（Manduhai）的二十三岁蒙古寡妇，穿着可敦——也就是蒙古皇后——的鲜红色长袍，站在一众部落首领面前。她身形矮小，但不显矮小，因她身上有蒙古人独特的代表权威的象征：一顶震撼人心的绿色高毡帽，顶上饰有鲜艳的孔雀羽毛。她声音洪亮高亢，向"母后"祈祷，请求她指引部落选出下一任首领。

尽管满都海是在对天上的神灵唱诵，真正的观众却是那些贵族，他们认真聆听，不放过任何一个字眼。向"母后"的祈祷是满都海用来宣布一项决定的策略，这项决定将影响她的人民未来三百年的生活。

† † †

二百五十年前，成吉思汗横扫欧亚大陆，从太平洋沿岸一直到欧洲中部都被他踏于马蹄之下。这位征服者的儿子们充当父亲的帝国的刀锋矛尖，率领军队深入高加索和俄罗斯。但成吉思汗把更微妙的任务交给了他的妻子和女儿们，由她们来管理帝国的中心地

---

① 母后：指拖雷的妻子唆鲁禾帖尼，蒙哥、忽必烈、旭烈兀、阿里不哥的生母。由于她的这四个杰出的儿子都做过帝王，因此她被后世史学家称为"四帝之母"，被蒙古部族尊奉为守护者，有时也称为"额西母后"。——译者注

带：中国、西伯利亚、蒙古、中亚，以及"丝绸之路"这条获利颇丰的贸易通道。

腥风血雨与肆意欢笑的日子都是很久之前的事情了，蒙古帝国分裂成诸多半独立的汗国，君主们都是远亲。随着酗酒成瘾、宫廷阴谋、狂妄自大、暴力肃清异己等因素夺走成吉思汗的后代，大汗当年谨慎制定的维护家族和平的法律也都被随意地置之不理了。十代人之后，蒙古的统治者们已经为被他们征服的文化所吞噬，与被他们征服的人通婚，移风易俗，融入当地。部落时代的蒙古文化仅仅留存于帝国昔日的核心地带：现代的蒙古国和西伯利亚东部地区。

甚至蒙古人这个名号也并不明确，因为草原牧民只不过是亚洲多个部落形成的一个不受控制的联盟。15 世纪中期，北方的蒙古人分裂成东西两大氏族。东部，孛儿只斤氏（Borijin），也就是成吉思汗的后裔，统治着戈壁大漠北方的蒙古高原。作为帝国创建者的血亲后裔，按照传统，孛儿只斤的首领们拥有"蒙古帝国大汗"的称号，并在理论上统治着高原上所有的部落，疆域西至西伯利亚的阿尔泰山脉。

但孛儿只斤氏的统治者只是名义上的大汗而已。15 世纪，帝国已经衰弱，敌对的部落都不再惧怕孛儿只斤。东部和中部的氏族依然宣誓效忠孛儿只斤的首领，但西方的军阀却已独立统治自己的土地，他们中的很多人认为，尽管表面上远方的王座由无能之辈占据，但自己才是真正的蒙古权威。

孛儿只斤的西面生活着斡亦剌惕人，一般被称作瓦剌人，这个部落由中亚、西伯利亚和蒙古等地区的多个少数民族混合而成。尽管瓦剌人曾经是成吉思汗忠诚的盟友，但大汗的继承者却将他们当作被征服的奴隶。敌对的外国势力离间了瓦剌与大汗的联系。到了满都海的时代，瓦剌已经接受来自突厥化蒙古部落的酋长担任他们非官方的君主，称其作太师。

1452 年，一个居心不良的太师玩弄权术，将孛儿只斤氏的首领层全都杀死。[①] 他引诱孛儿只斤的贵族参加一次宴会，派杀手杀了所有人，只有屈指可数的几个人幸免于难。从他的刀剑和毒药下大难不死的人被吓破了胆，选择了臣服。太师扶植了一个容易控制的幸存者作为他的傀儡。

幸存的孛儿只斤氏男性中有一个脱离了太师的控制，他在大清洗的时候还没有出生。他是太师的外孙，是他女儿和一个孛儿只斤氏族小贵族的孩子，他的父亲和他都是成吉思汗的后裔。太师听说自己的外孙即将出生时，知道拥有成吉思汗血脉的男孩将来某一天会成为威胁，于是派了一伙人去消除威胁。他对带头的人说，去找到那个母亲的毡帐，看看新生儿是男是女。"如果生的是个女儿，就梳理她的头发，"太师说，"如果生的是个男孩，就梳理他的心肺。"

就如同摩西一样，这个孩子得到了一位妇人的帮助，逃过了一劫。帮他的是太师的祖母，老人家出自孛儿只斤氏。她将男孩的性别特征隐藏了起来，躲过了非常细致的检查，然后就一直将孩子男扮女装，直到她设法偷偷把他送到安全的地方。

嗜杀的太师在两年后垮台，死于仇人的复仇。然后，一个名为乩加思兰（Beg-Arslan）的突厥军阀取而代之。乩加思兰以一个名为满都鲁（Manduul）的贵族取代了原来的孛儿只斤傀儡汗王。为

---

① 指也先太师。也先太师为绰罗斯氏，满都海也是这个氏族的。——译者注

了加强自己与统治者的关系，乩加思兰强迫满都鲁娶了自己的女儿——一个丑得出名的女人，她的名字在蒙古语中意为"大鼻子"。

当地以圆脸和小巧五官为美，所以，大鼻子这样的西方长相并不能引发满都鲁的爱情。1464 年，一个富有魅力的绰罗斯氏女孩吸引了可汗的目光，她名为满都海，在蒙古语中意为"上升"，这个名字似乎预兆着美好的未来，满都鲁娶她为自己的小夫人也正印证了这一点。

满都海的前景却不佳，她为汗王生下一个女儿，却没能生下儿子。满都鲁汗没有继承人，身体又很虚弱，于是便将侄子作为汗王来培养。这个男孩——巴彦蒙克（Bayan Mongke）——就是那个在几年前孛儿只斤氏遭到清洗时逃过了太师暗杀的孩子。巴彦在游牧民掩护下躲躲藏藏地生活，如今已经长成一个少年，是成吉思汗仅有的直系子孙。

巴彦蒙克正是满都鲁渴望的儿子。汗王让侄子身着丝绸礼服，腰扎黄金腰带，封他为"济农"，也就是"副汗"。人们都认为，有朝一日，巴彦汗将重振祖宗基业。而满都鲁也把对蒙古下一代的希望都寄托在了巴彦蒙克身上。

然而，对于那些觊觎满都鲁的汗位的人来说，黄金王子也同样是一个威胁。一个名为亦思马因（Ismayil）的勇士首领，受乩加思兰提携照顾，也独立发展为一方军阀，他通过细作散播谣言，说济农与满都鲁汗的大夫人有染。谣言站住脚之后，经常做客孛儿只斤王帐的亦思马因偷偷告诉巴彦蒙克，他的叔叔对这私通的事情起了疑心，准备要杀了他。大惊之下的巴彦蒙克逃离王帐，纵马飞奔到戈壁沙漠的边缘。

可汗认为巴彦蒙克的逃跑等于直接认罪，于是便让亦思马因派一队骑兵去追击逃亡的王子。骑兵到达巴彦蒙克的营帐，十九岁的济农抛下自己的妻子和刚出生不久的儿子，逃到沙漠深处。他孤身一人在沙漠中，碰上了一伙马匪，他们看到这孤身的骑士身上奢华的衣服，便杀了他，脱掉他的外袍和腰带，将他的尸体丢在荒野中慢慢腐烂。

在巴彦蒙克逃亡期间，满都鲁汗死了，没有留下男性继承人。[①]他的王位诱惑着众人参与到神和人共同造就的恶作剧中。同时，满都海的婚姻令她拥有了"可敦"的高级地位，尽管丈夫死后，这个封号并没有什么独立的权力。除非她找到以自己的名义执政的合法基础，并获得军队的支持，否则在想做可汗的人争夺汗位之时，她将成为一个皇家棋子，在帐篷床榻和草地绿洲形成的棋盘间任人摆布。

† † †

站在"母后"的神龛前，满都海看得出族人前路凶险。西方，瓦剌人难以管束。南方，乩加思兰控制着"丝绸之路"上的绿洲，日渐富有与强大，而"丝绸之路"东段的贸易则被控制在大明手中。乩加思兰和大明皇帝如果察觉出他们的虚弱，都会非常乐意将其歼灭，而一个寡妇正好是诱惑他们行动的虚弱表现。

要让古老的蒙古帝国存续下去，就意味着要找到一个新可汗，也就意味着满都海要找一个新丈夫。有两个人自然而然地成为嫠居

---

① 满都鲁死亡的情形如今已经不可考，但考虑到有那么多觊觎王位的人，被谋杀也并不是不合情理的。

可敦的追求者。其中之一是一个地位很高的孛儿只斤的贵族将领，名为乌讷博罗特（Une-Bolod）。他富有魅力，出身名门，战绩令人叹服。他掌控着蒙古军队的给养物资，自十六年前瓦剌清洗之后，就担任孛儿只斤家族非正式的首领。

乌讷博罗特唯一的不足就是他的血脉。他出身孛儿只斤家族的旁支，并非成吉思汗的直系后裔。这就是一个问题，因为满都海的血管里也没有流淌着开国者的血。嫁给乌讷博罗特，等于皇家直系血脉就此不存，会削弱孛儿只斤氏族"大汗"这个称号的力量。人们渴望着熟悉的家族的指引，而乌讷博罗特出自不是正确的世系。

第二个选项要更加冒险：瓦剌首领亦思马因，已经控制了西方地区，独立统治，不再受乩加思兰的约束。亦思马因看出满都海是自己成为合法可汗的通道，便用可以安全无忧地在绿洲中过上与世隔绝的奢华日子的前景诱惑她。

选择亦思马因，意味着过上锦衣玉食、金樽美酒的生活。但这也同样意味着背弃族人，失去自己作为蒙古领导者的地位。正如一个支持者警告她的："你会自绝于族人，你会失去荣耀和可敦的尊号。"

这警告压在满都海心头，十分沉重。

她还有一个选择，是交出帝国投降大明。两百年前，大明将蒙古人赶出中原。明朝现在的统治者成化皇帝决定要彻底消灭蒙古人的威胁。在明朝的大臣们看来，和亲比漫长而昂贵的战争更加合适。蒙古人的财富，即便是太师的宝库，和大明的富裕一比，都不值一提。如果满都海接受大明的提议，她可以到金碧辉煌的明朝，过上舒适而奢华的生活，而她的部族会成为大明的附庸。满都海要交出她的遗产，并丧失恢复昔日帝国荣耀的所有机会。

每一个选择，都能保证安全而舒适的生活，充满着诱惑，那是在草原的艰难环境中长大的女孩无法想象的生活。但每一个也都要求极高的牺牲：放弃统治成吉思汗伟大帝国残留下来的势力的权力。无论称号如何，社会地位如何，满都海若是选择了孛儿只斤的将军、瓦剌的太师或明朝的皇帝，都不会拥有真正的权力。

所以，她在"母后"的神龛前祷告。风吹过，绿草微微摇摆，她进行了"洒天"仪式，将马奶酒当作祭品洒向空中，祈祷神赐予智慧和洞见。

满都海的话还在空中飘荡着，一个瘦弱的年幼男孩挤出人群。他脚蹬又大又硬的靴子，摇摇晃晃地向可敦走来，满都海把手伸向了他。

† † †

满都海知道，但那些贵族们不知道，这个从人群中踉跄着出来的病歪歪的孩子，将成为部族所需要的象征。巴图孟克（Batu Mongke），已故的巴彦蒙克王子当时丢下的儿子，在一个老农妇的照顾下顽强地活了下来。蒙古大草原上气候条件恶劣，沙暴可能闷死一个无人照管的孩子，滴水成冰的气温可能令湿尿布变成死亡的温床，在这样的生活条件下，给孩童提供照顾和营养都是很难的，而小巴图孟克在生命的最初几年中缺少这些基本的必需品。他弓腰驼背，身子骨瘦如柴，而瘦骨嶙峋的腿几乎撑不住这个身体。

当满都海得知这个孩子活下来了，便秘密地安排人将病弱的孩子转移到一个乡下家庭寄养，让他能相对安全地长大，以免仇敌夺走他的性命。作为成吉思汗直系后裔中唯一幸存的男性，巴图孟克成为满都海摄政并接管东部蒙古人统治权所需的幌子。

在帝国初期的迷信时代，选择新可汗的过程包括降灵仪式、长时间的祈祷和头领们秘密会议的选举。到了满都海时代，这老的一套已经被扔到一边，而满都海也不准备把抉择交由投票选举。至关重要的一点是，新可汗要以能被民众接受的方式出现，但她不会冒险去选举，因为选举可能会被操纵，令敌人有机可乘。

于是，她转而借助宗教。如果能够使用得法，古老的神认可的仪式是确立正统的老套路，至少也是大众能接受的方法。在很久很久之前，当成吉思汗认为他要采取部族可能不愿支持的行为时，他便会引人瞩目地去一座圣山朝圣，向长生天祈祷，然后，便告诉大家他已经得到了神圣的祝福。

仿效开国者的榜样，满都海也把目光投向了祖先们。她的仪式在"母后"神龛前举行，首先宣布她不愿意嫁给乌讷博罗特，因为他并非大汗的后裔。她向女神祷告，如果选他做自己的丈夫，就请女神惩罚自己。

满都海知道自己拒绝一位颇得民心的孛儿只斤将领会令拥护者不安，于是在拒绝了乌讷博罗特之后立刻道出第二个誓言，以蒙古士兵在战斗前宣誓的忠诚誓言作结语：如果她背弃部族，或给他们带来危险，她请求女神让她碎尸万段，"肩膀与大腿分裂"。

随着她的重誓压到人们心头，巴图孟克摇摇晃晃地走上前来，站到可敦身边。他穿着三层底的靴子，可这也无法隐藏他的年龄，他只有五岁大，纤弱的身形让他显得更加年幼。满都海将这个孩子带到女神面前，宣布："我希望让你的后代成为大汗，尽管他还只是个年幼的孩子。"

满都海令围观的人信服诸神同意了。她赐予巴图帝号达延汗，意思是"全体人的汗"——一个祈求团结与统一的吉利的名字。满都海将在达延汗幼年时期摄政，等到他成年，二人将成婚，以可汗和可敦的身份一起统治。

那年是 1470 年——中国历法的虎年。①

征服扎布汗

仪式和祷告令达延汗的称号有了合乎正统的表面，但满都海内心清楚，没有军队做后盾，她的被保护人的汗位——以及性命——都保不住。每一处边疆上的敌人都蠢蠢欲动，满都海若要捍卫王位，团结蒙古部族，扩张帝国，能用来组织自己军队的时间稀少而宝贵。

她的第一步，是维护住被她拒绝的求婚者乌讷博罗特的忠诚。根据二人密谈约定的继承次序，如果达延汗意外身故，乌讷博罗特将成为王位的第一顺位继承人。同样，如果满都海在达延汗年幼时身亡，乌讷博罗特将担任摄政，统治草原，直到达延汗长大成人能亲政为止。

满都海相信，如果自己表明了会在达延汗死后支持乌讷博罗特，那么乌讷博罗特便不会自己动手加速那一天的到来。她对人的

---

① 关于达延汗的生卒年、即位年，因所据史料不同存在多种说法。中国学者一般认为达延汗生于 1473 年，于 1479 年即位。具体可参考薄音湖：《达延汗生卒即位年考》[《中央民族学院学报》，1982（4）] 和宝音德力根：《达延汗生卒年、即位年及本名考辨》[《内蒙古大学学报（人文社会科学版）》，2001（6）]。1470 年为本书作者采信的年份。——译者注

性格判断精准，因而对乌讷博罗特的信任得到了回报：他效忠于可敦，并促成了东部和中部的氏族们的支持。

而在戈壁大漠的另一边，在遥远的南方，敌对势力正在强大起来。西南方向，在亦思马因和乩加思兰领导下，不安分的突厥化蒙古部势力越加庞大。东南方向，大明觉得可以趁着势力渐兴的寡妇与孤立无援的可汗当政之时扩张自己的帝国版图。

在满都海的箭筒中，最有效的一支实际上是经济磋商。但她无的放矢，因为对大明这样的商贸大国，蒙古除了良种战马之外并没有什么能出口的产品。这就让她只能选择军事手段。她手下骑兵的威力，以及她在戈壁沙漠以北的位置，令她这样一个缺乏优势的女人拥有了强大的优势。为了保证自己的统治和年幼的可汗的安全，满都海必须在战场上证明自己的实力。

根据蒙古统治者的秘史《黄金史》的记载，满都海虽不是专业的战略专家，却显示出卓越才华，她能综合考量经济、政治、地理和军事等变量，统观全局，制定出切实可行的计划。她将战略分成三个阶段。首先，安抚蒙古高原西部的部落。其次，她要和南方的大明维系和平，希望能通过非暴力的措施达成和约。最后，她要让西南方亦思马因和乩加思兰的军队失势，从而控制住"丝绸之路"上的关键据点，利用获利颇丰的贸易和税收来巩固强大自己的王国。

为了将西方部落纳入麾下，满都海选择了扎布汗作为第一次征战的目标，扎布汗是位于杭爱山西方的一个地区。这是一个很精明的选择。扎布汗水草丰美，足以维持一支庞大的骑兵为主的军队，而这片地区又位于"丝绸之路"绿洲的北面，控制了它，便相当于扼住了世界上最大的经济动脉。

勇士们是否完全效忠于未经考验的可敦，还是个疑问，满都海也知道自己的第一次征战必须大捷。尽管她缺少训练士兵或执行战术的专门知识，但她请手下将领为她参谋，并十分注重后勤和领导层。早在调度骑兵之前，她就派出牛车队拉着食物、箭矢和补给前往行军路线上的重要节点，马夫和军需官跟着步兵随后出发。

"满都海彻辰可敦，呼吁部众为死去的可汗复仇，率军出征。"《黄金史》中记载，"她命令步兵和牛车队先行前进，三天三夜之后她亲率骑兵动身。"

战争中的领导是另一个问题，因为每个士兵都知道，战斗队伍中没有女人的位置。飞扬的头发会被缠到箭囊里，羽毛装饰的高帽可能会在骑兵冲锋中飞出去。即便不会发生这种事情，女人骑在马上的样子，并不适合鼓舞普通的蒙古弓骑兵的士气。满都海知道自己需要一个男人来帮忙领导军队——即便这个男人年幼得拉不动弓——所以她带着小达延汗，当作一面人形战旗。她让他肩扛一张弓和一个箭筒，用系带将他固定在马背上，以防在长途骑行中他会从马鞍上掉下去。

满都海把头发辫成辫子，将高帽换成战士的钢盔，背上弓和箭筒。于是，这个中年寡妇和那个形容怪异的孩子加入战队，在战争中冲锋陷阵。

满都海的扎布汗战役是一系列紧张艰难的小规模战斗，而非史诗级大战。冲突往往发生在几百人之间，或者几千人之间，而非成吉思汗辉煌时代那种以万户为单位的大军。但随着满都海向西移动，一步步地扩张领地，她的名声便在瓦剌人中越发盛大。

《黄金史》中记载了一次小规模战役，满都海在箭雨和沙尘中纵马驰骋。她在马鞍上猛地一动，头盔从头上滑落，她成了敌人的最佳目标。

一个敌军士兵叫道："可敦的头盔掉了！"但是他没有把长矛刺向可敦没有保护的头，而是大声呼喊："再戴上一个呀！"没有人送上头盔，于是那个瓦剌人就摘掉自己的头盔，骑马冲向满都海，将它交给了敌方的女人。

如果真如史书中所记载的出现了这般具有骑士精神的举动，那这也并没有讨到满都海的好处。她热血沸腾，重新杀回战场。根据历史记载，满都海和她的亲卫冲入如云般密布的瓦剌人，"粉碎了他们"。

满都海带领的东蒙古部落与扎布汗的瓦剌人之间短暂的战争，以可敦的胜利告终。她将战败的氏族首领召集来，宣布新的礼法，直截了当地说明是谁做主。贵族高帽上的羽毛装饰，今后只能用不超过两个手指长度的羽冠。瓦剌人在可汗面前必须跪坐，他们不能将任何毡帐称作"斡鲁朵"（即宫帐或宫殿），他们不得在吃肉时用刀。①

满都海征服扎布汗，向草原部落表明，精力旺盛的年轻可敦拥有"母后"的庇佑。她派出使节，要求其他的瓦剌部落臣服。没有参与扎布汗战役的氏族们一个接一个地向满都海效忠。到了征伐结束时，蒙古高原上的蒙古人和瓦剌人都统一站在孛儿只斤的战旗之下。

直面乩加思兰

满都海在北方势力日渐巩固并强大，令大明统治者感到不安。

---

① 从现存的蒙古史籍来看，最后这一条禁令的意义并不完全清楚。餐具规则可能只是在满都海和达延汗在场时没收所有刀具，以防暗杀，直到他们安全离开。

两百年来，蒙古的蛮人都是明人睡前故事中的妖魔。但全面征讨蒙古，是孤立的中原人无力负担的。戈壁大漠是比长城还要坚不可摧的屏障，精打细算的大臣们不愿意把钱花在离本土这么远的军事远征上。

大明政府采取的打击措施是用财富，而不是用钢铁，他们下令禁止与满都海之间通商。在蒙古皇后接受大明的吞并条件之前，布料、沉香、药品和茶叶等奢侈品都会断绝供应。拒绝向满都海提供这些令草原生活舒适宜居的货物，可以迫使她屈服，而长矛弓弩是做不到这一点的。

然而，商业贸易是双向的，满都海也以禁商来反击。蒙古是大明马匹的主要来源地，贸易战导致明军中骑兵坐骑严重短缺。由于马匹数量减少，大明的采购者便在整个东亚搜寻马匹来源。价格攀升，黑市奸商暴富。没多久，一匹普通马的价格便攀升到了令人震惊的程度，能换一匹细丝或八匹粗丝，如果以现金购买的话，价格还要高，要相当于十匹粗丝。一匹良马能兑换130斤茶叶，真是相当于一大笔钱。

贸易战带来的影响出乎意料，令大明不堪忍受，但他们希望这也能说服那个顽固的女人臣服于中原的统治。但满都海坚持立场。她要把这场商业战争打下去，直到北京的朝廷让步。

扎布汗的胜利并没有令满都海彻底铲除西南方的敌人：亦思马因和乩加思兰。虽然戈壁大漠是抵御外敌的防御带，但西南方盘踞的军阀也拥有地利，可以在"丝绸之路"上的关键地点部署军队，从而切断蒙古的商业贸易。就和大明一样，太师们也能不费一弓一箭，就发动一场足以给满都海带来灭顶之灾的战争。

不过，满都海知道，自己并非他们唯一的目标。气焰嚣张的乩加思兰还在通过边境上的奇袭和短期侵占土地威胁着大明的边境安全。根据交好的商人和部落首领的通风报信，满都海对乩加思兰的挑衅之举十分了解，她推断，大明宣战不过是时间早晚问题。如果走运的话，大明会消灭掉她的敌人——或者，至少让他们损失惨重，她便能趁机率军直下将敌人歼灭。此时，时机是于她有利的。

然而，险中求胜并非万无一失。如果明军败北，乩加思兰就会在那些摇摆不定的部落中占据优势，那些部落会向他投诚。然后，乩加思兰挥军北上，跨过戈壁大漠，入主达延汗的王庭，也是迟早的事。

满都海的战略赌博赢了。如她所愿，大明皇帝被边境上的奇袭激怒，做出军事回应。大明将领王越率 4 万人马出击。王越伏击了乩加思兰的主力，击溃其骑兵，乩加思兰不得不向北撤退。

大明的胜利令满都海获得了暂时喘息的机会，但王越并没有消除乩加思兰对满都海的威胁。事情刚好相反：他迫使乩加思兰的乱军向北溃败，满都海与其敌人之间的缓冲地带越来越小。大明皇帝给了乩加思兰迎头一击，然后就转攻为守。他撤回远征的军队，加强北部边境的长城的防御，这表明除非万不得已，大明将不再在长城以北活动。

对满都海来说，大明选择这样的防御重心是个噩兆。这意味着，只要蒙古人不招惹大明，北京的朝廷就不打算干涉蒙古人的事务。而没有了大明，满都海必须靠自己的军队来抵御乩加思兰和亦思马因。她一直力图避免的战争，此刻就潜伏在远方。

乩加思兰与明军在汗国的南部边境鏖战之时，满都海并没有故步自封。她与可能参与抵抗乩加思兰的独立部落联盟，其中最强大的一支力量是几个部落的联盟，被称作"三卫"①。这些部族曾经宣誓效忠大明，但在过去的几十年里，随着战争形势的变化，他们对大明的忠诚渐渐瓦解。满都海取得在扎布汗地区的胜利后，巧妙地赢得了三卫的支持，然后厉兵秣马，准备迎接下一场战役。

她准备在乩加思兰和亦思马因合兵之前对他们逐个攻击。1479年前后，她的军队已经蓄势待发。她再次绑紧头盔，跨上战马。这一次陪伴着她的，是一个年龄大了一些、身体强壮了一些而且能干了一些的达延汗。

三卫和满都海的联军侵入乩加思兰的领地②，在蒙古高原南部建立前哨基地。在满都海的指导下，如今已经是少年的达延汗负责战役下一阶段。根据侦察获知，敌人十分分散，所以他们对乩加思兰的大本营发动奇袭。

看到敌军压境、数量惊人，乩加思兰惊慌失措，弃营逃走。为了摆脱追击，他和一个手下换了头盔，带着一小队残部拼命奔逃。但他并没有逃出太远。他的替身被俘，为了保命，供出了他逃跑的方向。达延汗的手下"追上乩加思兰，捉住他并将他杀死"。《黄金史》中的记载非常简略，"据说，杀死他的地方后来产出了盐"。

亦思马因因部落军力寡不敌众，也躲了起来。1484年前后，满都海下令地方军阀追击逃跑的太师。一个氏族族长派出250个骑

---

① 明洪武二十二年（1389年）设朵颜、泰宁、福余三卫于兀良哈部落，通称兀良哈三卫或朵颜三卫，简称"三卫"。牧地在今西拉木伦河北岸、洮儿河流域及嫩江下游一带；永乐以后南徙至今河北省东北部长城线外及辽宁省西部一带。后渐为蒙古部落合并。——译者注

② 蒙古史籍中并没有专门记载在满都海对乩加思兰作战时，她是否在关键时刻收买亦思马因，抑或亦思马因有自己的麻烦需要料理。无论如何，在满都海对付亦思马因的盟友时，他没有出现。

射手去寻找这个昔日向可敦求过婚的男人。弓箭手们在一个偏远的营地找到了他，并将他射死。

† † †

到亦思马因死时，达延汗的学徒期也结束了。在接下来的三十年中，满都海和达延汗夫妻二人共同统治，版图从西伯利亚的贝加尔湖一直延伸到黄河流域。1487 年，明宪宗驾崩，明朝与蒙古的关系翻开合作共赢的新篇章。部落兴盛繁荣，进入了一个稳定的新时期。

当然，还是有其他威胁，一直都会有，叛乱时不时地发生。满都海四十岁时，怀着八个月身孕，且是双胞胎，她还骑马带队去作战。一场战斗中战事正酣时，她精疲力竭，从马上摔下来，她的亲卫跳下马，在可敦周围形成了一圈人墙，她在别人的帮助下重新上马。

满都海和达延汗一直形影不离，他们共育有八个孩子，其中有三对双胞胎。为了巩固权力，大汗与可敦杀死或废黜冥顽不灵的部落首脑，让自己的儿女登上空虚的宝座，对部落进行重组，正如二百五十年前成吉思汗所为。他们废除太师的官位，颁布诏令称所有蒙古人都是兄弟手足。就如同昔日的蒙古人一样，所有的蒙古人都臣服于同一个大汗。

满都海得到上天庇佑，重振已逝的荣耀和繁华，然后在此中终老。1509 年，她重回大地母亲的怀抱，当时年约六十。她出身不高，但拥有能力团结并领导她的国家三十五年，为后代留下一个复兴的王朝，这个王朝将一直统治蒙古，直到 17 世纪初被满族征服。

蒙古的后代都尊称她为"满都海彻辰"，即睿智聪慧的满都海。

† † †

　　在满都海的故事告终那一年，在地球的另一端，另一位杰出的女性也离开了这个世界。与蒙古可敦一样，这位女性也在孕期跨上马背率领士兵作战。但她的舞台，是一个在蒙古草原上长大的女孩无法想象的。那是一个远离帐篷、马驹和绿草的世界，她生长在宫廷之中，周围是意大利文艺复兴时代的金碧辉煌与阴谋诡计。

7. 佩剑的蒙娜丽莎

她穿着缎子裙，拖裾有两臂长，头戴一顶法式天鹅绒黑帽，腰扎男款腰带，挂一个装满金币的钱包，身侧佩一柄弯刀；在士兵和骑兵当中，她却更令人畏惧，因为当有武器在她手，她便凶猛而残酷。

——巴尔托洛梅奥·切雷塔尼
（Bartolomeo Cerretani），约 1500 年

人们无声地看着浑身脏污的伯爵夫人走向吊桥。她丈夫被人屠戮，尸体埋在贫民的墓地中。她身边是全副武装、面露狰狞的看守。她的六个孩子沦为敌人的俘虏。捉住她的人以长矛带来的速死威胁她，以饥饿带来的煎熬之死威胁她，以复仇之神的永恒诅咒威胁她。

她的生命，她孩子们的生命，都取决于她对杀死丈夫的凶手做

出的一个绝望的承诺：如果俘虏她的人容许她返回她的堡垒，她会命令卫成部队投降。

那些人向她保证，她若是不能完全兑现，就意味着孩子们的惨死——一个接一个地惨死。

这个泪痕斑斑的寡妇走向吊桥边缘，仿佛行走在清醒的噩梦中。长矛的屏障分开，她走上吊桥，迈着审慎的脚步，到达敞开的城堡大门，然后转身看向人群。

她凝视着那些挟持她孩子的人，双手举向天空，握拳比出两个下流的手势，然后便消失在城堡里。

† † †

卡泰丽娜·斯福尔扎·里亚里奥（Caterina Sforza Riario）生活的世界既缤纷美丽又污秽不堪，既虔诚恭谨又邪恶糜烂。那片土地上，素馨花的芬芳中混杂着阴沟的恶臭，神父们兼职充当杀手，主教与教皇们在主持圣餐仪式之余便沉溺于世俗的欲念。她与舞动画笔的列奥纳多·达·芬奇（Leonardo da Vinci）和桑德罗·波提切利（Sandro Botticelli）交往，与巧舌如簧的尼可罗·马基雅维利（Niccolo Machiavelli）谈判，与教皇的军队展开厮杀，而米开朗琪罗（Michelangelo）正从大理石中雕琢出《圣母怜子像》（*Pietà*）。十岁成新娘，二十五岁做寡妇，植物学家、战士、美容师、强奸受害者、将领、暴君、母亲、忏悔者，卡泰丽娜·斯福尔扎的一生，堪称意大利文艺复兴所有女性中最吸引人的。

她出身于战士的家族，做佣兵队长的祖先们通过为教皇、国王和其他声称自己统治着 15 世纪意大利的小贵族们指挥雇佣兵发家致富。她的祖父征服了米兰，将其建设成意大利北方的经济和文化强邦。她的父亲加莱亚佐·斯福尔扎（Galeazzo Sforza）是一个充满矛盾的人：在战场冷酷无情，甚至可以说残忍至极，但他不仅是一个士兵，同时还是艺术的资助人。他一边屠戮敌人，一边委托艺术作品，资助建设奢华的剧场和宫殿。

卡泰丽娜是米兰公爵的非婚生女儿，年幼时便享受着教育与财富能提供的种种优势。她在位于米兰木星门的斯福尔扎城堡的金碧辉煌中长大，与公爵的其他子女一同进学（男孩与女孩，婚生与非婚生，并没有什么区别）。老师们教导她学习诗歌、拉丁文、骑士浪漫文学、历史和宗教，公爵的大藏书室中陈列着数千册藏书，闲暇之时，她便选一些沉浸其中。

斯福尔扎的家长们十分重视狩猎、战斗和领导力。卡泰丽娜虽为女孩，也学会了如何使用刀剑和盾牌，家中的马匹、猎鹰、狗和狩猎的武器随她使用。只要有机会到乡野之中，她就忙得不亦乐乎。在纵马狂奔追逐豪猪、公鹿或兔子的过程中，顽皮好动的小姑娘学会了驱散恐惧，专注于家族责任，无论这责任要求她做什么。

结果，家族责任要求她的童贞。1471 年，教皇死了，新教皇西克斯图斯四世（Sixtus IV）登上圣彼得大教堂的宝座。第二年圣诞节，卡泰丽娜十岁上下，教皇三十岁的外甥——酗酒无度、沉迷女色的吉罗拉莫·里亚里奥（Girolamo Riario）来拜访斯福尔扎家族。在寒冷的冬季的壁炉边，里亚里奥和斯福尔扎家的父亲商定了将改变卡泰丽娜生命轨迹的交易。

米兰人接受加莱亚佐公爵为他们的领主，但由于神圣罗马帝国的皇帝拒绝授予斯福尔扎家族族长正式的公爵爵位，所以他的封号总还是有些阴影。西克斯图斯教皇希望能巩固自己在罗马北面的小城邦罗马涅的势力，所以想买下斯福尔扎拥有的伊莫拉城，授予自己的外甥吉罗拉莫。教皇许诺，如果加莱亚佐公爵愿意把伊莫拉卖给教皇国，他便会对神圣罗马帝国的皇帝施加影响力，做实加莱亚佐米兰公爵的头衔。为促成交易，加莱亚佐提出将他十一岁大的外甥女科斯坦扎·福利亚尼（Costanza Fogliani）嫁给吉罗拉莫为新娘。

意大利贵族之间的婚姻通常都是在新郎新娘还未发育成熟时就安排商定。婚姻契约在法律上是有效的，不过，按照习俗，新人依然与他们的家人一起生活，直到可以生育子女为止，通常是十四岁上下。吉罗拉莫却迫不及待，坚持要立刻将十一岁的少女带上床榻，这个条件被女孩的母亲拒绝了。眼看交易就要破裂，绝望之中的加莱亚佐提出用自己十岁的女儿卡泰丽娜替换。吉罗拉莫同意了。三个星期后，二人成婚。

没有记录表明十岁时发生性行为给卡泰丽娜造成了什么身体创伤或情感创伤，而且在她之后的生活中，她也没有表现出对性的厌恶或排斥。她崇拜自己的父亲，信任他的判断，相信家族责任重于其他一切考量。与那个粗暴的老男人同床共枕，年幼的卡泰丽娜是在履行自己的责任：在斯福尔扎家族与教皇之间建立起至关重要的联系。于她来说，这就足够了。

婚姻敲定，斯福尔扎家族的标志——一条正在吃小孩的巨蛇①——与里亚里奥家族的玫瑰联合在了一起。但婚礼之后一个星

---

① 那条蛇，确切地说是比斯肖蛇（biscione，本意为无毒的巨蛇，形象是戴着王冠的蛇），本是在斯福尔扎家族征服米兰之前统治米兰的维斯康蒂家族的象征。斯福尔扎家族将其与一个人（可能是一个孩子）被蛇吞噬的形象结合，以威吓敌人。今天，在米兰制造商阿尔法·罗密欧制造的汽车车标上，可以看到这个图标已经被改头换面，但仍然可辨认出恐怖的版本。

期，心满意足的吉罗拉莫便回了罗马，投身情妇们更美好、更愉悦的怀抱中。三年之后，他才会再次见到他的小新娘。

在等待与丈夫团圆期间，卡泰丽娜成长为少妇。她骨瘦如柴的孩子身形开始绽放，变得腰肢纤细，脖颈柔美，双腿又长又健美。泛着红色的金发一缕缕地披散在脖颈上，在光滑白皙的皮肤、勾魂摄魄的绿眼睛的衬托下更显迷人。拥有欧洲最好的化妆品和最精美的服饰的卡泰丽娜，融欢乐、活力、美丽和教养于一身，仿佛醉人的佳酿，令男人们纷纷迷醉。

结婚三年后，即1476年，卡泰丽娜失去了挚爱的父亲——一伙反叛者在他参加圣史蒂芬日庆典时将他刺死在祭坛前。他流淌在礼拜堂地面上的血液还没有干，卡泰丽娜的养母——萨伏伊的博娜（Bona de Savoy）便挺身而出。她立刻宣布自己担任六岁儿子的摄政者，并召集效忠派的军队来辅助她。吊桥高悬，盟军们确信刺客是孤身作战，军队在米兰全境的交通要道驻防。杀手们被追捕到，然后被无情地杀死。

父亲的惨死留给卡泰丽娜的教训令她铭心刻骨：当父亲倒下，母亲必须接手指挥。妻子在丈夫身边，是支持者、生育者，务实严谨，掌管家务，但如果家中没有男人挥动刀剑，那么女人必须握剑在手——不能有半点犹豫。

取悦教皇

十三岁时，卡泰丽娜率领一队斯福尔扎家族的士兵、仆从和亲戚，踏上去往罗马的路。她从米兰出发一路向南而行，到罗马涅地区的伊莫拉城停驻，这里是她的新封地，在罗马东北方向约 200 英里处。她身穿镶嵌着近千颗小珍珠的金色礼服，精心设计地展示斯福尔扎家族的财富和权势，令当地人惊叹不已。珍珠珠串松松地绕在她的脖颈上，镶满宝石的黑色丝绸斗篷披在她的肩头。

她花了两个星期与当地的贵族和平民周旋，热情的臣民们争先恐后地款待她，盛宴一场接着一场。然后，她继续上路，抵达罗马时，教皇军队的 6 000 名骑兵在城门迎接她的队伍。

卡泰丽娜如同一个被派来宣传斯福尔扎家族财富的使者一般，披着金色锦缎斗篷，身穿猩红色长裙，施施然穿过圣彼得大教堂的一道道门。沉重的宝石项链压着她的后颈，修长纤细的手指上红绿宝石熠熠生辉。在齐聚一堂的红衣主教和侍臣们的见证下，这位光彩夺目的新娘跪在教皇陛下面前，亲吻他穿着便鞋的脚。

卡泰丽娜被正式引见给教皇，然后又被介绍给红衣主教团，她笑容灿烂地亲吻他们的手和戒指，恭维那些以神圣仪表令她心悦的睿智老人。在行完一轮又一轮屈膝礼和亲吻礼后，卡泰丽娜·斯福尔扎·里亚里奥以主宾的身份出现在一场奢靡夸张的罗马风格的婚宴上。那个晚上还没结束，这位来自米兰的精明又美丽的女孩已经赢得了教皇及教廷众人的心。

卡泰丽娜如新星冉冉上升，她的丈夫却渐渐黯淡。教皇需要 4 万金币从卡泰丽娜的父亲手中买下伊莫拉城，佛罗伦萨的美第奇家族却拒绝了梵蒂冈的贷款要求。西克斯图斯教皇恼羞成怒，转而向一个与美第奇家族敌对的银行家族借贷，此举激化了两个银行家族之间的世仇。为了让美第奇家族安分守己，1478 年，吉罗拉莫·里亚里奥雇了一伙杀手去刺杀他们的族长洛伦佐·德·美第奇 (Lorenzo de Medici)。杀手们准备在一个佛罗伦萨万众瞩目的场合下手：圣母百花大教堂的圣餐礼上。

这一阴谋不幸失败。尽管洛伦佐的弟弟身中十九刀倒地死亡，但洛伦佐本人成功逃脱，回到自己的大本营。大多数雇佣杀手被围捕并立即施以绞刑，其中包括主持圣餐仪式的比萨大主教和神父。他们的尸体就悬在绞死他们的绳子上慢慢腐烂，这一幕被一个三十三岁的佛罗伦萨画家波提切利记录在一幅湿壁画上。①

对吉罗拉莫来说，这次失败的暗杀尝试是苦涩的公开羞辱，对同样了解阴谋的教皇来说也是如此。这也让卡泰丽娜深感尴尬，因为她钦佩洛伦佐，珍视与美第奇家族的亲密友谊。意识到丈夫是妨碍自己野心的不稳定因素，她开始更加密切地关注意大利政治的暗黑世界。

1479 年 8 月，伯爵夫人诞下一个男孩，完成了一项重要的责任。这个孩子被命名为奥塔维亚诺·里亚里奥（Ottaviano Riario），作为教皇的甥孙，他的出生得到了罗马全体基督教贵族的祝贺。梵蒂冈派系首脑中最重要的一个人成为奥塔维亚诺的教父，这是一个来自西班牙的睿智的红衣主教，名为罗德里戈·波吉亚（Roderigo Borgia）。

通过赞助和买卖圣职，波吉亚主教积累了大量财富，他计划有一天将一部分财富以"什一税"的名义送给关键位置上的红衣主教们，以换取圣彼得大教堂中的宝座。即便按照 15 世纪罗马堕落糜烂的标准来说，波吉亚主教的性欲之旺盛，依然堪称史诗级别，他集财富、睿智和雄辩于一身，魅力非凡，领着源源不绝的为之神魂

---

① 在意大利文艺复兴时代，处刑是很流行的艺术主题。在同一年，吉罗拉莫派出的另一个杀手被捕获，披枷带锁被拖回佛罗伦萨，然后被直接绞死。他悬挂的尸体会被一个二十六岁的托斯卡纳画家用素描形式记录下来，这个画家名为列奥纳多·达·芬奇。

颠倒的女人来到他最神圣的床榻，从上滚过，然后再离开，其中有露水姻缘者，也有其挚爱的情妇。

波吉亚主教野心勃勃，千方百计要在合适时机拿下教皇之位。在将来教皇政治斗争经历不可避免的曲折和峰回路转时，卡泰丽娜会懂得该严密注视着他。

占领圣天使堡

奥塔维亚诺出生次年，西克斯图斯教皇扩大了吉罗拉莫的领地，将弗利划归其治下。弗利在伊莫拉城南方 10 英里远，人口 1 万人。弗利的军事中心位于拉瓦迪诺堡垒，城堡高壁深堑，45 英尺高的城堡主楼之上有四座圆形塔楼。

过去五十年中，弗利一直都是奥尔德拉菲家族的领地，这个家族内斗不断，长者纷纷死于自相残杀，令家族走上绝路。西克斯图斯教皇宣布奥尔德拉菲家族对弗利的所有权无效，并"忠实地执行上帝的旨意"，将这座城市和它的城堡赐给了自己的外甥吉罗拉莫。

由于担心暗杀，以及骨子里的多疑，吉罗拉莫推迟了去新领地的就职行程。第二年春天，他才和已经再次怀孕的卡泰丽娜到达弗利，随行人员众多，随从们在队伍前面挥舞着棕榈树叶，这一举动令人联想到耶稣进入耶路撒冷的场面。然而，和骑着驴子的耶稣不同，吉罗拉莫和卡泰丽娜乘坐由骏马拉着的马车，耶路撒冷的渔夫和乞丐也被穿金戴银的骑士、喧嚣的号手、圣十字架、圣骨匣和豪华的辎重马车组成的队列取代。

和在罗马时一样，卡泰丽娜令前来迎接新领主的人群倾倒。她触摸市民的手，许诺将她装点着珠宝的外衣作为礼物送给为她牵马的人。一天一夜的庆祝仪式之后，她和吉罗拉莫站在宫殿的露台上，接受人群的朝见欢呼，将硬币抛洒向下方拥挤的人群。那天下午，为期一个月的庆祝活动以一场模拟对战开场，向新来的伯爵和他多产的妻子致敬。

这个开头很好。但在接下来的四年中，吉罗拉莫陷入了孤立、偏执与冷酷无情的泥沼。他向附近的一个家族宣战，将其族长俘虏，严刑折磨了一个月，然后才以砍头结束其痛苦。他在下达秘密暗杀的指令时反应迅速，但在被要求公开战斗时十分胆怯。西克斯图斯教皇染病，垂死挣扎中将行政管理事务交到吉罗拉莫手中。1484 年，实际上是教皇的外甥行使着教皇的权柄。随着吉罗拉莫的势力扩张，他的专制和暴力激起了仇敌的复仇之火。

1484 年 8 月 12 日，西克斯图斯教皇病逝，他的死引发了蓄势已久的混乱和暴力浪潮。教皇更迭的真空期中，现实的道德权威缺位，在此期间罗马人历来的传统是掳掠、纵火、斗殴，直到一个新的教皇登上宝座，提醒他们罪恶的代价。1484 年的洗劫活动尤其可怕，大部分的盗窃和破坏活动都指向里亚里奥在罗马的各处宫殿。

当暴民统治开始时，吉罗拉莫正好在乡下，准备对付自己的另一个世仇。听到丈夫那些曾经被流放的敌人如今正一个接一个地返回罗马，怀孕七个月的卡泰丽娜知道，在这些敌人的胁迫下，红衣主教团选出里亚里奥氏族的仇敌担任教皇，只是时间早晚的问题。而随后就必然是对他们的报复。

这样不行，她明白。如果有任何行动，该是由她来采取。她穿着一件骑行斗篷，负担着未出生的孩子，大汗淋漓地上马，率领一支特别行动小队前往罗马的圣天使堡——这座位于台伯河畔的堡垒控制着通往圣彼得堡大教堂的道路。教皇死后两天，她到达罗马，纵马疾驰冲上通向堡垒的坡道。

卡泰丽娜没有流露出丝毫恐惧，她遣散高级军官——包括由她丈夫任命的守城将领——然后全凭自己做出军事上和政治上的决策。她下令城堡的青铜大炮排列在所有能通往梵蒂冈的路上，阻断去参加选举新教皇的会议的道路。她的手下在堡垒城墙上虎视眈眈。这个二十一岁的贵族孕妇主宰着罗马。

丈夫在城外驻扎，徒劳地发泄对敌人的怒气时，卡泰丽娜已经执行了一项非常高明的战略行动。堡垒城墙上的炮口是她的后盾，她要求红衣主教们确认前任教皇授予里亚里奥家族的头衔和封地。街道上的传道者们要求她把堡垒交还到上帝任命的代表手中，她大喊着回答：教皇西克斯图斯任命她丈夫担任城堡指挥官，她只会把城堡交还给他；如果有任何人不同意，她的加农炮会让反对者去和天上的天父尽情地讨论这桩事。

卡泰丽娜挑衅的回复令红衣主教们进退维谷，因为圣天使堡的炮口切断了他们前往进行教皇选举的西斯廷礼拜堂的道路。如果他们胆敢跨过台伯桥，向礼拜堂移动，她可能会炮轰他们。在卡泰丽娜容许红衣主教们过河前，不会有新的教皇——罗马城中的劫掠暴力活动也不会终结。

五天后，红衣主教们买通了吉罗拉莫，他们付出 8 000 金币作为对他被破坏的产业的赔偿，确认他在弗利和伊莫拉的封号，以及同意他继续担任教皇军队队长。荣誉和经济利益都得到了满足，吉罗拉莫同意去把妻子劝走。

卡泰丽娜不信任教士们，她固执己见，在圣天使堡的高墙后又停留了数日。她深信丈夫信任梵蒂冈的使者是犯了致命的错误，于是又偷偷抽调来150名士兵，准备长期据守。

然而，八月的炎热侵袭着城堡，伯爵夫人病了。丈夫已经放弃，孩子眼看就要降生，她不得不承认，家族利益需要她将梵蒂冈交还给红衣主教们。她签署了保护丈夫利益的契约，让手下人马撤出堡垒。

卡泰丽娜无论去哪里都引人瞩目，而她从圣天使堡撤出更是动人心魄。离开罗马这座最大的堡垒时，她不再是令米兰和弗利的城门增色的端庄丽人，而是战役的将领。她融美丽、睿智、坚毅与勇气于一身，身上的气质仿佛在对罗马人召唤，他们伸长脖子，想要一瞥这个北方悍妇的风采。她穿着带长拖裾的棕色丝绸裙子，头发一缕缕的，头顶戴着黑色天鹅绒帽子，淡定地骑着马走过木头吊桥，一队手持长矛的士兵在她身边护送。

她腰间扎着战士的腰带，一柄锋利的长剑在她丰满的臀部摆来荡去。

"她会与你们死战到底！"

那个曾在十岁时被夺走贞操的女孩，如今已经是远去的时光中淡淡的影子。现在，在她的位置上，是一个处于生命黄金时期的女人，狡黠精明，意志坚定。有四年的时间，这个女人是里亚里奥家族的门面，是家族的外交官、顾问、谈判官。罗马贵族来拜访时，她就是女主人，在宴会中与人谈笑风生，态度和蔼亲昵。1486年，鼠疫肆虐弗利，她不顾危险，出现在城中最贫穷的地区，分发食物和她亲自调配出的独家药物。当吉罗拉莫抱怨受到辱慢时，她克制他的暴力冲动；当他生病时，她制定应急计划，以防入侵或暗杀。

如果情势需要，卡泰丽娜可以冷酷至极。她命令一名忠诚度可疑的将领离开拉瓦蒂诺堡垒，将领拒不服从，她暗中收买了自己的一个人所共知的仇敌，让他设法进入城堡，暗杀了那名守将。将领的尸体被扔入一口井中。而此时怀着第六个孩子的卡泰丽娜"肚子大得都撑到了喉咙"，骑马奔过吊桥，安排守将的替代人员。

尽管妻子努力而巧妙地管理领地，吉罗拉莫却以沉重的税收、不必要的残忍和冷漠自大令市民离心。由于惧怕暗杀，吉罗拉莫一直待在自己的宫殿中，只有在严密保护下才敢外出。

伯爵本就已经声誉惨淡，而他在充满恐惧、缺乏安全感之时做出的选择更是雪上加霜。为了讨好弗利民众，他试图公开赦免几个密谋反叛之人，他的仁慈甚至也适得其反：被赦免的人躲了起来，筹谋新的计划，要再次尝试取走他的性命。

罗马的局势也令生活更加不稳定。尽管卡泰丽娜在圣天使堡赢得了红衣主教们的妥协退让，但新教皇英诺森八世（Innocent Ⅷ）并非里亚里奥家族的友人。没有了在任教皇的资助支持，里亚里奥家族不得不依赖自己的领土来维系收入。资金吃紧，卡泰丽娜不得不典当珠宝，以支付公共事务所需。

就如同许多已婚夫妻一样，卡泰丽娜和吉罗拉莫也开始围绕家中的经济问题争吵，而暗杀和债务带来的压力令争吵升级——变得非常恶毒。"你都不知道我丈夫和我之间的事情有多糟糕。"有一天，沮丧的卡泰丽娜向米兰大使袒露心声，"他对待我的方式太糟糕了，我都羡慕那些被他搞死的人了。"

为了暂时摆脱政府事务的压力，卡泰丽娜硬逼着吉罗拉莫许可她去米兰看望家人。美第奇宫廷的文化之火传播到了米兰，一位名叫列奥纳多·达·芬奇的艺术家从佛罗伦萨来到这里，用明亮而性感的颜色绘制人物肖像。① 对卡泰丽娜来说，这是令人愉快的休息，但她一回到弗利，国家的要求便又开始继续叫嚣。

当吉罗拉莫身心俱疲时，卡泰丽娜密切关注着周围的敌人。一个邻近的公爵在边境滋事，煽动叛乱。1487 年，曾经统治弗利的奥尔德拉菲家族试图在他们夫妻二人去往伊莫拉时发动政变。

尽管一个月前刚刚生下第六个孩子，但卡泰丽娜再次纵马驰骋，亲临战场。她的士兵们逮捕了一批奥尔德拉菲的叛变者。在亲自审问过两个俘虏后，她认为其中一个是无辜的，并将其送回到家人身边。另一个，被她送上了绞刑架。根据她的命令，另外六个人被押到城市广场斩首示众，然后被分尸，作为对未来的叛乱者的警告。

1488 年，吉罗拉莫·里亚里奥的运气终于耗尽。伯爵一直都在骚扰两个小贵族，向他们讨债，这二人是奥尔西家族的卢多维科（Ludovico Orsi）和凯科（Checco Orsi）。为了"结清"债务，奥尔西家族决定杀了吉罗拉莫。

他们拉拢了吉罗拉莫的两个护卫。然后，奥尔西兄弟俩来到宫殿，恳求觐见吉罗拉莫，解决债务问题。吉罗拉莫见凯科的时候，凯科拔出匕首，刺入吉罗拉莫的胸膛。伯爵脚步踉跄，向后撤身，奥尔西家的另一个人冲入房间，将吉罗拉莫扑在地上，手中刀刺个不停，直到他成为一具血淋淋的尸体。为了宣告吉罗拉莫的早逝，

---

① 2002 年，一位艺术史学家对达·芬奇的名作《蒙娜丽莎》（*Mona Lisa*）和一幅由同时代的洛伦佐·迪·克雷迪（Lorenzo di Credi）创作的被认为是卡泰丽娜·斯福尔扎的肖像进行了图像分析对比，以佐证她的论点：《蒙娜丽莎》以迪·克雷迪的卡泰丽娜肖像作为基础，至少是部分为基础。

凶手们将他的尸体从城堡窗口丢到下方的广场上。

　　这个时候，卡泰丽娜和孩子们正在餐厅吃午饭，那是塔楼附近的一个餐厅。听到宫殿中和伯爵被抛尸的广场上传来的骚动，她带着孩子们跑到塔楼里的一间保险密室。她和仆人们闩上门，为自己的下一步行动争取时间。

　　根据宫殿内的混乱，卡泰丽娜知道，这种防守注定失败，她和她的孩子们很快就会被俘。但她没有忘记一个堡垒所能提供的影响力。看到塔楼窗户下的人群中有一个自己的侍从，她大声吩咐他疾奔去拉瓦蒂诺堡垒：他必须告诉堡垒指挥，无论发生什么，都绝不能交出堡垒。无论发生什么，她强调道。所有忠于她的军队都要到拉瓦蒂诺堡垒集合，他们绝对不能交出堡垒。

　　无论发生什么。

　　侍从立刻就出发了。没过一会儿，保险室的门被破开。卡泰丽娜，还有她身边的六个颤抖的孩子和吓坏了的仆人，被人俘虏——而这些人最该做的事情是杀死她。

　　杀手们把她和她的家人押解到奥尔西家的宅邸，然后派出信使去联合反对里亚里奥的朋友们。但是，弗利城处于堡垒的炮口之下。第二天，局势进一步僵化，里亚里奥的支持者控制着拉瓦蒂诺堡垒，奥尔西家族控制住了弗利城；还有一方势力，那就是震惊的英诺森教皇，他的使节快马疾驰到弗利，劝说城市议会把城市交由教会保护。

　　奥尔西家族意识到只要拉瓦蒂诺堡垒在里亚里奥势力手中，他们就绝对没有安全可言，但此时才意识到已经为时过晚。他们将卡泰丽娜从孩子们身边带走，押解着来到堡垒前。她在吊桥边放声痛哭。

守将出现在墙头，问夫人要做什么。

"把堡垒给这些人，让他们放了我和我的孩子们！"卡泰丽娜泣不成声地嚷嚷。

守将毕恭毕敬，但他摇了摇头。职责要求他只能将城堡交给吉罗拉莫的继承人——她的儿子奥塔维亚诺。他宣告，城堡依然在里亚里奥家族手中。

卡泰丽娜哭得更大声了。她恳求道：等他们一回去，她和孩子们就会被杀。他必须放弃堡垒，这是为了救孩子们的命。

她的眼泪滂沱恣意，但没有任何用处。守将不为所动，面无表情地重复着他的回答。他用洪亮清晰的声音说，卡泰丽娜来自米兰强大的斯福尔扎家族，而里亚里奥家族与意大利北部和罗马的豪门大族都是盟友——那些名字，也都传到了控制着卡泰丽娜的人和城里围观的人耳中。如今这般情形，将领说他必须忠于自己的职责。

在奥尔西家族的人看来，卡泰丽娜和将领之间的交流几乎是在照本宣科，故作姿态。但那些凑过来看热闹的市民，却听到了斯福尔扎、美第奇、本蒂沃利奥等一串姓氏——都是拥有强大军队的强大家族。当一名忠诚的士兵提出弗利的合法继承人奥塔维亚诺的名字时，所有人都在聚精会神地听着。

无论是对人质，还是对守城将领，奥尔西家族都没有办法，于是打断对话，押解着囚犯离开。

他们在返回宅邸的路上愤懑不已。到了府邸，一个背叛吉罗拉莫的人对伯爵夫人吼道："要是你愿意，你可以交出堡垒。但你不愿意，是不是？"他把长矛尖抵在卡泰丽娜胸前，接着说："我可以把这长矛从你身体的一边穿到另一边，你会倒在我脚底下！"

一个小时前泣不成声的寡妇如今变得冷硬如冰。"你别想吓唬我。"她啐了一口，强硬的话语从她唇间喷出，"你可以伤害我，但你没办法吓唬我，我父亲从不知何为恐惧，有其父必有其女。你想做什么尽管做。你们已经杀了我丈夫，当然也能杀了我。毕竟，我只是个女人而已！"

反叛者们目瞪口呆地盯着她。

她刚刚说：我只是个女人而已。

当然，他们可以杀了她。但冷血无情地杀掉一个寡妇——更别提她的孩子们——可不是计划中的事情。杀了她会引来美第奇家族或斯福尔扎家族的战火和铁蹄，这两家人都会很愿意在报复一个犯错的家族的同时把伊莫拉和弗利纳入自己的版图。杀手们不知道该如何应对卡泰丽娜的挑衅态度，把她送回到孩子身边，思考下一步行动。

第二天，奥尔西家族的人尝试用另一种威胁攻破她的心防。他们派了一个神父去往她被囚禁的房间，对她宣讲：如果她不将堡垒交给奥尔西家族，就是违背了上帝神圣的旨意，地狱中会有烈火般的酷刑等待着她。

比起奥尔西的刀锋的威胁，永恒诅咒的前景更让卡泰丽娜震惊。她心力交瘁，抵抗之心到达了极限，砰砰地敲打牢房的门，要求把神父赶出去。

第二天，当地一个一直密切关注米兰和佛罗伦萨是否会有激烈反应的主教要求奥尔西家族将卡泰丽娜及其子女转移到圣彼得教堂的塔楼里，那是一个中立的地方，由主教控制。圣彼得教堂的看守要比奥尔西宅邸松很多，很快，卡泰丽娜的一个侍从就设法进入了她的房间。怀有同情心的看守们暂时离开门口，卡泰丽娜和侍从匆匆说了一些话。然后，侍从离开了。

第二天早上，拉瓦蒂诺堡垒的守将给主教送信，提出妥协的条件：如果满足两个条件，他会交出堡垒。首先，伯爵夫人必须支付欠他的薪俸。其次，她必须给他写一封推荐信，向未来的雇主解释他是一名尽忠职守的士兵，并没有背叛里亚里奥家族，交出堡垒只是遵守女主人的命令。他说，卡泰丽娜需要单独来堡垒，在公证人的见证下签署文件。

奥尔西家族察觉到这可能是一个陷阱，表示反对。但教皇已经让主教负责弗利，所以主教拥有最终决定权。主教的心已经被美丽而脆弱的寡妇感动。另外，他还指出，伯爵夫人的孩子们依然是人质，以保证她乖乖听话。所以，主教和他的随行人员带着卡泰丽娜，在奥尔西家的护卫下，第二次来到拉瓦蒂诺堡垒的高墙下。

卡泰丽娜在护城河边向守将喊话。她保证，在全城人的见证下，她会支付他的薪俸，并给他写推荐信，但是他必须把堡垒交给奥尔西家族。

守将再次摇摇头：口头承诺不行。伯爵夫人必须在公证人的面前签署有效的法律文件，她必须在城堡的高墙内签署，证明她的行为是出于个人意志，而非被人胁迫。出于对个人的安全考虑，他容许卡泰丽娜携带一名仆人——不能超过一人。

急于结束僵持的主教让卡泰丽娜过吊桥去，给了她严格的三个小时时限处理完事务，然后回来。

在一名魁梧的男仆的陪伴下，卡泰丽娜缓缓地穿过由长矛组成的丛林，跨过木头吊桥。在城堡的大门前，她停下脚步。她的心跳加速，转身看向俘虏她的人，对他们做了一个下流手势。

然后，她走入大门，吊桥吱嘎着收起。

煎熬了大约三个小时后，奥尔西家族的人越来越紧张，而主教也不安起来。时限就要到了，但伯爵夫人、守将或城堡中的任何一个人都没有传出什么消息。围观的人群窃窃私语，谈论着米兰和博洛尼亚有大批全副武装的部队赶来的传言。人们望向主教，又望向奥尔西家族的人，猜测他们接下来会做什么。

最后，主教大声向城堡喊话。然后又喊了一次。

但无人回答。

最终，守将戴着头盔的头出现在城垛上。他宣称，他已经俘虏了伯爵夫人，只有给他数名奥尔西家族中的要人做人质，他才会交换伯爵夫人。事情没得商量的余地。

说完，他就不见了。

惊恐愤怒之下，奥尔西家族派人带来了卡泰丽娜的孩子们，并将他们推到护城河边缘。他们大叫：他们手中有伯爵夫人的孩子，如果守将和卡泰丽娜不立刻投降，他们就在城墙边杀了孩子们。

奥尔西家族把一切都押在一张致命的牌上：卡泰丽娜对她的孩子的爱。他们了解一个母亲的柔情，了解母亲自我牺牲的天性，肯定会胜过其他所有的顾虑。保护后代是女性最古老的行事准则和最高的法律。

但卡泰丽娜遵循的，是一套完全不同的准则。她审慎思考过，投降就意味着她自己的死，意味着奥塔维亚诺的死，意味着所有有可能在未来向奥尔西家族复仇的家庭成员的死——可能是死于某餐饭后不明的疾病，可能是死于意外坠楼、意外遭人刺杀，或者意外被沉重的钝器砸死。

尼可罗·马基雅维利和当时其他编年史家都详细记述了卡泰丽娜接下来的举动，但说法不一。根据马基雅维利的记载，卡泰丽娜出现在城垛上，面带讥诮地俯视着将刀抵在她孩子们的喉咙上的人。

"她威胁要让他们受死并经受每一种酷刑，为她的丈夫的死复仇。"马基雅维利写道。

奥尔西家族目瞪口呆，重复说，如果卡泰丽娜不投降，她的孩子就会死在她面前的草地上。

"那就动手吧，你们这群蠢货！"她大吼道，脸涨得通红，"我已经又怀上了里亚里奥伯爵的孩子！"

她掀起裙子，把下身暴露在敌人面前，指着两腿中间，不屑地说："我有办法生出更多孩子来！"[①]

奥尔西家族的人面面相觑，错愕得说不出话。他们商量着接下来该怎么做，就在这时，大量士兵出现在拉瓦蒂诺城墙上，炮口附近一阵动静。护城河边的奥尔西家族看到炮管在移动、在上升，炮兵检查角度，斜睨着弗利。她将重炮瞄准了城镇。

看到卡泰丽娜的赌注，奥尔西家收起匕首。主教的士兵抓住孩子们，将他们带回到教皇的保护区，奥尔西家的人急匆匆回到弗利城中的宅邸。

宅邸之中，奥尔西家族族长，已经八十岁、身体多病的安德烈亚·奥尔西（Andrea Orsi），得知子孙们的政变尝试遭遇了挫折。"她会与你们死战到底！"他从病床中啐了一口，"你们所有人——甚至还有我，老成这样、病成这样的我——都要承受你们缺乏远见带来的惩罚。"

主教派人快马加鞭前往罗马求援，请求教皇派兵来维持秩序，

---

① 其他人称她没有出现在城垛上——或者是守将不容许她出现，担心她可能会被吓坏。像卡泰丽娜这样的女人似乎不太可能屈服于恐惧，她知道拯救孩子的最佳机会就是守住堡垒等待援军到来。不过，可能她和守将都不愿意冒险。

但英诺森教皇想观望哪一方会占上风，一直都没有任何举动。卡泰丽娜却并没有闲着——她从堡垒的墙上向敌人们的家发射炮弹。不久，镇上有影响力的商人和工匠纷纷转向卡泰丽娜这边。

五天后，从博洛尼亚来了一营为数800人的队伍，在弗利城门外驻扎，营中的兵士们愉快地畅想着等攻破了城就能劫掠奸淫、横行无阻，纷纷露出微笑。在博洛尼亚人之后，又来了一支1.2万人的军队，是卡泰丽娜的弟弟，也就是现在的米兰公爵派来的。弗利城中的商人开始藏起值钱的东西，父母们寻找着在军队入城后能藏起儿女的地方。他们要求城中的长者们出来做些什么。

援军就扎营在城门前，卡泰丽娜向城中的人提供了一条获救的路，她吩咐他们驱逐出奥尔西家的反叛者。"我的弗利的子民们，"在一份用箭射入城中的公告中，她宣布，"处死我的敌人！我保证，如果你们把他们交给我，我就会将你们当作我最亲爱的兄弟手足。行动从速，什么都不要怕！"

城中自发的武力人员还没有鼓起勇气，叛变者便逃出了弗利，将又老又弱的安德烈亚·奥尔西抛下，同样被抛下的还有那些叛变者自己的妻子和子女。

卡泰丽娜从堡垒中出来，成为毋庸置疑的弗利女主人。[1]

---

[1]　由于堡垒无法移动，所以，在战时作为军事选择，其糟糕程度众人皆知，特别是在围攻的军队能够得到补给的时候。但卡泰丽娜利用拉瓦蒂诺堡垒来拖延时间，这项任务于堡垒来说非常适合。"在我们这个年代，堡垒对任何君主都没有益处，除了弗利的伯爵夫人，在她丈夫吉罗拉莫伯爵被杀之后。"马基雅维利在《君主论》（*The Prince*）中调侃道，"她的城堡能让她脱离众人攻击，等待着援兵从米兰赶来，再去重新夺回自己的位置。"

† † †

重新掌控了弗利之后，卡泰丽娜的第一道命令就是要摆脱来自米兰的军队。援军实现了其目的——赶走奥尔西派系——但弗利城的居民，尤其是在反叛过程中参与掳掠里亚里奥宫殿的人，对渴望奸淫掳掠、大吃大喝的士兵的怒气充满恐惧。

米兰的士兵们在营地里整天都在算计弗利城的价值，计划着奸淫掳掠的日程，勾画着农民们通常的藏财之地：新挖出来的洞穴，屋顶上或地板下的间隔，垫子下面，把珠宝吞入腹中，以及其他类似的方式。因此，当卡泰丽娜会见米兰的将领，命令他们离开弗利时，他们心中都气愤难平。

军官们抗议说，他们长途艰辛跋涉过来，理当装满口袋才回家。卡泰丽娜礼貌地回答说，在吉罗拉莫死后，她家中的珠宝、家具、衣服都已经被洗劫一空。这些财富如今散落全城，她要自己去寻回来。她不希望见到她的传家宝石——斯福尔扎家族的传家宝石——被士兵们装在背包或褡裢中带走。

为了安抚军官们的怒气，她提供了美酒，以及友谊长存等安抚的说辞。军队失望离开，他们激起的尘埃渐渐消散，城中居民终于如释重负，尊称伯爵夫人为"弗利城的救主"。

然后，"弗利城的救主"开始关注如何切割还盘踞在城中心脏位置的毒瘤。这需要特别的专家，所以她找来了一个身体畸形、体型硕大的"巨人"马泰奥·巴博涅（Matteo Babone），雇用他担任城市的执达史和刽子手。

卡泰丽娜让巴博涅忙碌了一段时间，第一项任务是处理将吉罗拉莫的尸体扔出窗的反叛者。她吩咐将这个人从同一扇窗扔出去，脖子上悬着一根绳子。

就和许多顶级行家一样，巴博涅喜欢在工作中增添一些戏剧效果。在把脖子上套着绳索的男人甩出窗后，当他在空中踢蹬挣扎之际，巴博涅晃着绳子，让他像个钟摆一样摇来荡去。围观讥诮的人群真是爱死了这画面。这人还没死透，巴博涅又给人们献上了另一幕：将他扔到了弗利的人海中。弗利人为了表明他们对伯爵夫人的忠心，将这个无助的人撕成了碎片。

接着是狂刺吉罗拉莫尸体的年轻人。卡泰丽娜曾经赦免过他此前犯下的罪行，但这一次，反叛是无法原谅的。他也被扔出伯爵的窗户。

第三个反叛者，曾经极力劝说奥尔西家族杀掉里亚里奥的妻子儿女，经历就传统很多：他上了绞刑架。他吊着的尸体时不时地就被寻乐子的无聊士兵拿长矛和铁锹戳一戳。

第二天早晨，巴博涅的副手们将藏身于当地一个修道院中的年迈的安德烈亚·奥尔西拖了出来。巴博涅在他脖子上套了一根绳子，押解着他回到奥尔西宅邸，那里有一队士兵和建筑工正手持建筑工具严阵以待。老人被迫目睹奥尔西宅邸被推倒夷平，木料灰泥都被付之一炬。

随着自己的家被焚烧冒出的烟钻入鼻孔，安德烈亚开始痛骂子孙们竟是如此愚蠢。他们本该知道卡泰丽娜会复仇，他们本该在抓住她的那一刻就杀了她。而现在，果然不出他所料，他要为了他们的愚蠢偿上自己的血。

刽子手将他带到一处平台，他得到片刻时间为自己的灵魂祈祷。巴博涅将浑身颤抖的老人按倒在一个平放在街上的木头平板上，将他绑在板子上，头从边缘处悬着。木板被拴在一匹马后面，老人的脚朝前、头拖在后面。巴博涅一夹马腹，马便绕着城市广场小跑起来。

老人努力抬头，以免撞在广场的卵石上，但一切不过是时间早晚的事，很快，他脖子上的肌肉感到疲倦，后脑开始在路面上弹起又落下。他死了，在城市广场留下一片血渍。那铁锈般的褐色轨迹仿佛令人浑身战栗的提醒，让弗利公民意识到背叛女主人会受到的惩罚。

女主人也很喜欢心理恐吓。一个反叛者被带到她面前，恳求说："尊贵的夫人，请对一个不幸的罪人施以怜悯吧。"

卡泰丽娜冷冷地看着他，回答道："让复仇说了算吧，不要讲什么怜悯。我会让狗把你撕成碎片。"然后，她吩咐把那人带回牢房。尽管咆哮着的恶犬一直都没有出现，但他每日提心吊胆，最终越狱逃跑，余生都未敢再踏足弗利一步。

最后，伯爵夫人传招来奥尔西家的妇孺。走入拉瓦蒂诺堡垒的大铁门时，她们全都浑身颤抖。她们身子摇晃着站在伯爵夫人面前，而她则淡定从容地告诉她们，她们可以自由离去，也可以生活在弗利城中，或者去她们觉得合适的亲戚家。她说，她们是无辜的，对无辜者不会有报复。

这一段故事的最后，卡泰丽娜召集来弗利所有家族的族长。士兵们将他们分成二十五人一组，带到伯爵夫人面前。伯爵夫人坐在宝座之上，告诫所有家族都要忠诚，如有违反，便要承受世俗的神卡泰丽娜的所有惩罚。每个家族的族长在被念到名字时上前，将一只手放在《圣经》上，发誓自己的家族永远效忠于弗利伯爵奥塔维亚诺和摄政者卡泰丽娜·斯福尔扎·里亚里奥伯爵夫人。

得到这些保证后，卡泰丽娜的仇杀暂时平息，只是由于有些敌人落网较晚，鲜血一直都没有断流。她总计处死了十余人，并宣布了对抓获反叛主谋的悬赏：生擒 1 000 金币，死获 500 金币。

周旋于王者之间

接下来的五年时间中，卡泰丽娜担任奥塔维亚诺的摄政者，日子十分顺心。她无情冷酷：在雨水冲刷掉弗利城广场上奥尔西家人的鲜血后，死亡的恶臭依然久久萦绕在臣民的记忆中。但她处事公正，收税合理，努力确保不会有什么合理的抱怨理由令民众离心。

她的私人生活也暂时是开心满足的。她不能结婚，因为无论对方多么爱她，都会对她儿子的继承造成内在威胁。但在吉罗拉莫死后一年，她迷恋上一个过去的马童，这个名叫贾科莫·费奥（Giacomo Feo）的人是她的堡垒守将的幼弟，比她小八岁。

虽然贾科莫没有贵族血统，但卡泰丽娜放任了自己感情和肉体上的欲望；二十岁的贾科莫也为青春激情迷昏了双眼，对女主人满心爱慕。她不顾爱人在政治上的不成熟，封他为骑士，并向他咨询国事。为了表示对贾科莫的绝对信任，她甚至将他提升为她最宝贵的资产——拉瓦蒂诺堡垒的守将。

没多久，她便给他生了一个儿子。谣言四起，说她和他已经秘密结婚。廷臣们看着一个出身低微的马童一步步向上爬，成为伊莫拉和弗利的真正权威，满是嫉妒。

随着爱人的权威渐长，卡泰丽娜找到更多时间来满足个人兴趣。她很早之前就研习过植物学和家用药方，现在花了很多时间收集能治疗各种疾病的植物和草药药方——从阳痿到鼠疫都有涵盖。她的美丽既是个人身份的象征，也是权势的工具，所以，她试验了各种美容药方，以满足每一种能想象到的需求：有令胸部柔软的乳液，也有祛斑霜。和很多文艺复兴时代的男人一样，她将自己的发现都详细记录在册，她的发现写成了卷帙浩繁的私人文件。

在卡泰丽娜退出权势政治事务期间，弗利之外的世界发生了变化。西班牙的费尔南多二世国王（Ferdinand II）和伊莎贝拉一世（Isabella I of Castile）征服格拉纳达。名叫哥伦布（Columbus）的意大利探险家踏上大洋对岸的一个岛。英诺森八世教皇去世，罗德里戈·波吉亚红衣主教坐上圣彼得大教堂中的宝座，成为亚历山大六世（Alexander VI）。法兰西国王查理八世（Charles VIII）成年，与英格兰的亨利七世（Henry VII）签订和约，查理因而把注意力转向东方，寻求可以征服的新目标。

家族和政治间的阴谋开始撕裂维系意大利和平的联盟网络。遥远的南方，卡拉布里亚公爵和那不勒斯国王准备与卡泰丽娜的叔叔——现任米兰公爵卢多维科·斯福尔扎（Ludovico Sforza）开战。那不勒斯人北征米兰之时，教皇授权他们可以自由通过教皇国，从理论上说，这其中包括卡泰丽娜的土地。为了对付意大利的敌人，卢多维科公爵邀请法国国王翻越阿尔卑斯山来提出他对那不勒斯王国的继承权的主张。

弗利和伊莫拉正在那不勒斯和米兰这两块碾压而来的巨石的路上。这令卡泰丽娜十分为难。在丈夫被谋杀时，米兰给她提供过援手，而且米兰是她的娘家。但她的土地属于教皇辖区，教皇正积极地支持那不勒斯。如果她惹恼教皇，就得吃尽苦头——世俗的苦头绝对会有，可能也会有宗教层面上的。所以，她努力争取时间，绝

望地希望情势能自然解决，不会令她的土地变成意大利下一处
战场。

随着法国和那不勒斯双方军队逼近，卡泰丽娜下令农民和商人
躲到城内避祸。她加强了三个最大的堡垒的防御，准备经历意大利
数十年来最大的一次战争。

军队越来越近，卡泰丽娜在外交上的压力不断增加。为了争取
她的支持，教皇提出支付给她1.6万金币，并同意她的领土增加一
小片，令她与家人对抗。对于一个经常陷入财务困境的女人来说，
亚历山大的贿赂令天平倾斜。她背弃米兰，转而支持那不勒斯。

卡泰丽娜希望通过接受教皇的贿赂来避免战火。然而实际上，
热锅热得令人难耐。10月，法国米兰联军围攻她在伊莫拉附近的
莫达诺堡垒。尽管守卫士兵英勇抵抗，但经历持续一天的炮轰后，
攻击者攻破城墙，战胜守军。法国领导的军队摧毁建筑物，屠戮俘
虏，奸淫妇女，抢走所有有价值的东西，然后整顿力量，向弗利
进发。

当莫达诺在法国炮火下战栗时，卡泰丽娜写信给那不勒斯宫廷
求援。但她的信件得到的回复只是沉默，没有一个战士被派来支援
她。感到愤怒和背叛的卡泰丽娜告诉臣民，她与梵蒂冈、那不勒
斯、卡拉布里亚和佛罗伦萨的联盟未能实现最初的目标：保护弗利
和伊莫拉免于法国的劫掠。她的盟友抛弃了他们，现在弗利岌岌可
危。作为回应，她宣布弗利转换阵营，她要容许法国和米兰的军队
安然通过她的土地。

没了卡泰丽娜的抵抗，查理国王飞速向托斯卡纳进军。对佛罗
伦萨，他不战而胜，然后沿着艾米莉亚大道向罗马进军。他于福尔
诺沃一役击败那不勒斯联军，加冕为那不勒斯国王。然后，他原路

打道回府。他离开后，意大利的情况和他进军前没差多少。

改变的只有弗利和它的伯爵夫人彻底惹怒了亚历山大六世教皇。

马童退场

弗利宫廷的官员们经常互相争斗，扼住对方的喉咙，但他们都同意有一株杂草需要被拔掉：贾科莫·费奥。

费奥并非出身名门，缺少盟友，也没有自己拥护依靠的人，孤立一人。他也没展现出多少政治管理的才能。但卡泰丽娜中了爱人的魔咒。她对这个年轻人的迷恋令她盲目，对意大利中部的权力政治视而不见。在他身边，她那种出名的意志力全都消散不见。佛罗伦萨的大使向自己的君主抱怨："伯爵夫人若是不放弃贾科莫·费奥，会葬送她的孩子、她的盟友、她的所有财产，她会害得自己的灵魂下地狱，会让自己的城邦陷入土耳其人手里。"

1495 年夏，一小伙忠于弗利的人决定要让弗利摆脱掉这个出身卑微的僭主。卡泰丽娜带着孩子们和费奥以及一小队护卫外出愉快狩猎和野餐后，悠悠然地走在回家路上。几个面带微笑的宫廷侍者加入队列。他们走入队列中间，一边闲聊、一边将费奥和他的马与卡泰丽娜的大部队分开。

一个人和费奥聊天时，另一个溜到他后面，将一把匕首扎入他的后背。他从马上跌落下来，阴谋者们扑向他。刀刃寒光闪过，扎入费奥的身体，然后又拔出，血从他的身体中迸溅出来。卡泰丽娜担心自己也会丧命，从马车上跳下，跳上一匹马，飞驰向拉瓦蒂诺堡垒集合军队。奥塔维亚诺和弟弟切萨雷（Cesare）跑到一个当地贵族家中。而二十四岁的费奥，鲜血淋漓，毫无生机，躺在水沟之中。

凶手们相信卡泰丽娜会意识到爱人给她的名声和领土造成的伤害。若是权衡自己的最佳利益，她会对她的臣民心怀宽宥，甚至会因为他们这种不堪但必需的尽忠嘉奖他们。

他们并不懂，终于尝过真爱滋味的卡泰丽娜此时能感到每一刀的伤害，仿佛那刀刀刺入的是她自己的胸膛。

她迅速做出裁决。主要的行凶者乔瓦尼·盖蒂（Giovanni Ghetti）被两个治安维持员在一个墓地捕获。他的头被一击劈开，颅骨从头顶裂到牙齿。他的家被付之一炬，妻子和大多数孩子被扔到拉瓦蒂诺堡垒的一口井中，死在了一起。数日后，盖蒂躲藏起来的五岁幼子被找到，喉咙立刻就被割开了。

愤怒令卡泰丽娜盲目，她用鲜血来洗刷伤痛。她将已知对费奥有敌意的家族或流放、或下狱、或绞死在公共广场。她摧毁了一整个居住区，她的心腹围捕并折磨任何与共谋者有隐约联系的人。

第二个主谋被抓获后，遭到炙热的烙铁和煤炭烧灼，直至他吐露出与这个阴谋有关的所有人的名字。

在费奥被杀之后的一年中，数名阴谋者的头颅一直被悬挂在城市钟楼上。到屠戮最后告终时，一位当地的历史作者记录了38名死者和一小伙幸存者（这些人经历严刑折磨，然后被投入地牢，或是被驱逐出境）。卡泰丽娜甚至一度将奥塔维亚诺这位正当合法的伯爵软禁了起来，直到证实他与费奥的被杀没有关联才算罢休。

亚历山大教皇形容此次事件为"前所未闻的满足自己激情的嗜血行为"。此后，卡泰丽娜从仁慈的统治者变为被社会遗弃的人。她的臣民都开始惧怕她，其他的意大利君主则看到了她的弱势和不稳定之处。

在费奥死后，尽管卡泰丽娜心中的空洞始终未被填满，但一年后，一个名为乔瓦尼·迪·美第奇（Giovanni di' Medici）的英俊的佛罗伦萨商人却修补了她的心。与残忍的里亚里奥或不成熟的费奥不同，乔瓦尼是一位教养良好的绅士，能够欣赏卡泰丽娜的睿智、好奇心和精神力量。在她试验草药和植物的根时，乔瓦尼会帮助她寻找罕见的成分，关注她取得的进步。跳舞、对文学和商业的讨论，占据了他们的夜晚。

他们在拉瓦蒂诺城堡中卡泰丽娜的私人寓所中度过漫漫长夜。1749 年夏天，伯爵夫人怀上了乔瓦尼的孩子，这个孩子是个男孩，也被取名为乔瓦尼。当年 9 月，她和爱人举行了秘密结婚仪式。

这是她第二次寻到真爱，也是第二次真爱被夺走：婚后不久，年长于她的乔瓦尼死于热病。他是她三任丈夫中第一个自然死亡的。

"罪恶的女儿"

来生是永恒不变的。这是教会的说法，卡泰丽娜也全心全意地相信。但世俗的世界发生着变化。1498 年，风云变幻，前所未有。法国有了新的国王路易十二世（Louis XII），教皇迅速加强了自己与他之间的联盟，代价是将自己的儿子切萨雷·波吉亚（Cesare Borgia）送去巴黎为质，同时下教皇诏书容许路易和现任妻子离婚，以便他能娶一个更好的妻子。

自然，也有其他的变奏。教皇计划将卡泰丽娜管理不力的罗马涅诸省划归到自己儿子的私人统辖下，他想让路易借给切萨雷足够的士兵和火炮去攻陷那些地方。路易乐于助人，授予切萨雷"瓦伦蒂诺公爵"的封号，然后又用一桩政治联姻敲定了协约，这次联姻的双方是切萨雷和纳瓦拉国王胡安三世（Joanes Ⅲ）的妹妹①。

在派切萨雷攻占罗马涅之前，教皇首先尝试通过给卡泰丽娜的儿子安排婚事来赢得卡泰丽娜的疆土。他提出将自己十六岁的女儿卢克雷齐娅·波吉亚（Lucrezia Borgia）嫁给卡泰丽娜的儿子奥塔维亚诺。意识到教皇是想从她的后代手中夺取对伊莫拉和弗利的控制权，卡泰丽娜用非常典型的直率言辞拒绝了他的建议。

教皇将此举视作对其个人的严重冒犯。第二年，他颁布一道诏书，公开指责伯爵夫人为弗利"罪恶的女儿"。他宣布切萨雷对弗利和伊莫拉的统治权，命令儿子武力夺取过来。

意识到自己的错误后，卡泰丽娜想要修补和教皇的关系。但亚历山大六世已经放弃去赢得这个固执的女人。在第一次法国入侵时，她曾经背弃他。现在，教皇陛下要让切萨雷的军队去执行神还没有来得及去执行的惩罚。

脚下大地开始隆隆震动，卡泰丽娜写信给米兰求援。不幸的是，米兰公爵，她的叔叔，绰号"摩尔人"的卢多维科正忙于准备抵挡法国和威尼斯的军队，丝毫没有余力帮助侄女。卡泰丽娜转而向佛罗伦萨寻求军事联盟，美第奇家族的谈判代表是尼可罗·马基雅维利，他们的谈判什么都没有达成。

1499 年 11 月 1 日，教皇亲笔写了一份文书，宣告里亚里奥的统治就此结束。教皇的军队在切萨雷的指挥下拔营，向北方进发。卡泰丽娜召集弗利的管理议会，让他们宣誓效忠奥塔维亚诺，然后

---

① 纳瓦拉位于今西班牙北部，但从 13 世纪起，其国王基本都出身法国。胡安三世出身于法国的阿尔布雷特家族，通过与纳瓦拉女王凯瑟琳（Catherine de Foix）的婚姻而成为纳瓦拉国王，他的家族与路易有姻亲关系。——译者注

命令将城市周围四分之一英里内的所有建筑都烧毁，就从她自己的农庄开始。她将堡垒一英里范围内的园林全都砍伐掉，为炮兵提供了良好的射击场，同时在宫殿的钟楼上设置瞭望哨位。所有在"三倍大炮射程"范围内的居民被命令去收割庄稼，在城内储备三个月的口粮，并转移走所有能携带的物品。如果切萨雷·波吉亚和他的人想要吃东西，至少吃不到弗利的食物。

卡泰丽娜增加了武器、食物和药物的储备，同时训练手下的兵士，从佛罗伦萨购得小批武器，储备了大量火药和加农炮弹。在堡垒城墙的外面，她修建了半月堡，这是一种三角形的据点，每个上面能装配三门大炮，可以保护墙体免受使用攻城梯和其他攻城器械的敌人的攻击。她还征召新兵，并在堡垒中修建了能容纳 800 人的营房，让弗利城的居民免于军队驻扎带来的不得人心的负担。

作为最后的保险措施，她将孩子送去了佛罗伦萨，让他们和美第奇家族的姻亲一起生活。如果拉瓦蒂诺堡垒陷落，合法的伯爵可以在托斯卡纳继续抗争。"如果我必然要输，"她写信给叔叔，"我希望能输得像个男人。"

但她并不准备认输——暂时不准备。之前有过两次战胜敌人的经验，她明白一个地理位置上佳的堡垒的价值。过去十一年中，拉瓦蒂诺是她的家，是内心的净土，是安全感的来源。她了解城堡的每一寸，认识守城的每一个人，花了很多年的时间思考该如何守住它。

在切萨雷筹备真刀真枪的战争时，他的父亲发动了一场口舌之战。教皇称卡泰丽娜曾试图用和瘟疫死者埋在一起的一封信来毒杀他。①

---

① 无论是教皇，还是卡泰丽娜，都没有提供可靠的证据来证明这个尝试下毒的指控究竟是否能成立。

因为卡泰丽娜被教皇视作歹徒，诸多小国心领神会，都没有采取任何举动来帮助她。只有佛罗伦萨人一直在援助卡泰丽娜，悄悄地卖给她武器，利用他们的外交关系来保护弗利躲避正崛起的波吉亚教皇的权势。

切萨雷·波吉亚，教皇军队的总统帅，领着1.2万名士兵从罗马前往伊莫拉。这支队伍以2 000名西班牙士兵和2 000名法国士兵为核心，并辅以雇来的德国刀剑兵、瑞士长矛兵和佛兰德斯弓弩手。

军队武力之盛，足以吓坏伊莫拉城中大家族的族长们，他们很快便投降了。伊莫拉城的堡垒斯福尔泽斯卡石堡多坚持了两个星期，但显然，抵抗是无济于事的。堡垒按体面的条件投降，然后切萨雷便准备向弗利进军。

随着切萨雷的军队逼近，弗利人开始人心动摇。在和平之时，卡泰丽娜的统治十分英明，但贾科莫·费奥被杀后的血洗，令他们对她在战争压力下会做什么始终有一种挥之不去的恐惧。她曾经将拉瓦蒂诺的炮口瞄向城市，她可能会再这么做。如果她输了决战，教皇士兵的奸淫掳掠会毁掉弗利数代人的未来。

所以，城里有影响力的居民派代表去见她，毕恭毕敬地建议弗利的女主人弃城。他们提出，也许，在亚历山大教皇死后，新的友好的教皇接替他的位置，她可以再回来。

卡泰丽娜拒绝了。逃跑，哪怕是战略撤退，都不符合她的性格。胆识曾经保护过她，胆识也将继续保护她。

但是，她在拉瓦蒂诺堡垒的墙内，无力去控制城市。12月14日，两个昔日受伯爵夫人提拔才功成名就的侍臣背叛了女主人，他们派代表去见切萨雷·波吉亚，拱手交出弗利城。

卡泰丽娜孤立无援。

拉瓦蒂诺之战

乐观，甚至乐观到极端妄想的程度，是对战场领导的标准要求。卡泰丽娜拒绝相信拉瓦蒂诺堡垒会陷落。1499 年 12 月 26 日，还处于优势的她登上城墙，身穿着一件飘逸的连衣裙，上衣是专门定制的胸甲。这层钢铁的外壳是用军用级别的钢塑造出来的女性外形，就如同卡泰丽娜本人一样刚柔并济。胸甲在米兰锻造，其上雕刻着复杂的花卉图案，以及卡泰丽娜的守护圣人——亚历山大的圣凯瑟琳。

在城垛下面，蔓延排开的是教皇军队。除了本来的 1.2 万名士兵，切萨雷还部署了一个令人生畏的炮兵阵地。17 门可以移动的大炮，能将炮火瞄准关键要害的防守者，并对城堡的城墙造成一定伤害。攻城炮中最大的一门，是一个名为"蒂韦丽娜"的青铜怪兽，拥有 9 英尺长的炮筒，可以发射直径一英尺的石头或铁球。只要时间足够，"蒂韦丽娜"可以攻破拉瓦蒂诺厚实的城墙。

卡泰丽娜和她的所有将军一样精通大炮，她非常清楚"蒂韦丽娜"和它那些长鼻子的"姐妹"所带来的危险。但她也同样深谙攻城行动中时间的价值。切萨雷无法无限期地维持自己的优势。他的军队人员混杂，以雇佣兵为基础，这些人杀戮是为了报酬，而非信仰、忠诚或亲缘关系。他的士兵会在帐篷中冻得瑟瑟发抖，吃腐臭的口粮，因为痢疾腹泻不止。他们在战场停留得越久，耗费就越昂贵，而人员却越不可靠。

切萨雷的军队中，法国士兵是最不可靠的，因为他们认为自己是路易国王的人，而非听命于教皇。许多法国军官喜欢展现骑士精神，会公开赞美勇敢捍卫自己土地的美丽的伯爵夫人。只要卡泰丽娜的玫瑰和巨蟒的旗帜还在拉瓦蒂诺堡垒高高的主楼上飘扬，她就可以期待着她的叔叔或佛罗伦萨的盟友会越过山岭来驰援。

切萨雷故作没有注意到这些危险的样子。这位英俊的王子在盔甲外披一件精工细作的银黑两色斗篷，骑一匹白马慢跑到护城河边。他翻身下马，摘掉黑色军帽，对在城墙上虎视眈眈的女人恭敬地一鞠躬。卡泰丽娜在胸甲和佩剑带的衬托下美艳动人，对切萨雷的鞠躬回以优雅的颔首。

切萨雷知道自己在女人眼中非常有吸引力。他是文艺复兴时期最早拒绝时髦的色彩鲜亮的衣服而喜欢纯黑色的人之一，在纯黑色的衬托下，他白皙的皮肤和棕色的头发显得更为出挑。那天，他的好形象在集结于身后的强军的烘托下更加彰显，他打算用外表和语言来换取胜利，少花钱成大事。

他站在护城河边，对弗利伯爵夫人滔滔不绝，动听的言辞如大珠小珠落玉盘，足够装满一大箱子。他告诉卡泰丽娜，她这样一位睿智、美丽又精明的母亲，如果把拉瓦蒂诺堡垒送给教皇，后者会慷慨回报她以土地和城堡，甚至可能在永恒之城罗马给她一个符合她身份的华丽的家。

听着他将教皇的慷慨夸得天花乱坠，卡泰丽娜却心知肚明：教皇的回报很可能是在她被人毒杀时视而不见，顶多可能给她在圣彼得大教堂安排个体面的葬礼。她的表情高深莫测，谢过切萨雷殷勤而恭维的言辞，但依然不为所动。她说，切萨雷忽视了她最重要的特点：她无所畏惧。她是一个征服者的女儿，是斯福尔扎战士不屈意志的继承者。她生于贵族之家，从不会对地位低于她的家族低头——特别是不会对一个因欺诈和不敬神而闻名的家族。

"所有意大利人都知道波吉亚家的人说的话是什么价值。"她从城垛上喊道，声音提高了，"父亲的不守信，剥夺了儿子的所有信誉。"

"投降吧，夫人！"切萨雷敦促道。

"公爵阁下，"传记作者记录下了她的回答，"无畏者，天助之；怯懦者，天弃之。我父亲不知何为恐惧，我为其女，决心遵循这样的方向，至死方休。"

对切萨雷郑重一礼，她便转身走下城墙的楼梯，从众人视线中消失。

这女人的傲慢令切萨雷怔住了，不知道接下来该如何。他返回队伍，思考了一小会儿，决定再试一次。他第二次纵马小跑到护城河边，并让号手吹奏和谈之曲。

与其说是卡泰丽娜因为蔑视，毋宁说她是为了寻开心，她对守将说了几句话，一会儿之后，吊桥嘎吱作响地放下来。她走到木头吊桥的尽头，与切萨雷开始交谈。他们谈了什么，从城墙上和围城战线中注视着他们的士兵都听不到。

又过了片刻，卡泰丽娜示意公爵跟着她来。他刚一走上吊桥，吊桥便咣当作响，摇晃着升起。切萨雷像猫一般机敏，抽身一跃，没有被卷入城堡大门，他大声咒骂，用周围所有人都能听到的声音叫道：如果谁把卡泰丽娜的死尸带到他面前，他就奖励 1 000 金币。

卡泰丽娜重新出现在城墙上，大声回应说，如果谁能把切萨雷的尸体带到她面前，她就奖励 5 000 金币。

这两位大喊大叫的将领的语言沟通就此结束。开战的时候到了。

第二天，切萨雷下令工兵挖一条隧道，要从护城河下面穿过去，进入到城堡的厚墙之内。但12月的泥土硬得就像花岗岩，为了在冻土上挖洞，士兵们的挖掘工具都破损了，还都累得腰酸背痛。由于无法挖地道，切萨雷就命令小一些的加农炮分散开来，对着石头堡垒轰出一磅重的铁炮弹。

12月28日，炮攻正式开始。切萨雷大规模的炮轰摧毁了城堡一座防御塔的上半部分，并摧毁了卡泰丽娜的住所。卡泰丽娜很担心，但并不过分，她将自己的东西搬入了堡垒45英尺高的城堡主楼——这是一座城堡中的城堡——然后命令她的炮兵集中火力瞄准敌人的大炮。

卡泰丽娜的炮击切中要害。炮火造成切萨雷炮兵中很多专门人才的死亡，包括他高度重视的法国炮兵指挥。卡泰丽娜的炮兵将领名为巴尔托洛梅奥·博洛涅西（Bartolomeo Bolognesi），对教皇军队实施的炮火打击十分精准，以至于切萨雷也给博洛涅西的尸体定了1 000金币的悬赏，如果活捉则多奖赏2 000金币。

攻城战又拖了一个星期。卡泰丽娜在高墙后长期鏖战，对她的困境的同情不断扩散。1月初，一队身穿贫穷旅行者的斗篷的朝圣者从北方的道路走来，为数共计40人。他们恳求切萨雷能容许他们安全通过交战区域，以便让他们继续前往罗马。切萨雷自然同意了这一请求。朝圣者穿越火线，边走边吟唱着赞美诗篇，很快走到拉瓦蒂诺堡垒的入口附近。突然之间，城堡吊桥放了下来，朝圣者们飞快冲入城堡敞开的门。吊桥又砰地拉起，朝圣者们脱掉身上的法衣，在城垛上各就各位，与卡泰丽娜其他的守军并肩作战。

切萨雷再次被耍。

他感觉沮丧、愤怒又担忧。他的军队被一个女人拖得时间越久，波吉亚家族在敌人眼中就会显得越弱。他的军队也难以管束，法国士兵很欣赏城墙上的悍妇，切萨雷无法无限期地供应雇佣兵的食物并支付他们的报酬。他必须结束攻城战，而且必须尽快。

在和战场指挥官们商讨过后，切萨雷花了两天时间将大炮移到他的专家们所说的城堡最薄弱的部分——南墙。但是，他的部署被三王来朝节暂时打断，为了庆祝这个宗教节日，士兵们去洗劫了弗利的居民点，奸淫当地女孩，和城里的娼妓寻欢作乐。

几天后，切萨雷的士兵回到岗位，开始向拉瓦蒂诺堡垒打出一轮又一轮的铁弹。铁弹打入石墙，仿佛巨大的凿子，每一击都敲掉厚厚一块墙体。到了晚上，在鼓乐声、跳舞和庆祝的音乐声的掩盖下，卡泰丽娜的手下悄悄地用沙袋、石头和泥土修补漏洞。虽然修补是杂乱无序、临时凑合的，但足以阻止步兵冲过来——至少可以阻住一时。

但拉瓦蒂诺之战就是乌龟对恶狼，如果时间足够，恶狼会找到办法打破硬壳，用獠牙猛烈撕咬血肉。而乌龟除了等待恶狼疲惫厌倦之后离开，别无他法。

这条恶狼却不会离开。

又过了两个星期，炮击的力量开始显现。守城者一直在努力修补被破坏的墙体，但大块大块的石头滚入护城河，堆成了一条粗糙的堤道。没过多久，城堡墙上的洞就足够宽敞了，护城河里的碎石也堆积得足够厚实，切萨雷的人马可以走到护城河上，并将木筏垫在碎石上。如此，切萨雷已经打开一个入口，并且有了一条虽然粗陋但足够用的桥。

　　1月12日，攻城战进入第三个星期，切萨雷对手下副将吹嘘：
"今天是星期天。等到了星期二，卡泰丽娜夫人就落到我手里了。"

　　他信心满满。军官提醒他卡泰丽娜可以直接撤到内部的主楼，
躲避更长时间，他置之不理。英俊的王子拿出300金币做赌注，和
所有人打赌：到星期二，伯爵夫人就会沦为他的阶下囚。

　　卡泰丽娜知道攻击会从何方而来，命令加农炮都集中到城墙的
破洞前。她让大炮装填一袋袋的一寸大小的铁球和石球，教皇的战
士冲上来时，她会在他们从墙上窄窄的开口走进来前先干掉他们。

　　星期二午饭之后，切萨雷的步兵已经各就各位，准备发动冲
锋。他下令人马向前。他们把长矛放低，冲过护城河上的碎石路，
从墙上的洞口一头扎入，扎进卡泰丽娜等待着的炮口。他们会扎入
死亡，扎入战火硝烟……

　　然而，他们扎入的，是一片沉寂。

　　卡泰丽娜的炮手们擅离职守，一炮都没有放出。一股人流，虽
然不大，但在不断增长，有瑞士人、日耳曼人、法国人、西班牙
人，纷纷冲入拉瓦蒂诺堡垒的庭院，列开阵势，和残留的守军
对峙。

　　伯爵夫人没有时间对炮手的背叛发怒。她命令忠于职守的人在
城堡主楼前排成一条战线。她自己执剑在手，率领一队人从正面发
起猛烈反击，冲锋陷阵，刺扎、劈砍不停。她鏖战了将近两个小
时。后来，一个充满敬意的威尼斯雇佣兵写道，她在混战中"伤了
很多男人"。

　　但她的守军渐渐疲惫，而切萨雷的人马却源源不绝地涌入。为
了争取时间发动一波攻击，卡泰丽娜命令一小队人努力拖延，另一
队人用弹药、家具、箱子、稻草以及能燃烧的所有东西堆出一座高

墙，然后点燃了这些东西，火与烟飞蹿形成一道墙，阻住了敌人。

在法国士兵拆开易燃物、扑灭火焰的时候，卡泰丽娜的人冲过烟雾，长矛和刀剑向四面八方攻击。他们杀了法国人，杀了西班牙人，杀了瑞士人和日耳曼人。但人数相差太过悬殊，庭院中的这场战斗毫无希望。卡泰丽娜的人背对着主楼，随着防线渐渐收缩，他们开始放下武器。

卡泰丽娜不想落入敌手——披枷带锁、惨遭严刑蹂躏或被悄悄谋杀。她命令残留的士兵随她进入主楼，做最后的抵抗。在不断逼近的敌人的纠缠下，一批忠心耿耿的人用刀剑匕首肉搏，保护着安全通道，以便己方冲入主楼的大拱门。

然后，门砰地关严。

时年三十七岁的卡泰丽娜，世界突然缩小为一座孤零零的顽固的塔楼。

主楼易守难攻，但切萨雷终于将敌人困在其中，就如同当年屋大维将克娄巴特拉困在一个坟墓中。周围依然烟雾缭绕，垂死之人的呻吟声不绝于耳。切萨雷纵马而过，让吹号手又一次吹响了和谈之音。卡泰丽娜就站在主楼的墙壁之后，他恳求她结束这场杀戮。

浑身血污的卡泰丽娜喊着回答：如果切萨雷真的为人类遭受的苦楚触动，那么，他就不该容许他的士兵谋杀、奸淫、洗劫弗利的无辜平民。她绝对不会投降。

但是，一只粗壮的胳膊向前一探，从后面辖制住伯爵夫人。她浑身颤抖，只听到一个法国人的声音宣布道："夫人，你现在是第戎骑士统帅大人的俘虏了。"

卡泰丽娜被活捉令外面包围观望的人都大吃一惊，他们始终都没有搞清楚到底是谁背叛了她。身为切萨雷的崇拜者的马基雅维利，在他的《论战争的艺术》（*On the Art of War*）一书中称："堡垒防御薄弱，保卫它的人又十分愚蠢，使伯爵夫人的伟大事业蒙羞。"

这个佛罗伦萨人同样指责卡泰丽娜未能维护住臣民的忠心。在《君主论》（*The Prince*）中，他写道："最好的防御便是不要为人民所仇恨。哪怕你可以守住堡垒，但如果人民仇恨你，堡垒也救不了你，因为从来都不缺去资助别人拿起武器来对付你的外人。"

波吉亚家的囚犯

拉瓦蒂诺之战并没有完全结束，因为围绕城堡的巨额战利，分歧自然而生。俘获了卡泰丽娜的法国士兵称除非得到 1 万金币的奖励，否则他不会交出伯爵夫人。切萨雷吩咐给他 2 000 金币，士兵勃然大怒，拔出匕首，抵在卡泰丽娜的喉咙上。他提醒切萨雷，"要死要活"他说了算。如果切萨雷不能将他应得的给他，那他愿意当场杀死伯爵夫人，用她的尸体换取少些的奖金。

公爵和士兵为了卡泰丽娜的命讨价还价，但这时，法军的指挥官，一个名为伊夫·德阿莱格尔（Yves d'Allegre）的队长，冲入主楼中。德阿莱格尔大声宣布，卡泰丽娜是路易十二世国王的俘虏，而非教皇或教皇的儿子的俘虏。此刻，落魄的美人令德阿莱格尔神魂颠倒，他告知切萨雷，按照法国法律，任何被俘虏的女人都不得被用刑、杀死或囚禁。他说，伯爵夫人将受到法国的保护性监禁。

他们颇花了些时间才确定囚犯的法定所有权。过了午夜，她才被从她的城堡主楼中带出。在堡垒的城垛上、庭院中、营房中、塔楼里，横躺着 700 多具死尸，她从他们当中经过。卡泰丽娜的避难所早已成为烟雾弥漫的停尸房，火药燃烧后含硫的气味、血的气味、烟的气息混杂在一起，恐怖如同梦魇一般，她将把这气味铭记至生命终结之日。

在重兵看守下，她被带到弗利当地的一处宅邸，切萨雷在那里等着卡泰丽娜的孩子们被押解来，他想象着他们被链子锁着，仿佛小鹅一样，摇摇摆摆地跟在大鹅之后，而大鹅，马上就要成为盛宴上的一道菜。令他震惊的是，卡泰丽娜已经又一次抢先一步，把她的孩子们——弗利和伊莫拉的主人与继承者——送去了安全的佛罗伦萨。由于她和乔瓦尼·迪·美第奇的婚姻，她的孩子们从理论上说是佛罗伦萨的公民，所以切萨雷没有合法权利要求美第奇家族把孩子们交出来。而只要奥塔维亚诺和他的兄弟们依然不在他的掌控中，他对卡泰丽娜的土地的所有权就依然存在着阴影。

又一次遭遇挫折后，切萨雷命人将俘虏带到他的房间。即便不能获得她的遗产所有权、不能摧毁她的精神，至少他能享受令如此多的男人神魂颠倒的肉体。

接下来的九天中，切萨雷一次又一次地侵犯伯爵夫人。他白天和她一起用餐，晚上就带她上床，因自己征服了一个如此鼎鼎大名的女人而喜悦。

然而，随着卡泰丽娜守城时的英勇事迹传播开来，其声名日盛。"尽管这个女人是威尼斯共和国的敌人，"一个威尼斯人写道，"她真的值得无限赞美和永远铭记，足以与那些最有名、最值得尊重的罗马将领比肩。"一个路易十二世的法国传记作者写道："在她女性的身体中，有着强大的勇气；她无惧危险；无论危险离她有多么近，她都绝不退缩。"

　　然而，对于波吉亚家族来说，这些称赞都毫无意义。卡泰丽娜被带到罗马，就近囚禁在一座舒服的梵蒂冈宫殿中，直至她仓促出逃却事败。亚历山大教皇以这次出逃作为借口来发泄长期的积怨，命令将伯爵夫人投入圣天使堡的恐怖地牢中——圣天使堡，正是她曾经在某位教皇死后扼守过的要塞。

　　在波吉亚家的人看来，圣天使堡黑暗而逼仄的牢房正好能作为他们对弗利的戏的第二幕背景。亚历山大安排了一场精心设计的公开审判，作为对她最后的公开羞辱。罪名：尝试毒杀教皇陛下。

　　根据设计，伯爵夫人将穿着悔罪者的白袍，一条粗绳绕在她的脖子上，她需要在教皇面前下跪并忏悔自己的罪行——已经有两个受刑后屈服的"帮凶"证实了这些罪行。而教皇坐在大天使米迦勒的湿壁画前的黄金宝座上，将宣布弗利城"罪恶的女儿"有罪，并对其处刑。对卡泰丽娜·斯福尔扎·里亚里奥的审判，将成为爱偷窥的罗马民众喜闻乐见的画面。

　　然而，卡泰丽娜又一次智胜波吉亚家族。当仪式的主持人来她的房间讨论即将到来的审判时，卡泰丽娜平静地道出她的公开答辩：她经历过一场光荣战斗沦为俘虏，教皇的儿子每晚都在他的房间中强奸她。教皇的"圣洁"武士们也曾同样在一个宗教节日强奸弗利虔诚的信教少女。切萨雷的人摧毁教堂，毁坏神圣的祭坛，盗取无辜者的财物，并且屠杀无罪之人。"如果我能写下来，肯定会震惊世界。"她宣称。

　　卡泰丽娜对切萨雷的罪行的描述十分全面、十分生动、十分详尽，亚历山大开始重新掂量是不是要给她提供公开露面的机会。他悄悄地放弃了审判计划。

教皇的使者尝试利诱卡泰丽娜，对她许以金钱、豪宅，最诱人的是，许诺她可以离开圣天使堡地牢的恶臭，享受自由的呼吸。他们容许奥塔维亚诺和其他孩子的信件送到她面前，那些信中都恳求他们的妈妈放弃权力。他们说，孩子们需要一个自由的妈妈。如果她不能自由地送钱到佛罗伦萨，他们便无法维持奢华的生活方式。卡泰丽娜夫人肯定不希望看到自己的孩子陷入贫困。

这些娇惯的孩子的信件未能起到作用，波吉亚家又换了一套战略。他们将她拖出牢房，带到一个绞刑架上，对她说，她当天就要被处死。但首先，他们有些东西给她看。她站在绞索之下，那两个所谓的"帮凶"被带上台阶，吊死在绳子上。看守们任由两具尸体摆来荡去，押解着卡泰丽娜回到牢房。他们将她推搡进去，告诉她，那两个人的死给她又赢得了一些时间，但只有一点而已。

在胡萝卜与大棒的轮番攻击下，卡泰丽娜拒绝屈服。她推算，只要她让步，波吉亚家就没有理由让她继续活下去了，事实上很可能正是如此。她也许会在用餐时染上一种神秘的病，在深井边脚下不稳摔入井中，或是撞上某个不知从何而来的盗匪的刀刃。

教皇也知道这一点。他本可以让切萨雷给卡泰丽娜下毒，或直接处理了软弱的奥塔维亚诺。这是一目了然的。但他还有其他的方面要顾虑，这个方面缚住了他的手脚。由于最后一次婚姻，卡泰丽娜算是佛罗伦萨人，是强大的美第奇家族的成员，而且她也是斯福尔扎家族的成员，对于家族中这个闻名的女儿，他们一直都非常关注。卡泰丽娜还在法国军队中有仰慕者，比方说那位德阿莱格尔队长，他在将她交给波吉亚家之前曾经要求对方保证她的安全。在不断壮大的反对波吉亚的联盟眼中，这个昔日危险的少女已经成了备受同情的形象，甚至成了一个殉道者。

　　1501 年春，法国军队向那不勒斯进军，途中在罗马附近宿营。德阿莱格尔队长听说了卡泰丽娜的境况，愤愤不平，纵马疾驰到梵蒂冈宫殿，要求面见教皇。他告知亚历山大六世，如此对待伯爵夫人违反了法国军队与切萨雷达成的约定。他与他的儿子对那个女囚犯的所有侮辱，都是对法国国王的荣耀的冒犯。

　　教皇提出抗议，说自己差点被伯爵夫人毒死，他才是真正的受害者。德阿莱格尔没有理会他的装腔作势。如果教皇不立刻释放伯爵夫人，他的士兵会攻入圣天使堡，亲自解放她。

　　教皇并未准备要应对一场军事进攻，特别是法国国王发起的。他不情愿地同意释放卡泰丽娜，但有一个条件：她必须签署文件放弃对伊莫拉和弗利的所有权。德阿莱格尔到城堡中，恳求卡泰丽娜——为了她的性命、为了她的孩子们的利益——放弃她明显已经失去的土地的摄政权。过去几个月中，卡泰丽娜一直全副心思地抗拒着、拖延着这一刻的到来，尽管对地牢、强奸和差一点死亡的心理恐惧已经消磨了她三次在城堞指挥若定的精神意志。她的儿子已经年龄够大，可以接过属于他的东西，如果他值得拥有；苦乐参半的时候来临了，母亲必须靠边站，让孩子飞去他们想去的地方。

　　卡泰丽娜怀着沉重的心情同意了。她提出一个条件：她要到城堡外签署文件，要在法国士兵保护之下。

　　重获自由的卡泰丽娜离开罗马，前往佛罗伦萨，在北上的过程中躲开了教皇最有名的一个杀手。她是美第奇家族的客人，借住在卡斯特洛镇上一座漂亮别墅里。与她曾经捍卫过的两座堡垒大相径庭，这栋借来的别墅值得夸耀的是其美好宜人、适合散步的庭院，聪明机灵、供人乘骑的骏马，以及可以欣赏的艺术品，其中包括一间迷人的起居室作品——由一个叫波提切利的老熟人创作的《维纳斯的诞生》①（*The Birth of Venus*）。

卡泰丽娜从来都不是一个能闲下来的人，无论是精神还是身体，她开始弥补在地牢中虚度的光阴。她重拾起维持了一生的兴趣，沉迷于植物学、药剂学和美容用品。关于进入老年的女人如何维护自己的容颜，她写下了详尽的笔记。如何使双唇更红、牙齿更白、头发更亮、皮肤更白，这些仅仅是她的药方的一部分主题。她的草药和矿物药方共计 454 个，被汇编为一部手稿，名为《实验集》（*Experimenti*），这部手稿最终被收入了佛罗伦萨国家档案。

离开罗马后，卡泰丽娜·斯福尔扎·里亚里奥·德·美第奇就此与战争告别，就如同一对老年夫妻欣然终结一段失败的婚姻。中年的她，战场从堡垒转到了法庭。她用保卫堡垒的激情指挥着一队律师，围绕小儿子的监护权开战并取得胜利，击败了曾入狱的她是一个不称职母亲的说法。

1503 年 8 月，亚历山大六世卒，但教皇的更迭并没有有利于卡泰丽娜去收回她的土地。初见那片土地时，她还是个少女，刚刚成为时任教皇的堕落的外甥的新娘。如今，她的长矛已损，她将再也无法统治弗利。

她上了年纪，人也比过去睿智，更愿意让儿子在合适的时机接过统御的缰绳或刀剑。然而令她失望的是，他什么都没有接。奥塔维亚诺缺乏真正的斯福尔扎家族的人的火热。最终，他得到了一顶

---

①　卡泰丽娜的特征，以及可能是她的形象，在波提切利的两幅画中有所展现：一幅是著名的《青春》（*Primavera*），据说她是画中美惠三女神之一；另一幅是藏于德国图林根州林登奥博物馆中的一幅肖像。

红衣主教的帽子，作为交换，他放弃了对母亲曾经用生命捍卫的土地的所有权。

† † †

　　卡泰丽娜过世于 1509 年 5 月 28 日，身边有神父、侍从和美第奇家的亲戚们陪伴。她在尘世中的浮华的财产——那些她不能扔入火中烧掉的——按照她的意愿分配。

　　卡泰丽娜离世时还未到五十岁，她种下了一颗种子，却无缘看到其开花。她与美第奇丈夫的儿子——当时十一岁的乔瓦尼，继承了这位勇士母亲的精神。他如同她一样，意志坚定，无所畏惧。将来，乔瓦尼会带领着一队士兵战斗，并且就如同他的曾外祖父一样，证明自己作为佣兵队长对于欧洲那些交战的国王们的价值。

　　乔瓦尼的孩子，卡泰丽娜的孙子，正是未来的科西莫·德·美第奇（Cosimo de Medici），第一任托斯卡纳大公，佛罗伦萨最伟大的统治者。在祖母强大意志的庇佑下，科西莫将带领佛罗伦萨进入权势和影响的黄金时代。而在同一时期，一个孤女正筹谋带领自己的岛国走上向强大帝国发展的道路。

第三篇

帝国与反叛

然而上帝赐予他的那个女人，身体的每一根纤维
都证明她只为一件事而存在，只为此武装和装备；
也是为了这件事，以免一代一代失败不行，
这些物种的雌性，一定会比雄性更为致命。

——鲁德亚德·吉卜林

当卡泰丽娜的大炮射击产生的硝烟飘过罗马涅起伏的山丘，欧洲新兴起的家族将女性地位提升到了新高度。昔日的国王是战士，与一班兄弟并肩作战，浑身浴血，刀剑争鸣，但如今他们已经退出舞台，让位给在议会厅内发号施令的新一代君主：他们在远离战场喧嚣的宫殿内，在地图上周旋打转，用黄金、羊皮纸和羽毛笔来进行战争。

世界不断发展，长子继承制、传统习俗、宗教束缚纷纷衰落，因为人们开始认识到，主导皇室继承的，应该是智力，而非体力。在古代和中世纪，女人用丈夫或儿子的名义来统治。但在满都海和卡泰丽娜死后不久，一批新女性破开帘幕，将权杖握在自己手中。

当然，并非每个地方都是如此。中国以儒学治天下，日本以德川幕府为中心，哈里发是阿拉伯世界的最高统治者，这些地方的君主还都是仅有男性。文艺复兴到法国大革命这一阶段的女性政治掮客主要在欧洲。卡斯提尔的伊莎贝拉与她的丈夫作为地位平等的伴侣，一同在收复失地运动期间统治西班牙。安妮女王（Anne），一个名为"大不列颠"的新联合王国的君主，在与太阳王路易十四（Louis ⅩⅣ）和西班牙王室开战过程中，和议会共享权力。在搽粉假发和线列步兵战术的全盛期，奥地利女大公玛丽娅·特蕾莎（Maria Theresa）与俄罗斯女皇伊丽莎白（Elizabeth of Russia）联合对抗腓特烈大帝（Frederick Ⅱ，the Great）。

中世纪时的统治者们以农业经济为基础，重视疆域的开拓征服；而16世纪至18世纪的女性们所处的年代与此不同，帝国力量依靠的是贸易，而贸易通常依靠武力。航海和造船技术的进步，让新世界和太平洋岛屿可供欧洲开发，哥伦布、麦哲伦（Magellan）、达·伽马（da Gama）、卡伯特（Cabot）等航海者引发了一场争夺白银、香料和奴隶的帝国竞赛，自罗马将迦太基人逐出地中海之后就再也未有过这样的竞赛。

帝国扩张的野心引发不稳定，而不稳定是战争的导火索。当大国小心翼翼地保护自己所拥有的东西，而又不太嫉妒其他大国所拥有的东西时，它们才是最成功的。1500—1800年兴起的王国却不安于这样的准则，频繁陷入战争，无论是由男性国王统治还是由女王统治。

到了18世纪末，大国势力已经心照不宣地将全球划分为不同势力范围——这种现实一直延续，从拿破仑（Napoleon）和沙皇亚历山大一世（Alexander Ⅰ）的时代，到维多利亚（Victoria）和俾斯麦（Bismarck），到德意志皇帝威廉二世（Wilhelm Ⅱ）和英国国王爱德华七世（Edward Ⅶ），再到杜鲁门（Truman）和斯大林（Stalin）对峙。昔日的帝国主张，如今在东欧、环太平洋和克里米亚等现代战略热点地区还有所体现。

　　文艺复兴之后的战争女王们如同她们的兄弟一样，面临着三大令人生畏的挑战。第一，保护王位不被竞争者夺走（或是从竞争者手中夺过王位），这些竞争者有时也包括其他女性。第二，她们必须通过征服土地或控制海洋来主宰商业，加强国民经济。第三，世界之间的联系日益紧密，要求她们必须与其他势力结盟，以遏制不断发展的敌人。

　　对所有的君主来说，这都是一种苛求，但有少数幸运的女性君主成功做到了。这些传奇人物中有三个，曾统治欧洲和非洲的兴盛王国，而今在历史的星空中熠熠生辉。

　　第一个，是一个私生女，不过这不太可能是真的，但她的父亲真的杀了她的母亲。

8. 国王之心

我来到你们中间，是下定决心，在战役关键时刻，与你们所有人同生共死；我愿为我的上帝、我的王国、我的臣民、我的荣誉与我的热血而战。

——伊丽莎白在西班牙无敌舰队入侵前夜的讲话，1588 年

从法律层面来看，她是一个私生女，是被剥夺了继承权的孤儿，她的母亲被她的父亲下令处死。二十一岁时，她有数周的时间被幽禁在令人生畏的伦敦塔中，接受同父异母的姐姐派来的人审问，那位姐姐是位热衷打击异端的女王，后来被称作"血腥玛丽"（Bloody Mary）。

但在四年后，教堂钟声响起，十一月的风凛冽吹来，穿着厚大衣、头戴羽饰的贵族们从远方骑马赶来，微笑着向平静地站在一株

橡树下的女人致以敬意。她很清楚钟声是为谁敲响，这些人又为了什么一路从伦敦骑马来见她。

男人们从高头大马的马鞍上下来，对这个女人深深鞠躬行礼，并称其为"陛下"。伊丽莎白·都铎的姐姐玛丽死了，而她是英格兰王位的最优先的继承者。她是亨利八世（Henry Ⅷ）的女儿，一头红发，意志如铁，恰似其父。戴上王冠要面临种种风险，要面对帘幕后潜藏的明枪暗箭、毒药匕首，但她的时代终于来了。

那是属于英格兰、威尔士和爱尔兰的女王伊丽莎白的时代。

† † †

她的家族在手足相残和血腥中兴起。她的祖父在"玫瑰战争"中取得了兰开斯特阵营的胜利，登上王位，是为亨利七世。其子亨利八世有过六任妻子，令英格兰摆脱天主教信仰，也让自己的国家陷入了代价高昂的与法国的战争。

亨利八世的第一任妻子是一位西班牙的公主——阿拉贡的凯瑟琳（Catherine of Aragon），她为他生了一个女儿，取名玛丽。但凯瑟琳的子宫未能孕育出继承王位的儿子，加之对凯瑟琳的厌倦，亨利的心倾注到一个名为安妮·博林（Anne Boleyn）的思想开明的美女身上。教皇拒绝宣布亨利与凯瑟琳的婚姻无效，亨利便宣布自己摆脱教皇权威，娶了安妮。安妮为他生下第二个女儿，取名为伊丽莎白。

和凯瑟琳一样，安妮未能生出儿子。急着找一个新妻子的亨利指控安妮有叛国罪，将其斩首。然后，他娶了珍·西摩（Jane Seymour），她在生下他唯一的儿子后过世。又娶了三任妻子之后，亨利也死了，王位传给了当时十岁的爱德华·都铎（Edward Tudor）。

爱德华没有父亲那般强健的体魄，未成年便死了。1553 年夏，都铎家中的大女儿玛丽继承了王位。第二年，她与西班牙的王储腓力（Philip）结婚，腓力在父亲死后将成为西班牙国王。通过庄重的婚誓，玛丽将英格兰和西班牙的王室结为令人敬畏的联盟。

玛丽是名天主教徒，对伊丽莎白的宗教信仰保持着深深的质疑，当乡村地区普遍的紧张局势激化为叛变时，她便将同父异母的妹妹囚禁到了伦敦塔中。在接下来的几个星期中，年轻的公主每日都生活在惊惧之中，害怕被暗杀，或是步自己母亲的后尘——去赴和刽子手的约会。

尽管对伊丽莎白的仆从进行了严格的审讯，但玛丽的审讯人员却未能找到伊丽莎白身为异端或叛国的可信证据。玛丽不情愿地让妹妹保住了脑袋，但伊丽莎白心理上的伤口却长久未愈。她知道自己的一举一动都被监视着，一言一语都被监听着。她意识到，对于一个都铎王室成员来说，生命安全有多么没有保障。因而，之后的一生，她都习惯将计划藏在心里，不明言出口。

1558 年 11 月，玛丽病了，此时她还没有子嗣。根据亨利的遗嘱，伊丽莎白是王位的顺位继承人。在玛丽女王奄奄一息之时，朝臣们就如同嗅到了野兔气息的猎犬一般，骑马去向下一任都铎王朝的女王宣誓效忠。

伊丽莎白很像她的父亲，性格倔强，在白厅宫的岁月中释放出永不满足的智慧和旺盛的体力。她每日都花很长的时间学习身为王者要面对的事务，勤勤勉勉地驾驭着由文书组成的魔毯，这些文书是一个君主日常生活中的重要组成部分。她能娴熟地使用拉丁语、意大利语、法语、威尔士语和西班牙语，阅读希腊文版的《新约》（*New Testament*），精通几乎所有学科——从农作物和性到神学和经济学。在宫廷中，在议会中，在宴会桌边，她都能以自己敏锐的幽默感令使节和朝臣们放松从容——或是令他们身临险境。

伊丽莎白热爱生活，工作时刻苦，玩乐时也认真。她喜欢骑马、打猎、在庭院中用十字弓射箭靶。她乐于与寝宫的女侍从们交流宫廷八卦，会由衷地开怀大笑。

另外，她十分喜欢跳舞。宫廷舞会结束后，外国使节们会给自己的君主写信，报告说女王精神抖擞、精力充沛，一口气跳五支曲子，或者六支，甚至七支，累得舞伴上气不接下气。

陶醉于作为一个至高无上的女人的虚荣，她化很浓的妆，令肤色看起来光滑白皙。她有四套加冕礼服，每一套都用了金银线织成的 23 码长的锦缎，并镶有貂皮镶边和金线蕾丝。她的衣柜中有 3 000 件衣服。对在讲坛上疾言厉色地反对虚荣法衣的虔诚的新教传教士，她总是不喜。

尽管她天赋异禀，但英国人，无论平民还是贵族，都是顽固的老派人，很多人都不愿意遵从一个女人。男人领导军队，男人领导教会，"血腥玛丽"当政的动荡年月更令相当多的人深信：统治国家的该是男人，而非女人。"若让女人居于男人之上，统治帝国并担负责任，简直有违自然的秩序。"在伊丽莎白继位那年，苏格兰的煽动叛乱者约翰·诺克斯（John Knox）如此抱怨。而他的论点恰好反映了大多数人的观点。

对这些偏见，伊丽莎白十分敏感，在公开场合发言时经常自称为"君主"，而非"女王"。她在王室颁布的声明中频频提及男性祖先，且经常提到她那位传奇的父亲。"尽管我可能不是一只狮子，"

她提醒朝臣们，"但我是狮子的孩子，继承了他多方面的品质。"

亨利有一点她没有继承，那便是从一段婚姻跳到另一段婚姻的嗜好。选择丈夫是非常微妙的事情，因为那个年代，西欧各国信仰不同，从表面上看，至少分成两大阵营：天主教和新教。西班牙和法国是天主教国家，哈布斯堡帝国是天主教国家，低地国家是新教国家（不过在名义上由西班牙的天主教国王统治），苏格兰是新教国家（不过名义上由法国的天主教王后统治）。在亨利统治时期，英格兰是新教国家。在血腥玛丽时期，英国人复归天主教信仰。而现在，到了伊丽莎白治下，英格兰又变成新教国家。差不多就是如此。

宗教其实是战略、政治和社会关系等诸多因素的一种简略表现，而欧洲各国之间的国际政治依然是非常私人的，所以宗教是一种有效力量。嫁给一个天主教国王，就会疏远苏格兰等新教国家；而嫁给一个新教的，则可能面临惹来西班牙等天主教势力报复的风险。伊丽莎白十分谨慎地推迟了婚姻问题的处理，一直未曾拒绝其他王室的求婚者——也未曾应允任何一个人。

法国在苏格兰的统治

一个宫廷中人将新上位的女王及其王国比喻为"扔在两只狗之间的一块骨头"。第一只狗，是西班牙，控制着低地国家、南北美洲殖民地和地中海大部分地区。从新大陆运来的满船白银令天主教国王陛下有能力组建庞大的职业军队，这只狗因而拥有了又长又利的獠牙。

在佛兰德斯画家彼得·保罗·鲁本斯（Peter Paul Rubens）的这幅经典画作中，托米丽司女王向波斯战士的头颅表达着独有的"敬意"。她的马萨格泰战士们在一场激烈的战斗中击败了波斯这个当时世界上最伟大的帝国。

这幅由德国画家威廉·冯·考尔巴赫（Wilhelm von Kaulbach）作于1868年的画作，描绘了希腊和波斯在萨拉米斯的战役。卡里亚女王阿尔忒弥西亚为波斯之主提供了卓越的军事建议。薛西斯听取她的建议时，一切顺利；不听时，灾难降临。

克娄巴特拉与其子恺撒里昂的埃及风格雕像。

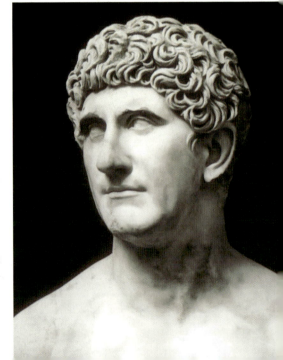

1世纪古罗马时期马克·安东尼的大理石半身像，藏于梵蒂冈博物馆。马克·安东尼，尤利乌斯·恺撒的门徒，克娄巴特拉的"酒神巴克斯"，领导着由克娄巴特拉雇用、提供给养和报酬的士兵。

《布狄卡及其女儿》(*Boudicea and Her Daughters*)是凯尔特女王的青铜塑像，1856—1883 年由英国雕塑家托马斯·桑尼克罗夫特（Thomas Thornycroft）塑造，今日依然在曾经被她焚为焦土的城市里熠熠生辉。

这幅油画被认为是"佩剑的蒙娜丽莎"卡泰丽娜·斯福尔扎的肖像，由意大利文艺复兴时期画家洛伦佐·迪·克雷迪（Lorenzo di Credi）作于约1482年。卡泰丽娜的美貌与她用剑或大炮的出色能力相得益彰。

位于弗利的拉瓦蒂诺堡垒。卡泰丽娜在拉瓦蒂诺堡垒的掩护下对抗刺客和教皇的军队。她对城堡了如指掌，并准备用自己的生命捍卫它。

伊丽莎白一世的加冕肖像，由一位不知名的艺术家绘于约 1600 年。伊丽莎白一世在宗教和领土充满动荡之时继承了英格兰、威尔士和爱尔兰的王位。暗杀者四伏，很多人都认为她活不了多久。

伊丽莎白的死敌——西班牙国王腓力二世，他的这幅肖像由意大利艺术家提香（Titian）作于约 1550 年。在与伊丽莎白的战争中，腓力二世既是主动攻击者，也是失败者，这场战争一直持续到他们二人死后多年。

　　英国海军与西班牙无敌舰队的海战，这幅画作由荷兰画家科内利斯·克拉斯·范·魏林根（Cornelius Claesz van Wieringen）于1623年前后绘制。由于英格兰女王对技术、物资采购和指挥将领的卓越管理，英格兰在这场史诗般的战斗中占据优势。

在这幅基于目击者描述绘制而成的17世纪素描中，恩津加在与葡萄牙总督科雷亚·德·索萨谈判时坐在一个仆人身上，因为德·索萨没有给她提供椅子。

这幅恩津加领导军队的画作出自"阿拉尔迪手稿"（Araldi manuscript），作者是意大利嘉布遣派修士乔瓦尼·卡瓦齐·达·蒙特库科罗（Giovanni Cavazzi da Montecuccolo），他于1662年进入女王的宫廷。恩津加以能在战场上身先士卒为傲，她学习过弓箭、战斧和火枪的使用。她率领着庞大的军队，令葡萄牙殖民者及其盟友生畏。

作于维多利亚时代的恩津加女王画像，她在血腥的清洗中幸存下来，成为非洲大陆上一个饱受战争蹂躏的王国的女王。

由波兰画家亚努阿里·苏霍多尔斯基（January Suchodolski）作于 1853 年的这幅充满戏剧性的画作展现了苏沃洛夫攻占奥恰科夫的场景。在两次对奥斯曼帝国的战争中，叶卡捷琳娜巧妙地管理着她的将军们，包括苏沃洛夫。由于她的指挥中心远离前线，她十分睿智地授予指挥官们很宽泛的自主权。

"要干男人的事，你需要男人的装备。"1762 年，叶卡捷琳娜将一切掌握在自己手中，领导了一场针对虐待她的丈夫的宫廷政变，她穿着普列奥布拉任斯基近卫团的深绿色制服。丹麦艺术家维吉利乌斯·埃里克森（Vigilius Eriksen）于当年用这幅画来纪念她的胜利。

俄罗斯画家弗拉基米尔·博罗维科夫斯基（Vladimir Borovikovsky）于 1794 年描绘的晚年叶卡捷琳娜，身边陪伴着她心爱的灵缇。在去世之前，叶卡捷琳娜扩张了帝国边界，促进了与西方的贸易，使俄罗斯成为东欧的主导帝国。

"吉普尔"和"铁娘子"在华盛顿的合影，摄于 1983 年 10 月。撒切尔和里根在民主、国际法等方面持相同的观点。

撒切尔与里根在她的偶像温斯顿·丘吉尔的画像前合影。英国首相撒切尔会随身携带丘吉尔演讲的副本。

　　第二只狗，是法国，通过本国的王储弗朗索瓦（Francis）和他美丽的妻子玛丽·斯图尔特（Mary Stuart）控制着苏格兰，玛丽·斯图尔特正是苏格兰女王。苏格兰的玛丽是亨利七世国王的曾孙女，同样对英格兰王位拥有很坚实的继承权。如果伊丽莎白行差踏错，拥有一个储备继承人和强大军队的法国可能会试图推翻伊丽莎白，让她的天主教亲戚坐上威斯敏斯特的王座。

　　伊丽莎白深知王国的弱势所在，将保家卫国作为政府的第一要务。尽管继承了30万英镑的王室债务，她还是派代理人去安特卫普的银行借了足够的钱，来充实武器和盔甲的储备。不久，1.6万根制弓用木料、6 000个矛头、42万发火药弹、1.8万套金属甲胄和3.3万支各类火器便进入了伦敦塔的大军械库。

　　她将在英格兰北方边境让这些新武器染血。

　　伊丽莎白即位八个月时，法兰西国王亨利二世（Henri Ⅱ）在一次比武中发生意外死亡，他的儿子弗朗索瓦登上宝座。十六岁的玛丽在苏格兰女王之外又多了法国王后这一重身份。在强大的母系吉斯家族的支持下，玛丽开始考虑去得到第三顶王冠，她轻率地确定了要谋取的对象：那个王国的纹章上有三只凶猛的狮子，分别象征着英格兰、威尔士和爱尔兰。

　　在玛丽统治时期，苏格兰，这个位于英格兰北面的荒凉而美丽的国家，在纷争的苦难中挣扎求生，因为天主教王权和新教贵族被裹挟在宗教改革的浪潮中争斗不休。如果玛丽能够打败新教领主们，法国便能够在大不列颠群岛奠定根基。法国可以骚扰——甚至入侵——英格兰北部，这是伊丽莎白不能容忍的威胁。

　　伊丽莎白希望能不发动公开的战争便将法国势力赶走，于是开始了一场针对玛丽及其法国后盾的秘密战争。一开始，她用储备的法国现金利诱拉拢苏格兰新教反叛者，从而插手了苏格兰事务，同时又能否认英格兰的介入。当单纯的金钱攻势没起作用时，她派出一支舰队封锁了福斯湾——这是联通爱丁堡和北海的要道。为了有可以推诿的遮羞布，她禁止舰队悬挂英格兰旗帜：舰队以"私人事业"的名义向北航行。

封锁爱丁堡也未能驱逐法国人。于是，在1559年底，伊丽莎白采取了极端的一步，她派出4 000名英格兰士兵前往边境城镇贝里克。她告诉枢密院，她准备对贝里克附近的利斯发动闪电战，利斯是爱丁堡附近的重要法国基地，她想要以此将法国军队驱逐出不列颠群岛。

圣诞节那天，伊丽莎白下令发动进攻。然后，她又开始犹豫：英格兰人杀了法国人，会使两个本就不友好的国家加速恶化。对法国驻军的攻击可能会令英格兰陷入与法国的全面战争，这不再是一场"不列颠内部"的争吵。她最终得出结论，认为风险太大，断然取消进攻。

伊丽莎白的变脸令她的军事顾问们爆发。他们为女王陛下服务，听命行事，但他们需要君主在制定英格兰的外交政策时维持立场，不自相矛盾。将领们和议员们认为女王的转变是女性性格所致的对必须采用暴力措施推动事情的犹豫，这种犹豫十分危险。

他们可能没有像他们想象的那样清楚地了解女王陛下的思想。伊丽莎白在认为需要采取暴力手段时并不反对暴力。但她对苏格兰战争的感受——确切地说，是对所有战争——受到两种恐惧的影响。

第一点，是她父亲的冲突造成的经济遗留问题，这几乎毁灭了她童年时代的英格兰。长矛大炮时代的战争不是便宜的事情。她父亲的对法战争拿下了布伦港和加莱附近一片法国海岸，但也孵化出一条经济恶龙，给国家蒙上了黑暗的阴影。战争债务迫使亨利向佛兰德斯的放债人借了 100 万英镑，出卖教会土地，用较少的金属来铸币，导致英镑贬值，此外还将税收提升到了两百年来最高的水准。仅官方货币贬值就引发了一波通货膨胀，令土地所有者的财富在五年内贬值到原来的一半，并动摇了人们对本国经济的信心。①

她第二方面的恐惧是担心对外战争会影响她对权力的掌控。战争时期，将领们会声名鹊起——而且，战争能造就国王。伊丽莎白在做公主时并未学习过军事事务。她对刀剑技巧的掌握与孩子无异，她也从来都没有参加过奇袭或远征。因此，她能给将领们的都是最基础的建议，根本没有办法虚张声势。即便她能够提供切实可行的建议，她骑着白马、身着钢制胸甲、和营地中的士兵们同进退，这画面对任何一个正经的英格兰人来说都太荒诞不经了。在战时，由于性别而产生的客观生理差异令英格兰的命运落到了能直接掌控蛮力的马背上的男人们手中——而不是他们为之战斗的女王。

伊丽莎白意识到，只要有可能，就要避免长期战争。她不会在那年冬天发起屠杀的号令，让战争之犬蹂躏苏格兰。

然而，到了春天，战略格局又发生了改变。在法国，针对吉斯派系的一次暴动动摇了统治集团的信心。伊丽莎白推论，巴黎忙着处理内乱，法国国王没能力派援军到苏格兰，令战争升级。她第二次改变主意，命令 7 200 名步兵和骑兵将法国人赶出利斯。

---

① 亨利八世为数不多的决定性胜利之一实际上是由他的第一任妻子阿拉贡的凯瑟琳王后赢得的。1513 年，亨利八世在诺曼底与法国作战，凯瑟琳集合了一支军队，在弗洛登战役击败了苏格兰的詹姆斯四世（James Ⅳ of Scotland）。她把死去的苏格兰国王的一件撕破的染血外衣作为战利品送去给丈夫。

但当地的将领搞砸了攻击，并有 500 人伤亡。伊丽莎白别无办法，只能派出增援部队，命令海军从海上对利斯实施封锁。事实证明，封锁更加有用。没过多久，缺粮挨饿的法国守军只能到海滩上捡拾贝类充饥。1560 年 7 月，法国国王同意退出苏格兰。士兵登上运输舰，法国的防御工事被夷为平地，随着玛丽女王的法国支持不复存在，苏格兰的权力中心转移到新教贵族组成的议会手中。

北方终于安全了。

胡格诺派的惨败

法军撤出苏格兰，是伊丽莎白第一次重大军事胜利。这令英格兰获得了短暂的和平，迫使弗朗索瓦二世承认伊丽莎白为英格兰的合法统治者。法国的谈判人员向伊丽莎白保证，弗朗索瓦二世的妻子——苏格兰的玛丽——会放弃自己对英格兰王位的继承权；他们签署了一份和约，放弃玛丽在伊丽莎白之后继位的权力。事情似乎在朝着有利于伊丽莎白的方向发展。①

但五个月后，十六岁的弗朗索瓦二世意外死于耳朵发炎。他的死亡让权力从吉斯家族转移到了一个反对新教的集团手中，集团首领凯瑟琳·德·美第奇（Catherine de Medici）是十岁大的新任国王查理九世（Charles Ⅸ）的母亲。法国的新教自称为胡格诺派，他们很快便发起抗争，要推翻天主教的统治。伊丽莎白的枢密院意

---

① 玛丽女王并未参与交涉，立场非常不同，拒绝认可那份和约。而正如我们将要看到的，她的顽固，将给她的王室亲戚带来无穷无尽的麻烦。

识到这是一个破坏英格兰宿敌稳定的机会，敦促她帮助胡格诺派推翻巴黎的天主教君主。

伊丽莎白是站在胡格诺派这边的，但她本身并没有宗教狂热。尽管她正式宣布拉丁弥撒违反英格兰法律，但她同时也倾向于淡化宗教冲突。在伊丽莎白看来，英格兰的利益在于敌人的不安定，而不在于捍卫这个信条或那个信条。

然而，谋臣们的声音一直在她耳边鼓噪：她应该趁法国的动乱去攻击他们。

和在苏格兰一样，伊丽莎白在混乱的泥潭中试了试水。1562年夏，她派出一支舰队封锁法国海岸，打出的借口十分蹩脚：他们在追击海盗。没多久，英格兰的志愿者和英格兰的黄金出现在了胡格诺派在鲁昂的据点中。伊丽莎白在法国动乱中的隐形之手开始日益显形。

即便是依靠走私来的黄金和英格兰的雇佣兵，胡格诺派也无法攻下巴黎。情势所迫，伊丽莎白派出英国陆军公开加入战争。当美第奇家族的宣传攻势公开指责英格兰插手法国事务时，她的策略产生了反效果。英格兰人的可憎存在，激怒了天主教和主流新教法国人，英国骑士高举着三狮旗出现在他们的领土上，这个想法令他们厌憎。短暂的争斗之后天主教势力击败了胡格诺派。1563年3月，双方都已经饱受战争摧残，同意休战。

两个月后，法国人将炮口指向了英格兰人，将其驱逐出欧洲大陆。

对伊丽莎白来说，胡格诺派的惨败是一剂难以下咽的苦药，她以很艰难的方式认识到大多数法国人的第一身份都是法国人，而天主教徒或新教徒的身份次之。雪上加霜的是，她幸存下来的军队将瘟疫带回了首都, 引发了一场杀死了2万伦敦人的大瘟疫。西班牙大使阿尔瓦罗·德·夸德拉 (Alvaro de Quadra) 主教十分欣喜地向自己的国王腓力二世报告: 英格兰民众对领导他们的女人失去了信心。"上帝救救英格兰, 给这里派个国王来吧。"根据主教的报告, 民怨沸腾。①

而在白厅宫中, 面无表情的财政会计们埋首账簿, 计算着伊丽莎白在国外冒险的成本。在短短的四年中, 她已经积累了一份接近75万英镑的账单——即使对一个君主来说, 这也是非常沉重的债务。

战争债务增长的速度令伊丽莎白感到震惊, 她在预算中寻找新的节约方法。她裁撤了大部分皇家海军, 削减了都柏林和贝里克的驻军。为了开源, 她批准大臣在安特卫普发放新贷款, 又卖掉了更多王室领地。她省吃俭用, 控制日常家用、仆人、礼物和服装, 并拒绝向法国新教徒提供进一步援助。

战争带来的经济冲击并不局限于王室财政。与法国的冲突对英国的出口市场产生了涟漪效应, 特别是羊毛市场。英国的投资者沮丧地关注着纺织品利润暴跌, 被迫在黎凡特、南欧和北非搜寻新市场来兜售商品。伊丽莎白的战争, 就如同她父亲的战争一样, 造成了全国性的消耗。

西班牙美洲殖民地的海盗

16世纪60年代的大部分时间中, 伊丽莎白的注意力集中于经

---

① 尽管战败和瘟疫令德·夸德拉主教对女王被推翻充满希望, 伊丽莎白却笑到了最后。德·夸德拉成了战败军队带回伦敦的瘟疫的牺牲者之一。

济稳定和战略独立，而非在外国土地上的权力之争。在英国士兵被驱逐出欧洲大陆时，她已经学到了教训，对战争暂时没有什么兴趣。

但对于天主教和新教之间的斗争，她无法视而不见。一旦法国在美第奇势力的领导下团结起来，或反叛的低地国家被西班牙平定，两股强大势力中的任何一方便都有了余力把矛头转向英格兰。她推论，欧陆的和平并非英国的利益所在。所以，她悄悄地贷款给荷兰和法国的政治煽动者，以维持纷乱的局势。

私掠船形式的海盗行为是伊丽莎白的隐秘战争的另一个非官方工具。她的父亲曾授予船长们皇家委任状去掠夺法国和苏格兰的船只。给本来是海盗的行为颁发许可，国王由此得到的回报是从赃物中分到一杯羹。

给私掠船颁发许可的行为，对投资者来说实在获利颇丰，因而盛行起来，在亨利八世结束陆地战争之后还延续了多年。到了伊丽莎白的时代，冶金学家完善了一种革命性的方法，制造出造价更低但攻击效果更好的加农炮，船主们武装船只的花费降低。不久，弗朗西斯·德雷克（Francis Drake）和约翰·霍金斯（John Hawkins）等绅士船长便开始在加勒比海和东大西洋抢劫西班牙船只。

在伊丽莎白看来，私掠船在三个方面胜过皇家舰队：首先，可以被否认。这些船上不悬挂皇家旗帜，伊丽莎白可以全心全意地发誓德雷克和霍金斯这样的海上猎犬一旦离开英国港口就是她无法控制的。其次，远航的经济风险由私人投资者承担，而非国家，国家能收获利益，但如果船在风暴中沉没，却不会有半点损失。最后，私掠船的远航培养了一批独立而活跃的海军领导者，如果与西班牙或法国爆发大规模战争，他们将是王国最大的财富之一。

有一个风险是伊丽莎白无法避免的：私掠船上尽管悬挂着私人的旗帜，但操纵者是英国人，伊丽莎白的海上诡计有可能将与西班牙的冷战变成激烈的战争。1568 年 9 月，约翰·霍金斯船长及其船队在墨西哥海岸附近被一支西班牙战舰拦截。霍金斯被堵截在西班牙属圣胡安·德乌卢阿海岸堡垒附近，努力突围中，九艘船中只有两艘逃脱，西班牙抓获了大量英国俘虏。

在西班牙美洲大陆的中心地带发生冲突，令西班牙民众出离愤怒，纷纷呼吁开战。两个月后，本就暗潮汹涌的局势进一步激化：伊丽莎白的海关官员扣留了一队因风暴而驶入英国港口的西班牙船只。结果发现，船舱中装满了支付给西班牙驻尼德兰军队的薪酬，总计 8.5 万英镑。伊丽莎白下令拖住这些船，她思量着要不要把这些钱留下。作为报复，布鲁塞尔的西班牙指挥官扣押了英国在荷兰港口的货物。然后，伊丽莎白冻结了西班牙在英国的资产。

而在英格兰的北方，突然爆发了支持天主教派的叛乱，想要将苏格兰的玛丽推上英格兰的宝座。为了平息叛乱，伊丽莎白不得不派出 2 万人马。叛乱最终失败，玛丽意欲夺取伊丽莎白王国的希望就此破灭。新教领主们将玛丽驱逐出爱丁堡，以她的幼子取而代之，即詹姆斯六世（James Ⅵ）。玛丽逃到英格兰北部，寻求庇护。

对于这个出身高贵的亲戚，伊丽莎白不敢冒一点风险。1569年，她将玛丽押解到英格兰中部，羁留在塔特伯里城堡，名义上是她的贵宾，实则为非正式的囚犯。玛丽在当地的领主们的严密监视下，身边都是礼貌但态度坚决的看守，倍感挫败，除了耐心等待别无选择。她在城堡内漫游，带着数名仆从组成的朝廷，一边等待着伊丽莎白犯下致命错误，一边在布料上绣出五颜六色的风景打发时间。

在白厅宫中的伊丽莎白和大臣们担心玛丽除了描绘布上的图景之外还在勾画着什么。玛丽女王大名鼎鼎，不能将她"清除"，但她又充满威胁，不能放她自由。他们也实在不知该怎么处理，只能也等待着、观望着，希望玛丽行差踏错。

"这世界不够大"

1570 年 2 月，教皇庇护五世（Pius V）发布教皇诏书，宣布英格兰女王为异教徒，英国和天主教王国之间的裂痕进一步加深。教皇指责她为"自诩的英格兰女王，邪恶的毒蛇"，不宜统治基督教臣民。庇护五世赦免天主教徒为推翻英国毒蛇可能犯下的所有罪行，包括谋杀。

和法国的新教徒一样，英国的大多数天主教徒依然忠于本国和本国的君主。大多数人首先觉得自己是英国人，其次才认为自己是天主教徒，他们会抵制所有对他们家园的入侵，即使是由其他天主教徒发起的。

但大多数并不等于所有。只需一个幸运的狂徒就足以杀死一位女王，伊丽莎白身上还有着教皇恶毒的笔伐带来的伤痕，不得不将所有的天主教臣民都视作潜在的叛变者。

1571 年底，关于暗杀伊丽莎白、西班牙军队要登陆英格兰、扶玛丽女王上位种种阴谋的谣言四起，局势笼罩上厚重的阴云。并没有什么阴谋付诸实施，但外在证据已经足以令伊丽莎白相信西班牙国王在积极地筹谋推翻她。

她想得没错。伊丽莎白在过去数年中操纵傀儡战争，资助西班牙属尼德兰的反叛者，在海上挑起不宣之战，都足以令腓力相信，英格兰的王冠只要还戴在新教徒的头顶，就将是他的死敌。有一个被囚禁的天主教女王在继承顺位上仅次于伊丽莎白，既然如此，腓力二世最佳的选择就是缩短伊丽莎白的在位时间。

† † †

英国是一个岛国，将皇家海军视作第一道防线。伊丽莎白从父亲手中继承到 39 艘船只组成的舰队，以此为基础，她和大臣们制定了一条缓慢但稳定的发展路线，在王国的经济需要和防御需要间维系平衡。在整个 16 世纪 60 年代，她都给海军保留了适度但稳定的预算，既没有在危险时期启动应急扩建项目，也没有在风平浪静时削减海军预算。以这种中庸的方式，她确保英格兰能保持满足和平时期的防御需求。

为了补贴造船厂的维护费用，1566 年，伊丽莎白批准了英格兰的第一次国家彩票发行，头奖设定为 5 000 英镑，以现金、黄金、挂毯和"优质亚麻布"的形式支付。作为一种额外的激励，一张彩票便可以让其持有者免于因轻罪被捕。彩票销售获利可观，总计达 2 万英镑。

西班牙的威胁日渐紧迫，直至难以忽视，伊丽莎白便加快了造船的速度。1570 年，海军部的重型盖伦帆船"远见号"下水，在1573 年又下水了 4 艘战舰："无畏号""确捷号""忠友号""使女号"。女王陛下的政府也订立了一系列用于定期停泊、维护、修理船只的长期契约，预计至 1597 年结束——这是为未来几十年而做的非凡的超前规划。

和亨利八世时代的笨重大船不同，伊丽莎白的舰队以快速、轻便、"为速度而建"的船为基础。这些新型船只削弱了装备火枪的士兵、箭塔和可扫射甲板的小型炮配置。取而代之的，它们将火力集中在能发射穿透敌人船体和索具的 30 磅铁弹的大型重炮上。

伊丽莎白会需要枪炮和船只，以及很多其他东西，因为当她年近五十岁时，王座为外敌和内忧环伺。1579 年，在格列高利十三世教皇（Gregory ⅩⅢ）的煽动下，一支意大利—西班牙联军由一个爱尔兰叛变者指挥，在爱尔兰西部登陆。这次叛乱被惯有的杀戮手段镇压，但爱尔兰和英格兰的紧张局势都在不断升级。

一个法国血统的贵族推翻了苏格兰亲英格兰的摄政，将苏格兰的权力交到詹姆斯六世手中（詹姆斯是被囚禁的玛丽的儿子，当时十五岁了）。伊丽莎白头上的乌云更加黑暗。她不仅需要密切关注爱尔兰，还需要密切关注苏格兰。

最糟的是，1580 年，葡萄牙国王死了，但没有子嗣。西班牙的腓力二世趁机入侵葡萄牙，将里斯本的王座占为己有，统一了葡萄牙和西班牙帝国。

腓力二世征服葡萄牙，对伊丽莎白来说是一记重击。从西非到东印度，西班牙国王控制着遍布全球的海外贸易港口和殖民地网络。他拥有全世界最大的商船队，由令人敬畏的圣克鲁斯侯爵（Marquis de Santa Cruz）指挥的西班牙海军也似乎不可战胜。"即便是乐园中的耶稣也不再安全。"不虔诚的西班牙水手如此吹嘘，"因为侯爵会去那里将他带回来，再钉到十字架上一次。"

腓力二世的皇家座右铭是"这世界不够大"，看样子，他当真是这样想的。

随着壁垒越来越近，焦虑在伊丽莎白的脸上显出了痕迹。她竭力满足着国家的需要，但她的红发开始褪色，脸颊深陷，青春时的笑脸变成紧皱的眉头。只有她的眼睛——在高高的弯弯的眉毛下又大又圆的眼睛——依然保留着孩子气的快乐，一如当年宫廷舞池中起舞的年轻女人。

女王的当务之急是确保英格兰与苏格兰的边境安全。1581年春，她命令士兵集中在英格兰北部，以帮助新教摄政重掌权力。然而，令大臣们失望的事，她改变主意，取消了行动——就如同二十年前她在利斯一役上改变主意一样。

伊丽莎白的转变并非如同某些震惊的谋臣所以为的那样是由于女性的善变无常。苏格兰在玛丽的儿子詹姆斯的统治下，很容易受到天主教和法国的影响。但是，苏格兰人并不是积极地与英格兰作对，而且詹姆斯有充分的理由期待自己可以接替无子嗣的女王，坐上威斯敏斯特的王座。伊丽莎白意识到新的军事举动可能会激怒苏格兰，令其投入法国的怀抱，于是用提名詹姆斯为她的继承人的美好前景诱惑他。她的条件是：在她有生之年，苏格兰必须是英格兰的朋友。

而西面的爱尔兰，伊丽莎白看出来只有一个选择，就是军事。格列高利教皇派去的第二支天主教军队在利默里克附近被击败，但这次入侵促使伊丽莎白又征了6 500名新兵。在这个过程中，她在白厅宫中的大臣们又花掉了30万英镑，对于现金日渐紧缺的王国来说，实在是一笔严重的消耗。

避免了爱尔兰境内的攻击后，伊丽莎白在海上发动攻势。她知道，运宝船是西班牙帝国的大动脉。既然腓力把匕首抵在了她的王位上，那她就要把炮口瞄准他的经济。她召唤了她的海上猎犬。

1580年9月，弗朗西斯·德雷克船长在为期三年的环球航行后抵达普利茅斯港，壮举震惊世界。据官方说法，他的船队收获价值30.7万英镑的"战利品"，大约是伊丽莎白一整年的收入，而赃物的真正价值可能两倍于账册记录，甚至更多。德雷克的报告中极力宣扬西班牙定居点人口稀少，商船都满载着烟草和黄金。可供掠夺的大陆刺激了以合法的海盗行为为基础的远航产业，伊丽莎白的政府乐于助人地签发了更多的特许文书。

和过去一样，伊丽莎白不承认和德雷克或其他私掠船主有正式的关系，否认对他们的劫掠行为负有任何责任。但这位获得巨额利润的女性几乎未曾掩饰非官方的支持。德雷克归来时，她公开封他为爵士，尴尬的外国大臣们纷纷摇头不止，形容惊骇。她没有理会外交界，甚至登上德雷克停泊在德特福德的旗舰"金色雌鹿号"，令这艘船成了一时的观光热门。一个月又一个月过去，能令人信服的否认变得越来越不可信。

† † †

伊丽莎白一直都为战争带来的经济负担烦恼。王室收入的四分之一来自关税，而其中的大部分，是由进入英国港口的西班牙商人支付的。只要英格兰或西班牙任何一方宣战，这些收入就会灰飞烟灭。女王最亲密的谋臣伯利勋爵（Lord Burghley）是一个头脑冷静的新教徒，他坚持认为新的战争会引发经济危机，甚至可能会引发英格兰乡村地区的反叛。伯利劝告说不要惹恼天主教的君主们。

伊丽莎白试图听从伯利的建议，但她发现自己被卷入了一场血腥的浪潮，欧洲大陆上的事件危及了她的安全。1584年，她已经无法继续忽视日渐累积的证据：腓力二世已经着手一项双管齐下的策略，以煽动伊丽莎白治下的天主教臣民暗杀女王，扶苏格兰女王玛丽登上英格兰的王位。

为了应对来自马德里的威胁，伊丽莎白将目光投到了一片令人难以想象的战区：尼德兰。

西班牙大部分有经验的老兵部队都被束缚在反叛的荷兰省份，伊丽莎白将这种牵制作为自己生存战略的基石。只要西班牙赢得上风，伊丽莎白就会发动新的军事行动，支援荷兰的新教反叛者，不让局势平静下来，就如同多年前她支持法国新教反叛者一样。

但她会发现，这种傀儡战争的关键，就如同国家战争一样，是金钱和人力的巨大投入。1585 年 8 月，她同意派遣 4 400 名英国步兵和骑兵前往荷兰。次月，荷兰的反叛者遭遇败仗，安特卫普的大港口落到西班牙军队手中。此时，伊丽莎白已经涉足太深无法回头，她不情愿地投入了更多的人和钱去支持一项已经没有前景的事业。

有一段时间，西班牙国王选择不去理会英国的挑衅。他在地中海东部与土耳其人作战，在亚述尔群岛平定葡萄牙反叛者，在低地国家打击荷兰反叛者，在海上对付海盗。这种情形下，他并不想和伊丽莎白再开战事。

但 1586 年，德雷克的私掠船抢劫并焚毁了圣多明哥和喀他赫纳，这是他的新大陆帝国的两大支柱。这次攻击是对西班牙权威的羞辱，面如土色的腓力二世认为，他不能永远地被黄蜂般的英格兰骚扰。根据唐·胡安·德·苏尼加（Don Juan de Zuniga）恰如其实的记载，腓力的国际战略家们认为"打一场纯防御性的战争是一笔巨大但值得的花销，因为我们必须保卫印度群岛、西班牙和在它们之间的商队"。腓力支持鹰派观点，于 1586 年开始了消灭异教女王的计划。

他要启动"英格兰计划"。

苏格兰女王

为了削弱英国，以便将其消灭，腓力坚决抵制英国货物。法国、佛兰德斯和汉堡也加入了禁商，将英国孤立在繁华的大陆贸易之外，腓力便开始推动下一阶段战略：推翻伊丽莎白。

西班牙前驻英格兰大使唐·贝尔纳迪诺·门多萨（Don Bernardino Mendoza）在巴黎与天主教侨民磋商暗杀伊丽莎白并以被囚禁的玛丽女王取而代之的阴谋。禁商持续，阴谋也开始扎根，腓力把精力投入军事方面，这是一项由他的陆军将领、海军将领和政治顾问精心策划的行动。

行动的第一步，是在爱尔兰登陆牵制注意力。一旦伊丽莎白的军队被吸引到西边，腓力的战舰就会火速从西班牙赶往佛兰德斯。然后，战舰掩护由令人生畏的帕尔马公爵（Duke of Parma）率领的老兵部队，在英格兰东南部实施大规模登陆。届时，英国方面的守军都是缺乏训练的人，帕尔马的军队将一路所向披靡，直抵伦敦，废黜伊丽莎白——假如她那时还活着的话——然后带上玛丽，胜利地回到威斯敏斯特。

1586 年夏，"英格兰计划"遭遇了黑暗而意想不到的逆转。刺杀伊丽莎白的阴谋败露，一个名为安东尼·巴宾顿（Anthony Babington）的狂热青年和数名参与阴谋之人被伊丽莎白的暗探发现了。巴宾顿与玛丽之间的通信经过解密，表明被拘禁的女王参与了暗杀伊丽莎白的阴谋。英格兰的通敌者被围捕审问。审判十分迅速，被审判者的罪行没有什么值得质疑的，潜在的弑君者被判处死刑。

在得知这一阴谋后，通常宽宏仁慈的伊丽莎白勃然大怒。她在开会时怒不可遏地发表长篇大论，告诉她的大臣们，她想向所有潜在的刺客传递一个信息：这一次的惩罚不会是愉快轻松的砍头那种。她命令顾问们安排一种刑罚方式，要比处理反叛者的合法方式更痛苦、更恐怖：将人施以绞刑至几乎窒息之时，然后趁其还活着，最好还有意识，挖出内脏、阉割并分尸。

谋臣们表示异议，女王的脸因愤怒而通红。她坚持必须实施某种恐怖的死亡方式，要求坐在会议桌边的聪明的男人们动动脑子，想一个办法出来。直到顾问们向伊丽莎白保证，如果完全严格地执行法律规定的方式，其恐吓效果也是足够的，足以将信息清楚无误地传递给众人，她才最终平静了下来。

的确达到了效果。

† † †

对巴宾顿及其同伙的活体解剖迫使伊丽莎白去面对她平生第二危险的对手，并做出了她一生中最艰难的决定之一。

十九年来，谋臣们一直都力劝她审判并处死玛丽女王。伯利勋爵、弗朗西斯·沃尔辛厄姆爵士（Sir Francis Walsingham）以及很多值得信赖的政府成员和议会成员都认为，只要玛丽依然是团结起来的天主教反叛者的象征，女王的生命就绝对没有安全可言。而这些年中，伊丽莎白一直都拒绝夺去另一个王室成员的性命。

巴宾顿阴谋最终迫使伊丽莎白采取了这一步，只是不可避免带着泪眼婆娑的优柔寡断，而这犹豫中有一部分是发自真心的。在巴宾顿阴谋参与者被拘捕几个月后，伊丽莎白最终同意对玛丽进行审判。法庭裁定玛丽有叛国罪，并密谋谋杀女王，判处她死刑。大臣们准备好玛丽的死刑执行令，拿去白厅宫，请伊丽莎白签字。

看到判决，伊丽莎白苦恼不安。她只要轻轻一挥羽毛笔，就会把自己的亲戚送上死路，但那是上帝任命的一个君主、一个就像她一样流着王室血脉的女人。除了道德的思量之外，处决玛丽还会激怒天主教世界，也很有可能触怒玛丽并不亲密的天主教儿子、苏格兰国王詹姆斯六世——这是一个伊丽莎白不能疏远的君主。

她试图寻找另一种解决办法，私下里询问是否可以将玛丽在居所中悄悄毒死，而不要公开处死，官方的说法可以是玛丽死于某种自然死因。

听到伊丽莎白的提议，大臣们十分惊骇，这相当于是要因密谋暗杀一个王室成员的罪行而暗杀掉一个王室成员。尽管毒死十分方便，但伊丽莎白的建议并没得到支持，女王将这个恼人的决定一拖再拖，一直拖过了 1587 年的 1 月。

然后，在 2 月 1 日，愁眉深锁的伊丽莎白用纤细修长的手指执起笔，签署了对玛丽的死刑执行令。七天后，前法国王后、苏格兰女王、现年四十四岁的玛丽，跪在福瑟陵格城堡一个低矮的木头平台上，被一把斧头笨拙地劈砍三次后，踏上了来生之路。

焦虑不安的英格兰人将视线投向了爱丁堡。过去几百年中，两个国家一直征战不休，开战理由远比不上斩首一位女王这么重大。对伊丽莎白来说幸运的是，詹姆斯国王的野心胜过了对死去母亲的回忆。他知道自己在伊丽莎白死后会被加冕为英格兰国王，前提是他不令威斯敏斯特当局产生不满。此外，玛丽被处死是既成事实，开战并不能让她的脑袋回到肩膀上。詹姆斯提出了例行的抗议，但并没有采取什么行动给母亲复仇。他没有参与即将到来的战争。通过审慎的外交手段，而非武力征服，英格兰的北方终于确保了安全。

"一个虚弱无力的女人"

腓力二世本来是想用推玛丽坐上英格兰王座作为开战理由的，而玛丽被处死令他失去了这一理由，不过又给了他一个新的：复仇。天主教的欧洲因为玛丽被斩首爆发，腓力更加坚决地要为世界除害，干掉都铎家的异教徒。

然而，复仇需要等待。前一年春天，弗朗西斯·德雷克麾下的一队战舰出其不意地袭击了西班牙沉睡中的舰队。在对加的斯的西班牙海军基地的闪电奇袭中，德雷克摧毁了 37 艘大帆船，焚毁了一整支船队的商船。他还俘虏了"圣·费利佩号"，这是一艘很大的运银船，为伊丽莎白的国库增加了整 4 万英镑的净收入。①

德雷克的袭击时机恰到好处，令西班牙商人一片恐慌，同时令腓力二世沮丧懊恼，只能将 1587 年用于重建海军。他与教皇签署了一份条约，条约授权腓力可以提名他心中的任何人接替伊丽莎白。然后，他下令帕尔马公爵制造一批入侵的驳船，以运送军队从

---

① 根据伯利勋爵的说法，女王担心触怒西班牙，试图取消德雷克对加的斯的袭击。幸运的是，信使船由于逆风而返航，并未将信送达德雷克的舰队。

佛兰德斯渡过英吉利海峡。接着，他吩咐海军部筹划从里斯本从速赶往佛兰德斯海岸，用战舰护送帕尔马的驳船队从佛兰德斯前往英格兰海滩。

如果腓力的计划不出意外，那么伊丽莎白会在她的亲戚玛丽之后也登上断头台，都铎王朝随她的死亡而终结，西班牙将掌控不列颠群岛的命运。

1588 年初冬春之交，伊丽莎白和大臣们发疯了一般地忙着制造战舰，配备船员和战士，并不断升级。她从沃尔特·罗利爵士（Sir Walter Raleigh）手中买下了武装盖伦帆船"罗利方舟号"，将其重命名为"皇家方舟号"，并新增了 9 艘小型战舰投入战线。为了管理海上防御，她任命埃芬厄姆勋爵查尔斯·霍华德（Charles Howard）担任至高海军上将和舰队指挥官。霍华德将指挥舰队的一翼，而坐镇普利茅斯的德雷克负责另一翼。

陆地上，迎击入侵的准备就没有那么令人震撼了。亨利八世建立起的海岸防御设施已经因年久失修而垮掉，国家缺少时间和金钱重建。由于无法将入侵者在海滩上打回去，伊丽莎白和大臣们便为了更深入陆地且更复杂的战争做准备。民兵被分发了长矛和火枪，桥梁准备拆除，英格兰南部海岸的信号站都布置了人员。

伊丽莎白已经和战争打了这么长时间的交道，现在她发现自己在费尽心机避免战争。1588 年春，她派使节团前往尼德兰，试图与帕尔马磋商休战。她希望，与腓力的战地指挥官的停火协议能够进一步发展为英格兰与西班牙之间的暂时妥协，双方能和平共处。为了保证进展，在谈判拖延无果时，她甚至拒绝允许德雷克离开普利茅斯。

德雷克火急火燎地反驳称，英格兰最好的防御是进攻西班牙海岸，就如同之前一年他摧毁加的斯一样。德雷克认为，只要西班牙的战舰不来支援帕尔马，后者就不敢移动自己缓慢而臃肿的步兵运输船。"只要 50 艘帆船，"他给女王的枢密院写信，"我们就可以在他们的海岸上有所斩获，远胜于我们在自己的海岸上能获得的。"紧接着，弗朗西斯爵士又向女王发出了私人请求："在任何军事行动中，时机与地利都意味着胜利的一半，一旦失去，难以挽回。"

伊丽莎白在最后关头的和平试探毫无结果。帕尔马无意于推迟进攻，他拖延谈判只是为了能完成准备工作——这条计策被伊丽莎白的谋臣们看得一清二楚。"为了耶稣基督的爱，陛下，"霍华德上将给伊丽莎白的信中怒气难掩，"彻底清醒过来吧，看看您周围邪恶的背叛者，他们反对陛下和您的王国。请像个强大的君主一样，让您的力量围绕在您身边吧。"

他们的逻辑，伊丽莎白无法辩驳。她心情沉重地将橄榄枝放在一边，举起权杖。谈判的阶段结束，战争的恶犬正拼命地挣着绳子，跃跃欲试。

✝ ✝ ✝

到了 1588 年夏天，英格兰没有经历过考验的防御系统已经做好了伊丽莎白能实现的所有准备。为了在陆上保卫英格兰，她的将领们部署了四支军队。有一支 2 万人的军队将在西班牙舰队沿英国海岸移动时跟踪他们，准备突袭其登陆部队。第二支军队，人数近3.5 万人，将守卫伦敦西部和女王。主力部队将在莱斯特伯爵（Earl of Leicester）的指挥下戒严泰晤士河河口——这是任何入侵者都会自然选择的登陆点。第四支部队，规模小一些，将守卫北方，预防不太可能发生在那边的登陆。

海上的局面要更加复杂。女王面对两支敌军舰队——在里斯本的圣克鲁斯侯爵的舰队和在比利时的帕尔马公爵的入侵船队——于是让霍华德海军上将的舰队镇守英格兰东南部在多佛附近的海岸，以抵挡帕尔马的军力。德雷克指挥一支规模稍大的战舰舰队，镇守英格兰西南部的普利茅斯，女王预计西班牙会选择的路线在这附近。如果她的两翼合击敌人，那么由霍华德海军上将担任合并后的舰队的指挥。

伊丽莎白的皇家海军包含 38 艘战舰，其中只有 19 艘装配有 20 门或更多的大炮。政府又雇用了 16 艘武装商船来加强战线，再加上私掠船、补给船、沿海船和信使船，船队总计有 208 艘船。一线舰队总计装配有 770 门重型加农炮，由 555 名技术娴熟的海军炮手操纵。

伊丽莎白过去二十年中的私掠船战争促使国家之间开战，但还孕育了意想不到的果实。她拒绝信任在尼德兰作战的将领们的看法，以各种建议、批评和不现实的要求对当地指挥官"狂轰滥炸"。但是，在海上，她实际上权力很弱。德雷克、霍金斯、罗利和其他众人在起锚的那一刻便脱离了女王的掌控。尽管是迫于无奈，但伊丽莎白学会了要相信海军船长们的判断。西班牙美洲已经成为将领们的训练场，检验他们是否能够不必等待伦敦的命令就自行做出关键决定。

那些船长想要发动的海战，与自阿尔忒弥西亚和克娄巴特拉的时代传承下来的正统战术大相径庭。传统的人对人战术是靠近敌人，把登船钩抛到侧舷，将士兵送入屠杀的战场。而英格兰人不会采取这种方式，他们会停在一个安全距离外，用远射程的大炮轰碎西班牙人的索具和船体，直到敌人投降，或是敌人的船被击沉。

海战胜利需要两个元素：风和炮。而当时伊丽莎白只有其中一个。那个夏天，大西洋的风经常十分狂暴，并不有利于皇家海军。至 6 月 23 日，霍华德已经三次起锚欲前往里斯本，但每次南风都迫使他掉头回家。

而在遥远的南方，将伊丽莎白的船压在停泊位置不能动弹的风将西班牙无敌舰队的船帆吹得鼓鼓的。

西班牙国王的无敌舰队是当时世界上最令人生畏的杀人机器。这支舰队结合了海怪克拉肯般的恐怖和军队的火力，129 艘战舰装载着 2 485 门大炮。船上士兵有 2 万人，全都久经训练，战力非凡，就如同他们手中的长矛一般犀利。只要一声令下，他们就会登上英国船只，用火枪和刀剑厮杀，至死方休。

阿隆索·佩雷斯·德·古斯曼海军上将，即锡多尼亚城公爵（Alonso Pérez de Guzmán, Duke of Medina Sidonia），指挥着西班牙的主力舰队。落在他肩上的是十分艰巨的任务：从里斯本进入英吉利海峡，找到帕尔马在佛兰德斯海岸的运输船，在臃肿而低速的运输船渡过海峡时保护士兵的安全。锡多尼亚城公爵是一个有能力的管理者，却是一个缺乏想象力的人，他之所以能担任海军上将并被选中指挥无敌舰队只因为一个原因：他会完全听命于马德里发出的指令，即便是战争之神要求他走向不同的方向。

† † †

1588 年 7 月，无敌舰队的士兵踩在甲板上的脚步声和锚链升起的碰撞声如隆隆不绝的雷鸣。在一片喧嚣声中，锡多尼亚城公爵的旗舰——盖伦帆船"葡萄牙圣马丁号"起锚，率领无敌舰队驶向英格兰南部海岸。

舰队的桅杆和风帆如丛林般密集，最初在位于不列颠岛西南端的利泽德角附近被观察到。7 月 20 日，警告的信标被点起，火焰和浓烟窜入夏日的天空。一站接一站传递下去，烽火在英格兰南部连成了一条线，传送着令人生畏的信息：西班牙人来了。①

教堂钟声响起，号召农民、铁匠和商人们都武装起来。而伊丽莎白女王依然保持着表面的平静，甚至是自信。"看到女王陛下如此大气凛然，丝毫未有沮丧之气，实在令人深感安慰。"伯利勋爵的儿子罗伯特·塞西尔（Robert Cecil）如此写道。

然而，女王的谋臣们觉得她对待直捣伦敦的怪物大军如此这般漫不经心是十分危险的，都十分惊骇。他们忙着扩充贫弱的海岸防御系统，还要躲避将领们要求火药、长矛、啤酒、麦芽酒以及黄金的请求。

敌人们已经到了家门口，大臣们却依然如此胆小，令伊丽莎白的间谍头子沃尔辛厄姆十分惊骇，他哀叹道："如此巨大的危险笼罩在如此轻忽、如此粗心应对的王国之上。但愿上帝保佑，敌人攻击我们的谨慎程度不会强过我们防御的谨慎程度。"霍华德海军上将被政府积习难改的吝啬激怒，补充说："看在上帝的情分上，请女王陛下现在不要关心账目了。"

霍华德请求许可航向西班牙，在西班牙自己的海岸边打击西班

----

①　此处所述时间为"旧历"，不同于 1582 年由教皇格列高利十三世发布的"新式"历法。有一百多年的时间，英格兰拒绝进入教皇的历法系统。英国的时间记录，采用的是尤利乌斯·恺撒在遇到克娄巴特拉之后颁布的儒略历，比格列高利历法的日期落后大约十天。

牙人，但是伊丽莎白担心无敌舰队可能会和他错过，驳回了海军上将的要求，命令他的舰队停在英格兰附近。敌人被发现后，霍华德和德雷克于 7 月 20 日起锚。桅楼横木高处的瞭望员眯着眼睛眺望着西方的海平面，寻找着泄密的风帆丛林，而这标志着他们撕裂西班牙猛狮的机会。

第二天，命运女神提供了良机，德雷克和霍华德拦截到了西班牙战舰。锡多尼亚城公爵命令舰船摆出新月形阵势，如号角般弯曲排开，延伸了将近 6 英里长。舰队向前行驶时，印有西班牙红色十字的风帆在风中飘荡，白色羽毛装点在彩绘的船首。大炮探出炮口，甲板上撒满吸血用的沙子，沉重的网被拉在甲板上方，以保护在铁弹飞来时从帆桁、桅杆和滑车上掉下来的船员。

英国帆船保持着距离，直接开火，用重炮猛轰。波涛之上惊雷隆隆，橘色火焰从青铜炮口飞出。每一个炮架边，浓浓的硫黄气息的烟雾刺得人眼睛难受，汗流浃背的水手们用海绵擦拭滚烫的炮筒，夯实火药和炮弹。炮兵队长们观察着局势，大声向在操纵长炮筒的手下发出指令。然后，巨龙口中一声嘶吼，杀戮的工作再度开始。

而在西班牙舰队的甲板上，铁弹击中风帆，就如同匕首刺入人的血肉，令木头碎片四处飞迸。圆圆的球形炮弹将船体撕裂，风帆被击碎，桅杆和帆桁砸在死人或垂死之人身上。西班牙的比斯开舰队编队被德雷克的"复仇者号"和其他船只重创，逃到了舰队的保护中心。在此役中，副旗舰"葡萄牙圣胡安号"遭到了 300 发铁弹的连续打击。

接下来的数日持续如此。在无敌舰队向佛兰德斯前进的路上，霍华德的"皇家方舟号"和德雷克的"复仇者号"追击在后。四天后，在怀特岛附近，德雷克的炮火将768吨级的"圣安娜号"洞穿，船体毁损严重，其船长不得不将船搁浅，以防沉船。

如果是别的舰队，德雷克和霍华德从西班牙身上撕咬下来的这些血肉都足以终结入侵。然而，无敌舰队不是普通的舰队。它是一座宽达6英里的海上浮城，损失掉几艘大型盖伦帆船几乎无法令它放慢速度——或令它的獠牙变得不那么锋利。德·古斯曼将军遵照国王的指令，向距离最近的佛兰德斯港口格雷夫莱恩斯压进。此时，他距离帕尔马公爵的登船点敦刻尔克只有15英里远。

7月28日凌晨，英军的进攻又开始了。他们用火船袭击抛锚停泊的西班牙舰队，这种火船是一种简易战舰，满载着沥青、火种和装填满炮弹的加农炮，点火之后便航向西班牙舰队密集之处。这些漂浮的炮弹并不会造成多少直接伤害，但是夜间的熊熊火焰、自动点火发射的大炮，以及这些"地狱熔炉"上可能满载炸药的危险猜测，种种因素结合在一起，恐惧在西班牙船员中迅速蔓延。船只纷纷改变航线，在黑夜中盲目相撞，横桁折断，帆索相缠。在一片混乱中，西班牙舰队散落开来。

胜利来得毫无准备，所以霍华德海军上将并没有在那天夜里做什么来彻底歼灭无敌舰队。天亮之时，无敌舰队已经散开达数英里的范围，但德·古斯曼很快便在格雷夫莱恩斯小港附近重整队形，英格兰人未能及时逐个歼击落单的船只。

霍华德赢了一场没有什么意义的胜利，如同当年法国从那不勒斯什么都没得到一样。而与此同时，德雷克则将舰队与敌人的距离拉到加农炮射程内，开始狂轰滥炸。数百名西班牙船员死于铁弹风暴。有人看到一艘黎凡特式舰船的舷窗冒出汩汩鲜血。盖伦帆船"玛丽亚·胡安号"沉到水底，188人随它而亡。尸体交叠躺满甲板。伤员被搬到下层甲板，去赴一场与外科医生、绑带和骨锯的约会。经过一天的血腥战斗，西班牙人损失了 1 800 人和 5 艘大型军舰。

　　船员们处在恐慌边缘，德·古斯曼决定走为上策。风向适时改变，将他的船队吹出狮口，但他沿着英格兰东部海岸撤退，令散落的西班牙战舰孤立无援。英军紧紧追击在西班牙人之后，追击过程中，随海浪起伏的船首射出一波波火光。

　　德雷克和霍华德已经几乎用光了火药和炮弹，所以，即便他们追上西班牙的主力，也基本做不了什么。但西班牙海军上将并不知道，所以，他驱使着舰队残部向北，意图绕过苏格兰，再经爱尔兰向南航行。苏格兰和爱尔兰附近的狂风暴雨令他又损失了 44 艘战舰，以及部队幸存成员的三分之一，无敌舰队挣扎着回到里斯本时已经残破不堪。

† † †

　　陆地上的人一时之间并未意识到战争已经结束。按照伊丽莎白所了解的情况，锡多尼亚城公爵可能会绕个圈子回来再次尝试攻击。即便是战舰舰队被挫败，帕尔马公爵依然可能冒险在无人护送的情况下渡海，将由 1.6 万名老兵组成的登陆部队运送过来。

　　伊丽莎白一心想以更直接的方式参与到战斗中，她相信女王出现在海岸营地中会令士兵们士气大振。她提出要巡视前线——英格兰的南部海岸——但此举吓坏了她的大将莱斯特伯爵，他让她改去蒂尔伯里，那是位于泰晤士河河口的一个小村庄。莱斯特伯爵说，他在这里的人马会十分欢迎君主驾临来鼓舞士气。

　　对于战场上的军官来说，总指挥在前线绝对是十分不受欢迎的存在，无论是莱斯特伯爵还是他的副手们都不希望承担在可能成为战场的地方保护女王的沉重负担。而且女王陛下面临着更大的风险，那就是始终存在的叛变者，他们可能会将教皇的谕旨视作对弑君的神圣许可。

但王国的需要是要优先考虑的。伊丽莎白也很小心谨慎，尽量避免与全副武装可能刺死她的人接触，她对顾问们露出愉快的笑容，并向他们道谢。

然后，一如往常，她做了自己认为最好的事情。

早在三十年前一路骑马来宣示对王位的继承权，伊丽莎白就明白了被臣民们看到的重要性。既然臣民们在守护被他们称作家园的岛屿，她觉得她有责任加入他们中间。在一场瓢泼大雨中，她从白厅宫的秘密楼梯而下，登上一艘皇家驳船，顺泰晤士河航行。几个小时后，她在蒂尔伯里附近下船登岸。那天夜里，她借宿在一处庄园，2 000 名步兵组成的护卫队静静地守护着她。

第二天早上，她出现在人前，让战士们见识到了一位战争女王的样子。

将领们用雄辩的口才和戏剧化场面打动士兵的历史，简直比人类的历史还要悠久。亚历山大在海达斯佩斯河会战中，恺撒酷爱的红披风，斯巴达克斯（Spartacus）杀死自己的战马，科尔特斯（Hernán Cortés）将自己的船付之一炬①：他们用言辞、服饰、符

---

① 海达斯佩斯河会战是亚历山大大帝率领马其顿大军远征印度时的一场大战，最终马其顿人取得胜利。据普鲁塔克记载，斯巴达克斯在抵抗罗马人进攻的大战前杀死了自己的战马，称敌人有很多良马，如果此战胜利，便可以赢得很多马，如果此战失败，以后也不需要战马了。科尔特斯，西班牙征服者，相传他在登陆征服阿兹特克王国之前烧毁了自己的船，表示要获胜的决心。——译者注

号和戏剧化的举动来稳住决定性时刻到来前的神经和膝盖。伊丽莎白也精通这种壮观场面的力量。出现在人前时，她打扮成了雅典娜的形象：白色天鹅绒长裙外罩着一套闪闪发亮的银胸甲，胯下一匹白马，手中高举元帅的短杖，纵马行走在蒂尔伯里的军营中。

看到身着铠甲的女王，莱斯特伯爵的麾下人马都瞠目结舌，放低队旗和长矛向她行礼。伊丽莎白骑在马上，停在一座老旧的风车附近，身边环绕着随从护卫，士兵们屈膝跪地，聚拢在她周围。

能听清楚伊丽莎白讲话的人听她发布了最伟大的英语演说之一。

她的声音清脆，仿佛鹡鸰哥的鸣唱：

> 我亲爱的子民们，有一些关心朕之安全之人一直在竭力说服朕要谨慎对待武装人群，因为存在对叛变的恐惧。但我向你们保证，我丝毫不愿意不信任我的人民，因为你们全都忠诚而可爱。

> 让暴君们去恐惧吧。我一直都如此行事，我最主要的力量和安全保障依靠的是臣民们的一片忠心和善意。因此，如你们所见，在此时此刻，我来到你们中间，并非为了自己散心消遣，而是下定决心，在战役关键时刻，与你们所有人同生共死；我愿为我的上帝、我的王国、我的臣民、我的荣誉与我的热血而战，即便是沙场埋骨。①

> 我知道，我只是一个虚弱无力的女人，但我有一颗国王之

---

① "我最主要的力量和安全保障依靠的是臣民们的一片忠心和善意"，伊丽莎白此言化用了马基雅维利的说法，其原文是评价卡泰丽娜·斯福尔扎的，马基雅维利曾论及伯爵夫人的弗利城堡保卫战。在伊丽莎白时代的英国，马基雅维利是知识分子讨论的一个热门对象。

心，我有国王的肝胆，且是英格兰国王的心和肝胆，在我看来，帕尔马、西班牙或欧洲任何一个君主胆敢入侵我的王国的疆土，都是可鄙的笑柄，令我感到奇耻大辱，我本人会拿起武器，我本人会成为你们的将领、你们的法官，成为你们在战场上所有的英勇表现的奖赏者。

我知道，由于你们的一往无前，你们已经得到了奖赏和荣誉；而我以君王之口向你们保证，你们的英勇行为都会得到应得的报酬。而在此期间，我的将军将代表我，任何君主都未曾有过比他更加高贵、更加值得尊敬的臣子；对待将军，不要质疑，要听命行事，在军营中团结相处，在战场上奋勇杀敌，我们很快就会取得伟大的胜利，战胜上帝的敌人，战胜我的王国的敌人，战胜我的人民的敌人。①

她的一席话令听到的硬汉们都激动振奋，无论是亲耳听她说的，还是当晚在营火边、在军帐中听别人转述的。后来，莱斯特伯爵说女王的口才"点燃了良善臣民的心房。我觉得，即便是最弱的英国人，也能匹敌胆敢踏足英格兰的最骄傲的西班牙人"。

但营中的人并没有机会去和最骄傲的西班牙人较量一番，因为北海给他们帮了忙。苏格兰海域的狂风和浅滩对无敌舰队造成的破坏，甚至远远超过德雷克和霍华德最大胆的期待，这次入侵未能触及英格兰的半分土壤便告终了。

---

① 伊丽莎白在蒂尔伯里的演讲至少存在三个不同版本。此处所用的版本是 1623 年之后被记录下来的，不过其记录者莱昂内尔·夏普（Leonel Sharp）博士是莱斯特伯爵的随军牧师，直接听伊丽莎白亲口演讲。现在发现的另外的版本，其中一个由威廉·利（William Leigh）于 1612 年记录；还有一个版本保存在盖伍德的圣信教堂中，写录时间可能早于 1600 年。夏普的版本是最为知名的，不过并没有当时的副本留存至今。

　　帕尔马公爵方面的动向也很快明晰，他并不会在近期向白厅宫发兵。伊丽莎白便回了伦敦。正如战场指挥官们所恐惧的，她封存起战舰，解散民兵，让人们回去收割秋天的庄稼。尽管她在蒂尔伯里"以君王之口"向人们保证他们会得到公正报酬，然而很少有人收到补偿金。

　　吝啬的事情放在一边，由于无敌舰队被击败，伊丽莎白的声望剧增。即便是敌人也对她致以不情愿的敬意："她只是个女人，只是半个岛屿的女主人，但她令西班牙、令法国、令神圣罗马帝国、令所有人胆寒。"表示欣赏的西克斯图斯教皇对此津津乐道。法国国王亨利三世（Henri III）称她对无敌舰队的胜利"能与史上最杰出男人所获得的伟大胜利媲美"。威尼斯大使描述伊丽莎白从未曾"有片刻失去理智，从未忽略战事所必需的一丝一毫。她在确定行动时的敏锐、在执行计划时的勇气，都展现出她对荣誉的强烈渴望，以及拯救国家和她自己的坚定决心"。而在风暴一次次冲击王国的过程中，这种决心和勇气始终都充沛足够。

西班牙，又来了

　　如果是在童话世界中，雅典娜身骑白马，民众们挥舞手中长矛，一呼百应，那么伊丽莎白在蒂尔伯里的演讲将成为对胜利战役的赐福仪式，开启英格兰文化、发现和繁荣的荣耀时代。

　　然而英格兰并非童话国度，而且，对于西班牙这般规模的帝国来说，即便是无敌舰队的失败，也不过是一次重大挫折而已。腓力二世在海上搬起石头砸自己的脚，但帕尔马公爵一直都统治着低地国家。而且，腓力二世和他的海军上将们吸取了 1588 年的教训，并从中有所收获。他们开始沿着英国战线建造新型船只——专门设计的行驶迅速、装配重炮的船——没多久，他们就完成了 12 艘海上怪物，即闻名全欧洲的"十二使徒"。

为了在西班牙凤凰从灰烬中重生之前将其杀死，1589 年春，伊丽莎白授权了另一艘私掠船袭击西班牙舰队。但命运女神对她的大业不甚关心，由于存在分歧的指令、存在分歧的动机、糟糕的天气和糟糕的运气等种种因素，奇袭未能成功。西班牙舰队基本上毫发无伤，而一支英格兰的小舰队在亚速尔群岛附近被"使徒"小分队袭击。接着，在一次奇袭中，德雷克的旗舰"复仇号"被俘，英格兰不可战胜的神话就此破灭。

伊丽莎白的运气在海上凋敝的同时，在陆地上也在崩溃。失败的奇袭后，紧接着在夏天，法国国王亨利三世被一个敌对的天主教派系刺杀身亡。他来自波旁家族的表亲继承了王位，是为亨利四世（Henri Ⅳ）国王。亨利四世是一个胡格诺派信徒，法国陷入亨利四世的新教支持者和天主教同盟之间的内乱。

而英国人已经十分厌战，王室的资金也已耗光，伊丽莎白并不想派出肯特、约克和威尔士等地的人去为一个法国国王牺牲生命。但出现一个亲西班牙的法国的局面对伊丽莎白及其大臣们来说便是噩梦。由于别无选择，1591 年夏天，她派出一支 4 000 人的队伍，去攻占天主教控制的鲁昂。

她和枢密院在白厅宫中看着对鲁昂的猛扑由于法国和伦敦双方面笨拙的管理而土崩瓦解。这次远征的领导者是女王当时最爱的大臣——埃塞克斯伯爵罗伯特·德弗罗（Robert Devereux, Earl of

Essex），即她挚爱的莱斯特伯爵的继子①，虽然如此，伊丽莎白还是告诉埃塞克斯伯爵，她希望战役能干脆利落地结束，她拒绝为10月之后的军事行动买单。亨利国王还在协同战役中煎熬着时，女王已停止给自己的士兵发薪，迫使德弗罗不得不面对巨大的军费问题，要么从他自己的钱包拿钱，要么面临一场哗变。

尽管伊丽莎白非常喜爱德弗罗，但她认为他在鲁昂远征中的行动十分令人担忧。埃塞克斯伯爵因24人在一场战斗中的英勇表现为他们封爵，而这通常都是国王的特权。此外，这位魅力非凡的伯爵与亨利四世之间生出了友谊的萌芽，这让伊丽莎白感到不安。而对于伊丽莎白政府切断远征的资金，德弗罗是怒气满怀。亨利四世率领法国军队直面帕尔马，伊丽莎白便将心怀怨气、经济破产的德弗罗召回了伦敦。

†　†　†

1596年，已经年长的女王再次下令对加的斯实施海上奇袭，这一次是在埃塞克斯伯爵和年老的海军上将霍华德的联合指挥下。6月21日，风度翩翩的伯爵亲自带队发动攻击。他的人划着小船登陆，强令要求打开城门，震惊的城中族老们几乎没有流血就将加的斯拱手让出。

几乎没有流血……但有着令人震惊的纵火。撤走的西班牙士兵

---

① 埃塞克斯伯爵和莱斯特伯爵一样，英俊而任性，得到了伊丽莎白的宠爱。1588年莱斯特伯爵死时，埃塞克斯伯爵负债累累，但伊丽莎白将莱斯特伯爵在宫廷中的职务转任给了德弗罗。她还让德弗罗享有其继父的甜酒专卖生意，使其拥有了可观的收入用于支付巨额债务。

放火烧掉了商人的船队，以免其落入英格兰人手中。而胡作非为的英国士兵居然仿效其做法，甚至没有理会放过教堂的命令，将西班牙人没碰的所有东西都付之一炬。"如果有任何一个人想看看地狱的样子，那时的画面比地狱更加鲜活。"罗利爵士写道。埃塞克斯伯爵和霍华德赢得了英西战争中最大的陆上胜利，但许多战利品都埋在了灰烬废墟中。

傲慢控制住了埃塞克斯伯爵。他说服霍华德上将让他驻守城市，这违背了女王通过快船送来的命令。在火中幸存的战利品被搜罗完之后，他的部队便吵着要回国，因为只有回国，他们才可以安心享受新到手的财富，而无须担心被人射杀。人们抱怨不停，士气十分低落；而此时，西班牙人正在聚集力量，准备必然会进行的反击。

正如伊丽莎白所预料的，德弗罗所处之地是守不住的，8月，他和霍华德顺从地吩咐人马登上运输船，返回英国。德弗罗打发手下的荷兰士兵回荷兰，又输送了 1 000 人去爱尔兰维持秩序。其余的人均被遣散回家，他们并没有得到亏欠的薪饷。

这位目中无人的将领返回英格兰，伊丽莎白正怒气冲冲。尽管德弗罗战功辉煌，但女王的两个战略性目标他一个都没有实现：赢得海上霸权，创造经济收益。西班牙舰队主力毫发无伤，谣传纷纷说被西班牙人焚毁的商船队价值 350 万英镑，是伊丽莎白的年收入的十倍。雪上加霜的是，德弗罗又给六十个表现英勇的平民封爵，这是伊丽莎白已经告诫过他的属于女王的特权。

腓力二世虽然丢了脸面，但实力未损，准备进行报复性打击。1596 年 10 月，他又打造了一支舰队，意图入侵爱尔兰。消息传来，伊丽莎白和大臣们又开始了新一轮耗费颇为巨大的军械扩充、沿海要塞工事和船只维修。不过，天气并不利于西班牙人的航行，在腓力的舰队离港四天后，10 月的大风摧毁了他四分之一的船只。将近 3 000 人在飓风中溺水而死，幸存者只能艰难返航。

第二年春天，女王和大臣们开始筹谋与时俱进的战略：在敌人船只停靠在港口时先发制人发动攻击。伊丽莎白再次任命德弗罗担任远征指挥官。

这一次，伊丽莎白并不确信自己挑选的指挥官是否合适。国家统治者们往往将战争视作实现政治目的的工具——而这些目的通常是通过外交和谈判赢得的。剑比笔锋利，但并不能取代笔。国王需要一定的灵活性，能适时地控制住战争恶犬，而且出于政治和经济上的原因，伊丽莎白希望让战争受到限制、她的将领们受她的控制。

而像德弗罗这样的浪漫主义者，认为战争可以替代外交，而非外交的辅助。他们幻想着自己高居在马背上，在敌人的都城中颁布和约条款。德弗罗往往认为有利的条款需要英格兰给西班牙造成的创伤越重越好。德弗罗觉得，伊丽莎白并不是单纯要避免西班牙人的攻击；如果想要保住王国，她必须以其人之道还治其人之身。他感觉女王忽视了一个明显的战略结论：英格兰若不同西班牙开战，就永远不会安全。

尽管在宏观战略上伊丽莎白和德弗罗分歧严重，但女王的指挥官人选十分有限。霍华德海军上将是她经验最丰富的领军者，但已经垂垂老矣，不宜进行长途海上远征。尽管对德弗罗有很多感情上的偏好，但他的确也是她最成功的将领，而且对她绝对忠心。所以，她抿紧双唇，蹙起眉头，将德弗罗的军衔提升到海军上将，并让其担任军需主管，然后命令他远航去往西班牙。

1597 年 8 月，德弗罗罔顾女王的意愿，提出对亚速尔群岛发动快攻。他希望能在那里俘获从新大陆返回的西班牙运宝船。伊丽莎白全盘否定。她提醒德弗罗，舰队的首要使命是保护海岸免受西班牙海军的破坏。"你鲜少顾及我的要求，实在令我深感烦恼。"她向他抱怨，并警告他，不要因野心"而变得大胆，因我的仁慈而犯下越来越多错误"。

一旦离港，伯爵的行事便与伊丽莎白对他的吩咐完全相悖，他制定了去往亚速尔群岛的航程。通过一些友人的消息渠道，腓力二世得知埃塞克斯伯爵和英国舰队深入大西洋中，便命令己方海军攻占英国的法尔茅斯港，他要将其作为稍后对英格兰发动全面进攻的跳板。

有关西班牙计划袭击法尔茅斯的谍报令伊丽莎白大吃一惊，她本来充满信心地期待埃塞克斯伯爵可以击沉敌人的舰队——或者至少能将其控制在港口中。当德弗罗对西班牙金币的搜寻颗粒无收、快快而返时，士兵都已经精疲力竭，无力远航。南方刮来的风将他的舰队困在港口中，他无力去援助法尔茅斯。英格兰赤裸裸地等待着入侵。

和当年面对无敌舰队时一样，天气又成了伊丽莎白的救星。腓力的舰队航行过英格兰西南端的利泽德角时，一场猛烈的飓风令他的战舰散落开来。西班牙海军将领猜测埃塞克斯伯爵正在普利茅斯重整舰队，所以决定返航。伊丽莎白幸免于加的斯的复仇。

她决定要因德弗罗的公然违令惩罚他，但英俊帅气的伯爵是掌控女王心弦的高手。返回伦敦后，他给女王陛下写了一封哀怨的信件，为自己的行为开脱，申明自己对女王至死不渝的感情。他并没有心存侥幸，直接上床装病，等待着女王陛下的回应。

德弗罗尽管死脑筋，却知道如何揣度女王。对一个自己暗恋过的男人的继子，伊丽莎白的心软可不是一星半点，所以原谅了他。在年已六十岁的女王眼中，他就像是一个任性胡闹但心地善良的儿子，于是她便又恢复了对他的信心，将其提升为军械总局局长，并且让他回到了枢密院中的职位。

对统治者来说，感情是危险的放纵。待人慷慨，大多数臣民会回报以忠诚，甚至热爱。但也有少数人，善意是无法积累的。这些人只能看到眼前，只要有机会，就拿走自己能拿走的；过往的善意既不会进入他们的心中，也不会进入他们的头脑。

伊丽莎白尽管是一个久经历练的统治者，依然未能完全领悟慷慨大度的黑暗面。

† † †

1598 年 4 月，伊丽莎白的驻外大使们告知她，法国和西班牙签署了一份和约，两大天主教敌对国家之间的紧张局势因而缓和。在法西关系缓和的冲击下，该对天主教主导西欧的恐怖局面做何反应，伊丽莎白两个最亲密的顾问争执不休，要一决雌雄。

德弗罗一如既往，主张王国的安全在于大规模的军事预算，设置"战争委员会"来替女王做出所有的军事决定，此外还需要更加积极的外交政策。一场新战争，无论是在海上还是在低地国家，都可以令西班牙失衡，这样它就无法再组织大规模入侵。

年迈的伯利勋爵一直都不喜欢埃塞克斯伯爵，他主张与西班牙维持和平。伯利称，现在和谈的条款可以比一两年后更加有利，到时西班牙无须再守卫比利牛斯山的法国边境，可以重新部署兵力。

他在议会暗示埃塞克斯伯爵是一名好战分子和冒险家，以提升议会对自己的支持度。

在听取过双方的看法后，伊丽莎白赞同伯利的看法。只要没有真实存在的入侵的威胁，花钱在海外挑起新战事是十分愚蠢的。至于埃塞克斯伯爵所说的"战争委员会"的想法，女王并不希望自己和将领们之间有个隔离层。她是皇家军队的总指挥，她就要名副其实。

德弗罗热爱女王，但将她的性别视作对军事效率的妨碍。他认为，国王能亲临战场，看出问题所在，并立即解决；而女人只能在凯尼尔沃思或格林尼治或英格兰的其他宫殿处理事务，没有那种能力。

在对荷兰和法国的征战中，德弗罗和衣衫破烂的士兵同吃同住，由于遥远的伦敦的贫困和弊政，他们的食物都散发着陈腐变质的气息。在埃塞克斯伯爵看来，内政大臣们就是一伙腐败而自私的人，性格上并不擅长当机立断、做出战争所需的决定。如果女王如同通常所做的那样，听取这些官僚们的意见，灾难将降临在王国之中。她需要一个军事人才为她做出军事决定。

自从加的斯的大火之后，德弗罗在朝廷中的地位就衰落了。但他长久以来都是女王的挚爱，所以他觉得自己可以对女王畅所欲言。有一天，在白厅宫中，他几乎越过了无礼的界限，做出能被认定为叛国罪的举动。1598 年夏天一次激烈的议会会议中，三十四岁的伯爵和女王之间就她在考虑的爱尔兰的一项任务展开了激烈争辩。争辩变成嘶吼，然后恶言相向。伊丽莎白勃然大怒，从座位中站起，站到德弗罗身边。他转过身背对着她，她打了他一耳光，告诉他等着被绞死吧。

德弗罗本能地将手按在了剑柄上，仿佛要拔剑挥向女王。霍华德海军上将面露惊骇，上前站在他们二人之间，告诉德弗罗保持理智。德弗罗自己就和所有人一样震惊，猛地冲出会议室，回到自己的居所生闷气。

这次发作本应该终结他的政治生涯，甚至是他的生命。但对德弗罗来说幸运的是，次月，令人敬重的伯利勋爵死了。伊丽莎白深感自己失去了一位资深的大臣，更需要能干的人给自己建议，于是又接纳了德弗罗。

但是，少了伯利勋爵，枢密院就缺了一个足够洪亮的声音来勒住这个无赖之徒。

翡翠岛爱尔兰

在都铎世纪的大幕开始落下之时，伊丽莎白找到了一项工作可以让她那位难缠的将领忙碌起来：她派他去了爱尔兰。

长久以来，这座翡翠般的岛屿都是王国流血的溃疡。岛上的英属辖区是围绕都柏林的一圈脆弱地带，由政府直接控制；这片区域之外，从康诺特到科克，均由爱尔兰的领主们统治，其中大多数都是充满敌意的反英派，排在第一的便得说是令人生畏的蒂龙伯爵休·奥尼尔（Hugh O'Neill）。

到了 1599 年，伊丽莎白对爱尔兰的控制力开始下降。而随着来自西班牙的威胁减弱，政府开始将稀少的资源转移去镇压反叛的军阀（在爱尔兰北部的阿尔斯特地区，这些军阀最为密集）。伊丽莎白的父亲亨利八世对待为数不多胆敢反对他的爱尔兰贵族一向冷酷无情，有其父必有其女，伊丽莎白也不会容许盗匪一般的军阀和赤脚的农民来蔑视她的权威。她不屑于去谈判交涉，准备使用大量的军队、镣铐、绞架和绳索，直到每一个爱尔兰人都对女王屈膝。

为了执行自己的律法，女王组织了一支总人数达 1.7 万人的军队，有步兵，也有骑兵，对于一个以节俭为荣的女人来说，这实在算是大手笔。光是军饷每年就需要 29 万英镑，还有火器、火药和其他战争工具的开支，令财政大臣们本就颤抖的肩膀上又添了沉重负担。

自被女王打耳光那天后，德弗罗一直未在宫廷中现身。在白厅宫中就谁该领导爱尔兰远征争论得正激烈时，他被召入了宫。大臣们挨个讨论为数不多的备选人员，德弗罗把每一个都抨击为无能至极或不适合担任这项任务。

大臣们说完了备选名单后，伊丽莎白看向德弗罗，问他是否愿意接受这项任务。由于刚才将所有人都排除在竞争之外了，德弗罗很难拒绝。他收拾起行囊，渡过爱尔兰海前往都柏林。

尽管德弗罗热衷于追求荣耀——无论是在什么地方，只要能追求到荣耀便可以——但一想到要在粗鄙且死气沉沉的爱尔兰生活，他就心中窝火。他已经习惯于伦敦的享乐和阴谋，希望能身处女王做出决定的房间中。为了尽可能缩短不在伦敦的时间，1599 年夏，他计划了一次对阿尔斯特的三路闪电攻击。

6 月，他带队稳步行军穿过爱尔兰中央的绿色原野。军队在离开英格兰时显得庞大无比，此时却被这片国度吞噬了。德弗罗未能令蒂龙伯爵开战，在经历了数周的宿营、行军和撤退后回到都柏林，思考该如何从这个血腥而耗费金钱的僵局中抽身。

他给伦敦写信请求支援。但与当初在荷兰战场时对待他的态度一样，伊丽莎白指责他在夏天的行动中花费太多——33.6 万英镑，比她之前四年中花在爱尔兰的总和还多。"如果比较一下所用的时间和花出的过多费用，以及此次远征产生的任何影响，"她对他指出，"那么，我对目前已经发生的任何事情都不会感到满意。"

相比于"产生的影响"，德弗罗更加关心自己在宫廷中的地位。伊丽莎白强迫他打赢一场他无法赢得的战争。他害怕这场战争可能令他的名声毁于一旦。他揣测着伦敦充满妒意的敌人们针对他的种种阴谋，心绪烦乱，乃至产生了一些很黑暗的想法，期待能发生一次来自威尔士的入侵，甚至是一次宫廷政变。

根据伊丽莎白的直接指令，8 月末，德弗罗不情不愿地重新出征。但是，他的军队被疾病和沿路的驻守部队削弱；所余残部，虚弱得仿佛明媚春日离开英格兰的大部队的一道暗影而已。由于寡不敌众，无法撕开或绕过爱尔兰的防守，他要求蒂龙伯爵在 9 月 7 日进行和谈。军阀同意在唐郡的拉根河畔与德弗罗见面。

两位敌对的指挥官，一位是红发的英格兰人，一位是黑发的爱尔兰人，骑马至河中一片浅滩，开始交涉。他们处于随从们的听力范围之外，二人同意休战，但两个人都没有将协议记录在案，而且，对于英格兰投入生命和金钱想要得到什么，德弗罗的认识模糊到令人惊奇。

数日后，伊丽莎白得知停战协议，惊愕哑然，拒绝批准。她坚持要德弗罗重新发动进攻，并在信中毫不客气地对他说："我坚决命令你继续执行那个决定。"这是她下过的最不容置辩的一道命令。

由于恐惧自己在国内的位置已经衰落到无法挽回，德弗罗再一次违背了伊丽莎白的命令，带着数名信任的同伴返回英格兰。他纵马跋涉穿越过威尔士和英格兰。9 月 28 日清晨，伊丽莎白还在梳妆之时，他冲入女王在无双宫中的寝室。

德弗罗身着溅满污泥的骑马装，站在六十六岁的女王面前，几乎语无伦次，开始毫无条理地为自己的行为辩护，并疯狂地指责大臣们密谋反对女王。

德弗罗腰间佩着剑，贸然来访，眼神狂乱，指手画脚，把伊丽莎白吓了一跳，但她很快平息了心中的惊骇，平静地听他说话。由于德弗罗满身泥污，而她还在晨起的梳妆打扮过程中，她漫不经心地建议，他们应该都去梳洗一番，晚些时候再见面详谈。德弗罗明显地放松下来，表示同意，回到了自己位于伦敦的河畔宅邸。

他刚一离开，伊丽莎白就下令将他逮捕。

第二天，德弗罗被带到枢密院，由伊丽莎白的大臣们质询了五个小时，最后裁定他犯有渎职罪。德弗罗被软禁在家中，然后接受了星室法庭①的审判，被剥夺了公职。伊丽莎白尽管难过，但态度坚决，取消了在莱斯特逝世后给予他的利润丰厚的甜酒专卖权，从而切断了这位颜面尽失的贵族的主要收入来源。1600 年底，破产而又意志消沉的埃塞克斯伯爵试图发动一次政变，但谋划漏洞百出。由于他造成的种种麻烦，他最终丢了脑袋。

✝ ✝ ✝

伊丽莎白否决与爱尔兰的和平协议，导致英格兰陷入了消耗性战争。在接下来的两年中，英政府将为了在爱尔兰的军事行动花费

---

① 英国都铎王朝专门设立的隶属于枢密院的特别法庭，主要审理政治案件，一般秘密审理，不对外公开。于 1641 年被废除。——译者注

80 万英镑，导致爱尔兰战争成本总计接近 200 万。强制性从贵族借贷，关税提升，垄断性销售，罚款增加，以及对富有商人要求的强制性"礼物"，都加深了战争对于臣民的经济负担——而这些臣民，正是当年年轻的伊丽莎白希望能保护的对象，她曾希望能令他们免于战争的贪婪之口。

而如今她是一个年老的女王，尚有战争的恶犬吠叫不息，索要食物。为了拿出钱来，她迫于无奈，将皇室土地卖掉，并把自己的一些首饰拍卖。她容许财政大臣将英国现金贬值，这对王国的经济健康是一种打击，她从父亲的经历早已知道这一点。最终，大臣们威逼伊丽莎白与蒂龙伯爵谈和，赦免了反叛的领导者，从而暂时缓和了对鲜血和财富的可怕榨取。[①]

1603 年，六十九岁的伊丽莎白女王奄奄一息，她似乎又回到了起点。昔日致力于消除父亲的战争造成的影响的女儿，到头来为资助新战事抵押了国家，开战的战场包括苏格兰、西班牙、法国、低地国家、新大陆和爱尔兰。尽管耗资巨大，尽管她的臣民们支付了诸多屠夫的账单，她却并未为王国增加一寸新的领土。

但是，这个红头发的孤儿面对全世界最令人生畏的豪强们，守卫住了自己的遗产。在她的统治下，英格兰和威尔士击退强大的舰队，抵挡住阴谋暗杀，公然挑战教皇，并赢得了女王的宿敌们迫于无奈的敬重。除了保障国家安全之外，她还培养了以莎士比亚、马洛和培根为代表的启蒙运动者，缔造了一个将来数百年都称誉的

---

① 伊丽莎白死于 1603 年 3 月 24 日，英格兰和爱尔兰领主们的和约就是在她死前商定的。她的继承者，苏格兰的詹姆斯六世——即英格兰国王詹姆斯一世——一上位便终止了英国在低地国家的军事介入，于 1604 年 8 月与西班牙商定和约，终结了伊丽莎白女王在欧洲大陆上的长期战争。

"伊丽莎白时代"。而且，她令英国走上了成为世界最强帝国的道路。

† † †

当然，其他海洋帝国比英国领先一步。在伊丽莎白挫败西班牙无敌舰队四十年后，葡萄牙，世界上最古老的商贸帝国之一，陷入与一位非洲女王的战争，这位女王在战场上就如同伊丽莎白在会议桌上一般机智敏锐。这位来自安哥拉高原的女性，发动的小规模战争、发动的战役、执行的撤退、在战场上杀死的人，比历史上所有其他战争女王都要多。她的地缘政治本能虽有其自己的行事风格，但每一处又都和伊丽莎白一样敏锐。

9. 鲜血的洗礼

我从不曾害怕面对 25 名全副武装的士兵，只要他们没有火枪。

——恩津加，1657 年

在伊丽莎白女王死后二十年，西南非洲的一个姆邦杜族女人成了天主教世界的话题。恩东戈-玛坦巴的恩津加女王是将领、外交使节、奴隶贸易商、时尚达人、亲自征战的勇士，在传教士、食人族、国王们以及争夺非洲海岸控制权的两大帝国中都引起了钦佩与反感参半的关注。

16 世纪末，西非成为大西洋奴隶贸易的中心，葡萄牙是奴隶贸易最重要的参与者之一。里斯本控制的港口从中国蔓延到巴西，它在巴西的糖料种植园驱动着帝国的农业引擎。而那些种植园需要奴隶——需要很多。

为了填充甘蔗地中的劳动力，葡萄牙的探险者、外交官、征服者们与非洲西南海岸的刚果王国建立了贸易关系。刚果的战争团伙会偷袭附近的村庄，俘虏人员，或到非洲内陆从打折的中间商手中直接购买奴隶——在当地被称作"零件"。他们会将这些不幸的人送到海岸附近的葡萄牙市场，然后当作人力动产卖给白人商人，白人商人再将其运往巴西。随着对"零件"的需求不断增长，葡萄牙的代理人们开始向南转移，以搜寻更大的货源。

大约在西班牙国王腓力二世摆开架势迎战伊丽莎白的海上猎犬时，葡萄牙人悄无声息地在宽阔的宽扎河河口建立起繁荣的贸易中心。在接下来两代人的时间中，这个前哨将颠覆成千上万人的生活，而这些人的家园，名为恩东戈王国。

† † †

恩东戈沿着非洲的大西洋海岸绵延了近百英里，从北方的罗安达一直到南方的隆加河。恩东戈向东方延伸约 200 英里，刺入非洲的心脏地带，从半干旱的沿海灌木丛林地——猴面包树的领地——到凉爽的高原、热带河谷以及稀树草原，这里几乎涵盖了各种生态环境。

恩东戈的半神国王，被称作"恩戈拉"（ngola），是由一伙贵族从数个有资格的家族中选出来的。恩戈拉居于恩东戈中央高原上的都城卡巴萨，统治着自己的领地，这些领地被非洲人称作"安哥拉"，而他对王国的治理则通过被称作"索巴"（soba）的地方贵族实现。

生活在那里的姆邦杜人是一个传统民族，敬奉自然，与死去祖先沟通。一些被称作"恩甘加"（nganga）的神职人员负责为病患治疗、守护祖先的骸骨、向上天求雨、主持人祭，并担任恩戈拉的外交使节团。恩甘加们是精神上的润滑剂，满足姆邦杜村民们的需求，在没有受到极端压力的情况下，这个系统能相当好地将人民团结在一起。

但是在 1575 年，出现了极端的压力，葡萄牙的征服者、商人和定居者在名为"罗安达的圣保罗"的海岸上建立了一个布道所。接着，里斯本派一支军队进入非洲内陆，所要执行的指示是去征服"安哥拉"。从海岸出发后，征服者们将村庄夷为平地，抢夺牲畜，抓获俘虏送去巴西的甘蔗地。而这个过程中的杀戮也是异常惊人的。士兵们从姆邦杜人的尸体上切下鼻子，以作为死亡人数的证明，一场战役后，军队必须派出二十个搬运工才能将所有被切下来的鼻子运到当地的要塞。

对葡萄牙人来说，被切下的黑色鼻子、抢来的牲口、奴隶，全都能派上更大的用途，尤其是奴隶。据一个征服者记录：

> ［人的商品化］不仅仅具有商业用途，还有益于侍奉上帝，对他们的灵魂有益。因为通过这种贸易，他们避免了诸多血肉之躯的屠宰场所出现；而这些奴隶被教导信仰我们的主耶稣基督，接受洗礼和教义问答，然后乘船到巴西或其他信奉天主教的地方。如此，他们被引离异教道路，通过侍奉上帝并有益于商业的生活获得了救赎。

到了 1600 年，征服者们已经为上帝和商业"救赎"了成千上万的生命。总督们、传教士们以及将领们成为恩东戈沿海地区的统治阶层，耶稣会修士令大部分姆邦杜贵族皈依了教会。基督教在姆邦杜社会中的扩张，是对统治国家的恩戈拉的打击，他的神圣性遭到了质疑；而恩甘加这些神职人员被耶稣会指责为与魔鬼沟通的巫师，对他们自然也是一种打击，本地王国的政治稳定性也受到了冲击。

在西班牙无敌舰队起锚出征的六年前，一个姆邦杜孩子挣扎着来到这个世界。一段脐带仿佛树根一样缠绕在她的脖子上，恩甘加祭司们预言她将会经历不平凡的一生，只要她能活过婴儿期。

而她活了下来，她的父亲想到那段脐带，便为这个女儿取名为恩津加（Njinga），这个名字来自树根在金邦杜语中的说法"库津加"，恩津加意为"扭曲、旋转或缠绕"。

恩津加的父亲是一位国王，战争则是她狂暴的继母。她还不满一周岁，她的恩戈拉祖父便赶在征服者们进军来到前逃出都城避难。恩津加十岁时，祖父过世，引发了一波权力争斗和政治上的暗箱操作，直至她父亲被选为恩戈拉才算太平。小时候，恩津加学会了用战斧作战，这是姆邦杜人的武器。而且就和其他武士一样，她还精通战舞，这种敏捷的步伐能帮助没有铠甲的人躲避箭矢和智胜对手。

在接下来的二十五年中，恩津加所生长的地方，是一个被蓄奴制、流窜的战争团伙以及天主教传教士们反复冲击的王国。1617年，三十五岁的恩津加已经为人母，她的父亲遭到手下人的背叛，死于非命。恩津加的哥哥姆班迪（Mbande）的支持者们迅速宣称他为新的恩戈拉，但他的地位并不牢靠。他出手迅速，精心安排将所有可能竞争继承权的人都杀了，清洗了诸多高官、贵族和家庭成员。

恩津加幸免于难，但并不是没受到伤害。从小到大，她都是父亲眼中的光，是家中最受宠爱的人，在心智上和身体上都强过哥哥。而且，恩津加还有一个新出生的孩子，孩子的父亲是恩津加的一个男妾，但这个孩子将会成长为姆班迪的潜在对手。姆班迪杀掉了恩津加的幼子。然后，他令三个姐妹丧失了生育能力，以确保家族大树上不会出现其他分支，威胁到他的继承顺位。有一个传教士听恩津加诉说过自己经历的苦难，据他说，恩甘加们将药草和油脂混合在一起，然后"趁着沸腾灌入恩戈拉的姐妹们的肚子里，这样，由于刺激、恐惧和痛苦，她们便永远无法生育了"。

恩津加始终没有记录自己丧子和被绝育的感受。她也始终未能原谅她的哥哥。她带着妾室和支持者们搬去内陆地区的邻国马坦巴王国，在那里安顿下来，之后九年都住在那里。

由于在马坦巴的流亡生涯，恩津加变得更加独立。作为一个拥有王室血脉的女人，她养着多名妾室，有男有女。她拒绝选一个正夫，更愿意随时和她想要的人发生亲密的性关系。

对于来自属下的批评指摘，她并不会轻轻放过，被惹怒时是十分冷酷的。有一次，一个侍臣批评她爱人太多了——那个人说，她令父亲的宫廷蒙羞——对待控诉，恩津加的处理方式是将那个男人的儿子带了来，当着他的面杀死，然后，她将他也处决了。

在恩津加于马坦巴流亡期间，西边，葡萄牙人在攫取她哥哥的国土。姆班迪统治第四年，恩东戈王国已经缩小到原来的一半，而葡萄牙属安哥拉的边界在钢铁和火药的掩护下不断向东推进。葡萄

牙的奇袭军冲入都城卡巴萨时，姆班迪差一点沦为俘虏。有影响力
的索巴们察觉到了葡萄牙人的胜利，开始纷纷向腓力三世国王
效忠。①

姆班迪唯一的明智之举是与两个伊姆班加拉氏族缔结为同盟。
伊姆班加拉人，被葡萄牙人称作"贾加人"，是雇佣武士的松散团
伙，会为出价高者战斗。他们暴力至极，喜欢进行食人和孩童献祭
这样的异教仪式，可以为任何想要掌控刚果—恩东戈—马坦巴区域
的军队组建一支可怕的辅助军。

† † †

1621 年 10 月，随着一位新的葡萄牙总督抵达，一股新鲜的风
吹入安哥拉。若昂·科雷亚·德·索萨（João Correia de Sousa）
踏足罗安达时，态度比他的历届前任都要恭谨小心。他为殖民做长
远打算，将杀戮和征服视作不利于财富积累的无效工具。殖民地存
在的理由是经济方面的：这里能出产奴隶。战争会破坏奴隶贸易，
而且费钱。因此，战争不利于事业。

德·索萨总督相信，与姆班迪有限度的谈判可能会比昔日奇袭
征服的模式实现更好的长期结果。为了与姆班迪谈判达成永久和
平，他邀请国王派一位使节来罗安达，而姆班迪派信使去马坦巴接
回了妹妹。有了哥哥的征召，恩津加开始了权势上升之路。

---

① 葡萄牙国王腓力三世同时还是西班牙的国王。他的祖父，即伊丽莎白女王的宿
敌腓力二世，于 1581 年篡夺了葡萄牙的王位。

安娜·德·索萨，摄政女王

　　1622年，恩津加行进在罗安达的中央大道上，她走在队列最前面，身后跟着身着缤纷服饰的随从、护卫、奴隶和使节们。总督以葡萄牙仪仗队来迎接她，士兵们护送着公主进入城镇广场，在那里她受到了城中知名居民的迎接。大炮和火枪群鸣致意，乐手们用姆邦杜和欧洲的各种乐器演奏歌曲。

　　在恩津加看来，风格是非常重要的。她拒绝穿着葡萄牙殖民者穿的单调的欧洲服装，用她充满活力的恩东戈风格引起了社会的议论。和城中的贵族阶层一起漫步在罗安达的大街上，她用精美的布披肩、镶满珠宝的手镯脚镯、头发中熠熠发光的彩色羽毛，缔造出靓丽的名牌。

　　但是，热情的欢迎只是为了满足公众消费需要。当恩津加到达政府办公处，准备就贸易和边境认可等问题谈判时，德·索萨的手下向她传达了并不隐晦的信息。一走入会议室，恩津加就发现了针对本土客人的标准欢迎方式：屋内只有一个座位，是给总督的。部落的使节们坐在总督脚下的地上，而总督坐在铺着天鹅绒的椅子里谈判。座位的安排明确无疑地说明了谁是主人、谁是恳求者。

　　对于殖民者这种老把戏，恩津加早有准备。总督的助理指出铺着毯子的地板上的一个空位，恩津加便向一个侍女示意。那个女人走到给公主准备坐下的地方，跪在地上，低头蜷身，恩津加在女人的背上落座。在两位领导人谈判的漫长的数个小时里，恩津加的"椅子"一动未动。

当工作完成后，德·索萨总督陪同公主离开谈判厅时，他转身看了看恩津加那个依然蜷伏在地板上的侍从。他指向她，恩津加语调轻快地告诉他，那个女人是一个礼物。她说，作为恩戈拉的使节，绝对不需要在同一把椅子中落座两次，而且她还有许多这样的"椅子"。

这位公主在罗安达期间迷住了德·索萨，她代表哥哥做出了数个重要的妥协：军事联盟、保持和平以及归还逃奴。她拒绝的一项要求是每年向葡萄牙国王贡奉奴隶。她指出，姆班迪恩戈拉并没有被征服，而只有从被征服的人民获得贡奉才算是正当的。"生来自由之人，"她用又高又尖的声音对德·索萨说，"应该维持自己的自由，而不该屈服于他人……如果提供贡奉，她的国王……将会丧失自由，变成奴隶。"

由于目光只局限在短期的经济利益，葡萄牙人坚持要求贡奉。市场在蓬勃发展，奴隶是殖民地财富的最佳来源。意识到双方僵持不下时，恩津加打出了最后一张牌：她同意受洗礼皈依天主教。

总督和耶稣会修士们自然欢迎恩津加投入基督的怀抱，于是修改了对贡奉的要求。恩津加受洗的圣礼仪式十分盛大，在罗安达主教堂中举行，总督德·索萨在现场见证，身份是她的教父。她选择了安娜·德·索萨（Ana de Sousa）这个名字作为基督教名，以向总督和一位担任她教母的葡萄牙贵族女性表示敬意。

在恩津加返回卡巴萨向兄长报告时，她已经赢得了葡萄牙总督的支持。德·索萨私下里对恩津加说，尽管他偶尔会对她的兄长采取强硬路线，但希望能与恩津加自己在马坦巴的领土维持友好关系——非正式的。多年后，恩津加回忆起这次行程时，对一个嘉布遣会传教士说，她在罗安达期间，感到了一种"深深的幸福和非凡的平静"。

她哥哥始终都不会了解那种平静。姆班迪在权力斗争方面是个不成熟的新手，他任命恩津加在他死后担任他儿子的摄政者，这是一个错误，让恩津加有了充足的理由来加速这一天的到来。他越来越依赖于恩津加的政治建议，恩津加也将这个脆弱的兄长推到了心理崩溃的程度。她在他背后痛斥他，言语中伤他、诋毁他，胁迫他对葡萄牙人采取尴尬而强硬的立场。她对他说：他不是恩戈拉，他甚至不是一个真正的男人；如果他不能有力量、有自信地统治国家，他就该到森林里找个农场种种菜。

对于妹妹的辱骂，姆班迪逆来顺受，这令他在支持者眼中的地位进一步下降。他陷入了深深的黑暗的抑郁。为了寻求平静，他求助于传统的治疗者，但恩甘加们无力帮助国王。1624 年春，恩东戈的国王姆班迪恩戈拉服毒自杀。一位葡萄牙编年史家指出恩津加"帮助了他死亡"；其他人则认为，他是出于自己的意愿喝下药水，以驱散撕咬他内心的黑狗。

无论是自杀还是被妹妹杀害，姆班迪的死都形成了一个权力真空，恩津加迅速进入，组织起足够的选举人确认了她担任姆班迪年仅七岁的儿子的摄政者。

† † †

尽管恩津加被姆班迪任命为侄子的保护者，但她的首要任务却是压制侄子对其父的王位提出继承主张的所有可能。这事情说起来容易，但实施起来并不简单，因为姆班迪在死之前非常理智地将儿子送去和一个名为卡萨（Kasa）的伊姆班加拉军阀共同生活，卡萨承诺要保护这个孩子。

1625 年 9 月，恩津加给卡萨传信：她热烈地爱着他。她说，作为摄政者，她需要一个丈夫，而且她还送上了格外奢侈的礼物，来强调信中的信息。

卡萨起初狐疑不信，认为这可能是个诡计，好以此得到姆班迪的儿子。另外，恩津加比他年长，作为伊姆班加拉的酋长，他可以从年轻很多的女人们当中选妻。他不确定自己是否愿意接受，于是就暂时拖延。但恩津加一直向他求爱。最后，卡萨心软了。

这对幸福的情侣定下结婚日期，结婚典礼将于恩津加在马坦巴的一个营地附近举行。小侄子陪同卡萨去参加这个家族仪式，他十分开心能参与到家族庆典活动中。

然而，他并没有担任自己预期的角色。恩津加在仪式当场抓住男孩并将其杀死，然后将尸体丢入宽扎河，仪式戛然而止。刹那间，她手下的男男女女拔出武器，攻击目瞪口呆的亲戚和宾客，将可能在未来复仇的所有人屠戮殆尽。站在依然温热的尸体和猩红的血泊之中，恩津加嘶吼道，她为她被杀的幼子复仇了。

恩津加的红色婚礼吓得受邀客人四散奔逃，躲入丛林，他们不确定自己的名字是在婚礼宾客名单上还是在待杀名单上。不过，最后，大部分人还是向新女王效忠。新的恩戈拉杀死包括家庭成员在内的竞争对手是常有的事，因此，很多人认为恩津加是更合适的统治者，其他拥有继承权的人只会给所有人制造麻烦，所以男孩必须死。

恩东戈的新任女王很快就开始落实她与总督若昂·科雷亚·德·索萨达成的非正式协议。她给新任总督费尔南·德·索萨（Fernão de Sousa）送去一封信，信中她承诺会重开她兄长关闭的

奴隶市场，她的臣民将用"零件"交换火枪、布料等工业制品。她
还提出让耶稣会的神父在恩东戈自由传教。作为对这些特权的回
报，葡萄牙必须拆掉一个要塞，并释放一些被俘虏的农奴和索巴返
回村庄。

新总督心里是相信之前多任总督所进行的血腥战争是糟糕的政
治决定的。但那些战争削弱了恩东戈，他不想让新任女王重建古老
王国，成为未来的威胁。德·索萨总督绕过恩津加，派使者与地方
首领直接会面，建立了由葡萄牙控制的奴隶市场。他迫使葡萄牙统
治区域内的所有索巴都定期缴纳贡奉，并向殖民地官员下跪，作为
屈服的礼节。

这些新政策令姆邦杜人明白了他们能够期待的是什么样的政
府。索巴们和村民们用脚做出选择，收拾财物向东迁徙，到恩津加
统治的领地寻求庇护。此外，还有数十名金巴雷（kimbare）① 加入
逃难者的行列。

恩津加的军队正在发展中，对这些新血液的加入，她自然表示
欢迎。她开始强迫本来骑墙的索巴们站到她这一边，她还派出代表
到乡下，说服支持葡萄牙的索巴加入自己的同胞。

她的宣传攻势产生了效果。德·索萨十分懊恼，在向马德里的
皇家议会的报告中称，恩津加承诺村民"她会给他们土地，供他们
耕种生活"。他也承认，姆邦杜人"更愿意成为自己土地的主人，
而非我们的俘虏"。

这次移民令葡萄牙王室损失了一小笔财富。一年后，德·索萨
怯怯地报告说，他无法收缴到预算中要求的贡奉，因为"战争和安

---

① 金巴雷是被强迫加入葡萄牙军队的姆邦杜武士。

娜夫人（即恩津加）的崛起，还因为国王陛下的很多索巴都投到了
她的那一边"。

　　为了止住殖民地的衰落趋势，德·索萨找来一个亲葡萄牙的人
以取代态度顽固的女王。他发布公告，任命与恩津加敌对阵营的信
天主教的索巴基卢安耶的哈里（Hari a Kiluanje）从此之后为恩东
戈的新恩戈拉，并宣布恩津加女王为篡位者，组织了一支军队要去
找到她并杀死她。①

撤离金东加

　　恩津加的军队继承了姆邦杜人传承数百年的传统。征来的兵构
成军队主力，不过，恩津加指挥着由专业战士组成的核心，这支队
伍直接听命于她。她还监管着一支负责协调地方步兵的行军、食物
供给和行动的基层队伍。

　　和不列颠的凯尔特人一样，姆邦杜人的军事行动也不过是组织
松散的社团活动，在长期战争中，并不能总是有效运作。"人们喜
欢打人数众多、一团混乱的战役，没有人会留在后面。"葡萄牙的
观察者如此记录，"所以，有时，他们会都带着整支军队到达某个
地方，在那里消耗掉他们所有的给养。然后，在没有食物的情况
下，又碰巧正是战事的最高潮，军队崩溃了，在饥饿的驱使下，他
们返回各自的村庄。"

_____

　　①　基卢安耶的哈里一直都为复仇磨刀霍霍——确切地说，他磨着一把斧子，真正
的斧子——在1625年，他的一个家人因拒绝接受恩津加被选举为恩戈拉而被其杀死。

　　尽管没有组织、运作笨拙，但姆邦杜人的军队在战斗中拳头很硬。他们会部署大量弓箭手，这些弓箭手使用短弓和箭头淬毒的箭矢。战士们一般分成三支分队——一支居中，两侧翼各一支——在箭雨的掩护下向前推进，直到和敌人用轻便的斧头贴身肉搏。第一批人都是非常强悍的士兵，会冲破敌人的防线，并迫使对方的步兵逃窜。队伍当中通常也有少量火枪手，可能被部署在中间，也可能在两翼，负责在前进时杀死对方的步兵。

　　姆邦杜的步兵不携带盾牌，因为斧战兵依靠非凡的敏捷来保护自己。"所有人的防御都包含'桑古阿'（sanguar），这是一种步法，从一边跳到另一边，同时身子七扭八拐，极为灵活，可以躲开箭矢和长矛。"一个耶稣会士如此记载。恩津加精通这种防御术，经常带领军队进行这些舞蹈训练。

　　恩津加发动的第一场战争是针对基卢安耶的哈里的领地，这里近期得到了葡萄牙士兵和葡萄牙军中的金巴雷的增援。女王的军队损失惨重，但战胜了敌人。他们俘虏的金巴雷被处死或被充作奴隶。

　　为了报复，德·索萨总督调拨罗安达附近的军队，由本托·巴尼亚·卡多索上尉（Bento Banha Cardoso）指挥。而在边境的另一边，恩津加把军力集中在金东加诸岛周围——沿宽扎河陡峭的河岸的一片宽阔的土地上。她从河边的据点口述了一封信给德·索萨，让他抛弃哈里，接受她为恩东戈的合法统治者，她在信上的签名是"安娜，恩东戈女王"。

　　德·索萨总督并不想让一个精力充沛的独立女王控制住奴隶的主要来源。他还从哈里派系听说了非常多关于恩津加表里不一的故事，所以，在听信她的甜言蜜语前会三思而行。

受命去追击恩津加的卡多索上尉更不愿意和谈。他准备一战击败女王。在给恩津加的回信末尾，他提出警告："上帝若是能保佑你的话，但愿他保护你。"

1626年2月6日，伴随着喧天战鼓和德·索萨的高谈阔论，卡多索的军队从罗安达开拔。总督声如惊雷，大吼道，带着火枪的人是在"为上帝、为国王、为王国的利益"而战。随同卡多索的征服者们出发的，还有两个耶稣会神父，他们肃穆地宣布，这次战争"是必需而正当的"。他们顺着大路前进，然后森林吞没了他们的身形。

卡多索的战线向东推进到庞戈恩东戈，这是宽扎河金东加诸岛附近的一片长满草的石滩。卡多索以这里为据点，骚扰当地的索巴，强迫他们为他的军队提供食物。

卡多索行军而来的消息令恩津加紧张焦虑。尽管她的人民憎恶葡萄牙人，但恩东戈是一个权力分散的王国，没有任何索巴的忠诚是理所当然的——特别是当他的村庄面对征服者们的怒火时。即便是她母亲的出生地的索巴——恩津加最值得信赖的支持者之一——在面对葡萄牙的枪口时都开始动摇。

面对即将到来的攻击，恩津加加强群岛的防御。她建造了一系列的哨所、钟和信号站，以便能第一时间预警，此外还命令手下在周围挖出保护性的壕沟。劳工们开凿出隐蔽性很好的洞穴作为伏击地点，她派出携带弓箭和火绳枪的士兵在前排位置作为警戒哨位。她还在岛上储存了足够多的牲畜、给养和医疗物资，以便应对长期被围困。

一如既往，恩津加开始借助外交手段。"武力不会实现任何事情，这么做只会给我［和葡萄牙士兵］带来灾难，因为一切事情都可以和平地解决，无需武力。"她给卡多索的信中说。但是，那位将领对谈判没有兴趣，在 5 月的最后一个星期，他的第一击到来。葡萄牙军乘独木舟、渔船和驳船渡河，汇聚于马珀罗岛，这是恩津加最强大的一处要塞。①

葡萄牙人从船上跳下来时，女王的军队以箭头淬毒的箭雨和火枪开火回击。那些成功离开水面的人落入恩津加在之前几周中挖出来的一道道壕沟。

为了扫平壕沟战线，葡萄牙人展开了肉搏战，尽管损失惨重，但他们最终占领了马珀罗岛。趁着卡多索重整军力时，恩津加的手下撤退到了令人生畏的丹吉岛上的大本营。双方都遭受了打击，但又远远没到精疲力竭的程度，都准备着下一轮的战斗。

6 月 7 日，恩津加爬上一处岬角，观察葡萄牙人的最新阵势。她的直觉告诉她，她和卡多索都可以通过谈判实现些什么。卡多索已经践踏了她的核心领域，俘获了她的一些牲畜，但他的人肯定已经短缺弹药；另外，近期一波天花爆发，如同死神的镰刀一般扫过他的军队，带走了 4 000 名金巴雷，可能，他会准备和谈。她派人送信给卡多索，如果他愿意，她会和他讨论条款。

卡多索却并不这么看。尽管这里与罗安达相距甚远，但卡多索依然可以得到来自西方的增援，而恩津加只能靠她自己。他的回信措辞严厉，坚持要恩津加无条件投降。

---

　　①　恩津加在给卡多索的一封信中附言提出了一些古怪的要求，让将领送给她"一个吊床，够织一条被子的四卷红色羊毛，一个鞍褥，还有好酒，一阿罗瓦［合 33 磅重］的做蜡烛用的蜡，六匹平纹细布，两三张蕾丝桌布，一些紫色、酒红色和蓝色的石榴石，一顶用蓝色天鹅绒制成的大宽檐帽（也就是阁下您戴的那种），另外还要四个单位长度的纸"。这说明她并没有放弃外交手段，而且还希望能走在下一季时尚流行的前沿。

在凉爽的 6 月和 7 月中，恩津加实施了缓兵之计，通过承诺投降来拖延时间。卡多索希望能在不造成进一步伤亡的情况下结束战争，因此同意暂时停火。他等待着恩津加来到他的营帐，而恩津加则命令自己最好的战士们趁着夜色的掩护从岛上撤离。

葡萄牙哨兵发现了这一行动，向黑暗中开火，恩津加的部队溃散奔逃。全心戒备的卡多索命令手下追击逃军。恩津加在撤退过程中遭受了一些打击，但她设法烧掉了卡多索的一些船只和她自己的一部分存粮，然后带着一小队忠诚分子向东撤退。她是在逃命。①

接下来数年，恩津加在恩东戈东部和马坦巴高原地区逃亡。被当地人称作"马托"的森林成了她的堡垒，森林就是坚不可摧的屏障，如同马耳他的石墙和阿拉伯沙漠一般无法逾越。由于森林中没有河流运送援兵和补给，所以欧洲的指挥官都不敢追着她进入黑暗的中心。

但德·索萨和卡多索知道她不在那里——在别的地方。

女王从来都不会词穷，她派信使去见总督，表达自己愿意与葡萄牙人和平共处的愿望。她说，奴隶市场和宗教场所的问题都可以得到解决。她的一个绝对不会动摇的基本条件是：葡萄牙人必须接受她为恩东戈的合法女王，废黜当前的傀儡哈里恩戈拉。

脾气暴躁的德·索萨不喜欢这番说法。他无法承受在本地人面前表现出软弱和犹豫不决。他身为安哥拉的总督，王室要依赖他为王国的土地提供劳动力。而奴隶贸易的竞争越来越激烈，荷兰人开始逐一攻击葡萄牙在南美的殖民地。所以，德·索萨对女王的使节

---

① 为了躲避追击的骑兵和步兵，恩津加抛弃了一些奴隶。相比去俘房逃窜的女王，葡萄牙士兵更看重获得"零件"。他们花费数小时围捕被抛弃的奴隶，这为恩津加赢得了宝贵的时间，通过一系列的洞穴和需要匍匐通过的小路成功逃脱。

们施以酷刑、斩首或卖作奴隶。经历了数周之后，他给她送去了最后通牒：要么接受隶属的身份，接受作为哈里恩戈拉的"妹妹"的较低身份；要么就等着面对奉命见到她就将她杀死的葡萄牙士兵。

面对来自世界上第二强大的全球性帝国的暴烈威胁，女王并未生畏。可能德·索萨总督没有意识到，她提出那些请求并非出于软弱，也不是为了拖延时间。她是发自内心地希望和平——但安哥拉只能按照女王的条件实现和平。如果葡萄牙国王不能理解这一点，那么恩津加会从马托中出来打上一仗，撤退回去，改日再来打上一仗。她会掌控战争的天时与地利。

而她需要人和，需要更多盟友。

† † †

从金东加诸岛撤离之后，恩津加重建了在东部索巴们中的权力基础。她还赢得了伊姆班加拉的军阀酋长卡萨的暂时支持，卡萨就是她曾经求婚的那个人，他们的婚礼却没有按照程序进行，而是在杀戮中收场。过去数年中，他们二人的关系时好时坏，不过如今是好的，至少在政治层面上。而且卡萨带来了一支规模不大但杀伤力强大的军队。

1628 年夏，恩津加重新占领金东加诸岛，并封锁了通往葡萄牙政府的奴隶市场的道路。她的经济封锁尽管未能即刻击垮罗安达，但限制了在安哥拉中部和东部倾向于葡萄牙的索巴们的收入，而且让人们注意到：恩津加的势力正在增强。

总督觉得也需要活动一下自己的肌肉，于是命令卡多索上尉的继任者帕约·德·阿劳若·德·阿泽维多（Paio de Araújo de

Azevedo）上尉重新与恩津加开战。阿泽维多率领一支由征服者、炮手和金巴雷组成的队伍，从罗安达开拔，9月行至恩津加重建成的岛屿基地附近。

　　但是，当阿泽维多的军队渡河袭击群岛时，却发现女王已经无影无踪。她从惨痛的经验中得出教训；面对有炮兵的军队，防守小小岛屿是注定失败的选项。一位很乐于助人的恩甘加为她操作，令她得到了来自她的亡兄的公开祝福，然后她便放弃作战，向东撤到马坦巴。

　　恩津加本希望阿泽维多会由于超出了补给范围而撤兵，但令她吃惊的是，阿泽维多武力入侵马坦巴，强迫当地索巴宣誓拥护葡萄牙。5月，阿泽维多追赶上恩津加的队伍，发动声势逼人的袭击。[①]

　　恩津加一直用心关注着战斗的号角，意识到自己在人数上处于劣势，于是在阿泽维多的火枪手们开始断断续续地奏鸣时拔营撤退。撤退路线要经过一道悬崖之间的峡谷，她布置了配备弓箭和火绳枪的护卫人员断后，他们切断穿越峡谷的葡军，减慢葡军的追击。但是，滑膛枪的铅弹飞了过来，然后征服者随之而至。

　　女王带着逃兵穿过七道深谷和四条河，身后一支火枪小队如嗜血的猎犬般追逐她，她仅仅领先一步。然而，她在某处走错了路，阿泽维多的军队将她困在一个悬崖上。一队葡萄牙士兵冲到边缘，有数人脚下失足跌落下去，一股脑儿地摔在下面探出的嶙峋岩石上。第二支队伍靠近时便加了小心。恩津加的护卫人员在女王身边形成一道人墙，他们为她赢得了短暂的喘息之机。但葡萄牙人越来

---

　　①　上文写到"9月行至恩津加重建成的岛屿基地附近"，此处又说"5月，阿泽维多追赶上恩津加的队伍，发动声势逼人的袭击"，时间上矛盾，但原文如此，疑为次年5月。——译者注

越多，她被困在高耸的悬崖顶上，悬崖高得根本听不清下方的
声音。

除了直接向下，没有其他逃生路径。已经五十岁的女王抓住一
根藤萝，也可能是一根绳索——葡萄牙人说不清楚到底是什么——
顺着崖壁滑了下去，落到林地中。护卫人员随着她而下，一次一
人，其余人在崖顶继续抵挡攻击。到外缘的防守崩溃之时，已经有
数十人安全逃脱。

阿泽维多继续搜寻恩津加和落单的追随者。他们沿路发现了被
遗弃的火枪、乱丢的弹药包、衣服、钱币和火药，全是在撤退过程
中被扔下的。阿泽维多的部队占领了恩津加的军营，还得到了两个
极有价值的政治战利品：恩津加的姐妹坎布（Kambu）和丰吉
（Funji）。葡萄牙士兵将两个女人的衣服脱光，押解着赤裸的她们
返回罗安达，给索巴和村民们传达了明确的讯息：犯罪和反叛的
代价。①

俘虏了王室姐妹，德·索萨总督有了两个人质，她们的性命对
恩津加是有意义的。但事实证明，他的满意情绪并未持续多久，因
为从马托传来了一个令人不安的流言：恩津加加入了伊姆班加拉。

死亡部落

恩津加撤退到马坦巴的过程中，人员不断减少。她很快就会缺

---

① 经受过数月紧张的心理压迫之后，大胆的姐妹二人崩溃了，同意受洗礼皈依天
主教。坎布得到了天主教名芭芭拉（Babara），大姐丰吉被取名为格拉萨（Graça）。1632
年前后，坎布被葡方释放。

少重建帝国的士兵，甚至缺少人保护她免于被叛徒出卖给葡萄牙人——无论她是生是死。所以，她前去投靠一个实力强大的伊姆班加拉酋长卡桑耶（Kasanje），向他寻求庇护。卡桑耶同意了，但有一个条件：她必须成为他的妻子。

恩津加的血管中涌动着战士的血液。在金东加诸岛的战役中，卡多索上尉认为恩津加是"一个女人，一个女王，或者按她自己所说是一个国王，因为她不愿意承认自己是一个女人"。她带领士兵进行了数十场战斗，象征军事权威的钟"隆加"是她最珍贵的财产之一。她将她的男性妾室作为身份地位的象征，因此，委身于另一个男人，她并不能轻易接受。

但恩津加和大多数的政治家一样，是一个讲求实际的女人，因此暂时将骄傲放到了一边。她需要盟友，而不是逞能，所以，当卡桑耶提出条件时，她抛下"隆加"，乘坐卡桑耶的独木舟渡过宽扎河，和他住到一起，表现得如同一个恭顺的平民之妻。[1]

安居于酋长家中时，恩津加悄悄地运作着新的策略。她要自己成为一个伊姆班加拉的军事酋长，将两种截然不同的文化融合成一支统一的战斗力量，取代可怕的葡萄牙人。

† † †

伊姆班加拉人以死亡为乐事。他们居无定所，就如同草原的牧民逐水草而居一般，他们也会带着"基隆波"（一种设防的战地营

---

[1]　恩津加的追随者深信她重掌统治权的时代终会到来，秘密地寻回"隆加"并藏了起来。

帐）转移。他们在非洲中部游荡，洗劫村庄，掳掠奴隶和牲畜，所过之处只留下被杀死、被烧成焦炭的累累尸骸。

为了在伊姆班加拉人中赢得声名，恩津加参加了"圣碗"（cuia）仪式。在仪式上，她要饮下新鲜的人血，来保证自己对卡桑耶的效忠。进入食人族的世界后，她还参加了令姆邦杜传统主义者感到恐惧的其他圣礼。她追随恩敦博的滕博（Tembo a Ndumbo）的血腥脚步。滕博是一位传奇的伊姆班加拉女王，曾经制定了统治武士们的律法，宗教性祭祀、杀婴、食人全都是她的律法中的信条。恩津加毫无保留地接受了一切。

在战争之前，伊姆班加拉武士们会用一种"圣油"涂抹身体。制造这种"圣油"，首先要在研钵中研磨人的尸体，直至其变成血腥而油腻的糊糊。伊姆班加拉人很骄傲地劫持其他部落的青少年以扩充人口数量，然而，部落女性要牺牲自己的孩子来制造这种"圣油"。

为了实现向伊姆班加拉战争首领的转变，恩津加的起点是执行一种名为"玛吉玛桑巴"（maji ma samba）的圣礼，这项圣礼要求她将自己的新生儿变成"圣油"。由于没有子女，她选了一个侍女的幼子，在研钵中将其捣碎，将渗出来的液体涂抹在自己的身体上。她还在伊姆班加拉人中使用了一个新的名字：恩津加恩戈拉，恩贡贝厄恩加（Ngola Njinga, Ngombe e Nga，意为：恩津加女王，武器大师以及伟大的武士）。权威渐渐得到伊姆班加拉律法的认可后，她组织起一支女性武士的营队，由她们担任她的新护卫者。

恩津加又采纳了滕博女王传承下来的另一项传统，穿上了男性的服饰。她还弄来了一个丈夫，强迫他穿上女性的服饰。她让他称呼自己为国王，而非女王。提到那个男人时，她将其称作她的女人或妻子。她让男性姜室们都打扮成女人，睡在女护卫们的住处，警告他们：即便是偶然与她的女性追随者发生接触，也要被立即处死。

尽管恩津加坦然接受了伊姆班加拉噩梦般的习俗，但她始终未曾完全背弃自己的姆邦杜信仰和天主教信仰。她从来都不将信仰看作排他性的，她的一些追随者是传统的姆邦杜人，还有一些是天主教徒。就和所有的政治大师一样，她乐于与愿意追随她的人建立纽带，所以，她在私下里会和逝世已久的祖先们沟通，也会向基督教的圣像祈祷。

不过，在此流亡与重生之时，她需要一支军队——一支唯有伊姆班加拉人能提供的军队。所以，她公然而又热情地投入到这个好战而崇拜死亡的部落的骇人传统中。

1631年，她率领着一支新军队入侵马坦巴，开启第二次权力上升之路。军队俘虏了很多姆邦杜战士，将一些作为奴隶，其他的就被他们吃掉了。为了巩固在马坦巴中部的统治，她封锁了葡萄牙统治的西部和种植园劳动力主要来源地之间的商路。

随着她的军队掳掠烧杀，她胜利的故事从一个村庄传播到另一个村庄，仿佛是一种新出现的信仰。一个在刚果传教的耶稣会士听说过关于一位半神话女性的传说，她"就像亚马孙女王一样过着不婚的生活，她管理一支军队，自己就像一位女勇士"。女王"给逃去投奔她的奴隶提供庇护，这给夺走了她的王国的葡萄牙人造成沉重的经济损失"。

恩津加向马坦巴的都城进军过程中，吸引了很多姆邦杜年轻人加入她的军队。没用四年，她就征服了马坦巴，将其原本毫无瑕疵的女王废黜、污名化并放逐。征服马坦巴令恩津加的伊姆班加拉追随者们获得了一些他们过去从不了解的东西：一个安定的王国。很快，他们便懂得了拥有稳定领土的好处：能交易商品，能吸纳新人口，拥有庄稼和牲畜。他们也懂得了将人类作为奴隶贩卖的有利可图的系统。

伊姆班加拉人还明白了他们无须担心女王在占领马坦巴之后会放弃他们令人毛骨悚然的古老传统。伊姆班加拉人推崇战争的语言系统，而恩津加就使用这样的语言，提及都城时，称其为"基隆波"，即军营，而非城市。她将两种民族的文化融合在一起，只要两个民族都尊重她，她就对两个民族的文化都十分尊重，多元化的路线在农业阶级和战士阶级中都得到广泛支持。

在马坦巴战役之后，恩津加开始了长达十年的区域统治。她率军队进入葡萄牙属安哥拉的东部省份，对哈里恩戈拉所拥有的薄弱的民众支持下手。在抵挡住敌对的伊姆班加拉氏族的入侵后，她成为安哥拉繁荣的内陆地区的主宰。

新任的葡萄牙总督曼努埃尔·佩雷拉·科蒂尼奥（Manuel Pereira Coutinho）有充分的理由惧怕恩津加与伊姆班加拉大部分人之间的联盟。过去数十年中，葡萄牙人都用伊姆班加拉人的战士作为雇佣兵，十分了解这些冷酷残忍的人，知道他们的能力所在。

但总督无力阻挡这位战争女王从马坦巴袭来。1633年年中，恩津加率领令人生畏的人马封锁了东方通向葡萄牙奴隶市场的道路，沉重冲击总督的经济基础。"零件"的年出口量，三年前是13 000名，而当年跌到了零。

科蒂尼奥收入的主要来源被切断，导致殖民资金短缺，无力支付士兵的薪饷。"由于很多以奴隶为主的市场现在都关闭了，这片土地并不能出产太多。"一份给里斯本的报告中忧伤地指出。市场意外关闭是由于"恩津加希望得到恩东戈王国,率领军队而来,另外还有贾加人(即伊姆班加拉人)带来的军队"。

科蒂尼奥看不到出路。即便他的人数更多,但士兵们也不能全身心地去应对恩津加在东部造成的浩劫,因为在 17 世纪 40 年代初,一个新的威胁从海上而来。

新势力

罗安达有很多瞭望台关注着远方。1641 年 4 月 20 日清晨,瞭望台上看到了一幕令人不安的场景:风帆如云朵般密集,被大西洋的风吹得鼓鼓的,推动着 22 艘战舰驶入安哥拉的港口,船上飞扬着属于荷兰共和国的红白蓝三色旗。

这些木头船只抛锚停泊,涌出荷兰士兵、从巴西征集来的新兵以及雇佣兵,共计 2 000 人。火枪兵和长矛兵走在队伍最前,后面的兵士们散开进入防守松散的城镇,占领了关税所和政府办事处。天黑时,葡萄牙属安哥拉首都罗安达已经落入荷兰人手中。总督、葡萄牙国民以及与葡萄牙合作的姆邦杜人都逃向葡萄牙内陆要塞寻求庇护。

临近王国纷纷派遣使节来罗安达对荷兰人表示欢迎。在入侵七个月后,来自马坦巴的使节面带微笑地到达。他们根据记忆复述了他们的女主人恩津加女王的长篇欢迎词,恩津加表达了希望与罗安达的新主人和谐共处的愿望,她愿意为荷兰的西印度公司提供奴隶(这一点吸引了荷兰人的关注,他们派出使节前往马坦巴去磋商贸易合作关系）。

荷兰人很快发现，要绕过恩津加与当地人建立合作关系困难重重，很多姆邦杜人都十分畏惧已经加入伊姆班加拉的女王。其他一些人与哈里恩戈拉纠葛太深，已经别无选择，只能与傀儡国王同进退、共沉浮。但恩津加是西南非洲君主中最有权势的——也是最令人生畏的。而且她是荷兰人做生意的人选。

在接下来的一年中，恩津加进一步在战场上利用优势打击敌人。她勉励战士们勇敢对抗"那几个白人"，还亲自率领一支救援部队去救助一个被葡萄牙军围困的索巴。经过持续一天的战斗，她打破了包围圈。伊姆班加拉战士们没有理会女王要求放过葡萄牙俘虏的命令，欢欣鼓舞地把囚犯都斩首了。

短期之内，女王与荷兰的联盟是运作良好的。恩津加的土地——恩东戈东部和马坦巴——每年能提供 2 000～3 000 名奴隶，她利用现金贡奉和奴隶销售的收入来购买火绳枪、火药和子弹。荷兰人是砧板，恩津加则是锤子，一下又一下地击打着不幸的葡萄牙人，直到安哥拉昔日的主人们只剩下屈指可数的几个脆弱要塞。

在恩津加治理下，安哥拉不断壮大。她修筑了奢华的基隆波，用华美的丝绸、进口地毯和颜色鲜艳、图案多彩的布料做装饰。在接待荷兰人和天主教的拜访者时，她的周围环伺着穿着亮丽颜色服饰的侍从，以凸显出她的权势和财富。女王——现在六十出头的年纪——安居高座，戴着一串串的珍珠和镶满宝石的黄金项链、手镯、脚环。

葡萄牙的海外部将恩津加称作"地狱的女人"。看着自己的非洲殖民地陷入这个女人手中，新任国王若昂四世（João IV）焦躁不安。1646 年 1 月，他派遣里约热内卢总督弗朗西斯科·德·索托马伊奥尔（Francisco de Sotomaior）率领 260 名葡萄牙士兵前往安哥拉。索托马伊奥尔的任务是：确立管辖权，培养当地军队，赶走恩津加和荷兰人。

踏上安哥拉的土地时，索托马伊奥尔惊骇非常。他发现，葡萄牙的征服者们被恩津加的战士屠戮殆尽，荷兰人将葡萄牙平民转运去了巴西。国王的军队加起来还不足 210 人，分散在四个腹背受敌的要塞中。倒是还有 8 000 名金巴雷辅助，但他们的可信度实在值得怀疑。"地狱的女人"已经赢得了曾经效忠于葡萄牙的索巴们，而傀儡国王哈里恩戈拉惊惶失措，被逼到庞戈恩东戈。

恩津加则有着大约 8 万名男男女女组成的庞大军队。而且不同于孤立无援的葡萄牙人，恩津加的军队有稳定的食物、军火和各项补给，输送到荷兰在圭亚那和巴西的种植园的奴隶贸易为她提供了稳定的收入。

她将都城定在刚果东部丹德河附近的卡万加，她的探子们随时向她汇报索托马伊奥尔总督的战事筹备情况。她计划在总督准备好之前发动一次骚扰性进攻，而且她要保证一切都不出纰漏，包括神谕的指引。向恩甘加们咨询后，她让侍者令一只黑公鸡和一只白公鸡相斗。白公鸡获胜，恩津加就和巫师们宣布，此时是开战的吉时。

偶尔，即使是神的使者也会误读预兆，白公鸡可能也不是押注国家命运的最佳选择。恩津加的前锋在基隆波中大快朵颐，享受着一场奇袭中得到的人类和动物战利品时，葡萄牙人发动了猛烈的突然袭击。征服者们和金巴雷们在营帐中驰骋，砍倒前锋队长以及大多数战士。

少数幸存者零零散散地回到恩津加的基隆波，将坏消息带了回

去，她无法接受。她迅速砍掉了送信的人的脑袋，告诉他们：他们
应该和伙伴们一起死掉。

然后，她准备大战。

索托马伊奥尔总督的策略包括两方面。一方面，用一小队人封
锁宽扎河，拦截荷兰的军火、武器和增援，使其无法送达恩津加的
部队。另一方面，将恩津加孤立之后，他的大队人马会袭击她位于
恩东戈的登博斯区域的基隆波。即便女王不会被当场杀死，登博斯
失守也会是对她的威望的沉重打击。胆小的索巴们会返回葡萄牙人
的队伍，至少会默默地保持中立，拒绝积极地支持恩津加在恩东戈
东部的活动。

为了执行索托马伊奥尔的计划，他的总司令加斯帕尔·博尔热
斯·马杜雷拉（Gaspar Borges Madureira）率领的军队规模之大，
为恩津加第一次见到。队伍在葡萄牙的安巴卡要塞集结，包括：
400 多名葡萄牙军官和步兵，200 名混血儿火枪手，16 名骑兵，由
哈里恩戈拉率领的 2 000 名侦察兵，3 万名非洲金巴雷，另外还有
野战炮兵、友好的索巴的辅助部队，以及葡萄牙人释放来填充队伍
的奴隶。

大部队向恩津加的基隆波进军，此处位处丹德河的另一畔。恩
津加原本计划纵火烧掉灌木，施行焦土战略，以减慢敌军的行进速
度，但博尔热斯·马杜雷拉的行军速度飞快，设法绕过了她的火
线。葡萄牙士兵们遭遇一支荷兰盟军小分队，枪炮声响个不停，与
嘶叫声、呐喊声混作一片。

恩津加在一个小山上指挥战斗，军队战斗了差不多一整天。双
方都无法称自己获胜，但到了傍晚时分，葡萄牙先锋部队到达了基
隆波。恩津加在周围布置了防守兵力，但实在太分散，无法阻挡葡

萄牙的人潮。由于缺乏后备军队防守，女王和护卫们逃走了，丢下500支火器和大量丝绸、宝石、布料，以及附近一处宫殿中的恩津加的姐妹坎布。

坎布一度沦为葡萄牙俘虏，此刻十分认命，带着四十个侍女安安静静地坐着面对攻入基隆波的入侵者。抓获她的人当中有姆邦杜人，在她被俘当晚，其中一个人强奸了她。但第二天早晨，坎布被移交给博尔热斯·马杜雷拉时，并没有表现出尊严受到冒犯的迹象。她出现在将军面前时，身穿恩东戈女王的华丽服饰。之后，她得到了相当好的对待。

恩津加的另一个姐妹丰吉则不可相比，她此时依然被囚禁在位于宽扎河和卢卡拉河交汇处的葡萄牙要塞马桑加诺。在恩津加的基隆波中有一个小天主教神龛，藏在其中的丰吉给恩津加的密信被发现，信中包含大量的军事和外交信息。葡萄牙人意识到他们俘虏的丰吉一直在给自己的姐妹窃取情报，便将她拖到宽扎河畔，将她按到水里，直至溺死。

† † †

恩津加到了恩东戈东北部，一边舔舐伤口，一边筹谋着重新反攻，这一次，她要与荷兰人协力作战。1647年5月，她与荷兰的奥兰治亲王以及荷兰西印度公司达成合作，力图"根除葡萄牙人"在非洲西南部的势力。他们达成协议，双方任何一方都不能单独与葡萄牙人和谈。作为对荷兰军事援助的回报，恩津加要把俘虏的奴隶的一半送给荷兰。为了凸显对承诺的重视，荷兰人抽调了70名训练有素的火枪手给恩津加。

10月, 荷兰人、恩津加、刚果国王以及友好的索巴们计划对葡萄牙人发动全面攻击, 全方位打击敌人。恩津加方面, 带着由伊姆班加拉人和荷兰人组成的 4 000 人, 在登博斯与同盟派的索巴们会合, 联军将从那里向南进发, 攻击葡萄牙的重要要塞马桑加诺, 然后继续向西清扫边区的前哨基地。

10月27日, 恩津加率军抵达登博斯, 比预计早两日。她观察了一下形势, 发现姆邦杜人遭到了博尔热斯·马杜雷拉将军指挥的葡萄牙人的骚扰性攻击。她将零散力量联合起来, 包括大约 1 万名登博斯人、300 名荷兰军人和她自己的 4 000 名伊姆班加拉人, 发动了毁灭性的反攻。葡萄牙人及其盟军有 3 000 多人死于该役, 包括博尔热斯·马杜雷拉——也因腿部的致命性伤口而亡。

恩津加率军由登博斯向南追击葡萄牙幸存者, 同时向马桑加诺要塞进军。行军途中, 她的军队将两百多个支持葡萄牙的村庄焚毁。大约 1 500 名葡萄牙人弃家而逃, 到要塞的石墙内去寻求庇护。

恩津加居于中心营帐中, 派出一支伊姆班加拉人组成的游击部队, 去占领要塞并解救坎布。但是, 要塞的工事被加强过, 严阵以待的守军据守城墙, 抵抗女王的突击部队。葡萄牙人封锁了宽扎河以阻止荷兰人运来重炮支援恩津加的步兵。恩津加一时受阻, 1648年的春天和夏天都只能懊恼地去蚕食马桑加诺周边的地区。

8月, 她和当地的荷兰指挥官准备对要塞发动总攻。胜利就在眼前, 众人仿佛都已经品尝到滋味, 然而此时, 联军接到来自罗安达的消息: 西班牙人的一支大军带着重炮登陆。如果他们不赶去救援罗安达, 荷兰人的都城就会陷落。

恩津加不顾一切地希望能荡平马桑加诺要塞, 解救自己的姐妹，但她明白在战争中留住荷兰势力的战略需求。如果罗安达失守，她的军队的补给也会断流，荷兰可能会放弃安哥拉。她解除包围，奔向海岸，荷兰人已经先她的主力部队一步前往。

等她到达海岸时，荷兰的军队——事实上，似乎是所有在安哥拉的荷兰人——都消失不见了。第二天，零星的消息汇聚起来，她得知，在罗安达的西印度公司负责人与葡萄牙人签订了一份投降条约，然后就逃跑了。看起来，安哥拉不值得一战。在西班牙和葡萄牙的盖伦帆船上的大口洞开的重炮威慑下，荷兰的总督及其手下登上船，向西方海洋航行。

恩津加只能依靠自己。再次如此。

她退守马坦巴，她知道她必须如此：到了年底，葡萄牙人的军队已经十分壮大，根本不可能仅凭一次战役就将之摧毁。此时已经六十六岁的恩津加也知道，自己很快就要去见祖先们了，已经没有足够时间将葡萄牙魔鬼赶走。她曾经是饮血的伊姆班加拉人，亲手屠杀敌人，躲避带毒的箭矢，顺着悬崖滑下，但如今她已经不复往昔。她把精力集中于守卫马坦巴周边的边境区域，按兵不动，等待着——等待着好战的公鸡、祖先的骸骨或天主教的神告诉她可以挥军返回恩东戈。

接下来八年多的时间，恩津加领导马坦巴挺过了边境上的持续战事。她在两年的时间内发动了 29 次攻击，踏平不肯臣服于她的索巴们的领地。1657 年末，她带着一支军队与一个和葡萄牙人结盟的伊姆班加拉酋长卡兰杜拉（Kalandula）开战。她带领士兵们齐跳标准的战前舞，让士兵们做好准备，然后率军前往卡兰杜拉的基隆波，趁夜派出小队封锁了逃生路径。清晨时分，她将卡兰杜拉的营帐包围了起来。

　　她熟知戏剧化场面的效果，身着战袍冲在最前面。"我曾见过恩津加穿得像个男人一样，佩戴弓箭，只是她已经苍老且身形娇小。"一个葡萄牙人记载，然后又补充道："她说话时十分女人气。"

　　她吩咐一个士兵高举她的旗帜，向卡兰杜拉叫阵。卡兰杜拉畏惧女王的声望，派出信使表示愿意效忠。但是，他手下中的 400 人担心投降后会丧命，试图逃跑。恩津加的士兵抓获了他们，将他们送去奴隶市场。由于察觉到反叛的气息，恩津加对卡兰杜拉的营地实施了残酷的蹂躏。

　　不久后，卡兰杜拉已经眼神空洞且腐烂的头颅被送到罗安达。这是恩津加给葡萄牙总督的拜帖。

和平最终实现

　　尽管恩津加在有生之年都会命令手下人马战斗不息，但她也逐渐接受了她的森林王国的新现实：外交将会赢得弓箭与刀斧无法赢得的东西。

　　她一直都乐于发出长长的信件，以期赢得可靠的和平。如果无法用弓箭挫败敌人，她愿意用笔墨来实现。只是，那些努力都以失望收场，因为其中都包含着一个不可动摇的要求：承认她对她的祖国恩东戈的统治权。而葡萄牙人绝对不能接受她对他们的殖民地的权力主张。

　　如今，恩津加已经年过七十，她开始利用宗教来打破僵局。她曾经受过洗礼，是天主教徒，对葡萄牙的传教士一直礼遇有加：被战士们俘虏的神父，要么被释放，要么相对自由地生活在她的宫廷中，那些留下来的人得到了私人居所。她还在自己的基隆波中保留了一个天主教祭坛。她不会改变自己的多元信仰，也不会改变对暴力和性的观点，但她的确对两个随军神父说，她并不认为自己是个野蛮人，希望能像基督教徒一样生活。

最终，嘉布遣派传教士发现了突破口。这个以托斯卡纳为根基的修会和梵蒂冈关系密切，与葡萄牙资助庇护的耶稣会一直处于敌对状态。尽管嘉布遣派传教士也不确信恩津加的皈依之路值得信赖——他们承认她曾经犯下"数不清的残忍之举，不仅触犯了上帝的律法，也曾经触犯自然的律法"——但她反复邀请他们在她的国土上传教，修会最终决定前往寻求发展。1654 年 11 月，修会派遣传教士在马坦巴设置教务长。

并非只有教会寻求与马坦巴女王和解。1654 年，葡萄牙国王得出结论：最好还是不要招惹恩津加。他不希望损失军队——抵挡荷兰重新入侵需要这些人马。于是，他指示总督不要挑衅恩津加。

已经七十四岁的恩津加也接受了双方都无法打败彼此的局面，派出使节，带着十个奴隶作为礼物，提出要赎回她还活着的妹妹。这次赎买相当于一份含蓄的协议，表示恩津加同意接受葡萄牙为被他们称作安哥拉的土地的主人，而恩津加将作为马坦巴的恩戈拉统治她的土地。此外，教会可以在她的领地上自由传教，无须害怕被奴役或被吃掉。恩津加将自己妹妹的自由与天主教会在马坦巴的使命联系在一起，在外交层面赢得了梵蒂冈的支持作为后盾。

僵持的症结在于她要为赎回坎布付出多少奴隶：总督想要 200个——即便坎布是王室成员，这也是令人震惊的高价。恩津加砍价到 130 个，100 个在听说坎布回马坦巴的路走到一半时送上，剩下的在她到达恩津加的基隆波时送出。

1656 年末，葡萄牙总督接受了恩津加的还价。被俘十年的坎布最终被释放，在 10 月 12 日抵达恩津加的王庭。姐妹重新团聚，拥抱彼此，激动地又笑又哭，脸颊上闪耀着喜悦的泪水。恩津加最终将仅剩的家人接回了家。

† † †

坎布被释，两个王国由此走上和平之路。次年，葡萄牙与马坦巴签订正式和约。卢卡拉河将会作为安哥拉和马坦巴之间的分界线。恩津加同意终结某些令人厌恶的伊姆班加拉习俗，如杀婴和食人；白人神父被容许在她的土地上传播天主教。

这次协议终结了三十多年的战争。

恩津加在暮年投身于巩固马坦巴的政治稳定，缔造能够在她死后依然传承的制度。与葡萄牙的和平以及天主教的兴盛是她的国家长治久安的中心支柱。她任命妹妹坎布作为自己的继承人，这一举动推动马坦巴向着欧洲的王室继承模式更靠近一步。①

但是，古老的战士精神从未离她而去。在生命最后几年中，她很爱回忆自己战斗、逃亡、杀戮与领军的冒险经历。她会满脸笑容地向嘉布遣派传教士讲述自己伏击伊姆班加拉人、恩东戈人和葡萄牙人的岁月。在八十岁高龄时，她有一次从座椅中轻巧站起，展示她在童年时掌握的舞步，这种舞步中包含各种精巧地扭动身子、转身回旋和躲避的动作，每一个姆邦杜战士都要铭记，这样就不会被

---

① 因为哥哥令恩津加和坎布都没有自己的子嗣，恩津加便非常精明地提升恩东戈王室的旁支若昂·古特雷斯·恩戈拉·卡尼尼（João Guterres Ngola Kanini）到重要位置，这样在坎布死后，卡尼尼可以比竞争对手们高出一头，从而保证王国的稳定传承。

敌人淬毒的箭矢射入肋骨。她的动作令神父看得惊叹连连。

如同 1626 年第一次与葡萄牙人开战时利用了神秘灵魂一样，她同样利用此方式来批准自己认可天主教义的倾向。她举行了一次公开仪式，恩甘加祭司们被四个伟大的伊姆班加拉灵魂附体。不出所料，这些灵魂告诉恩津加，如果她想要像个基督教徒一样生活，那么她可以自由地这么做。

在灵魂世界的支持下，恩津加每日在一个木头十字架前祈祷，这个十字架是她从一处战场中找回来的。她下令建造教堂，将都城更名为"马坦巴的圣玛丽亚城"。她甚至放弃了自己的四十个男性姜室、情人和配偶，并开始与梵蒂冈通信。这个不断重塑自己身份的女人，经历过战士、受洗天主教徒、国王、饮血的伊姆班加拉人的生活，又重生为天主教徒，以及信奉一夫一妻制的政治家，统治着一个王国，享受着暂时的安定与和平。

† † †

人们说，恩戈拉并不会死，他们即是死亡本身，是不朽的存在，能够抵抗时间，只是从这个世界转移到祖先们的家园中。1663年 12 月 17 日，八十一岁高龄的安娜·德·索萨，本名恩津加，一位恩戈拉的女儿，自身也是一位恩戈拉，去和祖先们共同生活了。

安哥拉的战争女王生前就是极具争议的人物，死后依然能引发动乱。尽管她是一个公开的天主教徒，但她的追随者中信奉传统的人依然希望可以用一批活人殉葬，陪伴挚爱的女王去往灵魂的世界。至少，体面的送别需要猛敲她的一些侍从的脑袋，将他们和女主人埋在一起。宫廷中的奴隶和侍女是敲脑袋和埋葬的主要候选人，都紧张不安地揣测着他们在葬礼中的作用。

他们其实并不需要担心。恩津加希望以天主教徒的身份死去，留下了严格的命令，要遵循一位嘉布遣派神父的葬礼安排。葬礼的程序融合了姆邦杜和天主教元素，很文雅地省略了通常的牺牲献祭。①

然而，恩津加的臣民们受到的驱动来自原始的感情，而非由信仰遥远神祇的白人修道士写下的仪式程序。在她的尸体被运到墓地后，当地的马坦巴人围绕在她尸体周围，五体投地扑在泥土中，将敬意和恭顺献给他们的女王——他们的恩戈拉。

这正是恩津加会期待的。

† † †

恩津加与葡萄牙帝国抗争了四十年之久，实际上，在恩津加被驱逐出恩东戈时，葡萄牙帝国已经过了最鼎盛的时期。世界风云变幻，在接下来的百年中发生了一场知识革命，将改变领导人们看待权力的方式，以及他们与被他们领导的民众的关系。

不过，君主与战争指挥之间的私人联系依然存在。一个世纪后，在世界的另一端，一位战争女王将领导世界上最大的帝国展开权力斗争，对抗另外两个帝国、两个王国——以及她的丈夫。

———————————

① 遵照恩津加的吩咐，在都城没有为她的死亡进行人祭。但在一些更加保守的偏远省份，围绕恩津加的死，既有动物献祭，也有活人献祭——古老传统很难消亡。

10. 北方的女皇

兼备恺撒的灵魂与克娄巴特拉的诱惑力。
　　　　——狄德罗（Diderot）对叶卡捷琳娜的评价，1774 年

她骑着一匹灰色的纯种马，身穿帝国卫队的深绿色外衣，驰骋向权力的宝座。她的坐骑是一匹强健的战马，名为"睿智"，嘚嘚地走在林荫路上。她头戴一顶三角帽，帽子下面一头栗色秀发懒洋洋地披散着，在夏日的微风中闪闪发光。

伴随着睿智的马蹄的节奏，骑手湛蓝的眼睛滴溜溜左左右右地转个不停，防备着路上可能埋伏的火枪手，或路障，或加农炮。

不过，到目前为止，她看到的携带武器的人都跟在她身后，而非迎面而来。

这位三十三岁的母亲率领着兵士，顺着车辙密布的路，前往波

罗的海海岸边的一处乡村庄园。她计划到那里拘捕自己的丈夫——全世界最大的帝国的统治者。

† † †

俄罗斯最著名的女皇身上没有半分俄罗斯血脉。十八年前，一个不起眼的普鲁士贵族的年少的女儿——安哈尔特-采尔布斯特的索菲娅公主（Sophia of Anhalt-zerbst），被从家乡波美拉尼亚招来，经历艰难的雪橇之旅，抵达圣彼得堡。圣彼得堡是一个荒凉而没有吸引力的国家的都城，这个国家名为俄罗斯。穿越长途的冰雪、泥泞和阴霾，索菲娅的车夫将她送到一处巴洛克宫殿，这里的语言、信仰、习俗都很难融入。

但这个邀请无法拒绝，因为是由伊丽莎白女皇的帝国信使送达的。女皇正在评估一众年轻贵族女性，看谁适合嫁给俄罗斯王位的继承者。在索菲娅抵达圣彼得堡后，她身上的一些特质吸引了女皇的视线。可能是她的尖下巴、鹅蛋脸，也可能是她大大的蓝眼睛。可能是她双唇的曲线，那曲线中透露出一种机智，只等待一个容许它展露的时机便会展现出来——那机智就仿佛一扇门，会在阳光下砰然打开，会在风云突变时猛然合上。无论伊丽莎白女皇在索菲娅身上看到了什么，总之她选择了这位日耳曼公主作为她的外甥卡尔·彼得·乌尔里希（Karl Peter Ulrich）大公的新娘人选。

在来自热衷结交权贵的母亲、普鲁士国王腓特烈大帝以及女皇的巨大压力下，索菲娅放弃了本来信仰的路德宗，皈依俄罗斯东正教。她接受洗礼的教名为叶卡捷琳娜·阿列克谢耶芙娜（Ekaterina Alexeyevna），亦被称作凯瑟琳（Catherine）。之后，她开始学习俄语。她信任上帝和女皇，一年后，与彼得完婚，沉浸在罗曼诺夫宫廷的辉煌和残酷中。

伊丽莎白女皇在统治宫廷时具备近卫队长般的严酷。仆人如同间谍，君主又十分专横，这样的宫廷生活足够令所有女孩——特别是一个来自外国的女孩——担惊受怕、惶惶不安。而且，随着对自己所嫁之人的了解渐多，她作为彼得大公的妻子的岁月泡在了眼泪、被虐待和不幸混合而成的苦水之中。

和叶卡捷琳娜一样，彼得年幼时也一直被他的日耳曼家族控制着，后来，到了伊丽莎白令人窒息的羽翼下也饱受压力。在虐待狂导师的引导下，加之由于健康不佳，彼得长成了一个胆小、欺软怕硬、性格残忍的少年，还有一脸的天花痘印。十几岁的他，白日里玩玩具士兵，晚上让仆人们在他的住所周围齐步行军，仿佛是走在柏林的游行广场上。到了深夜，他开始喝酒。

他身体上已经成年，但精神上始终不成熟。从玩具兵的世界毕业进入真实士兵的世界后，他从自己的荷尔斯泰因公国引进了一队精兵，以他的日耳曼偶像普鲁士国王腓特烈大帝的严酷方式训练他们。

在皇宫寓所中二人私下相处时，彼得对待妻子就如同对待一个令他厌憎的姐姐，在他看来，他们的婚姻就是个荒唐的笑话。婚姻生活的前九年中，他似乎对性爱关系毫无兴趣。当性欲最终觉醒，他的趣味投向了一个出身名门但地位低微的情妇，宫廷中人经常笑话她，她像士兵一样出口成脏，说话时吐痰，行为举止仿佛洗碗女工。彼得一心沉迷于这个平庸的丑小鸭，丝毫未曾掩饰自己的打算：只要等伊丽莎白女皇一死，他就要把叶卡捷琳娜送去修道院，迎娶他的情妇。

　　大约就在这个时期，叶卡捷琳娜失去了女皇的欢心，原因是她无力孕育出皇位继承人，或者按照伊丽莎白女皇的怀疑，是她不愿意生孩子，而生孩子是作为皇室配偶最基础的责任。伊丽莎白意识到叶卡捷琳娜对彼得傻乎乎的样子充满排斥，这一点的确没错，但她拒绝相信叶卡捷琳娜子宫的空虚是由于缺少丈夫的配合。

　　叶卡捷琳娜一心想要恢复自己在女皇心中的地位，把侍从作为秘密情人，没多久，她生下了一个儿子。拥有了一个侄孙来传承王朝，女皇十分欣喜，将叶卡捷琳娜的孩子命名为保罗，从母亲身边夺走，让保姆和老师们来养育。①

　　叶卡捷琳娜一边在热衷权势之人的漩涡中周旋，一边则退守到了心灵的圣殿。她沉浸在阅读中，塔西佗、苏埃托尼乌斯（Suetonius）和其他经典作家都是她爱好的对象。她倾心于伏尔泰（Voltaire）、狄德罗和孟德斯鸠（Montesquieu）等当代法国哲学家的作品，这些人的思维激动人心，革新了西方思想。她掌握了俄语（只是她更喜欢用法语通信）。在国宴上，她披上欢乐的外衣，掩盖起孤独而惊惧的生活。

　　她也结交到身处高位的盟友。1755 年，她找了一个情人：一个英俊的波兰人，二十三岁，是英国大使的属下，名为斯坦尼斯瓦夫·波尼亚托夫斯基（Stanislaus Poniatowski）。她和俄罗斯的高级将领维持着良好关系，她对东正教会的虔诚为她赢得了牧首宫主

---

　　①　保罗出生之时，彼得已经被说服愿意与叶卡捷琳娜同房。这个将来会成为俄罗斯的保罗一世（Paul Ⅰ）的男孩，父亲到底是谁，并不确定。后来，叶卡捷琳娜又生下一个女儿，父亲是斯坦尼斯瓦夫·波尼亚托夫斯基，这位波兰伯爵的故事曲线将数次与叶卡捷琳娜交会。和保罗一样，这个女孩也被认为是彼得的孩子。同样和保罗一样，孩子由伊丽莎白女皇起名，并被从母亲身边夺走。女孩在十五个月大时夭折，给叶卡捷琳娜的心上留下了深深的伤疤。

人的支持。在关注王室的人和使节们看来，叶卡捷琳娜睿智、人际技巧娴熟，对宫廷政治有着本能，凭借这些，在彼得当上沙皇后，她有能力克制他的冲动。

那些冲动对于俄罗斯来说并不是什么好兆头，宫中但凡有点身份，能头戴假发、脚穿长裤的人，都认为彼得是个危险的蠢货。暂且不提他的夸夸其谈、酗酒无度以及对情妇的难堪选择，他仿佛有一种天赋，擅长把负责帝国运作的人搞得离心。当俄罗斯陷在与腓特烈大帝统治的普鲁士的战争中时，彼得嘲笑俄罗斯的军事传统，却对条顿人的一切大加赞扬。他把自己将来要继承的广袤帝国贬低为简单至极的死水，18世纪60年代初，伊丽莎白女皇的身体开始衰弱，宫廷中、军队中和教会中有很多人都担心新皇帝会让俄国走上后退的道路。

即便是将预期降低到可怕的标准，彼得还是无法达标。

1762年1月，伊丽莎白女皇去世。此时，俄罗斯和奥地利已经与普鲁士交战五年。一次次血流成河之后，伊丽莎白和奥地利的统治者女大公玛丽娅·特蕾莎终于将普鲁士逼至战败边缘。想到俄罗斯军队践踏勃兰登堡的画面，腓特烈大帝十分沮丧，开始惆怅地幻想自己能像个士兵一样死在战场上。

彼得继承了一个在胜利门槛上的疆域辽阔的帝国，却让整个世界都大吃一惊。他宣布停战，并将俄军占领的所有普鲁士领地都归还普鲁士。他背弃与奥地利的同盟，组织起一支为数4万人的俄军，向丹麦进军，他的目标是要征服一个不重要的省份石勒苏益格，令其重归自己出生的家乡荷尔斯泰因。

新沙皇的命令中断了一场所有俄国人都想要赢得的战争，又发动了一场没有一个俄国人希望的新战争。在俄国官员的眼中，皇室的变脸是对他们在大雅格恩多夫、库勒斯道夫、科尔贝格以及普鲁士东部艰难赢得的胜利的否定。同时，此举还威胁到了正冉冉上升的军官阶层们能从这些胜利中得到的威望、晋升和财富。

雪上加霜的是，彼得还命令士兵们改变他们传统的宽松款制服，采用普鲁士款式——令人不舒服的涂了粉的假发、主教法冠式样的帽子和紧身马裤，这令士兵们大怒。更糟的是，他还宣布计划解散传统的俄罗斯近卫团，其中有两个团是彼得大帝时建立的，如今彼得要将他个人的俄罗斯亲卫替换为荷尔斯泰因骑兵队。

彼得即便是曾经花了十年时间钻研过该如何令军队离心，肯定也不会做得更加彻底了。军官们开始悄悄议论发动宫廷政变，彼得当政六个月后，他们的复仇敲响了他镀金的大门。

彼得

多年以来，叶卡捷琳娜一直都以早期天主教殉难者般的顺从忍受着彼得的羞辱虐待。她用克制和优雅来应对插科打诨，比方说在一次大型国宴上，他大声称她为白痴。在一次正式仪式上，彼得将人人向往的圣叶卡捷琳娜勋章别在了情妇的裙子上，叶卡捷琳娜有充分的理由提出抗议，但她只是温顺地看着，一句话都没说。

然而，在坚忍的面纱之后，蜷伏的是一只等待时机的老虎，她在一个由彼得的敌对派组成的不断壮大的群体中建立了自己的权力基础。她是皇后，是皇位继承人的母亲，这个位置足以得到圣彼得堡的传统主义者的尊敬。她全心信奉东正教，赢得了宫廷众人和广大平民的喜爱，并巩固加强了来自警察和军队体系的支持。"皇帝有多么讨人厌，她就有多么受人爱戴和尊重。"法国大使在向国王路易十五（Louis ⅩⅤ）的报告中称。彼得实在太蠢，根本意识不到自己是将一个什么样的女人逼到了墙角。

1762年春天，一场酒醉后的发作中，彼得下令将叶卡捷琳娜逮捕。在叶卡捷琳娜的舅舅卑躬屈膝地恳求后，彼得撤销了命令，但叶卡捷琳娜由此知道，自己行动的时间十分紧张了。后来，她写道："就是在那时，我开始倾听女皇死后人们一直在向我提的种种建议。"

她不止倾听。6月初，她秘密通过一份诏书，宣布彼得三世皇帝逊位，而叶卡捷琳娜——全俄罗斯的皇后，将代替他统治国家。她赢得了关键的近卫军官们的效忠，其中最重要的人物是格里戈里·奥尔洛夫（Grigory Orlov），他是七年战争中的一位英雄，也是叶卡捷琳娜的秘密情人。奥尔洛夫及其同谋者获得了同袍军官们的支持，通过在驻军营房中无限制供应的酒水和现金换取到人们的青睐。他们说，这是来自挚爱的皇后的敬意。

6月12日，彼得离开首都前往奥拉宁鲍姆，这是位于圣彼得堡以西25英里处一座规划不佳的宫殿。他计划从这里发动自己对丹麦的光荣之战。为了防备皇后惹麻烦——事实上几乎是事后才想起来的——彼得命令叶卡捷琳娜离开都城，去往彼得霍夫，这是距离波罗的海海岸20英里的一处金光闪闪的巴洛克风格宫殿。叶卡捷琳娜也给自己留了一手，她将七岁的儿子保罗留在圣彼得堡，身边由其老师陪伴，这是一个值得信赖的宫中官员，名为尼基塔·帕宁（Nikita Panin）。

叶卡捷琳娜和彼得开始博弈，棋盘十分开阔，可以任意施为。叶卡捷琳娜已经准备发动攻击，计划动用自己的马和车。而她的丈夫对正在进行的较量一无所知，拿起一把小提琴。

宫廷政变的流言传来传去。6月27日晚，一个近卫队长被捕。消息送到位于奥拉宁鲍姆的皇帝处，但彼得认为这不过是夸大其词而已。他深信无疑：俄罗斯人民不可能喜爱他的白痴妻子胜过喜爱他，他是神定的沙皇。

第二封警告都城中骚动的信件送达皇帝住所时，他正在演奏小提琴。音乐表演被打断，彼得十分恼火，下令仆人将信放在桌上，他没有读。他要等到合适的时候再看信。

都是信口胡说。

军营里瞎起哄。

谣言。

对皇帝和皇后来说，机会之窗都在关闭。多年不安浓缩在令人透不过气的几个小时中，化为实际的行动。彼得离开了首都和军队，而叶卡捷琳娜被孤立隔绝在彼得霍夫。两个人都没有优势。

叶卡捷琳娜还没有做出任何不可挽回的举动。不过，她要做吗？什么时候做呢？即便是彼得，也不会长久忽略关于政变的流言，皇帝下令将她拘捕只是时间早晚的问题而已。

† † †

第二日清晨五点钟，彼得和情妇还在奥拉宁鲍姆酣睡之际，叶卡捷琳娜被从睡梦中唤醒，叫醒她的人是阿列克谢·奥尔洛夫（Alexei Orlov），格里戈里的弟弟，普列奥布拉任斯基近卫团的中士。

"小妈妈，快醒醒！"阿列克谢说，他粗哑的声音中透着急迫，

"时机到了！你得起来跟我走。一切都准备好了，就等你的诏书！"

叶卡捷琳娜看到了命运的钟摆在摆荡，她穿上一袭黑裙，跳上一辆轻便马车，前往圣彼得堡。车子在崎岖不平的道路上颠簸，她和阿列克谢飞奔去和格里戈里会合，格里戈里带着她匆匆前往伊斯梅尔洛夫斯基近卫团的营房。

她首要且最关键的任务是赢得首都周围的三大皇家近卫团的支持，她从最有可能投向她的团开始。到了伊斯梅尔洛夫斯基近卫团营房，她从马车上下来，向在营地广场上聚拢在她身边的士兵发表演说。

"我此来是为寻求你们的庇护。皇帝已经下达逮捕我的命令。我恐怕他是想要杀死我。"为了她深爱的俄罗斯，为了罗曼诺夫王朝的继承人，她将她的生命以及她的孩子的生命交由近卫团庇护。

回应迅速而热情。率直的斯拉夫士兵们被这一瞬间冲击着，向前簇拥，围在叶卡捷琳娜身边，他们肩挨着肩贴在一起，跪在皇后面前，宣誓效忠。

"士兵们冲上来吻我的手、我的脚、我的裙边，称我为他们的救世主。"后来她记录道，"其中两个人找来了一个带着十字架的牧师，开始宣誓。"

叶卡捷琳娜通过了第一场考验。

在另一个近卫团基地中，起义的火种也被点燃。她飞速赶赴谢苗诺夫斯基近卫团的营房，这里的热情激动与前一个营地毫无二致。得到的支持令她满心激动，她又赶到普列奥布拉任斯基近卫团营房，再下一城。许多军官丢开假发，换回俄罗斯老式军服，在她的率领下，一起纵马奔至冬宫，她的护卫们已经分散开来占领了城市中央。她与军官及当地官员协商沟通，然后去往几个街区外的喀山大教堂，参议院和圣议院在教堂联合宣布她为俄罗斯的合法统治者，她的儿子保罗为皇位继承人。

　　她已经得到了近卫团、教会、参议院和都城民众的支持。她揣度，彼得能得到什么人的忠心？他接下来会如何动作？只要彼得逍遥在逃，他就可以想办法去往普鲁士，那里有他的军队主力等待着他。如果军队随他返回俄罗斯，血腥的内战将令帝国陷入分裂。

　　叶卡捷琳娜的性命能否保住，取决于能否领先彼得一步。她遣快使前往喀琅施塔得岛上的要塞，命令守军指挥官，如果彼得要求进入要塞，他必须拒绝。她又派另一名骑手飞驰到俄军暂时驻扎的波美拉尼亚，任命尼基塔·帕宁的兄弟彼得·帕宁将军（Peter Panin）担任军队指挥官。她命令俄军在西里西亚的司令官率军返回俄罗斯，若是腓特烈国王试图阻止他们的归国行动，她要求将军"加入距离最近的神圣罗马帝国皇后暨奥地利女大公的军队"。

　　彼得的统治即将终结。只要军队遵循她的命令。

　　在接下来的数个小时中，她等待着消息，时间一分一秒过去，她的情绪一直摇摆不定，时而焦虑难安，时而兴奋鼓舞。只要彼得还未落网，他构成的威胁就在随时增加。最后，叶卡捷琳娜决定，她不能继续留在都城中。她必须推动事情发展，而不是干等着。

　　她乘马车前往普列奥布拉任斯基近卫团营房，令手下宣布她为近卫团上校团长（这是一个荣誉职位，第一任团长由彼得大帝担任）。然后，她借用了被丈夫粗率否决的传统俄式军服中的元素：上尉的绿色外套、黑色三角帽、军刀、被称作"龙"的刀柄上的穗结，这些是由一位名叫格里戈里·波将金（Grigory Potemkin）的副官提供的。

　　令军队欢欣鼓舞的是，叶卡捷琳娜看起来是名副其实的战场女王——不是皇帝那样的华而不实的小玩偶，而是货真价实的俄罗斯战场领袖。在宫廷生活的这些年中，她一直支持战士们，并寻求他们的拥护，而在此时，她将自己打扮得也如同一个战士。"为了做男人的事情，你需要男人的行头。"后来她调侃说。

她骑着一匹名为"睿智"的纯种好马，率领1.2万名士兵，从圣彼得堡前往奥拉宁鲍姆。行军踏起的尘土飞扬，扶摇飘荡到摇晃的火枪的上空，军靴踩在地上，士兵的脚步声充斥着她的耳朵，她感到肾上腺素飙升，冲入脑际。压抑着她的悲伤与耻辱的牢笼，即将倒塌。

† † †

都城中发生叛乱的消息令彼得恍惚失措。清醒过来之后，他带着一小队随从乘船前往圣彼得堡海湾的入海口处的喀琅施塔得岛要塞。茫然之中的彼得希望能获得要塞守军的支持，但是当他的船靠近要塞大门时，守卫们以叶卡捷琳娜女皇的名义禁止他通行，这令他十分震惊。

意识到自己在毫不知情的情况下被人盯上了，被设计困住了，这个脆弱的小男人崩溃了。他垮了，扎在情妇怀中哭泣，他的情妇也茫然无措。

看不到出路，彼得便一切认命了。他回到奥拉宁鲍姆，遣散仆从，给叶卡捷琳娜写信为自己的行为致歉。他提议和她共享皇位。他的信没有收到回应，于是他又写了第二封信，表示逊位。

根据腓特烈大帝的记载，俄国的皇帝"任人把自己从皇位上赶了下来，就像个被人打发上床睡觉的孩子一样"。

叶卡捷琳娜的政变可能没有流血事件，但并非没有死亡。彼得在被拘捕八天之后死了，证据很明显，是被阿列克谢·奥尔洛夫或某个看守他的人用围巾勒死的。弑君行为可能是酒醉后争执引起的，但更有可能是叶卡捷琳娜的支持者们精心预谋的。

没有证据证明叶卡捷琳娜下令杀死自己的丈夫，但即便她下令了，也不是什么奇怪的事情。看守彼得的士兵都知道，只要彼得还有呼吸，就是对女皇的威胁，任何政敌——或境外势力——都可能躲在"俄罗斯合法统治者"的背后搞事情。叶卡捷琳娜的利益要求彼得死。所以，他就死了。

无论叶卡捷琳娜是否提前知道，彼得的死最终扫清了她的权势之路上的零星障碍。"终于，上帝令一切都按照他的设计前行。"她如是写道。

也是按照她的设计。①

†††

叶卡捷琳娜的加冕礼，就和自恐怖大帝伊万（Ivan the Terrible）之后的每一次俄罗斯加冕礼一样，是在克里姆林宫的黄金穹顶的圣母升天大教堂中举行的。女皇身穿银色露肩长裙，拖裾由七名男侍者托着，裙子上镶有白貂毛边，装饰着金色双鹰冠的纹饰。

---

①　在给波尼亚托夫斯基的一封信中，叶卡捷琳娜将彼得的死因归为"痔疮绞痛"，声称"尽管医生尽力提供帮助，他还是死了，死前他要求一位路德宗牧师到场"。叶卡捷琳娜厚颜的谎言在俄国和西方人眼中成了政治谋杀的委婉说法。后来，当叶卡捷琳娜邀请法国哲学家让·达朗贝尔（Jean d'Alembert）到访圣彼得堡时，他对伏尔泰开玩笑说自己不敢去，因为他很爱生痔疮，这在俄罗斯可是非常危险的情况。

在长满虬髯的牧师们的围绕下，她庄严肃穆地走上铺着深红色地毯的台阶，在阿列克谢沙皇（Alexis of Russia）传下的钻石宝座上落座。

烟雾从牧首法冠上腾起，人群静静地凝视着，叶卡捷琳娜举起9磅重的王冠，戴在自己头上。王冠由红色天鹅绒制成，形状似牧首的法冠，上面缀满钻石，两排大珍珠十分显眼，最顶上是一颗389克拉重的红宝石。叶卡捷琳娜身后是一片湿壁画，或蹙眉或狂喜的圣徒们在她头上，她凝视前方，左手执圣球①，右手握权杖。

在那一刻，叶卡捷琳娜将俄罗斯期待在领导人身上具备的一切都集于一身。"她美丽，王冠之下湛蓝的双眼光彩夺目。"一个充满崇拜之情的英国大使写道，"长长的脖颈上的头镇定从容，显露着骄傲、权势和意志。"

加冕礼的辉煌很快让位于国家治理的严肃事务，叶卡捷琳娜的第一道命令是将俄国退出普奥战争正式化。尽管她对于彼得背叛奥地利的决定十分惊骇，但她也无意与普鲁士国王重新开战。对于俄罗斯来说，战争就是一个悲剧套悲剧的套娃，她不打算仅仅为了取悦奥地利故作圣洁的玛丽娅·特蕾莎就重新陷入血泊。她宣布停战，让成千上万名士兵回国。

摆脱了沉重负担，叶卡捷琳娜将注意力转向内政。她投入的智慧和精力，就和两百多年前伊丽莎白一世照亮英格兰宫廷时的一样。"时间不属于我，而是属于帝国。"她很喜欢如此说。帝国的时间，她几乎没有虚度。每日早上六点钟起床，她会带英国灵缇散

---

①　天主教象征权威之物，造型是一个球顶上有一个十字架，从中世纪开始广泛使用，被世俗的统治者作为权力的象征。——译者注

步，做晨祷，然后穿上有着长长的舒服的袖子的俄式长裙，开始工作。她写公务信件、审阅报告，直到上午将尽；刚到下午便和大臣们会面，然后读信写信，或主持沙龙讨论，直到晚上。她晚饭吃得很少或根本不吃，一直工作到晚上 10：30 才算结束。

叶卡捷琳娜在做大公夫人的时候就学到了一点：政治基础是独裁统治者工具箱中的关键部分。她具有一种被德国同乡称为 fingerspitzengefühl 的能力——也就是对权力的微末细节具备指尖般敏锐的觉察能力——她知道管理帝国的大臣们以及地方官僚们会挤眉弄眼地谈论君主的绝对权力。

"事情并非如你想的那般简单。"有一次，她对一个秘书吐露心声，"首先，我的命令若不是那种可以被执行的命令，就不会被执行……我听取建议，向人咨询……当我自信能得到普遍认同时，我就发布命令，兴味盎然地看着被你称作'盲目恭顺'的行为。这是无限权力的基础。"

官僚们的"普遍认同"与法国哲学家们在文章中思考的民主并不是一回事。在叶卡捷琳娜看来，政府的核心功能是最大限度地提升人民的福利和自由。但福利和自由需要界限，她赞同约翰·洛克（John Locke）的观点：法律和自由是不可分割的。她写道："平民社会需要一定的确定之规。需要有些人负责管理，有些人负责服从。"

作为一个拥有 1 900 万臣民的帝国的统治者，她礼貌地与那些高尚的巴黎友人们保持着不同（那些人除了自己，无须对任何人负责任）。有一次，她在与官僚的惯性对抗中度过了出离愤怒的一整天，不禁向狄德罗哀叹："你只需要在纸上工作，便能容忍一切……而我，可怜的女皇，要用我的脸皮工作，偏偏我的脸皮在平时还是易怒、易受到刺激的。"

这脸皮在面对军队时格外敏感，因为叶卡捷琳娜能得到皇位全赖军队的支持。她在军队改革方面的第一次试探性努力，是为了满足奥尔洛夫兄弟虽然恭敬但十分坚定的要求，目标只是中止她那无人惋惜的先夫十分不得人心的诏令。但当政六个月后，她采取了更多野心勃勃的变革措施，旨在令军队的骑兵、炮兵、步兵和支援部队都朝着现代化发展。

随着信心增长，叶卡捷琳娜命令国家的军事智囊团——战争学院——每星期向她做报告，并令高阶军官们直接对君主负责。这些小改动加强了她对战斗部门的掌控。渐渐地——几乎是不知不觉地——她巩固着自己的权力，将军队控制在手中。

† † †

她需要这种权力，因为在俄罗斯边境之外有一窝盘踞的毒蛇。西边，是巨大的波兰联邦①，涵盖波兰、立陶宛和乌克兰多国土地，比法国还要大，人口是俄罗斯的一半。从叶卡捷琳娜的冬宫角度来看，波兰变得太强大或太弱小，都会引发问题。

在鼎盛之时，波兰军队曾经入侵莫斯科；但到了叶卡捷琳娜的时代，联邦陷入了一种政治昏迷。波兰国王奄奄一息之际，议会因"自由表决"而瘫痪（自由表决是一种程序规则，要求经过一千名代表的一致同意才能通过立法）。由于任何提案都至少有一名代表

---

① 正式的称呼是波兰立陶宛联邦，成立于1569年，是由波兰王国与立陶宛大公国结成的联邦国，有时也被简称作两国联邦。——译者注

不同意——或可能被收买而投否决票——波兰的政府无力管理，内部缓慢地向着崩溃发展，形成权力真空，引来周边虎视眈眈的诸多帝国的注意。

在波兰西面，有两个俄罗斯的天然敌手：玛丽娅·特蕾莎治下的奥地利和普鲁士王国，后者由叶卡捷琳娜昔日的君主腓特烈大帝统治。叶卡捷琳娜认为玛丽娅·特蕾莎是一个不懂幽默、固执强硬、吝啬小气、装腔作势的人，恨不得把宗教信仰别在丝绸衣袖上，让所有人都看到。叶卡捷琳娜戏谑地称她为"虔诚夫人"，认为她的头脑不值一提。而另一方面，好战的腓特烈是一个睿智机敏、充满危险的统治者，1740 年曾经入侵奥地利，在彼得不合时宜的停战之前，一直都时不时地与奥地利或俄罗斯发生战争。

在俄罗斯南面，铺展着广袤的奥斯曼帝国，统治者是苏丹穆斯塔法三世（Mustafa Ⅲ）。扩张浪潮的高峰已经是千年前的往事，如今的奥斯曼只是当时残留的碎片，但其疆域依然覆盖巴尔干半岛、希腊、罗马尼亚、乌克兰东部和克里米亚等地。奥斯曼帝国控制着黑海和达达尼尔海峡，因而，苏丹实际上控制着俄罗斯与南欧之间的贸易关系。

几个世纪以来，被称为"崇高之门"的奥斯曼政府凭借着巨大的人力储备，一直都如猛熊般威胁着欧洲。但到了叶卡捷琳娜的时代，熊的爪牙虽然还是很长，但已经没有昔日锐利了。在穆斯塔法三世统治的二十年和平岁月中，其军事力量毫无发展；"崇高之门"对叶卡捷琳娜的边境的威胁，也只剩下黑海沿岸，这里是哥萨克人和鞑靼人的家乡。

因此，一切问题都还在波兰——强大的东方势力之间悲剧的缓冲国家。如果这些豪强将来发生任何战争，波兰都很显然会是他们的战场，四个狡猾的君主——叶卡捷琳娜、穆斯塔法、玛丽娅·特蕾莎和腓特烈——都密切地关注着陷入瘫痪的华沙。

† † †

尽管在接过权杖时，叶卡捷琳娜还没有考虑过战争的问题，但管理一个广袤的帝国必然有流血的风险。叶卡捷琳娜当政第二年，波兰病弱的国王奥古斯特三世（Augustus Ⅲ）终于死了，她拔出了剑。她抓住时机，扶持自己的旧情人斯坦尼斯瓦夫·波尼亚托夫斯基继任。

这次权势更迭，她花费了 10 万卢布，并以 1.4 万人的俄罗斯军队作为后盾，俄罗斯由此获得了一个完美的附庸国王。这位曾经与叶卡捷琳娜同床共枕的君主如今囊中羞涩，在政治上、财政上都听命于自己昔日的情妇。

叶卡捷琳娜在华沙的霹雳行动，震得从巴黎到伊斯坦布尔所有宫廷的窗子都嘎嘎作响。一些关注王室的人猜测她极有可能与波尼亚托夫斯基联姻，如果这样的话，俄罗斯的触手就会进一步扩张，向北至柏林门口，向南至奥斯曼帝国的边境。对于俄罗斯的干预，波兰贵族和民众都十分痛恨，1768 年初爆发叛乱。叶卡捷琳娜派出军队支持她的傀儡国王，久经沙场的俄国老兵们平定了不安的波浪。

不过，波兰人拒绝就此放弃怨恨。俄罗斯与波兰联邦之间的地方性交火不时爆发，火星迸溅到奥斯曼的领地上。双方都犯下累累恶行，在克里米亚的一个城镇中，就有 1 000 人死在哥萨克人的屠刀下。

身在君士坦丁堡的苏丹和他的大臣们惊骇至极。奥斯曼在欧洲的政策需要波兰充当屏障，以抵挡北方的俄国熊。苏丹的法国盟友同样对俄罗斯的扩张保持警惕，建议"崇高之门"发动战事。1768年10月2日，"崇高之门"对叶卡捷琳娜的大使发出最后通牒：所有的俄罗斯军队都必须立即离开波兰领土，否则，奥斯曼帝国就将对俄开战。

大使拒绝了，四天后，苏丹将他投入监狱。叶卡捷琳娜主政六年，第一次置身战争。

穆斯塔法三世

叶卡捷琳娜当年的政变并没有流血事件，所以，她在投入俄土战争时是毫无战争管理经验的——这一事实并没有逃过普鲁士国王腓特烈的眼睛，他私下里将这一战不屑地形容为"独眼和瞎子"之间的战争。

不过，叶卡捷琳娜经历过七年战争，她了解制定出俄罗斯的战略的大臣们。多年以来，她一直在培养与领导军队的军官们的友情，其中两个会被她培养到床上。不过，除了已故丈夫的荒唐示范之外，她对军事训练和战术兵法一无所知。

可能这也不重要。她的工作不是领导军队，而是集结军队、武装军队，为军队找到胜任的将领。这需要的是完全不同体系的能力——一种能缔造出健全的军事组织的能力。

对叶卡捷琳娜来说，战争是从冬宫内开始的。外交和战争，是政治的两面，需要平衡。而这种平衡，只能由圣彼得堡来做出，外交策略就是国王的特权。她明智地决定亲自做出所有重要决定，而将具体的战术问题交给专业人士负责。

为了获得战略方面的建议，叶卡捷琳娜重组了战争委员会。她将冲突派系的人填充到委员会中，他们的对立正是她可以依赖的，她认为，这些对立的派系能达成一致的任何行动方案都极可能是正确的。她每周一和周四与委员会开会，仔细阅读聆听他们的报告，在脑海中筛选着最理想的和最具可行性的。

她从这些报告中得知，尽管奥斯曼军不复昔日的威慑力，但依然非常强大，难以对付。苏丹控制着克里米亚半岛，可以将其作为攻击俄罗斯南部的基地，而且他控制着黑海，战地元帅们便有了可以发动攻击的地方。土耳其亦可将特兰西瓦尼亚、瓦拉几亚和多瑙河南岸的据点当作跳板，作为入侵俄罗斯的第二条可选路径，叶卡捷琳娜必须防备奥斯曼帝国可能发动多线进攻。

战争委员会在三十年前安娜女皇（Anna）当政时出现，当时正是为了研究俄罗斯与土耳其之间的战争。叶卡捷琳娜和顾问们锤炼俄罗斯在当前战争中的策略时，详细讨论哪些是对的、哪些是错的。他们还研究了从斯德哥尔摩、巴黎、伦敦、华沙、柏林、维也纳和哥本哈根等地的大使们送来的情报，寻找欧洲其他国家可能趁俄罗斯军队被困在南部与土耳其的战争中时对俄展开行动的征兆。他们将各种偶然纳入了战争计划中。

宏观策略上有可以衡量的高潮低谷，就如同护士监控病人的生命体征一般。叶卡捷琳娜和她的内部小圈子都知道，对于这场战争，他们必须与时俱进，随时调整，以寻找到最合适的解决方案。如果俄罗斯遭受太多的战场失败，那么某个邻国——或某几个邻国联合起来——可能会乘虚而入。相反，太多的胜利可能也会刺激形成反俄阵线联盟——比如，在法国、英国或普鲁士之间形成——以遏制罗曼诺夫熊的力量。

从各角度思考过这场战争之后，叶卡捷琳娜表达了自己对于希望俄罗斯在战争中实现的目标的看法。首先是向黑海的扩张，令俄罗斯的船只获得在黑海水域自由航行的权力。其次，让波兰和立陶宛边境不受到土耳其的影响。在这些目标的基础上，委员会又补充了几项：在亚得里亚海岸的达尔马提亚地区煽动反奥斯曼的叛乱，解放高加索山区的格鲁吉亚，并在地中海部署一支舰队。

当然，这些战略只是起点。在圣彼得堡的会议上看来明智而有效的东西，到了硝烟弥漫的战场上可能会荒谬得不着边际。信息通过骑手或雪橇传递，导致对战场前线面貌的清楚了解是存在滞后性的，因而，所有细节上的管理都变得格外困难。叶卡捷琳娜明白自己受到的限制，决定对战场指挥官只做出大致指示，给在实际现场的人留出自由发挥的充分空间。

设定了俄罗斯的作战目标之后，战争委员会接下来的任务是集结足够的士兵来完成这一任务。在估算出战胜土耳其所必需的军队的规模后，委员会设定了征兵比例：每 300 人征一名兵。考虑到可能存在的不合格、病弱等情况，以及戍守士兵的需要，这样的征兵比例每年将提供大约 3.3 万名士兵。

叶卡捷琳娜和委员会计算，在原有的 18.6 万名常备军的基础上，再加上新兵，就已经人数足够，可以向南进军，分散开来，遏制住奥斯曼军队。1769 年初，俄罗斯已经做好战争的准备。

为了克服奥斯曼军在人数上的优势，叶卡捷琳娜先发制人。在土耳其人发动大攻势之前，她派出人数达 8 万的第一军，在亚历山大·戈利岑将军（Alexander Golitsyn）的指挥下，沿着德涅斯特河向南。

然而，结果并不如叶卡捷琳娜所愿。戈利岑即使在壮年之时也算不得是精力充沛的人，他行军缓慢，用了五个月，军队才攻克第一个重要目标。叶卡捷琳娜无法再忍受戈利岑的拖拖拉拉，8月，出手干涉，用彼得·鲁缅采夫将军（Peter Rumyantsev）取代了他。鲁缅采夫长得又高又瘦，有传言说他是彼得大帝的私生子。

换将扭转了战争态势。在一次闪电战中，鲁缅采夫重创特兰西瓦尼亚东部的土耳其和鞑靼军力。骑兵部队在格里戈里·波将金少将的率领下，插入瓦拉几亚，恰如当年的"穿刺者"弗拉德（Vlad the Impaler）①。然后，鲁缅采夫继续向南，进军多瑙河河口。1770年8月，鲁缅采夫已经将敌军驱逐到离俄罗斯的欧洲边境近200英里外的地方。

陆上战争的进展令叶卡捷琳娜欣喜，然而海上推进无力，冲淡了她的喜悦。开战之时，她没有黑海的港口，所以，她便没有黑海舰队。但她在欧洲北面波罗的海有一支海军，按照她的情人格里戈里·奥尔洛夫的建议，她命令由总计配备640门炮的15艘大战舰组成的波罗的海舰队航过英吉利海峡，绕过法国和西班牙，进入地中海，再经过意大利和希腊，进入爱琴海。

随着俄海军逐步经过英国斯皮特黑德、西班牙马翁港、意大利里窝那和欧洲海岸线上的其他锚地，叶卡捷琳娜渐渐勾勒出一场对

---

① 弗拉德三世，瓦拉几亚大公。在其即位前，瓦拉几亚一直受到奥斯曼土耳其的压迫，弗拉德三世多次与奥斯曼发生战争，并将入侵的军队击退，最后亦战死于与奥斯曼的战争中。传说他见血发狂，喜欢将俘虏钉在尖木桩上，施行穿刺之刑，故有"穿刺者"的绰号。他的暴虐行径为当时许多的编年史家增加了丰富的素材，也是著名的吸血鬼传说德古拉伯爵的原型。——译者注

土耳其的大规模战争，能令整个西欧都知道俄国的能力。在玩笑的情绪中，她给驻英圣詹姆斯宫的大使写信说："由此我们将唤醒沉睡中的猫，由此猫将去追逐老鼠，由此你会看到所看到的，由此我们会谈论我们自己，由此土耳其人将被打败……"

1770 年夏天，叶卡捷琳娜的海军将领们抵达爱琴海，对一支规模大于己方的土耳其舰队发动猛烈攻击。他们在公海中击沉奥斯曼海军旗舰，追赶其余船只直至土耳其海岸上的小港切什梅。接着，俄罗斯人又对拥挤的土耳其帆船发动火攻。连续炮轰和火船攻击点燃了外围的帆船，火焰蔓延至船上的火药库，一个个夺目的橘色火球从船上腾空而出。据一个法国人记载，切什梅"成了一座火山，吞噬了土耳其的整个海军"。

当切什梅港口的烟消散开时，14 艘土耳其船只解体，同时沉没的还有 6 艘护卫舰和 50 艘辅助船只。1.1 万名奥斯曼水兵的鲜血染红了一波波海水，俄罗斯的伤亡是 30 人。

切什梅一役令奥斯曼领导层陷入恐慌。一夜之间，爱琴海就成了俄罗斯的内湖，叶卡捷琳娜的将军们对土耳其商船实施了不怎么严格的封锁。在圣彼得堡的女皇为庆祝胜利颁发出各种勋章，建造了一座有粉色门廊的美丽教堂，同时对高阶将领有很多现金奖励。

经过两年的战争，叶卡捷琳娜控制了黑海北岸的一长条地区。次年，她派出第二军进入克里米亚，1771 年夏，军队将土耳其人赶出克里米亚半岛。在给伏尔泰的信中，叶卡捷琳娜写道："冒着重复自我、令人厌烦的风险，我只有胜利可以向你报告。"

只是那些胜利都是在遥远的地方。她没有告诉伏尔泰，因战争高昂的成本，切什梅、多瑙河和克里米亚高昂的士气并没有改变国内的低落状态。征兵成为臣民们的痛处，特别是南方，为了填补炮灰的需要，征兵率节节上升。1768 年，从每 300 人中征一名兵；接下来的两年中，每 150 人征一名；到了 1771 年，战争满第三年时，已经变成每 100 人征一名兵。

她也没有宣扬财政紧缩的尴尬现实。陆军和舰队的供养维护每年要花费 1 200 万～2 100 万卢布——这是政府收入的三分之二——而且，还拖欠了士兵的薪饷，这对专制统治者来说向来都不是好事。

为了应对这些需要，叶卡捷琳娜不得不将硬币替换为纸币。物价不可避免地上涨，她的财政大臣们被迫从佛兰德斯和热那亚的银行家手中借贷 480 万卢布。叶卡捷琳娜倒抽一口气，然后赌自己可以用战争所获来偿还贷款。

有一段时间中，那些战利品看似可以很快到手，因为在 1772 年 7 月，穆斯塔法三世开始和俄罗斯和谈。但察觉到俄罗斯的复兴引发了维也纳方面的不安，苏丹开始拖延谈判进程，暗地里尝试说服玛丽娅·特蕾莎的儿子与联合统治者约瑟夫二世（Joseph Ⅱ）对俄宣战。约瑟夫考虑了一下开战的事情，但没多久，叶卡捷琳娜派增援部队进入波兰，向他叫板。他又重新考虑了一下，之后偃旗息鼓。

并非只有奥地利的君主担心叶卡捷琳娜在南方的企图。俄军大规模集结在柏林附近的画面也令普鲁士国王腓特烈十分恐惧，他提出了一个妥协方案：诸帝国维持与苏丹国的欧洲边境不变，但满足叶卡捷琳娜瓜分波兰疆土的权力，并分给上帝庇佑的和平缔造者普鲁士和奥地利一些。他提出，叶卡捷琳娜可以得到波兰东部信仰东正教的地区。由于未参与战争，奥地利将得到南方天主教的领域，而腓特烈获得西北路德宗地区。波兰将被容许保留华沙、克拉科夫以及位于中部的全部领土三分之二的区域。

腓特烈的协议要求奥地利背弃自己的战略盟友土耳其——据虔诚的玛丽娅·特蕾莎称，即便她的军队越过了波兰的南方边境，她依然对这个要求怀有深深的道德疑虑。叶卡捷琳娜和腓特烈都觉得女大公实在伪善。腓特烈对一个朋友说："她总是哭，又总是伸手拿个不停。"叶卡捷琳娜只是冷冷地评论道："亲爱的高贵的'虔诚夫人'已经啃了波兰一口。看样子，到了波兰，大家都不得不闷头猛吃呢。"

叶卡捷琳娜在波兰的傀儡国王身上投入良多，并不愿意与置身战争之外的日耳曼人分享战利品来摊薄自己能得到的回报。不过，她本身也是日耳曼人，对柏林和维也纳方面的态度十分敏感。而权力政治有时需要分享馅饼。如果不是分自己的饼，那么慷慨大方通常都是有好处的。

所以，交易达成。波兰损失了 8.1 万平方英里的土地以及三分之一的人口。奥地利得到了人口最多的南部省份。普鲁士得到了西普鲁士和北面的其他地区。叶卡捷琳娜得到了利沃尼亚、白俄罗斯和立陶宛东部，俄罗斯帝国增加了 130 万臣民。波兰被分解，令三个君主都能轻松一些，所有人皆大欢喜，只有土耳其除外，当然还有波兰人。

与土耳其达成和平的进程挫折连连。苏丹尽管已经马失前蹄，却坚持自己的立场不变，拒绝同意与他战场上的失败相称的条款。他要求俄罗斯做出重大让步，比如奥斯曼保留黑海商路的主权，这种大胆态度激怒了俄罗斯女皇。"无论如何，我都不想让土耳其来对我指手画脚，决定我能在黑海上有什么船、不能有什么船。"她给国务议会写信说，"土耳其人被打败了，轮不到他们来给我们制定法律。"

尽管穆斯塔法战败了，但他并不愿意承认。由于和平进程停滞不前，1774 年 6 月，叶卡捷琳娜再次派兵前往多瑙河，以打破僵局。指挥官是一位名叫亚历山大·苏沃洛夫（Alexander Suvorov）的少将，为人离经叛道，他率领一支 1 万人的队伍，在科兹卢贾歼灭苏丹主力军。由于苏沃洛夫的胜利，俄军得以深入巴尔干地区，到了苏丹主战线的后方。叶卡捷琳娜的刀锋要插入君士坦丁堡只需一次长途行军，再无其他障碍。

叶卡捷琳娜派出苏沃洛夫时，穆斯塔法死了，他的继任者阿卜杜勒·哈米德（Abdul Hamid）无意再将哥哥的战争拖下去。科兹卢贾一役后，他又热情地继续和谈。叶卡捷琳娜放权给鲁缅采夫将军，赋予他在谈判中很大权限，以加速谈判进程。多瑙河和圣彼得堡之间的远途拖延不复存在，谈判代表们最终签订了和约。

苏丹为了和平付出了沉重代价。奥斯曼帝国让出三个黑海港口，俄罗斯打开了通往地中海的商路。古老的奥斯曼前哨——克里米亚汗国，成为独立的俄罗斯保护国。另外，奥斯曼"崇高之门"同意支付叶卡捷琳娜战争赔款 450 万卢布。

尽管漫长且成本高昂，但与土耳其的战争是了不起的大捷。叶卡捷琳娜征服了黑海的北部海岸线，吞并了乌克兰东部，扩张了在波兰的领地。而且在击败积怨已久的宿敌的过程中，叶卡捷琳娜重塑了俄罗斯军队在陆地上和海洋上的威望与荣誉。

大臣们与土耳其谈判时，叶卡捷琳娜展望着前方不远处的太平时代。但一伙出身草莽的没教养的哥萨克人因实质上被奴役的残酷生活而生出怒火，将要给她带来猛烈震撼。

普加乔夫

　　当叶卡捷琳娜把注意力挥霍在启蒙运动的理想上时，她的臣民们则在远离圣彼得堡辉煌的烂泥中艰难谋生。在残忍的地主和小贵族的无情统治下，农民怒气满怀。在田地中耕作，在矿场中劳作，皮鞭、马鞭——生活本就已不幸到极点，有些东西似乎是专门定制让生活更加不幸。

　　然而，生活的确越发悲惨了。与土耳其的战争迫使政府提高税收和征兵率，大部分的打击落到了农民们宽阔的后背上。叶卡捷琳娜关注着多瑙河战役和黑海战役之时，高原上却也开始在酝酿战火。

　　1773 年 10 月，在东南地区的奥伦堡州，一个来自亚伊克河①畔小村庄的哥萨克农民在诸村中奔走，声称自己是彼得三世沙皇、死而复生的俄罗斯皇帝、死而复生的叶卡捷琳娜的丈夫。这位"彼得沙皇"真名叫叶梅利扬·普加乔夫（Yemelyan Pugachev），是一个文盲的平民主义者，他发誓要解放农奴、终结税收、推翻贵族，由此赢得了乡间的支持。"如果上帝容许我到圣彼得堡，"他在一份口述宣言中说，"我要把我邪恶的妻子叶卡捷琳娜送去修道院。然后，我要解放所有农民，消灭贵族——直至把他们都消灭干净。"

　　对于这些东西，农民们喜闻乐见，伏尔加下游的哥萨克部落蜂拥聚集到普加乔夫粗糙的大旗下。他率领 3 000 名战士，围攻奥伦

---

　　① 即今乌拉尔河。——译者注

堡要塞，并将那里作为自己的基地。当地矿场和工厂中的农奴夺得了金属制品，占领了锻造车间，并杀死了原来的主人。1774 年初，有近 6 000 名武装农民加入起义。

在圣彼得堡的叶卡捷琳娜及其大臣们听说了骚乱，但并没有当回事。叶卡捷琳娜的精力集中在终结与土耳其的战争上，只派了一小队人去平定暴乱。她派出的军队被叛军击败并屠杀。

胜利带来自信，怀着自信的兴奋，普加乔夫的军队仿佛蝗灾般席卷俄罗斯南部，掠夺烧杀，地主及其家人、仆从均被杀死。母亲和女儿在垂死的丈夫和父亲面前被强奸，然后被抓走充作性奴，即便如此还会隐约庆幸自己的喉咙未被割断。俘虏们被强迫发誓效忠"彼得沙皇"，不从者处死。在自愿加入的人和被迫加入的人的充实下，普加乔夫的大军激增至 1.5 万人。

当普加乔夫起义的影响最终涉及叶卡捷琳娜时，她已经几乎抽不出兵来了。为了赢得对土耳其的胜利，资源被过度消耗。当她终于可以拼凑出一支大规模军队交由亚历山大·比比科夫将军（Alexander Bibikov）指挥时，普加乔夫早已经势头高涨。

按照个人的指挥哲学，叶卡捷琳娜赋予比比科夫极大的自由权限去战斗、拘捕、审讯并惩罚起义军，只要他不采用酷刑即可。在叶卡捷琳娜看来，酷刑不仅仅在道德上令人厌恶，而且在探寻真相方面也毫无效果。"审讯过程中为什么需要鞭打呢？"她在给比比科夫的信中说，"十二年来，我自己眼下的谍秘部门没有在审讯中鞭打过一个人，但每一桩事都搞得清清楚楚。"

有了这些指示，比比科夫向奥伦堡急行军，用一场筹划严密的战役击溃了普加乔夫的军队。冒称沙皇的普加乔夫率着"贵族"朝廷逃入乌拉尔山脉中，比比科夫扫平了普通从犯。

叶卡捷琳娜尽可能宽大处理被俘的叛乱者。她处死了几个小头目，但将大多数农民都遣返回家，还提供了安全通行证和 15 戈比的路费。

她认为不需要引发流血。汉堡的一位友人力劝她采取严厉的报复措施，她回信说："既然你如此热爱绞刑，那我可以告诉你已经有四五个不幸的人被绞死了。这样的刑罚在我们这里罕见，但其威慑效果比在每天都有绞刑发生的地方强上一千倍。"

† † †

南方维持了三个月的太平，但普加乔夫就仿佛迷雾中的幽灵一般，又回来了。1774 年 7 月，他率领一支 2.5 万人的大军，出现在伏尔加河畔的喀山市。叛军突袭城市，将其焚毁，陶醉于又一场强奸、谋杀、酷刑和抢劫的狂欢之中。普加乔夫吹嘘说自己很快就要向莫斯科进军，然后再继续北上圣彼得堡。

喀山失陷令叶卡捷琳娜及其大臣震惊无比。两百年前，喀山也曾被攻陷，成为恐怖大帝伊万得以登上皇位的决定性胜利。而现在，看似又有一个嗜血的沙皇出现，只是在朝着与伊万不同的方向行军。惊骇的莫斯科人开始收拾行李，当地的领导者组织市民城防队准备土方工程，并征集民兵保护古老的都城。

叶卡捷琳娜的当务之急是找到一个能阻挡普加乔夫的将军。不幸的是，她的第一选择比比科夫将军已经死于热病，并且显然不像彼得三世一样能"死而复生"。她思考谁能替代比比科夫时，她的高级外交政策顾问尼基塔·帕宁推荐了自己已经退役的哥哥——彼得·帕宁将军。将军同意出征，只要他能被赋予在俄罗斯南部行事的绝对权威，无论军事上还是民事上。

叶卡捷琳娜不太肯定帕宁将军是否为合适人选。他是位很有天分的军事指挥官，偶尔会展现出惊人才华。但他同时也是一个行事怪诞的"首席演员"，据说他曾经穿着灰色缎子睡衣、头戴有粉色丝带的法国高帽出现在军营总部。而更令人担心的是，他经常表达一个观点：俄罗斯的王位上坐的若是男人，会比女人更好。帕宁退役后，经常抱怨自己在土耳其战争中的功劳未得到应当的奖赏，而叶卡捷琳娜暗中吩咐秘密机构对他实施监视。

而现在，这个谈及女皇时轻蔑如此的奇怪男人想要掌控南方的所有军权和民事权。一想到要吞下这服苦药，叶卡捷琳娜就眉头紧皱。

只是帝国的需要战胜了君主的个人感情，有时，领导者必须和他们自身鄙弃的人合作。"在整个世界面前，出于对普加乔夫的恐惧，我将全国所有的生灵都交托给一个对我个人多加羞辱的头号大嘴巴手中。"叶卡捷琳娜向格里戈里·波将金抱怨说。

她晋升了这个大嘴巴，但设法将他的权力限制在直接受到叛乱影响的地区。她还将负责调查叛乱起因的委员会掌控在自己手中，以防其结论会受到帕宁的沙文主义观点的干扰。

普加乔夫就仿佛厨房中的蟑螂一般，似乎没可能消灭干净。帕宁的游击部队击败喀山乱军，普加乔夫带着一支新军重新出现。当这支军队被击败，"彼得沙皇"带着一群追随者顺伏尔加河而下，又集结起一伙暴徒。

叶卡捷琳娜知道，只要普加乔夫的脑袋还长在肩膀上，她就永远不得安宁，因而，她授权帕宁向地方贵族保证：如果他们能为帕宁军队提供步兵和补给，女皇陛下便保证他们的特权和安全。如果帕宁战败，这些贵族很可能会被吊死在树上，因此他们都热情贡献。帕宁的老兵又歼灭了普加乔夫的一伙暴徒。三个星期后，普加乔夫仅余的追随者出卖了他，将他捆绑着交给帕宁，希望能为自己赢得宽大处理。

帕宁将普加乔夫捆绑着装在一个铁笼子中，笼子很小，在里面没有办法站直身子，普加乔夫就这样被装在马车上，经过数百里颠簸路途，被押解到莫斯科接受审判。在圣彼得堡的叶卡捷琳娜默默掌控着对普加乔夫叛国罪的审讯过程——一如往常，她对酷刑概不容忍。审讯官得出结论：普加乔夫就是一个简单的无赖，并非外国政府的爪牙。叶卡捷琳娜在给伏尔泰的信中说，证据表明普加乔夫先生只是一个懦夫，而她保证，他也会像个懦夫一样死去。

毫无疑问，叶卡捷琳娜会信守承诺。但她敏锐地察觉到，她应对叛乱的方式会在国内外引发人们的解读。因此，在表面上，她抽身于对普加乔夫及其追随者的审判之外，并给负责的官员写信说："务请在罪犯的数量及对罪犯的惩罚两方面都对所有人产生适度影响。如此有违我对仁慈的热爱，的确令人遗憾。但对待野蛮人，我们不需要那么明智。"

审判没有耗时太久，法院判处普加乔夫被活着肢解，然后被斩首。在莫斯科官员们看来，叶卡捷琳娜对死刑的态度令判决十分复杂，难以处理。"关于处决，绝对不能有令人痛苦的方式，不能超过三个人或四个人。"她如此指示在莫斯科的审判长。

但叛乱者注定要受苦，因此，当普加乔夫的一个副手得到相似的判决时，一名法官表示反对，因为普加乔夫作为领头人，应该受到比追随者们更严重的刑罚。法官们没有维持普加乔夫被肢解的刑罚及将副手的刑罚降低规格为简单的斩首，而是选择了另一个方向：将普加乔夫的刑罚加重为轮裂。①

修改后的判决与叶卡捷琳娜避免野蛮处决的愿望背道而驰，审判长们花费了很大力气才说服当地的法官们将普加乔夫的处决维持在肢解。审判长知道，如果他们对叛乱者进行骇人的公开处决，叶卡捷琳娜会大为光火，于是秘密安排刽子手"搞砸了"处决：先砍掉了普加乔夫的脑袋，在他死后才砍掉他的双手双脚。

打算前来欣赏普加乔夫在鲜血从四肢喷溅而出时发出的尖叫和抽搐的莫斯科人自然大感失望，因为那个时代很难有高质量的娱乐活动。但叶卡捷琳娜希望扑灭反叛的火种，而不是激发出新的火种。在普加乔夫的四个最高级的副手被肢解后，她颁布一道大赦令，将数名犯人的死刑改判为苦役、流放或终身监禁。她下令将普加乔夫在顿河边的家焚为平地，灰烬被撒到四处。她还禁止普加乔夫的兄弟使用本来的姓氏。另外，她甚至改了都城、河流以及普加乔夫出身的哥萨克部落的名字。

平定普加乔夫叛乱，叶卡捷琳娜击败了对她的权威的最严重的挑衅。但这次起义令她深信，农奴阶层是一个不稳定的因素，被压抑了数百年，随时都会揭竿而起，即便当政者是善意的立法者。此时，君主比任何时候都需要在展现仁慈之外树立不容置疑的权威作为后盾。

在此之后，她要应对的威胁来自地位更强势的人。

---

① 轮裂，是指将受刑者的双臂双腿置于马车车轮的辐条间，并以重锤锤击，有时候会牵引碎裂的四肢在车辐条间进进出出，然后再用锤子锤击骨盆和胸口。通常——虽然并非总是如此——斩首是结束受刑者的痛苦的方式。

波将金

　　格里戈里·波将金，在叶卡捷琳娜发动宫廷政变时将自己的剑饰送给她的英俊帅气的近卫队军官，从 1774 年以来就是她的知己密友和恋人。那时，叶卡捷琳娜三十三岁，波将金比她小十岁。他有一头浓密的红发，面带顽皮笑容，有一双深邃犀利的大眼睛，被叶卡捷琳娜形容为"这个钢铁世纪中最有趣、最有独创性的怪人"，他俘获了女皇的精神和心，并一直保持到生命最后一刻。①

　　波将金在土耳其战争中担任骑兵指挥官，战绩斐然，引人注目。第一次战争结束后，叶卡捷琳娜任命他担任南方总督、帝国亲王、俄罗斯军队陆军元帅、黑海舰队司令以及战争学院院长。他的责任集中在黑海和多瑙河地区，对于俄罗斯南部只是挂着个亲王的名头而已。

　　在叶卡捷琳娜所有被赋予权力的情人当中，波将金是迄今为止最有才华的。关于这位疯狂的亲王，一个奥地利来访者曾有生动的描写："我看到了一位看起来十分悠闲又总是忙忙碌碌的总司令；膝盖就是他的桌子，手指就是他的梳子；他总是斜倚在长椅中，然而无论晚上还是白天都不睡觉。"

　　　很容易厌烦，闷闷不乐，反复无常，是一个深刻的哲学

---

　　① 尽管叶卡捷琳娜承认她的一生中至少有十二名情人，但她与波将金的关系是最特别的。在一些保存至今的信件中，她称其为丈夫，所以有可能二人秘密结婚了。有一年多的时间，大约到 1776 年，他们在身体上非常亲密，而他们的情感纽带维系至 1791 年死亡将他们分开之时。

家、一个能干的大臣、一个令人赞叹的政治家，不记仇，会因自己造成的痛苦而道歉请人原谅，能快速纠正不公；认为自己热爱上帝，同时惧怕魔鬼；看到讨他喜欢的女人，会挥一只手打招呼，同时另一只手画十字；要么在拥抱圣母雕像的双脚，要么在拥抱他的女主人雪花石膏一般的脖子。

在土耳其战争之后的四年中，这位一边玩弄女性、一边画十字忏悔的亲王改变了黑海沿岸的战略格局。他在距离黑海 20 英里远的第聂伯河下游的赫尔松建造了一个港口和造船厂。一年后，他开始造船。1782 年，赫尔松已经以拥有石头建筑、堡垒、能容纳 1 万名士兵的兵营以及大量来自爱琴海和地中海的希腊商船而闻名。

波将金并没有止步于赫尔松。他请求叶卡捷琳娜将克里米亚纳入俄罗斯版图，在给她的信中说，如果她吞并那个地区，"你就会实现其他俄罗斯君主都未曾实现过的不朽荣耀……有了克里米亚，便能主宰黑海；到时你便有力量封锁土耳其人，是让他们吃饱还是饿着他们，都由你决定"。

尽管由于叶卡捷琳娜的信仰和反土耳其的政策，俄国与信仰东正教的希腊是盟友——1770 年的爱琴海远征部分原因是要镇压希腊叛乱——但她对波将金承诺的事情有所怀疑。她不需要再次与土耳其开战，也不想打破东方的平衡，引来西方国家的关注。对于介入的胜算，她反复观察，仔细掂量，外交方面的敏锐触觉告诉她这一次要谨慎行事。有好几个月的时间，她一直拒绝采取行动。

1782 年年底，波将金现身圣彼得堡，为自己的计划辩解。他主张，如果她什么都不做，克里米亚将始终是俄罗斯淌血的溃疡，诱惑着别人来入侵。这个世界上有谁能阻挡俄罗斯的脚步呢？英国还在与法国和美洲人作战，伊斯坦布尔则忙于料理国内的叛乱和瘟疫。

叶卡捷琳娜和波将金就这个话题争执起来，那种争执是只有长时间的情侣才能进行的。最后，他完成了自己游说的重任，赢得了陪审团的裁决。波将金刚一动身前往赫尔松，一个信使便追上他，送来的信中说："朕在此宣布，对于兼并克里米亚、将其纳入俄罗斯帝国一事，朕对你全然信任，并十分确信你不会错失实现此事的良机并会采取适宜的方式。"

波将金只用了几个月便占领了克里米亚半岛。罗曼诺夫的旗帜刚一飘荡在这片区域，波将金便开始了历史上最伟大的房地产开发工程。他招募了成千上万的移民，沿着半岛海岸修建城市、道路、农场、船坞和政府办事处。只用了十年的时间，克里米亚的人口就从5.2万膨胀至13万。

波将金接下来的举动令奥斯曼人很难忽视：他在半岛尽头成功建立起第二个海军基地，名为塞瓦斯托波尔，然后他又开始建设一个海港，后来此处被叶卡捷琳娜命名为敖德萨。至1787年，俄罗斯黑海舰队自夸拥有24艘护卫舰船。叶卡捷琳娜现在指挥着世界第四大海军舰队。[①]

† † †

女皇一向精于算计其他统治者手中的牌。1783年，刚刚吞并克里米亚时，她估算法国和英国都忙于终结美洲革命，无暇来反对

---

① 前三大海军舰队，分别是英国海军、西班牙海军和法国海军，一直都忙于争夺大西洋和地中海西部的主导权。

她。她猜测瑞典没有法国支持也不会和俄罗斯作对，而只要奥地利还站在俄罗斯一边，普鲁士也会保持安静。没有其他大国的积极支持，伊斯坦布尔就不得不吞下损失克里米亚的羞耻。

然而，到了1786年，格局变了。英美法三方的战争结束。普鲁士、英国和尼德兰都对俄国的崛起充满戒备，开始形成反罗曼诺夫联盟。如果一个或多个大国支持土耳其苏丹，那么奥斯曼帝国将会对叶卡捷琳娜过去三年中的挑衅实施猛烈报复。

尽管如此，叶卡捷琳娜还是感觉有必要对波将金展示出支持。所以，她决定要进行一次出行，巡视她、波将金和俄罗斯人民挥洒热血和财富建设起来的土地；可能，沿路再去拜访几位客人。

1787年新年的第二天，叶卡捷琳娜女皇乘坐装饰华美的大雪橇车离开被白雪覆盖的圣彼得堡。雪橇的铁制滑板从雪上轻巧划过，整个车队包含14辆雪橇车和124辆雪橇，另外，沿途每隔一段路都安排了精力充沛的替换用马，总计560匹。

春天，第聂伯河上的冰破裂时，她和3 000名随从登上一艘装潢奢华的驳船，乘着第聂伯河翻滚的波浪向南而行。队伍中的一位性格洒脱的纨绔贵族查理·德·利涅亲王（Charles de Ligne）给船队起绰号为"克娄巴特拉的舰队"。尽管叶卡捷琳娜并不需要像克娄巴特拉那样去打动安东尼，但她知道其他的王国会注视着她，她要为它们奉上财富和权力的表演。

抵达波兰与乌克兰边境上的古城卡涅夫，她会见了波兰国王斯坦尼斯瓦夫——她曾经的情人以及长期的傀儡。这注定是一次尴尬的会面，因为她曾经拒绝给国王他最希望得到的——她的爱——并强迫他接受一个他无意的安慰奖品：波兰王位。尽管此时的斯坦尼斯瓦夫同样野心勃勃，叶卡捷琳娜却无意进行深入的讨论，将会面维持在仪式层面。两个人亲切会话，叶卡捷琳娜仓促地道声再见，便继续前行去拜访更重要的客人。

叶卡捷琳娜和奥地利的约瑟夫二世同行前往赫尔松，即波将金在黑海附近的港口，他们在那里私下会面讨论了土耳其的威胁、波兰问题和奥俄关系的现状。在复杂的外交动作间，两位君主为三艘俄罗斯战舰命名，其中一艘按照这位皇室客人的名字命名为"圣约瑟夫号"。在附近的锚地停泊着一百多艘商船，其货舱中装着的货物税款将为俄罗斯的金库增加相当多的财富。

叶卡捷琳娜的新舰队停泊在距离奥斯曼帝国首都伊斯坦布尔两天航程的地方，在塞瓦斯托波尔还有一支规模更大的舰队。在赫尔松的入城处，波将金立了一座拱门，上有希腊文的铭文："此乃通往拜占庭之路"。

苏丹认为这个说法很不吉利。

那么，叶卡捷琳娜又在想什么呢？

阿卜杜勒·哈米德

返回圣彼得堡后不久，叶卡捷琳娜震惊地得知她的克里米亚策略事与愿违。奥斯曼苏丹阿卜杜勒·哈米德发来最后通牒：如果俄罗斯不从克里米亚撤军，奥斯曼帝国将对俄宣战。

叶卡捷琳娜本以为，她拥有强大的黑海舰队，又与奥地利和波兰的领导人进行了高调的会面，"崇高之门"必然要谨慎行事。然而，她的舰队固然能直达君士坦丁堡，但也是将土耳其这只老虎逼到了墙角。负隅顽抗的老虎会如何，此时的土耳其人就要如何。

叶卡捷琳娜不想让苏丹先发制人，因此于 1787 年 8 月首先宣战，任命波将金指挥俄罗斯南方的所有兵力。波将金的首要任务是攻占土耳其的奥恰科夫要塞（这一要塞很大，炮口控制着多瑙河入海口，令叶卡捷琳娜的舰队无法随心所欲地进入黑海）。在攻下奥恰科夫之后，波将金要向西南方向进军，扩张俄罗斯在黑海西海岸的领土。

为了缩短战线并在第聂伯河沿岸部署更多军力，波将金送信给叶卡捷琳娜，提议从克里米亚撤军。尽管叶卡捷琳娜通常都会听从军事专家们的看法，但这一次，政治方面的考虑胜过了军事方面的策略需要，而政治方面，她是主人。她否决了波将金的计划：从克里米亚撤军，即便是军事上的谨慎之举，都会令俄罗斯显得弱势。维也纳、柏林和华沙全都虎视眈眈地关注着第二次俄土战争，她不能表现出无能。他们必须控制住克里米亚。

土耳其人首先发动了攻势，然而，对叶卡捷琳娜来说，幸运的是，奥斯曼的将领们把事情搞砸了：他们派出部队乘船去攻击俄罗斯的金布恩要塞，但是当苏丹的军士们跳下船，跋涉到沙滩上时，却发现苏沃洛夫将军正带着人马恭候。苏沃洛夫的步兵挥动邪恶的刺刀，入侵者被赶入海中，海水泛起粉红色。

尽管金布恩大捷是一次振奋士气的大捷，俄罗斯舰队从塞瓦斯托波尔起锚时却被一股猛烈的大风吹得七零八落。波将金的一艘珍贵战舰沉到海底，其他的船只在风中损失了桅杆、帆桁、人员和大炮。

大风还将反复善变的波将金吹入了抑郁的黑潭。在抑郁发作时，他给女皇写信提出辞呈。"小妈妈，我变得很是倒霉。"他哀叹。因为幸运的指挥官比优秀的指挥官更有价值，所以，他极力劝她将南方的指挥权交到别人手中。

叶卡捷琳娜和波将金有一种特殊的互动，她察觉出亲王的信更多是出于一时情绪，而非发自本心。她回了一封长信，让波将金清醒了过来。她斥责他："你就像个五岁孩子一样没有耐心。你现在负责的事务需要冷静沉着的耐心。"在断言天要塌了之前，他该先让尘埃落下来。

由于与波将金的亲密关系，叶卡捷琳娜可以坦率直言。但她也了解这位性格阴郁的亲王，他就像所有男人一样，时不时地需要一点鸡汤鼓励，而此时正是这样。在信中，她又提出了一个充满希望的猜想：海上的风暴会十分公正，同样给土耳其舰队带来灭顶之灾——事实证明，果然如此。在信的结尾处，她又向他保证："我的朋友，无论时间还是距离，抑或这个世界上的任何一个人，都无法改变我对你的想念，无法改变我对你的想法。"

1788 年年末，叶卡捷琳娜对远方朋友的信任得到了回报：苏沃洛夫和波将金依靠密集的刺刀和霰弹攻击，拿下了奥恰科夫。俄罗斯军队突破城墙，屠杀城中居民，"就如同强劲的旋风，瞬间将人抛到了灵车上"，波将金如此描述。

攻占奥恰科夫，相当于为俄罗斯的进军打开了黑海西北海岸，而苏沃洛夫和波将金充分利用了到手的机会。在波将金的战略指导下，苏沃洛夫顺多瑙河而下，直取伊兹梅尔——这是欧洲防御最严密的要塞。苏沃洛夫用 3 万人围攻要塞，对城墙发动猛攻。血流成河，一道道痕迹记录下防守者与攻击者遭遇的位置。最终，要塞守卫者以及要塞中的男女老幼总计 4 万人，倒在苏沃洛夫滴血的刺刀下。

古斯塔夫

在叶卡捷琳娜等待奥恰科夫陷落时，在一个意料之外的地方遭遇了恼人的打击。瑞典国王古斯塔夫三世（Gustavus Ⅲ），她的表弟，一直都梦想能收复在18世纪初被彼得大帝占领的斯堪的纳维亚的土地。古斯塔夫在国内不得民心，又被英国、普鲁士和尼德兰的大臣们挑唆怂恿，在叶卡捷琳娜的军队在南方和土耳其交战时，他看到了自己建立军功的良机。

一开始，他给圣彼得堡送去一封最后通牒，要求俄罗斯归还芬兰，接受瑞典作为第二次土耳其战争的调解人，并将第一次土耳其战争中得到的所有领土归还给苏丹。如果叶卡捷琳娜拒绝，瑞典就会入侵俄罗斯，攻占圣彼得堡。古斯塔夫向自己的朝廷吹嘘，他要到彼得大帝金碧辉煌的彼得霍夫宫吃早餐，然后从彼得的王座上颁布和约条款。

叶卡捷琳娜困惑不解：国王的信息傲慢自负到了荒诞的程度。华而不实的古斯塔夫自己的王位都摇摇欲坠，提出这些要求简直不切实际。叶卡捷琳娜惊奇地摇了摇头，给波将金写信："我到底做过什么，上帝要用瑞典国王这么没用的工具来惩罚我？"

她叹了口气，召集战争委员会，研究起地图来。这将是另一场战争。

尽管叶卡捷琳娜对瑞典表弟评价甚低，但北方发生战争也不是玩笑之事。主力军现在在千里之外，波罗的海之滨的首都对水陆两方面的攻击都无抵抗之力。权力，更多是一种感觉，而非力量。在圣彼得堡城外遭遇惨败，会威胁到叶卡捷琳娜对俄罗斯帝国的控制，甚至会威胁到她的生命。

但古斯塔夫不是战争大师，他的第一次重要进攻发动于 1788 年 7 月，最后以撤军收场。接下来两年，两位君主都没有争夺到任何战略上的优势。叶卡捷琳娜控制着芬兰，但有一个令人生畏的时刻：瑞典舰队航入涅瓦河口，抛锚位置将圣彼得堡纳入了大炮射程。叶卡捷琳娜保持着镇静。在给波将金大本营中一个军官的信件开头，她如此写道："炮声的嘶吼摇撼着你的女皇的窗户，沉着镇定的她在炮声中给你写信。"

叶卡捷琳娜每维持住沉着镇定一天，古斯塔夫的桂冠就会被扯下一片叶子。他这场战争本就是投机，在国内极为不得民心。政府累积了高额的战争债务，而在叶卡捷琳娜的大使们的挑唆下，丹麦人准备进攻瑞典的西部边境。古斯塔夫已经错失时机，不可能实现在彼得霍夫宫用早餐的夸口，此刻他开始寻找抽身之道。

叶卡捷琳娜希望能强化优势，但战略格局正变得对俄罗斯不利。她对土耳其和瑞典的胜利，动摇了东欧诸国之前的权力平衡。波兰人一直都渴望能驱逐叶卡捷琳娜的傀儡政府。如今的普鲁士国王、腓特烈大帝的继任者——没有什么主见的腓特烈·威廉二世（Frederick Wilhelm Ⅱ），挥军东进，对叶卡捷琳娜在波兰的势力形成隐隐威胁。英国的大臣们一如往常，竭力维系大陆上的势力平衡，收买瑞典维持战争，并向奥斯曼承诺英国会部署一支舰队将叶卡捷琳娜的海军拖在北方。大国势力联合起来形成反俄战线，但叶卡捷琳娜依然态度桀骜。

波将金返回圣彼得堡，恳请叶卡捷琳娜接受外交现实。俄罗斯虽然军事上强大，但在战略上被孤立。至少，她应该保证与普鲁士之间的和平，也许可以再分一些波兰的领土给腓特烈·威廉二世。波将金争辩说，与柏林达成和约，便能解放俄罗斯北方的守军，迫使苏丹结束南方战争。等那些战争结束，叶卡捷琳娜便有了闲暇，再回过头来对付波兰和普鲁士。

叶卡捷琳娜拒绝了。瑞典从北方什么都没有得到，她一直都生活在胜利中，已经对真正的惨败没有什么概念——或者说是对真正的威胁对帝国意味着什么没有了概念。从个人来说，她也无法忍受向普鲁士国王这样肥胖而愚笨的暴发户低头。

她拒绝接受波将金的良方，与昔日的情人之间因此爆发了激烈争吵。在皇宫寓所当中，他们俩像老夫老妻一样争吵。叶卡捷琳娜留下苦涩的泪水，扑到床上哭泣。而波将金勃然大怒，摔门离去，啃着指甲威胁要辞职。

但叶卡捷琳娜和波将金都是完美的政治表演者，即便是对彼此也有表演的成分，所以，两个人的爆发都并非完全出于真心。叶卡捷琳娜在私人书房中研究着地图和军事报告，快快地暗中承认，俄罗斯无法同时应付土耳其、瑞典、英国、波兰和普鲁士。她必须对战争做出选择取舍，也必须对和约做出选择。

她督促大臣们让斯德哥尔摩跨过和平的门槛。她的代理人贿赂丹麦对瑞典宣战，在两线战事的压力下，1790 年 8 月，皇家表姐弟实现了和平，双方都同意恢复 1788 年 6 月时的边界。如此，一场相当没有意义的战争终于被抛入了历史的垃圾桶。

"我们已经把一只脚从泥潭中拔出，"在给波将金的信中，叶卡捷琳娜如释重负，"等我们把另一只也拔出来，就高歌哈利路亚。"

1792 年 1 月，她拔出了另一只脚——阿卜杜勒·哈米德的继任者谢里姆三世（Selim Ⅲ）签署了和约。奥斯曼承认俄罗斯对克里米亚和黑海北部海岸的霸权，将布格河与德涅斯特河之间的领土割让给俄罗斯。

俄罗斯现在可以夸耀自己有暖水港口、在黑海中有海军力量以及在东欧能只手遮天了。

但只手遮天就会引来挑衅，叶卡捷琳娜很快就会再上这样的一课。

科希丘什科

叶卡捷琳娜的标准战略是逼迫敌国宣战，然后自己赢得战争，在谈判桌上获得让步。她知道自己的能力所限，避免在东欧或高加索之外陷入纠缠，而这两个地方，她认为处于俄罗斯天然势力范围内。[①]

然而在 1789 年，自普加乔夫叛乱后，叶卡捷琳娜一直都担心的革命热潮开始在欧洲传播。美国颁布共和宪法后一年，法国的激进分子推翻了国王路易十六（Louis XVI）及其妻子玛丽·安托瓦内特（Marie Antoinette）。三年后，瑞典国王古斯塔夫被暗杀，叶卡捷琳娜相信是革命派干的；而在巴黎，一伙暴徒占领城市，将已经被废黜的国王和王后监禁起来。

启蒙运动家乡的君主制的崩溃，如同一记耳光扇在叶卡捷琳娜脸上。"这是真正的混乱。"当革命之火在法国蔓延时，她写道，

---

① 她曾经拒绝英国国王乔治三世（George III）要俄罗斯士兵帮忙镇压北美殖民地叛乱的要求——后来，法国承认美国独立，而殖民地成功驱逐身着红色军服的英国士兵，证明这个决定是正确的。

"他们居然想把国王吊死在路灯杆上。"她说，雅各宾派的领导人"发动了一个机器，却缺少天赋和技巧去控制它"。

昔日年轻的理想主义哲学家用法语通信，如今却眼睁睁看着自己的知识家园变成嘶嘶作响的眼镜蛇的巢穴。她写道，昔日受人尊敬的王国，已经沦为"一伙律师、伪装成哲学家的傻瓜、无赖、缺乏常识的年轻道学先生、少数几个甚至不配被称作著名罪犯的盗匪操纵的傀儡"的猎物。

正当无赖和假道学争执该如何处置被囚禁的路易十六和玛丽·安托瓦内特时，一场新的对意志的考验在波兰爆发。普鲁士的腓特烈·威廉二世一直十分担心叶卡捷琳娜的企图，此时和华沙签订了一个防御性和约，承诺在波兰遭到俄罗斯入侵的情况下会施以援手。为了给自己的承诺背书，威廉让一支 8.8 万人的军队长期驻守在普鲁士边境，以备随时需要。

这个协议令波兰民族主义者为之一振。次年，鼓起勇气的波兰人终止了叶卡捷琳娜强加在斯坦尼斯瓦夫国王身上的脆弱的宪法体系。和早期的法国革命者一样，他们宣布在波兰实行君主立宪制。虽然缓慢，虽然笨拙，但波兰正努力摆脱缠绕在身上的束缚。

但波兰的时运不佳，因为它主要的后盾普鲁士和奥地利此时将注意力投入到了革命中的法国，这种关注是叶卡捷琳娜鼓励出现的。"我绞尽了脑汁要推着维也纳和柏林的朝廷卷入法国的事情。"她对私人秘书坦言，"我有很多未完成的事业，必须让他们忙着，不要来挡我的路。"

1792 年 4 月，法国革命政府对奥地利宣战。仿佛阿基米德研究几何学一般，叶卡捷琳娜也对各种势力研究了一番，然后得出结论：入侵波兰的时机到了。普鲁士和奥地利会叫嚣抗议，但嗜血的雅各宾派正在撞击它们的西大门，它们不会做任何事情。奥地利的新君主弗朗茨二世（Francis Ⅱ）会选择先保住自己的命；腓特烈·威廉则极可能违反自己守卫波兰的誓言，转移军队去支援奥地利。她说，日耳曼国家这样的"三心二意"，"只会用些文件来反对我们，而我们会干成我们自己的事"。

在法国发动战争一个月后，叶卡捷琳娜派出 6.5 万名俄国士兵越过了波兰边境。普鲁士国王的所为正如叶卡捷琳娜所料：他提出强烈抗议，但从和约中找了个漏洞，让普鲁士置身战争之外。

波兰独自应敌。

震惊之下的斯坦尼斯瓦夫国王向臣民保证，他愿意为了新政体而战。但他缺兵少将，知道自己无法赢得和昔日情人的战争。他派出密使去见叶卡捷琳娜，提议如果她停止入侵，他愿意逊位给她孙子。

叶卡捷琳娜无意在华沙立一个俄罗斯人做傀儡国王。她想要的是一个波兰人做傀儡国王，她已经有了，所以拒绝接受斯坦尼斯瓦夫下台。

俄罗斯人又一次进入华沙。波兰人又一次垂下了无力的臂膀。叶卡捷琳娜的军队又一次占领波兰，而她又一次夺走了波兰大片土地。1793 年 1 月，她和普鲁士签署秘密和约，双方都毫不客气地吞并了更多富饶的波兰土地。

叶卡捷琳娜又大笔一挥，并指挥了 6.5 万名士兵，将波兰东部 10 万平方英里的土地拿到手，由此吞并了白俄罗斯的部分土地、立陶宛和乌克兰西部。又有 300 万波兰人成为罗曼诺夫王室的臣民。

† † †

波兰人并不愿意当俄罗斯的臣民，令叶卡捷琳娜恐惧的革命热潮悄悄地涌向俄罗斯的大门，就如同一只狼蹑足潜踪穿过森林。与普鲁士瓜分波兰不到两年，波兰的打火盒便再次燃起火焰。曾经与乔治·华盛顿并肩作战过的波兰军官塔德乌什·科希丘什科（Thaddeus Kosciuszko）组织起 6 000 名士兵，宣布要终结外国势力在波兰的主宰。他在克拉科夫附近挫败叶卡捷琳娜 7 000 人的军队，或杀或俘总计 3 000 人。死去的俄罗斯人被扒光衣服，尸体赤裸着丢在大街上。科希丘什科公开指责叶卡捷琳娜是波兰人民的敌人。

好斗的叶卡捷琳娜给腓特烈·威廉写信称"消灭波兰境内的最后一星雅各宾派火焰"的时间已经到来。她劝说普鲁士国王从西面入侵波兰，同时派出苏沃洛夫将军从东方去镇压叛乱。

1794 年秋，苏沃洛夫麾下 1.3 万人的大军歼灭了科希丘什科军。科希丘什科被俘，押解至施吕瑟尔堡要塞。得到来自东方的增援后，苏沃洛夫向华沙附近的普拉加进军，这里有波兰的主力部队驻守，共有 3 万名士兵，配备 104 门加农炮。发动攻击后四个小时，苏沃洛夫胜出。2 万名波兰人被俄军杀死，或在试图渡过维斯瓦河避难时溺死，鲜血在普拉加的阴沟中奔涌。

由于普拉加的惨痛教训在乡村地区掀起波澜，华沙温驯地投降了，起义的余烬被彻底浇灭。苏沃洛夫给叶卡捷琳娜的报告中只有几个字："万岁，华沙是我们的了！"叶卡捷琳娜在回复时套用了她倚重的将领的句子，宣布他被提升："万岁，大元帅！"

　　从战争的第一声枪响出现起，叶卡捷琳娜就确信波兰不能被容许继续存在：过去，波兰悄悄支持瑞典、土耳其、普鲁士以及其他反俄的交战国，而且任何在那片管理不善的土地上生根的共和理想都可能会向东波及她的臣民。

　　她与老搭档普鲁士和奥地利商定了波兰最后的瓜分。这一次，她拿下了库尔兰、立陶宛剩余地区、白俄罗斯剩余地区以及乌克兰剩余地区。奥地利得到了波兰在南方的剩余区域，普鲁士占领了华沙和波兰西部。

　　波兰不复存在。[①]

阿迦·穆罕默德

　　到了六十七岁时，叶卡捷琳娜昔日的烈火已经不再炽烈，化作温暖的琥珀色光辉。动人的栗色头发变成白发，腰肢也变粗了，牙齿的缝隙需要用假牙来填补。冬天之时，这头母狮需忍受头痛、胃肠胀气、感冒和关节炎，阅读报告、撰写回复时只能戴上眼镜眯着眼看。她在向一个秘书致歉时，化用了乔治·华盛顿的名言："朕的视力因长期为国服务而不再敏锐，现在必须戴上眼镜了。"

　　不过，她头脑中的刀剑依然锋利，岁月并没有减弱她的敬业之心。她的一天，依然从清晨六点钟带着英国灵缇出门开始。每日上午在书桌前工作，她要喝四五杯黑咖啡，而她的一壶黑咖啡就需要

---

　　① 直到一百多年之后，波兰才从第一次世界大战的灰烬中重生——作为《凡尔赛和约》(Treaty of Versailles) 的产物。到了 1939 年，波兰将再次遭受苏德瓜分，约瑟夫·斯大林和阿道夫·希特勒分割了这个孤立无援的国家。

用一磅咖啡豆来煮。到了下午，她在一摞摞的政府文件、回信以及对机密报告的回复上磨钝了羽毛笔的笔尖。

叶卡捷琳娜最后一次军事行动，带有她典型的战争风格。1783年时，女皇利用波斯王国内部的动荡不安将俄罗斯的手伸向了高加索。她和格鲁吉亚国王签署了一份和约，令本来属于波斯附庸国的格鲁吉亚成为俄罗斯的受保护国。但在 1794 年，新任波斯沙阿——阿迦·穆罕默德·汗（Agha Mohammad Khan）登上孔雀宝座。次年，他发动对格鲁吉亚的野蛮入侵，令该国村庄变成一片废墟，并将其都城第比利斯付之一炬。

叶卡捷琳娜受和约束缚，要保护格鲁吉亚，但她意识到这是大好时机，她能做的不仅限于机械地驱逐波斯入侵者。她扶持了一个波斯傀儡——波斯沙阿同父异母的兄弟，并派出 5 万人的军队穿过格鲁吉亚和阿塞拜疆，要去德黑兰给波斯立一位新君。

1796 年 11 月 4 日，正当军队随时准备入侵波斯之际，叶卡捷琳娜的仆人发现女皇失去了知觉，突发严重中风。她痛苦地弥留着，呼吸变成短促而费力的喘息。医生告知她的儿子保罗最后的时刻就要到了，拉长脸的圣彼得堡大牧首前来主持了女皇的临终仪式。

"先生们，"不久后，一个侍者对聚集在叶卡捷琳娜前厅中的人说，"叶卡捷琳娜女皇已经过世，保罗·彼得罗维奇陛下将登上皇位，统治全俄罗斯。"

† † †

在接下来的几个世纪中，俄罗斯之外的人，很少有人知道安哈尔特-采尔布斯特的索菲娅这个名字，这个年轻的波美拉尼亚女孩与家人分开，被投到充满宫廷阴谋和家族斗争的世界中。事实上，那个大理石墓碑上标记为"叶卡捷琳娜二世"的女人自己都很难再认出昔日那个受人虐待的年轻女人。

但整个欧洲都知道她载入史册的名字，一个她自己在世时拒绝使用的称号：叶卡捷琳娜大帝。她对宏观战略的间接干预、扩张帝国的动力，以及赌徒的直觉，在俄罗斯人的心里留下了决定性的印记。而世界其余部分，则会进入一个叶卡捷琳娜根本不会相信的时代：民主崛起的时代。

第四篇

地图与传奇

而且男人知道的！他还知道，上帝赐给他的那个女人，
必然要做主但不必发号施令，会迷住男人但不奴役男人。
而她知道，且她的直觉从不出错，她便如此警告过他：
她们物种的女性，比男性更为致命。

——鲁德亚德·吉卜林

19 世纪的战争女王们往往都是昙花一现的起义者。加纳阿散蒂王国的雅阿·阿散蒂娃（Yaa Asantewaa）和印度章西女王拉克希米·葩依（Lakshmibai）都揭竿起义，用手中长矛对抗大英帝国的大口径马蒂尼-亨利步枪和马克西姆机枪。

这些近现代的布狄卡所对抗的国家机器是由男人领导的。昔日维多利亚女王成就霸业，如今开战的权威基本已经移交给了立宪系统，而这个系统的主宰者是一群身穿黑色礼服、头戴高帽的绅士。俄罗斯、德国、奥地利、法国、日本、美国，全都一样。男人投票，女人不投。男人领导，女人跟从。在不需要马拉的新式战车上，男人依然占据着驭手的位置。

但是，世界在改变，战争也同样在改变。叶卡捷琳娜大帝的军队行军速度并不比亚历山大大帝的军队迅捷。然而，电报、铁路、工厂流水线、步枪子弹、烈性炸药，提高了 19 世纪战争的速度、复杂性和成本。战争成为格外昂贵的冒险，投入战争的话，整个国家的人力资源和物质资产都要被动员，施加给领导人们的不同以往的沉重考验往往会超出他们的能力。

而随着20世纪到来，古老的帝国发现它们仿佛囚犯一样被吊挂在历史的刑架上。英国发现自己在印度、南非、爱尔兰、远东等地接连遭到言论、罢工、长矛和子弹的攻击。如果说奥斯曼帝国是欧洲的病弱老翁，那么玛丽娅·特蕾莎曾经统治的奥地利，在种族冲突的撕扯下，已经成为欧洲的病弱老妇。叶卡捷琳娜的俄罗斯帝国于1917年死于非命，重生的新国家在某些势力眼中如离经叛道的顽童，而俾斯麦和拿破仑三世（Napoléon Ⅲ）想要缔造的帝国均在第一次世界大战的烈火中凋零。曾持续千年的秩序不复存在，取而代之的是一个不断变化的、不确定的新世界。

由于全球大萧条和两次世界大战带来的巨大动荡，20世纪后期是一个独立运动、恐怖主义、女性解放、技术和民主交织的时代，此时的领导人们重新捡拾起"旧制度"的零星智慧。民主创造出不以女性子宫的生育能力为中心的继任体系，重塑了女性领导人的权力。权力的更替变成固定常规，血统不再算数，至少在理论上不算。到了20世纪60年代末，中产阶级家庭出身的女人可以做贵族家庭出身的男人的继承者，而不会引发对国家的严重戕害。

因此，出身皇家谱系之外的女性，享受着向上的流动性，这一点会令满都海、伊丽莎白和恩津加等人深感不安。这些新女性并没有从小便接受训练去与神交流或指挥军团。克娄巴特拉以伊西斯女神的身份统治国家，塔玛拉的王位是她与生俱来的权力。但果尔达·梅厄、贝娜齐尔·布托（Benazir Bhutto）、玛格丽特·撒切尔（Margaret Thatcher）以及菲律宾的科拉松·阿基诺（Corazón Aquino）、南斯拉夫的米尔卡·普拉宁茨（Milka Planinc）、德国的安格拉·默克尔（Angela Merkel）、尼加拉瓜的比奥莱塔·查莫罗（Violeta Chamorro）、乌克兰的尤利娅·季莫申科（Yulia Tymoshenko）、利比亚的埃伦·约翰逊-瑟利夫（Ellen Johnson-Sirleaf）等领导者，权力都来自投票箱。

统治权力改变了规则，战争规范也发生了变化。民族自决、人权等原则取代了梅特涅（Metternich）和俾斯麦的现实政治。到了20世纪末，各国依然能在国界线外的地方发动攻击，但是若没有超级大国的支持和外交合法性的外衣，他们无法长期维系暴力手段。战争并没有死亡，没有完全变成未开化的时代残存下的遗迹，但是在第二次世界大战之后，战争只能在合适的条件下极为慎重地使用。

当希特勒、东条英机和斯大林已经进入坟墓，女人迎来了她们对战场的决定性时刻。

11. 老祖母

你们无法决定我们是否战斗。我们会战斗……你们只能决定一件事：我们是否能在战斗中赢得胜利。

——果尔达·梅厄，1948 年

不论她如何努力，那个梦都萦绕不去。

她曾对一个朋友讲过那个梦："突然之间，我家中所有电话都响了起来。有很多很多的电话，房子里每个角落都有，一直响个不停。我知道那铃声意味着什么，我害怕去接起所有听筒。我醒来时浑身都是冷汗……如释重负地长叹一口气，但我不能继续睡。我知道如果我再次入睡，那个梦就会回来。"

果尔达知道那些潜意识里的电话另一端的声音会告诉她什么。她曾吩咐军事专员，无论何时有以色列公民被阿拉伯战士杀死，都给她打电话，不管白天黑夜什么时候。有些夜里，这位助理会打电话汇报西奈地区的埃及炮击造成的死亡，或是阿拉伯游击队向犹太人定居点发射的迫击炮弹造成的伤亡。

有些夜里，没有这样的消息。那些夜里，梦境就会重现。

† † †

果尔达·马波维奇（Golda Mabovich）最早的童年记忆是一幅模糊不清的画面：因为反犹太大屠杀的流言，父亲将他们在乌克兰的家的门窗钉上木板。1903 年，她 5 岁时，父亲移民到美国找工作，两年后，摩西·马波维奇（Moshe Mabovich）将家人接到了威斯康星州密尔沃基，与他共同生活。

果尔达陶醉在美国的自由中。少女时代的她任性倔强，跑去丹佛与姐姐谢伊娜（Sheyna）一同生活。谢伊娜和她的丈夫都是社会运动积极分子，与丹佛的犹太复国运动社团联系紧密，经常在家中举办宴会，讨论有关流散各地的犹太社群的政治问题和社会问题。听着大人们的谈话，果尔达吸收了妇女解放、工人权益和资本主义的不公等激进观念。一头乌发的少女被犹太复国主义的浪漫冲昏了头脑，誓要传承火种，直至生命最后一息。

在丹佛生活了数年后，果尔达与父母团聚，重新回到密尔沃基的学校，完成了高中学业，毕业时作为班上的毕业生代表负责致辞。1917 年，她与一个脾气温驯的广告牌画手莫里斯·梅耶森（Morris Meyerson）成婚，开始为犹太复国筹集基金。

在婚姻生活中，果尔达是说了算的那一方。1921 年，她说服莫里斯和她一起搬到巴勒斯坦。夫妻二人在耶斯列山谷的梅尔哈维亚基布兹安顿下来（基布兹是希伯来语"聚集""团结"的意思，是一种集体农庄）。与他们一起生活在这里的还有其他来自欧洲和中东的定居者，他们自称为"伊休夫"（意为定居者）。由于担心伊休夫同伴看不起自己，认为自己是个"软弱的美国人"，她十分重视能在工作上超过所有人，无论是在杏树林、厨房、鸡舍还是在仓库。

由于敬业和坦率而直言不讳的领导能力，果尔达成了梅尔哈维亚社区中的核心人物。没过多久，她的基布兹同伴便选她作为总工会代表，总工会全称为巴勒斯坦犹太人劳工联合会（Palestine's Jewish Labor Federation）。出于政治工作的需要，果尔达、莫里斯和两个年幼的孩子搬去特拉维夫，然后又从那里去了传奇之城耶路撒冷。①

果尔达有一次说："有一种女人不会让丈夫限制自己的地平线。"她将家庭生活看作对她的真正使命的妨碍，她的使命是公共服务。认识到她的心不在婚姻，于是她和莫里斯分开了。② 从家庭责任中解放出来，她投身于政治工作，把所有的个人时间都用于与杰出的总工会官员处理各种事务。

---

① 作者此处叙述有误，事实上，果尔达和莫里斯于1924年搬到耶路撒冷之后两个孩子才出生。孩子出生后，果尔达曾回到梅尔哈维亚一段时间，后又搬回耶路撒冷。——译者注

② 果尔达和莫里斯并未离婚，二人只是分居。为了共同抚育孩子，他们一直维持着良好亲密的往来。——译者注

独立

随着希特勒的第三帝国在 1945 年垮台，成千上万的犹太人还在欧洲各地解放了的集中营中煎熬。果尔达和其他犹太领袖将这些流离失所的人汇集到一片新的家园，他们称之为以色列。由于害怕阿拉伯人的激烈反应，英国暂停犹太人移民巴勒斯坦，而激进的犹太团伙便发动了对英国当局的恐怖主义行动作为回应。

化解伊尔根派领导人梅纳赫姆·贝京（Menachem Begin）等激进分子造成的危机，成了果尔达和犹太事务局（Jewish Agency）负责人大卫·本-古里安（David Ben-Gurion）等主流犹太领导人的全职工作。① 贝京的人制造的爆炸和暗杀报复了英国人，却也在国际上给犹太复国主义者制造了公共关系的噩梦。

果尔达并非激进主义者。她寻求政治解决方案，不能容忍恐怖主义者——无论是犹太人还是其他人。对于像贝京这样头脑容易发热的人，她向本-古里安提出了一个冷血方案：当权者必须结束他们"每一种形式的"暴力。

"结束是指把人干掉吗？"本-古里安问她。

"好吧，哪怕要把人干掉。"果尔达回答，"处理这些人，我没有道德约束。"

本-古里安惊骇至极。"犹太人不会在以色列的土地上相互

---

① 伊尔根（Irgun），全称为 Irgun Zvai Leumi，希伯来语，意为"国家军事组织"，1931 年成立，是在英国统治巴勒斯坦时期进行地下活动的犹太复国主义右翼组织。——译者注

屠杀。"

"他们已经杀过犹太人了。"果尔达反驳，"我知道向伊尔根或斯特恩帮里的人开枪很不好，但是如果他们让事情发展到那个程度……我们必须尽一切努力阻止他们。"①

事情并没有停止。犹太人的攻击变得越来越大胆，英国政府调动 1.7 万名士兵前往巴勒斯坦，让伊休夫们保持秩序。在一次名为"黑色安息日"的清洗中，英国军事当局围捕了多名犹太领导人。果尔达是少数没有出现在政府目标名单上的人之一，借此踏入了人员被捕造成的权力真空。

英国人会很后悔没有逮捕梅耶森夫人的。她威吓当局释放囚犯，并牢牢控制着犹太事务局直至本-古里安和他的副手被释放。"只要果尔达还在外面，"定居者们开玩笑说，"犹太事务局里唯一的男人就还是自由的。"②

随着她爬上摇摇欲坠的政治阶梯，保守的犹太人对一个女人在管理他们的事务持悲观态度。一家正统派报纸上的社论写道："向这位聪明、精力充沛的女性致敬。但让果尔达领导犹太人最重要的事情，是不可能的。这不是女人的位置。"

果尔达并没有打算担当起领导"最重要的事情"的重任，但她有三项无价品质，恰好是影子政府所需要的：她可以胜过任何男人；她不会接受"不"作为答案；她在美国长大。在本-古里安看

---

① 斯特恩帮是从伊尔根中分裂出来的一个团体，由亚伯拉罕·斯特恩（Avraham Stern）于 1940 年创立，又名"以色列自由战士"。——译者注

② 果尔达讨厌"唯一的男人"这个标签，自从阿尔忒弥西亚之后这个标签被贴得四处都是。"我一直都觉得这种评价很令人恼怒，不过男人把它当作极大的恭维。"她曾经如此抱怨，"是不是？我不会这么说。因为它到底是什么意思呢？它的意思就是男人比女人强，这一说法恕我完全无法赞同。"

来，这些品质令她成了一项特殊任务的自然人选。

当英国准备放弃他们对巴勒斯坦不得民心的权力时，阿拉伯人对犹太居民的攻击猛增。1947 年 12 月，果尔达的车在耶路撒冷郊区遭遇伏击，匆忙之中她爬上了一辆公共汽车。她记得有一名男子向袭击者开枪，然后他自己也被击中，砰地倒在地上。果尔达没有能力救他，只能抱着他，任他身体中的血慢慢流干。他死在了她的大腿上。

到了 1947 年，犹太事务局严重短缺食物、武器、弹药以及其他无数维持独立运动生存下去的普通物资。本-古里安想到了果尔达在美国的联系，于是派她回到自己长大的国家筹措资金，以能使以色列重新出现在地图之上。

果尔达重返美国时身穿一件朴素的蓝色连衣裙，黑色头发盘成一个大大的圆髻。密尔沃基的社会主义者发起了一次巡回演讲，以呼吁美国的资本家们慷慨解囊。她即兴发言，告诉人群，犹太国家能否在面对英国镇压和阿拉伯人暴力的情况下生存下去，取决于来自芝加哥、达拉斯、纽约等地的美国人。

"巴勒斯坦的伊休夫会在内盖夫战斗，会在加利利战斗，会在耶路撒冷的郊区战斗，一直战斗到底。"她的宣言仿效了温斯顿·丘吉尔的名言。

> 你们无法决定我们是否战斗。我们会战斗……你们只能决定一件事：我们是否能在战斗中赢得胜利。这件事，美国的犹太人能决定。这个决定必须迅速做出，几小时内，或者几天内。我乞求你们——不要晚了。不要在三个月后苦涩地后悔今天没能做的事情。现在就是关键。

在离开巴勒斯坦前，果尔达被告知，如果她足够幸运，美国人会捐献多达 800 万美元。而她飞回巴勒斯坦时，带回去了 5 000 万美元捐款。本-古里安十分惊叹，后来他评价说："当历史被书写的时候，会写下这个国家之所以有可能建国，是因为有一个犹太女性筹到了钱。"

† † †

1948 年 5 月 14 日，以色列宣布独立，果尔达是 38 名宣告签署人之一。饱受非议的英国当局很高兴能从巴勒斯坦抽身，让士兵回国。英国军队刚一离开，以色列的邻国便对这个新成立的国家宣战。

对果尔达来说，独立战争是鲜血、危机和肾上腺素组成的一团混乱，而这个时候的她要筹集资金组建新政府的劳工部。她一包接一包地抽烟，每天喝掉两壶咖啡，时间都用来应对一场接着一场的危机。

有一天，乘坐公共汽车时，子弹开始从四面八方飞向乘客。果尔达坐在座位上丝毫未动，只是掩住了自己的双眼。

枪击停止后，一名乘客问她：为什么掩住眼睛，是害怕自己看到的东西吗？

她摇了摇头。"我并不害怕死亡。"她说，"每个人都会死。但如果我瞎了，我该怎么生活呢？我该怎么工作呢？"

经过九个月的动荡后，战争结束。接下来的七年，以色列有了喘息之机，组建起一个像样的政府。果尔达在建国初担任驻苏联大使、劳工部长、外交部长。她与新兴的西非国家建立联系，与苏联开启了含糊的对话，巧妙地捍卫了以色列在海外的地位。

她直言不讳的坦率，曾经为她筹措资金时在美国听众中赢得了很好的共鸣，却令为她工作的员工离心。

"果尔达拥有坚定的信念。"一位政府官员回忆说，"她相信自己内心的真理。在某些问题上，她根本无法被动摇。对于是否被人喜欢、是否被人认可，她几乎毫无兴趣。当她意识到真理时，她认为就该坚定不移。由于这种特质，她很难改变自己的想法。"

为果尔达工作的女性在她们的领导身上找不到半分女权主义者的团结。"很多人会觉得她讨厌女人。"一位外交部的女性员工说，"我不知道是不是这样，但她肯定不是我们的朋友。"

果尔达无意于培养指导下一代领导人，或建立一个运作平稳的和谐组织。用直接的方案解决问题，是果尔达的行事作风。如果集体农场需要鸡，她就学习如何喂鸡，然后就去喂鸡。如果以色列需要钱，她就坐飞机去纽约，开始巡回演讲。在将近五十岁时，她解决了很多棘手的问题，打破了很多紧锁的大门，根本无精力去关心女人们是否将其看作榜样或团队成员。根据其他人的想法塑造自己的生活，她对此毫无兴趣——从来都没有过。

由于以色列政权构成成员的代沟加深，政府内部的冲突摩擦不断升级。在果尔达和本-古里安身后，有很多焦躁不安的年轻一代，如摩西·达扬（Moshe Dayan）、西蒙·佩雷斯（Shimon Peres）和梅纳赫姆·贝京——这些人在英国当政时是恐怖分子，在独立战争期间是头脑冲动的战士。他们长期被归为激进的边缘分子，如今终于品尝到政治主流权力的滋味。他们相信，现在是时候让老一代人站到一边，把路让给新一代人了。

六十岁的果尔达·梅耶森——此时她已经将姓氏改成了希伯来

化的"梅厄"（Meir）——面临着身体问题和政治死亡，她没有做出任何让步。但时间也在消磨她曾经年轻的身体。她乌黑的头发不断败退给灰色的浪潮，数十年的政治、工作和战争在她脸上留下了战斗的伤痕。昔年密尔沃基的轻盈身形已经被年迈的身体取代。她饱受偏头痛、带状疱疹、神经衰弱、胆囊问题、静脉炎和淋巴瘤的折磨，医生们都反复命令她戒烟。

"我现在戒烟没有什么意义。"她会如此回答，"我不会英年早逝了。"

然而，她的眼睛依然和年轻时一样，如猛禽般锐利。碧绿而深邃的双目，随着岁月流逝，关注点却越来越清晰。

二十年，两场战争

1956 年 7 月，果尔达遭遇了担任外交部长以来第一次重大危机：埃及总统贾迈勒·纳赛尔（Gamal Nasser）将苏伊士运河收归国有，并对犹太航运关闭了亚喀巴湾。英法等殖民国家反对纳赛尔的做法，集结军队，要将埃及驱逐出西奈半岛和运河区域。

以色列国防军没有等待埃及的下一步行动，就发动了预防性攻击，攻占西奈半岛，并歼灭埃及军队。以色列占领了西奈半岛，范围北至内盖夫沙漠、南至半岛最南端的沙姆沙伊赫。英法军队则推进到运河。

在联合国，果尔达为以色列先发动进攻的决定进行辩护：埃及政府以非正规军渗透以色列，纳赛尔用封闭亚喀巴湾和运河来威胁以色列经济。以色列有权捍卫本国利益，即便这意味着要先引发流血事件并占领西奈。

果尔达觉得以色列在道德上是正确的，但令她沮丧的是，超级大国联合起来反对以色列。苏联一直在寻找进入中东的入口，威胁要站在埃及一边进行干预。美国总统德怀特·艾森豪威尔（Dwight Eisenhower）面临着连任选举，希望能被视作阿以之间诚实可靠的中间人，没有支持英国和法国，并威胁说：若以色列不撤军，美国将进行经济制裁。

在紧张的压力下，以色列从西奈撤军，条件是联合国维和部队需确保以色列边境不会遭到埃及进一步侵略。联合国同意了。

作为外交部长，果尔达在这部大戏中占据了前排位置，而这场戏也刚好强调了她的信条：战争是政治性的，应该为政治目的量身定做。有时候，战争有用，但如果外交基础没有被谨慎打好，使节们和政治家们可能会反胜为败。

1956年的战争是一场碾压性的军事胜利，因此，独眼将军摩西·达扬[①]等战略专家自信地预言，阿拉伯人至少在20世纪70年代之前不敢再发动新战争。不过，在1967年，埃及总统纳赛尔就准备好再次挑战长期宿敌。5月，他要求联合国维和部队撤出西奈。

令所有人都大吃一惊的是，联合国秘书长吴丹将军（U Thant）立即遵从了纳赛尔的要求，放弃了联合国要保护以色列边境的承诺，为埃及从南方入侵以色列让出了路。

以色列只能依靠自己了。

纳赛尔对驶往以色列的船只关闭了苏伊士运河。约旦国王侯赛

---

① 达扬在第二次世界大战期间，在英军服役过程中失去了左眼。

因（Hussein）与埃及和叙利亚签署军事协议，从三个方向威胁以色列。1967 年 6 月，46.5 万名阿拉伯士兵、2 800 辆坦克、800 架飞机都已经就位待命，随时准备越过以色列边境。

当国家在和平与战争中间的支点上摇来摆去之时，果尔达并没有官方的政府头衔。一年前，她从政府退休。她声称——说法其实没有什么说服力——厌倦了批评，厌倦了漫长的日子，厌倦了与淋巴瘤的斗争和化疗，她真的受够了政治。

但她是以色列经验最丰富的老一辈政治家之一。古时候的士师底波拉曾在椰枣树下主持事务，制定了与迦南人对抗的作战计划，果尔达就和她一样，观点也受到了广泛尊重。由于战争看似不可避免，总理列维·埃什科尔（Levi Eshkol）邀请她与内阁成员共同讨论是否要发动预防性攻击。

一如既往，果尔达坦率直言。总理问她的观点时，她告诉内阁要先发动攻击。

"我看不出来如何能避免战争。没有人会来帮助我们。"她说，"我理解阿拉伯人想要消灭我们，但他们真的指望我们配合他们？"

内阁表示同意，政府将事情交给国防军处理。6 月 5 日，法国制造的"幻影"攻击机对埃及空军基地实施了毁灭性轰炸，摧毁了停在地面上的 204 架埃及战斗机。攻击机全速返程，加油、填充弹药后，又对约旦和叙利亚的空军基地倾洒怒火，摧毁了 200 架飞机。一个下午的时间，阿拉伯人的空军力量大受打击。

在空军掩护下，以色列的地面军向前进军。在叙利亚边境，一支以色列部队攻占戈兰高地，这是一处攻击目标为以色列北部的导弹发射地。在南面，以色列国防军席卷从西奈半岛到苏伊士运河的区域。东边，军队推进至约旦河西岸，攻占了耶路撒冷旧城。六天之内，以色列就在与三个人数上胜过己方的敌国的战斗中取得了决定性胜利。国防军攻占的土地比以色列本国土地大三倍还多，其上居住了 100 万阿拉伯人。

战争过程中，以色列占领了一处耶路撒冷的地标——西墙，果尔达前去参观，遵循了一项古老的犹太传统，将一张写着她愿望的纸条塞到了墙上的缝隙中。

纸上写的是：shalom。

这是希伯来语：和平。

六日战争又一次向她表明：以色列的安全要依赖自己的军事力量，而非他国的观点或联合国稍纵即逝的善意。

"我们不想要战争。我们比所有人都更希望和平。"几周后，在纽约麦迪逊广场花园，她对筹款活动人群说。不过，以色列不得不保护自己，如果必须，甚至会采用武力。她发誓说："那些死于希特勒毒气室中的犹太人，是最后的没站出来保护自己的犹太人了。"后来，她评论说："如果我们不得不在受人同情地死去与带着坏形象活下去之间做出一个选择，我们宁愿活着，有一个坏形象。"

战争还教会果尔达不能闲着。政治就在她的血脉中。掌控大事，被人需要，驱动一个新建的国家度过中东政治的危机，会令人的肾上腺素激增，而她已经对肾上腺素激增上瘾。这已经成为令她活跃的力量、她选择的药物、她身体和思想渴望的东西，就如同咖啡因和烟草。

已经年近七十的她回到特拉维夫，组建了一个新的联盟党。她利用自己的人格力量，十分明智地将分裂的团体在关键问题上联合起来，为自己打造了一个新的政治基础，使自己成为以色列"最新"的政界元老。

果尔达对自己的政敌能做到十分无情。"果尔达知道权力是什么，知道该如何使用它。"一个顾问回忆说，"她是名强硬的政治家。她要么喜欢你，要么就不喜欢你。如果她不喜欢你，你会遇上麻烦的。"

另一个敌对派用十分通俗实在的语言描述了她的风格："她拖着沉重的脚步走来，脸上悲伤又痛苦，是被静脉曲张折磨的，还有别的天知道是什么毛病。你冲过去扶着她坐到你的座位上。她亲切地感谢你。但你接下来知道的事情是：你完蛋了。"

1969 年 2 月，总理埃什科尔逝世，只是这并非果尔达的阴谋。他在睡梦中死去，死于心脏病发作。党内领导人们要求果尔达继任总理之职。

果尔达一直都渴望着做"最重要的事情"，但她拉长的脸并非在表演。她身处政府中已经三十年，身体已经因年老和过度劳累垮了。她不想像埃什科尔那样离开岗位——庄重地躺在那里，被一群面无表情的部长们和党内要人呆呆看着，这些人一只眼睛看着尸体，另一只眼睛看着总理的继任者。

所以，在接受总理职位之前，她去看了医生。她眼睛一眨不眨地看着医生，问她还可以活多久。

"十年。"答案如此。

十年。

她回家后开始思考。

十年足够了，她得出结论。十年足够完成她在以色列史诗中的章节。

"被自己孩子的鲜血滋养"

她接掌国家之舵时，正值变化更迭之时。随着相对温和宽容的中产阶级扎根，基布兹的先锋精神已经有所消退。在建筑业和农业，德系犹太人劳工一直被薪水要求较低的阿拉伯移民排挤。而在年轻人之中，希伯来民歌已经让位给了披头士乐队，有一个自称为"黑豹"的非洲犹太裔组织抗议欧洲出生的同胞对他们的种族歧视。长发、短裙……对于果尔达这样中坚的社会主义者来说，是很难接受她参与缔造的国家正在变化的一些东西。这里就和世界其他地方一样在变化。

对于一个已经七十岁的女人来说，她的工作并不轻松。报纸纷纷抱怨她太老了，不适合担任总理的职务。而极端正统派犹太人依然指责女性总理的存在违反了上帝的律法。

对果尔达来说，年龄和性别都不重要。世界按其方式运转，她不会把半分时间浪费在支持女性在政府中工作。此刻，以色列需要她，所以以色列找到了她。就是这样简单。

"我成为总理，是因为事情就是这样，也是因此，我的送奶工成了赫尔蒙山上前哨基地的指挥官。"她后来写道。就和对待梅尔哈维亚农场里的鸡一样，如果有问题需要解决，她就会解决它。

出于内心的实用主义，她觉得自称为女权主义者令人讨厌。作为一名个人主义者，果尔达相信任何人都可以通过努力工作和自我牺牲来获得成功，不需要配额指标或特殊待遇，所以，对在 20 世纪 70 年代初发出声音的女权运动，她几乎无法容忍。她把她那个时代的活动人士斥为"那些烧胸罩、邋里邋遢地到处乱晃、讨厌男人的疯女人"。当被问及女性解放时，这个曾经在公交车被袭击事件中搂住一个垂死之人的女人会嗤之以鼻："她们有什么必须要解放的？是无聊吗？"

果尔达的直言不讳、迫使美国供应"鬼怪"战斗机的精明方式，驱散了人们对软弱的"女性政府"的恐惧，令以色列当局安心下来。这是一个危险的世界，以色列需要一个能做到冷酷无情的领导人。

† † †

果尔达是一名复国主义者，国家安全问题便是她魂牵梦绕之事。尼克松的国务卿亨利·基辛格回忆说："果尔达·梅厄十分独特、精明、务实、淳朴，她认为自己是她的人民的母亲。在她看来，以色列的每一平方英寸的土地都是被自己孩子的鲜血滋养的……归还领土的想法对她来说几乎是生理上的痛苦。"

而为了那片领土战斗的想法，同样令人痛苦。她认识很多在战争中死去的人，政府有一个五卷本的档案，记录了死于战争行动的所有战士的名字。她曾经对记者奥莉娅娜·法拉奇（Oriana Fallaci）说："我们不喜欢制造战争，哪怕我们会赢。在上次战争之后，我们的街道上没有喜悦之情。没人跳舞，没人唱歌，没有庆祝活动。你应该曾经见过我们凯旋的士兵。每一个人都是悲伤的画面。"

果尔达将悲伤视作这片饱受战争蹂躏的古老土地上生活的一部分。就如同对待小鸡的问题和联合政府的事情一样，她从实际角度来看待战争。"我们不是靠军事行动来发展兴盛的。我们参加战争是因为我们不得不参加。"1969 年，她接受《时尚》（*Vogue*）杂志采访时说，"感谢上帝，我们效率很高。"

高效有时需要流血。在英国统治时期，她便赞成暗杀犹太恐怖分子；而她也授权以色列情报机构摩萨德追捕"黑色九月"恐怖分子，这些人参与了对 1972 年慕尼黑奥运会犹太运动员的屠杀。

她并不后悔。"难道我们应该坐在这里，抱着胳膊低声祈祷'希望什么事都不要发生'？祈祷没有什么用。有用的是反击。用所有可能的手段，包括我们不一定喜欢的手段。"

果尔达理解在暴力与安全之间的道德权衡，并接受领导一个战时国家所伴随的责任。她的命令从特拉维夫的办公室发出，但那些整洁的打字纸到底意味着什么，她从不会欺骗自己。鲜血就在她的双手上。

"杀人和做出让别人去杀人的决定，并没有什么不同。"她说这话的时候神情肃穆，"这是完全一样的事情。甚至可能更糟糕。"

在翻阅一本关于美国越战的书时，她透过悲伤的双眼回想起：

> 我经常发现自己不得不做某些决定：比方说，把我们的士兵派去他们再也无法归来的地方，或者让他们去执行不知道会夺走双方多少人性命的行动。我难受……我难受。但我发布这些命令，就如同男人发布命令一样。我回想起来，并不完全确定我的难受是否会比男人重。我的男性同事，有些被黑暗的悲伤压抑着，那悲伤比我经历的要黑暗。啊，并不是说我的悲伤很少。但它不会影响我，的确，它不会影响我的决定。

又一个那样的决定就在不远处等着她。

†　†　†

1970 年 9 月，埃及总统纳赛尔死于心脏病，他的继任者安瓦尔·萨达特（Anwar Sadat）登上世界舞台。萨达特秃头，棕褐色皮肤，笑容和煦。他和果尔达的很多同事一样，曾经在 20 世纪 40 年代被英国当局逮捕下狱。以埃及的标准来说，他是温和派，与苏联的操纵保持距离，并悄悄地寻求与以色列暂时和解。

萨达特的问题是，与以色列的任何妥协都在强硬派中极为不得人心，无论是在政府内还是在民间。如果妥协太多，可能一个冒着烟的手榴弹就会出现在他大腿上，让他就此告别尘世。如果妥协太少，埃及可能又会多流一代人的血。所以，他宣布，如果以色列的武装力量撤退到西奈半岛的米特拉山和吉迪山口之后，同意将 1967 年战争中占领的所有土地归还给埃及，埃及将开启谈判，确认以色列在尚存争议需要协商的边界上的存在权。

尼克松总统和亨利·基辛格认为萨达特的提议是迈向永久性和平的一步，督促果尔达做出积极回应。但果尔达不认为有理由信任开罗的好意。1947 年画下的边境线并没有阻挡住 1948 年阿拉伯人的入侵；1948 年的胜利也没有阻止 1956 年战争的发生；联合国在 1956 年的保证同样没有阻止 1967 年的战争。对于容许犹太人和平生活，阿拉伯的领导人们从没有显露过兴趣，为什么萨达特会有所不同？

在果尔达看来，无情的现实是：埃及和叙利亚会且仅会因为一个原因不入侵以色列。这个原因便是：以色列太强大了。维持和平的关键是以色列的西奈战线和在戈兰高地上的兵力——而非阿拉伯人的善意。

"如果阿拉伯人觉得他们能开战并打赢，那我们一年前就打起来了。"她对《美国新闻与世界报道》(*U. S. News & World Report*) 的一位记者说，"他们拖延时间不是因为他们不喜欢战争……如果他们没有直接开战攻击我们，那只是因为他们十分清楚开战会发生什么。"

基于对以色列国防军的信任，果尔达拒绝从占领区域撤军。在占领西奈期间，以色列将豺狼出没的地方变为长满芦苇和纸莎草的土地。

在外交团体的很多人眼中，她的决心似乎是目光短浅的顽固。"相比听萨达特的提议，梅厄更喜欢从华盛顿接收'鬼怪'战斗机。"一位外交部官员回忆说，"当时的以色列领导人甚至无法接受在以色列占领的运河东岸上有象征性的埃及警力的存在。"

果尔达坚持自己的立场，阿拉伯国家的言论在不断升级。她与约旦国王侯赛因保持着秘密对话。侯赛因是一个温和派，在巴勒斯坦激进分子驾驶着叙利亚坦克入侵约旦时，果尔达曾表示过对侯赛因的支持。她和摩萨德还通过一个代号为"姻亲"的身居高位的间谍密切关注着埃及的举动。①

他们关注着，但什么都没看见。1971 年和 1972 年，标准的"不要和平""决定性的一年"的口号依然在开罗的新闻部回荡着，但一如往常，前线静静悄悄。1973 年到来，果尔达不觉得有理由认为这一年会有什么不同。

---

① "姻亲"是纳赛尔总统的女婿、萨达特总统的亲密顾问阿什拉夫·马尔万 (Ashraf Marwan) 的代号，其举动严重违反安全协议，令人震惊。

她依然传承着独立的古老火焰，但时间正从她的生命之杯中溜走。果尔达的公众支持率保持在令人嫉妒的 73%，数字只比她的年龄小两个点，但她知道她掌权的时间不会太久了。1972 年 11 月，她对一个记者说："我没有办法一直这么疯狂下去。但愿你能知道我对自己说过多少次这种话：让所有事都见鬼去吧，让所有人都见鬼去吧，我已经完成了我该做的……是啊，很多人不相信我会离开。其实，他们最好相信，我甚至能够告诉你确切日期：1973 年10 月。"

† † †

随着 1973 年 10 月的大选临近，以色列选民中弥漫着乐观情绪。经济增长创造了纪录，以色列外汇储备达到 12 亿美元——有史以来最高。甚至安全问题，此时看来也是可以打包票的：自 1971年年底，尼克松往以色列发送了 66 架"鬼怪"和 104 架"天鹰"对地攻击机，令特拉维夫成为该地区主宰性空军力量。情报部门能够提供及时充分的预警，以调动 24 万人的后备力量，而在后备军到前线就位之前，以色列空军就可以阻住阿拉伯人。

在苏伊士运河的另一面，埃及似乎并不热衷于战争。萨达特总统驱逐了苏联的军事顾问，标志着埃苏关系的破裂。果尔达的国防部长摩西·达扬对军队军官们说，阿拉伯的军事机能失调，"有几个因素，我认为不会迅速改变：他们的士兵的教育水平、技术水平和诚信素质都很低；阿拉伯国家内部的分歧，这种分歧时不时地会被掩盖起来，但也会突然间爆发。"

以色列的将领们已经品尝过太多胜利之杯中的美酒，而胜利，就如同酒精一样，会削弱人的克制能力。在特拉维夫的战争办公室中流传着一个笑话：无聊的摩西·达扬和国防军参谋长戴维·达杜·埃拉扎尔（David "Dado" Elazar）中将一边喝着咖啡、一边发牢骚。

"没事干啊。"达扬抱怨。

"再入侵一个国家怎么样？"达杜问。

"那我们下午又干什么呢？"达扬咕哝说。

† † †

1973年9月25日夜里，笑话戛然而止，一架没有标记的贝尔直升机在特拉维夫北部一座摩萨德安全屋着陆。机舱门滑开，一个男人走下来，他个子不高，留着八字胡，身穿西装。以色列特工们将他引入屋内。

果尔达·梅厄在前厅等待着他。她面带愉快笑容，站起身，伸出手，对约旦国王侯赛因表示欢迎。

侯赛因是一个老派的阿拉伯统治者，但自20世纪60年代初，他就悄悄地与以色列寻求和平。他将巴勒斯坦解放组织逐出约旦，他与叙利亚的关系在叙利亚支持的巴勒斯坦解放组织入侵约旦后变得十分冷淡。他在六日战争中已经损失了一大片土地，他不希望损失更多，所以外交政策转变为与以色列维持友好关系。只要对自己的王国有利，他会欣然对官方的敌人提供帮助。

侯赛因国王天生爱絮叨，加之不知道该如何开场，于是与以色列的领导人们闲扯着。果尔达耐心地点着头，让国王喋喋不休地讲了将近一个小时，才开始谈及来访的真正原因。他说话声音温和，却仿佛一记重脚踹在果尔达肚子上：叙利亚要发动战争。

午夜之时，侯赛因走出安全屋，钻入直升机，直升机飞入夜空，没了踪迹。果尔达立刻给摩西·达扬打电话。国防部长处之泰然。和被俗称为"阿曼"的以色列军事情报局中许多有影响力的思想家一样，达扬认同一个"观点"：没有埃及的援助，叙利亚不会袭击以色列；如果没有苏联的轰炸机和飞毛腿地对地导弹，埃及不会援助叙利亚。埃及人没有轰炸机和导弹，因此，不会援助叙利亚。因此，不会有战争。

自苏伊士运河战争的激扬年代，达扬已是以色列国防军的总参谋长，在六日战争期间，又为以色列的胜利立下诸多功勋。果尔达没有理由怀疑国家的顶级军事专家，她听从了"坑"里人的集体智慧结晶（"坑"是国防军指挥中心的别称）。

尽管有些困扰，不过果尔达放下心来，飞去了斯特拉斯堡，按照计划，她要在那里对欧盟委员会发表演讲。她在外交会所中努力工作时，她的亲密顾问伊斯拉埃尔·加利利（Israel Galili）打电话来预警，说边境局势正变得不祥。他要求果尔达立即回国，但她坚持要在回国路上在维也纳停留，就犹太移民和反犹太恐怖主义等问题敲打一下奥地利总理。[1]

加利利之所以打这个电话，是由于西南方向已"乌云密布"。安瓦尔·萨达特集结了 12 万预备役军人和一个埃及正规师向苏伊士运河移动。苏伊士沿线的敌对行动，即便只是地方上小规模的，

---

[1] 1973 年 9 月，在巴勒斯坦于慕尼黑奥运村屠杀犹太运动员事件一年后，巴勒斯坦将三个苏联犹太人和一个奥地利关税官员作为人质，要求奥地利关闭一个处理苏联犹太人向以色列移民的中转营地。奥地利总理布鲁诺·克赖斯基（Bruno Kreisky）关闭了营地，因为屈服于恐怖分子的要求而成为果尔达唇枪舌剑的谴责目标。

都可能是叙利亚在以色列北部边境发动新战争所需的关键信号。

不过，"阿曼"负责人，备受人尊敬的埃利·泽拉（Eli Zeira），与达扬、埃拉扎尔、摩萨德局长兹维·扎米尔（Zvi Zamir）等人都还认为战争并没有迫在眉睫。达扬依然对今年早些时候报纸对政府的政治抨击耿耿于怀。春天时，埃及军队开始了不同寻常的部队演习，达扬说服果尔达调用以色列预备役——花费大约 3 500 万美元——而泽拉坚持相信不会发生什么事情。后来证明泽拉是正确的。

在这次调军意外之后，没有一个政治家想在反对"阿曼"的意见后再落得脸面无光。以色列有 300 万人口，缺少足够的工人来无限期地维持 25 万士兵的武装，经济承受不起长期的战争。所以，以色列的战略要求国防军尽量牵制敌人，以便预备役就位。

当然，这项战略假定敌人不能迅速地或毫无预警地发动致命袭击。

而这正是萨达特和阿萨德（Assad）在筹划的事情。

赎罪日

以色列东北部与叙利亚的边境是戈兰高地，这是一片高原，自六日战争之后就被以色列国防军占领。战略专家将高地称为"以色列的眼睛和耳朵"，因为这里提供了窥见叙利亚战争准备活动的窗口。透过野外双筒望远镜，以色列的侦察兵便能够看到有前线装甲旅和增援部队进入前沿位置。其中最令人担忧的是一排密集的苏联产萨姆-6 防空导弹——可以抵消以色列在空中无价优势的一级排炮。

如果叙利亚人要发动战争，它正采取所有正确的举动。

西南面，苏伊士运河沿线，侦察照片显示埃及军队正在调集建造桥梁和平底船的装备——正是在运河上冲锋所需做的准备。埃及政府公开声称这些活动只是简单的军事演练。以色列的信息来源确定其在储备燃料和弹药，报告还指出近期批准给官员们的私人休假都突然被取消了。

如果埃及只是准备一次演习，他们为什么要补满弹药库存？他们之前批准给官员放假，难道只是为了毫无通知地取消？

开战的早期预警对以色列的防御至关重要，因为在地面上，以色列国防军人数不占优势，敌方与己方人数比例至少为3∶1，埃及军队拥有65万人的战斗部队，叙利亚有15万。再加上约旦、伊拉克和其他同盟国的小队，阿拉伯人能聚集起90万人，对抗犹太复国主义。

抵抗进攻的是达杜·埃拉扎尔将军指挥的约13.5万人的前线部队。

10月3日，星期三，达扬告知果尔达两处边境上异常的部队移动。她听着，脉搏开始加速，但泽拉的副手向她保证并没有迫在眉睫的事情。达杜表示同意，以经验丰富的先知般的自信解释说，没有埃及，叙利亚不会开战，而埃及并没有准备好全面战争。

"埃及会发动牵制性攻击吗？"果尔达强调地问。

专家们镇定地回答说，埃及不敢把自己的坦克暴露给以色列空军的战斗轰炸机。

她十分困扰，对加利利说："现场的迹象和专家们的说法存在矛盾。"不过，"老祖母"不愿驳回将领和情报专家们的看法——他们一生都在研究战争。

而且，赎罪日——犹太人最重要的节日——三天后就到了：就在 10 月 6 日，星期六。想到要在象征赎罪日结束的最后一声羊角号吹响之前召集国家力量开战，果尔达就反感。至少，在有明确的证据前，她不想这么做。

第二天，证据就明确了。星期四下午，泽拉的密码工作人员收到了一条发自莫斯科的未经加密的无线电信息，其中涉及苏联军队人员的家属撤离埃及之事。埃拉扎尔将军取消了军队的赎罪日假期，下令国防军进入二级战备状态。他把坦克部队移动到戈兰高地，为又一次预备役调军做好了准备。

随着危机加深，果尔达的部长们艰难地在犹豫不决的泥沼中跋涉。达扬坚持认为不存在战争的明确信号。加利利警告果尔达，调用预备役可能会刺激阿拉伯人先发动进攻。埃拉扎尔将军因为春天时的虚惊一场而负担沉重，迟疑着不愿提出做好全面战争准备的要求。不过，最高指挥部的所有人都知道，如果事实证明最坏的情况发生了，以色列会措手不及。

最后达成妥协：果尔达的内阁不建议调用预备役，至少此时不用；但在内阁放假去参加赎罪日活动前，他们授权埃拉扎尔，如果战争一触即发，他可以发起调军，哪怕是在节日。

果尔达就像是珍珠港事件前的罗斯福一样，盯着指向不同结果的数据碎片。中东的明朗局势之所以会模糊难辨，是因为叙利亚、埃及和伊拉克常常挥舞着弯刀大喊"干掉以色列"，结果却什么动作都没有。如果苏联的装甲旅向联邦德国边境进军，就意味着敲响了整个欧洲的警钟；但在以色列边境，这种事每天都有。

犹太家庭烧热炉灶，准备赎罪日前夜的饭食之时，大多数人都对边境线上席卷而来的沙暴一无所知。在苏伊士运河的东岸，以色列有一串稀疏的碉堡和重火力点，被称作巴列夫防线，负责防线的前哨部队包括475名步兵、300辆坦克和50门炮。他们面对的是超过10万名的埃及士兵、1 350辆坦克和2 000门炮。在北面，以色列依靠两个小型步兵团和177辆坦克面对4.5万名叙利亚士兵、1 500辆坦克和942门重炮。

从总理到国防军中最低阶的列兵，所有的以色列人都不知道接下来会发生什么。星期五晚上，大地陷入沉寂，果尔达上床，让自己的潜意识在昨日的恐惧与明日的梦想中巡游。

† † †

10月6日，星期六，凌晨3∶50，果尔达噩梦中的电话响了起来。这一次，电话是真实的，另一端的声音也不是梦中的幽灵。那是她的军事秘书，向她转达来自摩萨德局长兹维·扎米尔的消息。他说，"姻亲"传来消息：埃及和叙利亚会在赎罪日结束前发动进攻。

面如土灰的总理召集达扬和埃拉扎尔在早上8∶00开会。是否要战已经不是问题。问题是，是否要先发动进攻。

脚步沉重地走入办公室会见高级武官们时，果尔达的样子就像见过鬼一般。她的脑袋奔拉着，眼窝深陷在皱纹深重的脸上。平时梳成紧实发髻的灰白头发狂野而凌乱，她的样子就仿佛乌克兰童话中发狂的女巫。她听着，点点头。唯一正常的，就是她那花岗岩般坚定的声音。

达杜·埃拉扎尔推断阿拉伯人不会在傍晚之前发动攻击，建议采用先发制人的空袭，这是国防军惯有操作方案的第一步。他指出，苏伊士和戈兰地区的防守需要增加至少 5 万名地面军，而此时，那些军人都在和家人一起斋戒祈祷。但空军是准备就绪的，达杜推荐在中午轰炸叙利亚空军基地，下午 3 时轰炸叙利亚的导弹基地，两个小时后再轰炸叙利亚装甲部队。现在动手能拯救许多以色列人的性命。

看着将领们辩论战术问题，果尔达从烟盒里拿出烟，凑到打火机上，再塞到嘴里，就像个紧张不安的二十一点发牌员。尽管对战争十分熟悉，但她并不懂得该怎么策划军事行动。这位已经七十五岁的"老祖母"不知道一个师有多少士兵，也不了解纵深防御或破坏性打击是什么。有一次，一个记者请她评论她正在观看的一次军事演习，她信口说："你觉得像我这样的老太婆会对这种事情有什么看法？"

但这个老太婆的头脑善于决断。经过几分钟摇摆后，她做出了决定，令所有穿着军装的男人为之一惊。在这次战争中，世界必须清楚无疑地知道谁才是侵略者。美国是以色列最好的盟友，不会让第三次世界大战始于中东地区的一场边境冲突。基辛格一直都记得巴基斯坦先对印度发动空袭，所以反复警告果尔达不要先发动袭击。

她解释说，以色列不能在这个根本问题上违抗美国。战争需要大量的武器和弹药储备，而以色列的储备几天内就会耗尽。如果尼克松总统不愿意向特拉维夫提供导弹、喷气式飞机和防空系统，战斗的局势可能会在一周内变得对以色列不利。

"我们现在谁也不知道未来会发生什么，"她告诉将军们，"但我们总有可能需要别人的帮助。如果我们先动手，没人会帮助我们的。"在能够调动预备役之前，以色列国防军薄弱的绿色防线不得不承受风暴的冲击。

如果果尔达要表现出克制，她会确保尼克松和基辛格对他们所要求的牺牲心怀感激。她把美国大使肯尼斯·基廷（Kenneth Keating）叫到办公室，对基廷说，战争似乎迫在眉睫。她说，这一定是大马士革和开罗方面的误判。以色列处于和平状态，并希望保持这种状态。她教促基廷立即给华盛顿打电话，要求尼克松说服萨达特和阿萨德放弃入侵。

接下来，果尔达召集内阁在中午召开紧急会议。她的许多部长会对她放弃先发制人的决定感到愤怒。拒绝用己方的攻击来削弱阿拉伯人的攻击，她将因此确定无疑地对同胞的死亡负有罪责，死亡人数未知。果尔达可以告诉自己保持一种至关重要的战略关系是经过计算的风险，但她在这个决定的重压下也摇摆了。

"你可以向内阁为这个决定辩护。"在会议开始前，一个朋友安慰她。

"是的，"她疲倦地说，"但这是一项可怕的责任。"

两个小时后，果尔达正对内阁部长们解释战争已经迫在眉睫，警报的鸣笛声突然响彻了耶路撒冷、特拉维夫以及以色列所有重要城市。

"怎么了？"她问，惊恐之中的脸皱作一团。

"似乎是战争开始了。"一个速记员说。

她点点头。"所以，他们终究还是让我们吃了一惊。"

传令员们开着汽车和摩托车，不顾一切地穿过空旷的假日街道，寻找部队指挥官并下达动员令。下士和士兵们轻拍着在宗教场所的年轻人的肩膀。悄悄话和叠好的小纸条悄悄传递，人们回到家中，叠好祈祷披肩，佩上手枪。在他们的赎罪之日，这些男人和女人将保卫他们的家园。

而另一方面，叙利亚和埃及要找回它们在六日战争中损失的颜面。

† † †

攻击机从埃及边境另一边起飞爬上天空，呼啸着冲向以色列的巴列夫防线。战机撒下导弹，丢下炸弹，便倾斜着消失在西方天空，唯留几缕烟柱升腾到沙漠上空。

地面上，2 000 门埃及大炮划出道道橘色闪光。苏联制造的坦克发动引擎，在密集的炮火掩护下隆隆向前，4 000 名步兵和突击队员乘坐橡皮艇划桨渡运河。沙漠之火被点燃了。

在被戏称为“坑”的国防军指挥中心内的规划会议上，以色列的领导人们相信他们的坦克可以击退地面上的敌人。但是，埃及反坦克部队突然从掩体中出现，并以惊人的精度发射苏联制造的导弹，将钢铁机器变成火球。在最初的 56 个小时的战斗中，以色列将损失 400 辆坦克和 49 架战斗轰炸机。将近 3.2 万名埃及军人推进到西奈半岛，果尔达的将军们敬畏遵循的战略蓝图像卷轴一样化为灰烬。

北方的边境线更靠近以色列的几个大城市，局势更加严峻。叙利亚军队挺进戈兰高地。苏联的萨姆导弹像打苍蝇一样把以色列的“鬼怪”战斗机击落。叙利亚坦克和装甲运兵车向前碾压，射出爆炸威力极高的炮弹，喷射出子弹，迫使本就稀疏脆弱的以色列防线不断后缩。

10 月 7 日，星期日，战争的迷雾已经散开，果尔达及其指挥官们都已经看到了国防军被迫后撤的不安图景。苏联制造的坦克、卡车和运兵车的队列如蛇般穿过戈兰高地，苏联产萨姆导弹遏制住了以色列的战斗机。

摩西·达扬去往前线，大屠杀的景象扑面直击向他。他的自信心严重动摇，下令做好准备拆除约旦河上的桥梁，并对以色列空军司令嘀咕说：第三圣殿的毁灭就在眼前。第三圣殿指的就是现代以色列。

南线情况似乎更糟糕。埃及人冲过苏伊士运河，即将到达巴列夫防线上的防御工事。以色列计划在米特拉山和吉迪山口据守，但如果萨达特的部队比以色列预备役抢先到达山口，那么国防军只有两个小型师隔在埃及的坦克和以色列的腹地之间。

果尔达办公室中召开紧急会议。四十五分钟的会议中，紧张氛围始终持续，埃拉扎尔将军概括描述了星期日这天崩溃的画面。叙利亚的入侵迫使国防军指挥部进入了一个未知的"雷区"；西奈半岛上，埃及人已经楔入巴列夫防线。长久以来，果尔达的将军们都已经习惯发动攻击然后取得胜利，从未经历过性命攸关的挫败。埃拉扎尔不得不告诉果尔达，以色列军队并没有大规模撤退的实际经验。他说："我们从书里学过该怎么做。但我们实际上从来都没做过。"

房间内的每个人都知道威胁已经有多么严重。如果叙利亚人在以色列预备役到位前攻进来，那他们可能会践踏整个以色列。埃及人位置远些，但人数更多。两方都不会仅仅满足于收复被占领的土地。达扬说，阿萨德和萨达特的目标是将犹太人赶到海里去。"他们攻击我们，是为了以色列的国土。"

果尔达点点头。她的目标是有限度的，但敌人的目标不是。如果阿萨德占了优势，那么叙利亚的坦克能开到多远，他就会进入以色列多远。"他们没有理由停下来，"她说，"他们已经尝到血的滋味了。"

身为国防部长的摩西·达扬从理论上该对此次灾难负责，他承认，自己和最高指挥部对敌人存在误判。自上次战争以来，敌人的战斗技能提高了，而以色列国防军方面的计划却是应对上次战争的——而非现在正要面对的战争。

那天下午，达扬来到果尔达的办公室，提出辞呈。

果尔达没接受。她并没有多喜欢摩西，但他是以色列人民的英雄，自第二次世界大战之后，赢得了多次胜利。他冷峻的面孔和黑色眼罩已经成为以色列力量的象征，他现在辞职将是对公众士气的沉重打击。

而且，放弃先发动攻击，是果尔达自己的决定。所以，她告诉摩西忘了辞职的打算。

她还告诉他忘掉另一个打算。会面结束后，达扬走向果尔达办公室的门准备离开。他把手轻轻按在门把手上，漫不经心地转过头看向果尔达，心中还组织着话语："我觉得，既然局势已经这么糟糕了，［就像］我们刚才听达杜说了半个小时的那样，那么我们应该……因为我们没有太多时间……我们应该准备使用核武器的选择。"达扬说，以色列原子能委员会会长沙勒维特·弗赖尔（Shal-hevet Freier）就在果尔达办公室外面。只要果尔达同意，他就去命令委员会会长做好核攻击的准备。

果尔达的主要顾问——伊斯拉埃尔·加利利和伊加尔·阿隆（Yigal Allon）都强烈反对这项建议。即便是自卫，核武器的使用也会令以色列成为各国鄙视的对象。联合国成员国会统一起来反对以色列，美国都可能参加。

果尔达同意他们的看法。"忘了这事。"她对达扬说。

达扬的独眼明亮而清澈，他说接受果尔达的决定。但他一走出房间，加利利就警告果尔达，达扬可能会"忘了"告诉原子能委员会会长核选项已经不予讨论。果尔达立刻把弗赖尔叫到办公室，毫不含糊地告诉他，以色列不准备发动核战争。核选项永远不会被用到。国家是胜是败，靠的是传统技术。

星期天在渐渐过去，但达扬，以色列的独眼耶利米[①]，在这一天中反复用末日的预言打击果尔达。他的悲观极具感染力。从一次战争内阁会议离开后，果尔达面色灰白，身体战栗，喃喃自语："达扬说到了投降。"[②]

在眼镜蛇发动攻击前，她没有看到它的毒牙，就开始考虑自己死在被敌军占领的首都中的画面。后来，她告诉达杜手下的一个局长："在战争第二天，我曾决定要自杀。"

尽管备受焦虑和身体压力的摧残，她的头脑却清醒了。她常说，犹太人没有悲观主义的奢侈，他们会一直战斗到胜利，因为他们没有其他选项。当她把思绪放在必须完成的工作上时，即便身处灾难中，即便已经七十五岁高龄，但所有抛弃自己岗位的想法都烟消云散了。

她的双颊重新泛起血色，眼睛明亮起来。她对自己说，事情并

---

① 耶利米：《圣经》中的先知，是犹大国灭国前最黑暗时期的一位先知，被称作"流泪先知"。——译者注

② 果尔达自己也严重动摇，而她这么说对达扬而言十分不公正：尽管他的信心在第一次到前线之时遭到打击，但他从来都没用过"投降"这个字眼，很快就不再说"第三圣殿的毁灭"等话。

没有完全超出控制。接下来的举动由她的将领们决定，但再之后，就是她一个人的事情了。

"找西姆哈（Simcha）来。"她对一个助理说。

† † †

尽管达扬言辞沮丧消沉，但埃拉扎尔将军没有。的确，他们人数处于劣势，在国家的两端两线作战。但是，他们的防线还没有被打垮，受过训练的预备役正在赶往集结点，检修过去的武器，准备反击。

"今天，我们会触底。"星期一，战争的第三天，埃拉扎尔对果尔达说，"我预计明天我们就能把头探出水面。"

但到了星期二中午，他们的下巴还淹没在水下。西奈半岛上，埃拉扎尔的有限反击出了问题，损失掉 70 辆宝贵的坦克。北线，叙利亚军得到增援，正发动新一轮攻势。阴霾依然笼罩"坑"中，空军司令官愤恨难平，给"坑"新加绰号"浩劫地下室"。

按照日程安排，达扬当晚要发布电视讲话，他对报纸编辑们露骨地谈及埃及的"无限的装备"和以色列面临的低到骇人的胜算。不安的编辑们将他的言论转达给果尔达办公室，她取消了他在电视上的露面，以一个前"阿曼"负责人代替（对于即将要发生的事情，这个人提供了更加严肃也更加有条理的预估）。

随着战争最初的震撼开始消退，"坑"中会议桌边挤着的人公事公办的面孔变得明亮了一些。这些身穿橄榄绿制服的人知道该如何观察战争的高潮和低潮。

在南方，埃及人达到了防空保护伞的范围极限，再向前推进，就会令他们的坦克暴露到以色列空军的"天谴"之下。埃拉扎尔将军派哈伊姆·巴列夫将军（Chaim Bar-lev）指挥南方前线作战。巴列夫将军正是西奈防线的缔造者，他手腕强硬，稳定住局势，又取得了缓慢进步。

在叙利亚前线，以色列国防军进展稳定。战斗轰炸机设法压制住了足够多的萨姆导弹基地，得以深入叙利亚，开始轰炸战地指挥所、炼油厂、发电厂和雷达站。国防军将目光投向了叙利亚首都大马士革，给轰炸机预热，准备发动期待已久的复仇。

当国防军提议轰炸大马士革时，果尔达起初是拒绝的。她担心轰炸叙利亚首都会被视作战争扩大化。在最坏的情况下，可能会迫使美国暂时采取中立立场，而这个时候以色列的军需品不足，正比以往更需要尼克松的帮助。

但是，将领们都力劝果尔达要抓住战略优势。他们主张攻击大马士革会让叙利亚退出战争，同时也是对约旦、伊拉克或其他任何想要加入战局的阿拉伯国家的警告。

权衡过双方面的风险，果尔达认为将领们是正确的。她曾经拒绝授权指挥官们先发动进攻，但现在战争已经开始，她要强化能找到的所有优势。她点点头，很快，"鬼怪"战斗机和"幻影"战斗机便在大马士革的天空中嘶鸣。

地面上，叙利亚边境的以色列部队对"紫线"发动猛烈反击。"紫线"是1967年战后划定的停火线，以色列和叙利亚一直以此为边境线。10月10日，星期三，部队推进至"紫线"，又将一个棘手问题丢给了果尔达：以色列要越过"紫线"向大马士革进攻吗？还是调军向南，到西奈前线，重新夺取被埃及占领的领土？

当天晚上，存在分歧的指挥部将领们带着相反的建议冲入果尔达的办公室。达扬和埃拉扎尔更愿意让以色列预备役越过"紫线"，向大马士革进军。这样，西奈方面埃及就会占上风，但是，向北大推进可以威慑叙利亚，令其在伊拉克军队增援到达之前退出战争。

埃拉扎尔倔强顽固的副手伊斯拉埃尔·塔尔（Israel Tal）少将则主张埃及边境才是两者中更重要的。埃及人已经到了萨姆导弹保护的边缘位置，所以空军应该做好准备，抓住乌龟把头探出壳的时机发动大规模攻击。这需要国防军集中力量在南线，便没有余力向大马士革推进。

军事问题孕育着政治后果，又一次，最终决定权交到年迈的"老祖母"饱经风霜的手中。

果尔达的思绪翻腾着，权衡着两种策略的结果。如果国防军占领叙利亚领土，以色列可以用那些土地来交换被埃及占领的西奈领土——一种肮脏的赎金。但是，向大马士革进军，也可能会恐吓到伊拉克，令其愿意帮助阿拉伯邻国度过危机。这么做，还可能会促使焦虑不安的苏联向叙利亚提供更大型的武器，甚至可能直接插手。

果尔达研究着军事因素和政治因素，就仿佛数学老师解方程式一般，最后宣布了自己的决定。她指出，把坦克、大炮和士兵等从叙利亚转移到西奈需要四天时间。在这四天中，联合国和超级大国可能会试图促成停火。这种压力可以抵抗，但不能抵抗太久。如果战争结束时，以色列掌握的领土比战争开始前少，阿拉伯国家就会学到一个新经验：战争尽管昂贵，但回报丰厚。它们可能会蛰伏一段时间，但最后会醒来，精神饱满地制造另一次冲突，每次从以色列抢走一片土地。和平会变得无法实现。

所以，果尔达指示将领们越过"紫线"，长驱直入叙利亚。在世界其他国家阻止他们之前，他们要拿下能拿下的所有土地。西奈方面的军队只能利用现有资源尽力而为。

这些身着军装的官员，终其一生都在杀人、在命令别人去杀人、在研究暴力，然而他们却要去向一个过时古板的"老祖母"询问空袭和战略性进军的命令，这事说来是十分古怪的。但他们都没觉得有什么特别。不过，"坑"外的一些以色列人看到达扬、达杜和其他职业军人征求果尔达的军事指示，是有些困惑的。以色列报纸《国土报》（*Haaretz*）的国防编辑如此写道："看到经历过七次战争的战士、战功赫赫的国防军总参谋长，将明确的作战内容都交由一个犹太祖母来决定，是很奇怪的。"

† † †

随着战争局势逆转，果尔达及其军事统帅紧张不安地关注着他们的军火仓库。现代战争是极为昂贵的，在战斗的前三天，以色列国防军损失了 500 辆坦克、八分之一的空军，以及成千上万发导弹和炮弹。

补充替换物资的唯一来源是传统的"民主兵工厂"美国。果尔达盼咐驻美大使西姆哈·迪尼茨（Simcha Dinitz）向亨利·基辛格施压，令对方答应提供帮助。她甚至提出要匿名做一次华盛顿闪电行，面对面会见尼克松总统。①

理查德·尼克松是以色列坚定的支持者，但在这次危机中的大

---

① 果尔达相信她与尼克松的友谊能令天平向以色列倾斜。基辛格拒绝了要求，理由是："在他看来，在战争期间，让国家群龙无首四十八小时，是恐慌的信号。如果发生此事，整个阿拉伯世界都会自信起来，到时就彻底无能为力了。"

部分时间中，他都没有表现出"战斗力"。果尔达的军队到达"紫线"那天，尼克松的副总统斯皮罗·阿格纽（Spiro Agnew）由于经济丑闻被迫辞职。民主党在讨论就水门事件弹劾总统，阿奇博尔德·考克斯（Archibald Cox）在法庭上因秘密的白宫磁带攻击总统，而尼克松很快就会解除考克斯的司法部长之职，同时被解雇的还有司法副部长，媒体戏称此次事件为"星期六晚大屠杀"。

政治上遭遇瘫痪，尼克松在危机的大部分时间在佛罗里达州基比斯坎的隐居之所生闷气、喝酒，深陷于自怨自艾。美国的战略决定权都交到了国务卿手中。

亨利·基辛格理解以色列面临的危险。他本人是一个不信教的犹太人，曾经在大屠杀中失去了十三个家庭成员，与很多以色列的领导人都是私人朋友。在美国与苏联的大国博弈中，美国的附庸以色列绝对不被容许在赎罪日战争中以失败者收场。

尽管基辛格很有见地，知道中东地区的长期和平要求犹太人和阿拉伯人双方都能将安全利益建筑在稳定的基础之上，但是他依然觉得迫使双方进行谈判风险很高。他私下对尼克松说，最有利于长期和平的结果是"以色列稍占优势，但在战争过程中沾满血腥"。

正如基辛格所见，赎罪日战争本身并不是目的。这是一个更大型的目标的组成部分，这个大目标是通过谈判达成冷战的结束。这需要精明圆滑以及马基雅维利式的审慎。美国曾给果尔达提供炮弹、响尾蛇导弹和其他不需将以色列军队开进埃及便能击退侵略的"小东西"。如果以色列太深入埃及，萨达特可能会向克里姆林宫求援，而这便需要美国实施更有力的反击。战争将升级演变成华盛顿和莫斯科之间的对抗，这将破坏尼克松和基辛格在过去四年里苦心经营的缓和关系。

为了让美国的更大尺度介入保密，基辛格要求流向以色列的所有东西都必须使用以色列为数不多的运输机，这便限制了以色列能要求的东西。只要苏联还没有参与到冲突中，坦克、战斗机等大型物品便不能运送。

不过，苏联并未置身事外太久。美国情报显示，苏联空军空运了相当数量的原油和军火至叙利亚。得知莫斯科的涉入后，尼克松勃然大怒，要求国防秘书长开启全渠道援助。美国会补充以色列在战场上损失掉的一切，果尔达愿望清单上的一切都会被批准。

尽管美国总统开出了一张可以随便填写的空白支票，援助管道的阀门却是生锈的。在基辛格的坚持下，美国政府花了三天时间试图说服商用飞机运送军事装备进入以色列，以保证美国的介入依然保密，然而最后徒劳无功。

当国务院、国防部和白宫的官员们为了专机路线争论不休时，果尔达正不安地关注着越来越少的军用储备。孤注一掷的她命令迪尼茨大使持续向尼克松的手下施压，日日不断，夜夜不休。

经过极其恼人的拖延，美国国防部长詹姆斯·施莱辛格（James Schlessinger）最终命令美国空军承担此项任务。开战一个星期后，空军实施了"五分钱救援行动"，这是一次大规模的美国武器空运补给。在特拉维夫的人潮与欢呼声中，一队队巨大的"银河"运输机和"运输星"运输机飞越过地中海蔚蓝的天空，降落在特拉维夫的卢德机场。美国的装卸工人们从这些飞机的货舱中卸下战斗轰炸机、集束炸弹、榴弹炮弹药、坦克、反坦克导弹，总计2.6万吨的战争物资。

获悉空运的规模时，果尔达如释重负地热泪盈眶。她在战争开始前几个小时的赌博导致了千百名同胞的丧命，而如今得到了回报。她的手下们不需要再为担心未来的损失而囤积装备。有了美国的空白支票，他们可以倾其所有地去回击。

† † †

美国人奋力执行着补给任务。果尔达、达扬和埃拉扎尔前往戈兰高地视察，他们想亲眼看看交战区域，让国际媒体领略一下吞噬了叙利亚和以色列的战争的滋味。

果尔达的直升机降落在一处坦克补给站。一下飞机，她便听到了远处榴弹炮的轰鸣声。"死亡、无烟火药、柴油和废气的恶臭排山倒海。"后来，她的新闻助理用略微夸张的言辞写道。

补充燃料和弹药的坦克停满了停车场，她的参谋长在一辆坦克的外装甲上摊开前线地图，用钢笔勾勒出战场形势。借用达扬的双筒望远镜，果尔达用因悲伤而红肿的双眼眺望高地之外的土地。

透过目镜，果尔达看到了在距离战线很遥远的后方所做出的决定造成的杀戮。俗称"泪谷"的山谷中遍布着战争的残骸。扭曲的装甲运兵车、烧毁的卡车和被毁的坦克像动物尸体一样散落在山谷中。

她把望远镜还给达扬，颤抖着的手探入黑色皮包中拿出一包烟，抽了一根出来。达杜划了火柴。她忧郁地深吸了一口。

果尔达步行前往一处临时搭建的苏克棚，这是一种用棕榈树叶作苫顶的宗教用的棚子。棚中有一伙儿士兵，头戴军帽、身穿野战夹克的他们，就在一个星期前，还头戴着犹太圆顶小帽、身披祷告披巾。她和这些浑身脏污、筋疲力尽的年轻人聊了几句，问他们是否有任何问题。

一个二十出头的士兵从头到脚都沾满黑泥，他走了出来。

"我父亲死于1948年的战争，那次我们赢了。我叔叔死于1957年的战争，那次我们赢了。我哥哥在1967年的战争中丢了一条胳膊，那次我们赢了。上个星期，我在那里失去了我最好的朋友。"他说着，指向泪谷。"而这次，我们也会赢。"他凝视着果尔达，问道："但如果我们没有办法赢得和平，那我们这些牺牲又有什么用呢？"

一抹悲伤的微笑爬上果尔达满是皱纹的脸。

"你的损失令我落泪，我也为每一个同胞的死感到难过。"她说。

> 夜里，我一直想着他们，无法入睡。我必须十分诚实地告诉你，如果我们的牺牲只是为了我们自己，那可能你是对的。我并不完全肯定这些牺牲是值得的。但如果我们的牺牲是为了整个犹太民族，那我全心全意地相信，任何代价都是值得的……我们的牺牲不会是徒劳。

果尔达的话语是发自内心的。但在她心底，她也知道那个士兵说的没错。她的军队可以赢得这次战争，也应该会赢。但如果十年后又有一场新战争出现，就如同烧不尽的野草，那这场胜利又有什么用处呢？如果没有持久的和平，她用如同子女们般的人民的生命去换取的到底是什么？以色列人民会做何感想？

为了赢得那种和平，他们首先必须赢得这场战争。当天下午，果尔达和她的将领们重新在耶路撒冷的办公室聚齐，讨论冲突的下一阶段。叙利亚已经退到"紫线"之后，而以色列的坦克已经在大马士革30英里范围内。只要不出现新的灾难，比如苏联的介入，叙利亚就会出局。

　　而另一个问题则要难回答得多：该怎么对付埃及？

歼灭一支军队

　　西奈战事日趋陷入僵局，双方都试图在超级大国势力介入之前尽可能多攫取一些领土。萨达特不计后果，想要拿下西奈的米特拉山和吉迪山口。但是，他的第三军——埃及武装部队的骄傲——却无法到达山口，那需要离开萨姆导弹的保护伞，将坦克暴露给令人畏惧的以色列空军。

　　而以色列也无法将埃及人赶回到苏伊士运河的另一岸。

　　当前线僵化之时，果尔达、达扬和埃拉扎尔的脑海中翻来覆去地思考着一步大胆的举动，这将是解决的办法。他们要派出一支部队渡过苏伊士运河，进入埃及，切断第三军的粮食、弹药和水补给。

　　渡过苏伊士运河是一场非常冒险的豪赌。巴列夫将军投入到埃及战线的，只有两个装甲师，大约共计350辆坦克，且损耗严重。而在运河的另一边，陈列着两个精神饱满的埃及装甲师，任何深入攻击，攻击者都要冒着极大的风险，有可能被切断供应，断粮饿死，或是被歼灭。

　　但是，回报也许是值得冒险的。如果以色列国防军能够在运河彼岸埃及境内站住脚，埃及的第三军就会被孤立，开罗就会面临威胁，萨达特可能就会求和。

　　10月13日，萨达特犯下一个至关重要的错误，令果尔达的决定变得更容易。他令两个后备装甲师渡河，并令第三军向米特拉山口进军。巴列夫将军还之以"勇敢壮士行动"，这是以色列国防军的高级军官们一直在等待的定位战。

埃及和以色列双方共有 2 000 辆坦克投入战场，这是历史上最大型的装甲车战争之一。埃及损失 250 辆坦克，而以色列国防军仅损失 20 辆。阿里埃勒·沙龙将军（Ariel Sharon）麾下的陆军粉碎了连接埃及第二军和第三军的枢要位置，在埃及战线上撕开一个裂口。

当天晚上，巴列夫兴高采烈地给果尔达打电话。"我们又变回我们本来的样子了，他们也变回他们本来的样子了。"他调侃说。在巴列夫报告的鼓舞下，果尔达给将军们下令：渡过苏伊士运河。

10 月 15 日，星期一，是住棚节的中间，住棚节是一个传统的犹太节日，历史可以追溯至摩西引领以色列的孩子们穿越西奈沙漠之时。当时，希伯来人正向东而行，要从法老的战车下逃生。而当代的战车，装饰着"大卫之星"的钢铁战车，正向西驰骋，巴列夫军突破了运河的中央防御，攻入埃及领土。

令埃拉扎尔将军失望的是，他的勇敢壮士们进入埃及之后进展甚微，指挥官们考虑撤回到运河这边。

在争夺苏伊士运河桥头堡的战斗悬而未决之时，果尔达做出了一项不可原谅的违反安全之举，迫使战斗继续进行。正当埃拉扎尔将军计划从运河撤军时，果尔达没有向他咨询，便在以色列国会对全国发表了一次鼓舞士气的讲话。"此刻，"她宣布，"就在我们在议会开会之时，国防军特遣队正在苏伊士运河西岸执行任务。"听到这个消息，国会成员们爆发出阵阵欢呼。

听说这次讲话时，达扬和埃拉扎尔也爆发了，但并非欢呼。相比埃及军力来说，他们在运河西岸的人员实在太少，不可能实现目标，而以色列的桥头堡仍然很容易遭到大规模攻击。谨慎的路线应该是撤回到运河东岸。但果尔达的讲话将一次小规模的战术性渡河上升到了关乎国家尊严的行动，所以，撤军就势必会严重挫伤公众士气。果尔达在无意中束缚住了将军们的手脚，而将军们不得不更加冒险、更加努力。

埃拉扎尔在预算有限的情况下再次推动渡河行动，这完全不是诺曼底登陆那样大快人心的行动。但这一举动保住了桥头堡。随着人员增多，埃拉扎尔开始命令以军向南推进，切断埃及第三军的供应和援军。几天后，摩西·达扬给果尔达打电话，无意中提及他已经到了运河另一边的非洲。

"你在那里？"她提高了声音。

"是的。"达扬说，他的自信展露无遗，"现在这边有 1 000 名士兵。明天早上，以色列全国都能过来了。"

以色列全国人并没有重走约瑟的古老路线，但所有人都感受到了以色列人入侵埃及的讽刺意味，尤其是苏联的列昂尼德·勃列日涅夫。在战争最初，埃及和叙利亚占上风之时，勃列日涅夫强烈要求联合国通过能令两国保留已经占领的土地的停火决议。而现在，苏联要推动的停火协议要令两个附属国免于溃败。当亨利·基辛格告知果尔达一项停战提议获得了联合国安理会的支持时，她知道惩罚萨达特的时间不多了。

基辛格尽自己所能拖慢联合国的行动，但在 10 月 19 日，他警告迪尼茨大使，在最好的情况下，在停火协议生效之前，以色列也许还能有三天时间。

三天，在果尔达看来，已经足够。以色列国防军已经进入埃及领土，很快就能将萨达特的第三军包围、饿死并歼灭。有了这样一场规模的惨败，萨达特再入侵以色列就要三思了。

基辛格有自己的考虑，并不希望看到果尔达的军队令埃及难堪。以色列再次大捷，会令果尔达变得不肯妥协，与埃及和谈将化为泡影。而且，以色列坦克逼近开罗的威胁，令萨达特倒向了美国——这是唯一能叫停以色列的国家。只要萨达特引以为傲的埃及第三军头上还悬着一把剑，他就只能追随美国的领导，别无其他选择。

基辛格喜欢处于这样的处境。

为了争取时间，他提出了一份美国起草的联合国决议，来拖延与苏联的谈判，苏联可能会为此争论一天时间或更多。但勃列日涅夫迅速同意了美国的条款，基辛格迫不得已，只能接受自己的提议。

基辛格将那份等待已久的停火草案转发给果尔达。他说，联合国将于次日采纳决议，决议要求交战各方于 10 月 22 日下午 6 时 52分停火。决议还提出，埃及要与以色列直接谈判，谋求"公正而永久的和平"。

萨达特不顾一切想要拯救军队，立刻就接受了决议。而此时处于掌控地位的果尔达却犹豫了。她并没有深入埃及领土太远，萨达特的第三军尽管被围困、被断粮，依然在运河对岸以色列的国土上战斗着。现在停止进军，会令阿拉伯人有机会改写历史，并令他们深信自己没有被打败。

"老天在上，[萨达特] 发动战争，我们的人被杀，他的人也死伤数以千计，他已经被打败了。"她向美国哥伦比亚广播公司的新闻记者抱怨道，"我觉得，必须让萨达特有足够的时间经历失败，而不是通过政治操作，令他的失败立刻转变为胜利。"

美苏的提议向果尔达提供了一个选项，而这个选项为所有阿拉伯国家都不曾容忍：与以色列直接和谈。这是获得正式认可的机会，在果尔达看来是难以错过的良机。

内阁会议一直持续到凌晨 3 点。会议结束后，以色列政府说本国倾向于接受提议，只是有一个条件：身在莫斯科的基辛格国务卿必须立即乘飞机来特拉维夫，与果尔达磋商条款。

基辛格跳上一架飞机，于 10 月 22 日抵达特拉维夫。他刚一坐在果尔达对面，果尔达便向前探身，用严厉的语气斥责他，那种语气是她用来斥责摇摆不定的本党党员的。她指责美国没有让她参与关键的停战细节的谈判，并要求修改停火文件，包括交换战俘的条款。

基辛格试图用"私下"承诺来安抚果尔达，以消除她的异议。比方说，他告诉她，他和勃列日涅夫已经达成非正式协议，在停火之后很快进行战俘交换。

果尔达眯起了眼睛："你和勃列日涅夫还达成了哪些我不知道的协议？"

她指出，决议中含糊提及"向着和平谈判"，这是以色列真正希望从停战中得到的东西。她不悦地问基辛格，将开始什么样的谈判，为什么决议里没有具体说明于何时在何处谈判。

然后，她招来埃拉扎尔将军，由他向基辛格解释西奈的战局。埃及第三军已经被几乎全面包围。以色列国防军做好了摧毁它的准备，只是还需要一些时间完成这项任务。

令人畏缩的反诘之后，她看向基辛格，寻求回应。

基辛格很爱说一句话："他人如何待你，你便如何待人。而且加多一成。"他告诉她，美国愿意让萨达特再煎熬一段时间，哪怕敌对行动超过了官方定的停火时间。他说："在越南，停火也没有按照我们达成协议的确切时间生效。"以色列可以再向前推进一些——很少的一些。

但他警告果尔达，不要脱离和平进程。"总理夫人，"他说，"你并没有发动战争，但你需要明智的决定来保护以色列的生存。"她必须接受国际社会的条件。

果尔达点头同意。虽然还没有正式接受停火，但她在原则上同意遵守停火条款，只是在日程上有些微变动，她还同意说服内阁接受停火协议。

疲惫不堪的亨利·基辛格向她道谢，便登上飞机返回华盛顿。

基辛格还在回国途中，以色列的军队已切断了开罗和第三军之间的最后一点联系。在特拉维夫，摩西·达扬敦促果尔达断绝被围困的人的食物、水和医药供应。国防军一切就绪，随时能将一支 4 万人的军队歼灭，迫使萨达特承认埃及战败。这样的胜利会对阿拉伯人产生威慑，令其不敢发动新战争，可能维持至少一代人的时间。

尽管果尔达能理解达扬，但她认为他错了。基辛格在以色列即将胜利的时刻要求以色列停火可能是不公平的，但美国已经输送来 40 架"鬼怪"战斗机、32 架"天鹰"，以及一吨又一吨的弹药、导弹和急需的设备。如果为了一场史诗般的战役胜利要牺牲美国的支持，那么在做出决定的女人看来，这个代价太高了。

"只有一个国家，我们能向其求助。"她对内阁说，"有时候，我们必须向它让步——即便我们知道不应该如此。但这是我们唯一的真朋友，而且是非常强大的一个朋友。我们不必事事都听它的。

不过，对于以色列这样的一个小国，在这样的情形下，偶尔迫不得已向美国屈服，也没有什么羞耻的。"

以色列将接受依照亨利·基辛格的条件停火。

前线士兵的视角与首都中的部长们的视角是截然不同的。在前线致命的爆炸，出现在情报报告中，可能不过是一个脚注而已；一场激烈的战役，出现在首都的战局形势图上，也许只是油性铅笔留下的小小一点痕迹。

停火协议生效后，油性铅笔的线的确微微地移动了。昔日强大的第三军如今孤注一掷，努力从陷阱中突围。以色列军队回以毁灭性的炮火，驱使埃及人退回自己的线后。在这个过程中，以色列国防军向前推进，拿下了新地盘。

第二天早晨，基辛格在得知交火之事后，对果尔达大怒。烦躁不安的他忍受着时差反应的痛苦，给特拉维夫打电话，要求果尔达宣布以色列即刻正式接受停火决议。如果她拒绝，美国就会疏远以色列，并切断武器运输。她还必须将部队撤回到停火协议生效时的位置，即前一天晚上 6 时 52 分的位置。

果尔达告知基辛格，事情远比他了解的复杂：自从最初的联合国决议通过后，军队的位置就十分混乱，以色列人可能是在埃及第三军突围尝试造成的混乱中向前移动了。

果尔达没有退回去重新讨论更加严峻的停火问题，基辛格就满足了，于是他便也不再坚持。他说，确切的停火线是个细节问题，仅此而已。他建议果尔达直接把军队后撤几百码远，说他们在停火生效时就在那个位置。

"又有谁能知道沙漠里的一条线到底是在哪里?"他问。

"他们的确会知道。"果尔达说。

挂断电话后，果尔达发表宣言。战争结束了。[①]

当停火的新闻从特拉维夫传播出去时，保守的利库德集团的首脑梅纳赫姆·贝京等好战分子将怒火转向了果尔达。以色列失去了2 600多名男男女女的生命，以色列不可战胜的光环被打破了。如果果尔达继续打下去，一直打到金字塔下再强行制定和平条款，保护咒语可能会被重铸。

然而，果尔达意识到咒语不会永远持续下去。以色列国防军可以将阿拉伯人打退十次、更多次，但对手还是会卷土重来。而对以色列来说，即便是一次失败，都意味着她参与缔造的国家的覆灭。

不——她是在追求一个以色列三千年来都没有得到的回报：与宿敌的永久和平。与埃及的直接对话可能会使她的人民进入一个与西方邻国共存的新时代，她坚持自己的决定。

她结束了战争。

10月28日，战争开火三个星期后，埃及和以色列军队的指挥官会面，会面地点是在一个由四辆停着的坦克的炮筒支撑的帆布帐

---

① 尽管战争在10月24日星期三已经基本上结束，但埃及第三军的悲惨局势——断粮且缺水——迫使萨达特向美国寻求军事援助，导致莫斯科方面准备空运士兵来打破封锁。作为回应，基辛格在总统不知情的情况下采取行动，让美国核力量和常规力量处于高度戒备状态。苏联人让步了，战争得以避免升级为超级大国的对决。

篷下。他们达成的协议是在西奈半岛实现"脱离军事接触"，这开启了以色列和埃及关系的新阶段。

"二十五年来第一次，以色列人和埃及人之间有了直接的、单纯的、人与人的接触。"果尔达对国会说，"他们一起坐在帐篷中，敲定细节……而且还握手。"

那些细节的范围越来越广，谈判从帐篷转移到了会议室，与会人员也发生变化。由于被政敌抨击未能足够快速地为战争做动员，果尔达于 1974 年卸任总理一职。①取代她的是工党的伊扎克·拉宾（Yitzak Rabin），再然后是梅纳赫姆·贝京——早在 20 世纪 40 年代果尔达就想清理掉的头脑冲动的伊尔根派小伙子之一。1978 年 9 月，在美国总统吉米·卡特（Jimmy Carter）的微笑关注下，萨达特和贝京这两位前激进者在华盛顿签署协议，结束了埃及和以色列之间的长期战争状态。

有首歌里唱：遗产在花园中播下种子，而你自己永远都看不到它长大。但果尔达足够幸运，看到了自己的花园发芽兴盛。在华盛顿和谈结束后，她到场对萨达特总统具有历史意义的特拉维夫之旅表示欢迎。两位昔日的敌人坐在一起，共同度过了一些愉快的时光。年迈的战马曾各尽其责，如今迎来和平的季节。

1969 年，在果尔达接受临时总理的职责前，医生说她还有十年的生命。他的预估十分接近现实。1978 年 12 月 8 日，果尔达·梅厄进入永夜，此时，贝京和萨达特正准备因为和平协议接受诺贝尔和平奖。以色列国母之死的消息登载在全世界报纸的头版，令这

---

① 由最高法院法官希蒙·阿格拉纳特（Shimon Agranat）主持的调查委员会免除了果尔达对以色列未能为战争做好准备的责任。更大的责任归咎于"阿曼"、埃拉扎尔将军和数名西奈前线指挥官。委员会的报告发布一周后，七十五岁的总理递交了辞呈。

一历史性的奖项黯然失色。

即便是死了，果尔达也掌握着发言权。

† † †

果尔达巩固了一种现代战争模式，而这种模式将影响未来几十年各国间的作战方式。果尔达·梅厄利用联合国、超级大国势力和本地战场之间的三角关系的策略，同样令其他领导人——无论是男性领导人还是女性领导人——学到了一课：联盟和外交手段，就与坦克和战斗机一样，都是国家战争策略的组成部分。

年迈的犹太社会主义者的教诲在祖国之外亦引起了很大回响。就在果尔达死后一年，另一个女人开始为另一个拥有核武器的国家掌舵。和果尔达一样，她意志坚定，从不回避使用武力。而和果尔达不同的是，她并不是为了生存而战，而是为了一种对是与非的坚定信念而战。

12. 飓风交火

你到底怎么运作战争呢？

——玛格丽特·撒切尔，1982 年

首相办公室的房间中挤满了拉长着脸的男人。威斯敏斯特的男人们，他们的表情涵盖了官僚情绪的全套组合：从面孔扭曲的绝望，到别别扭扭的顺从。这些男人告诉坐在他们面前的女人她拒绝听的事情：福克兰群岛①的军事行动注定失败。

他们告诉她，阿根廷的战舰、飞机和士兵正聚集在南大西洋的英国殖民地上，那些军队将在一两天之内征服那些岛屿。大英帝国即将再度承受手中财产被夺走的耻辱，对此，任何人都无能为力。

---

① 即"马尔维纳斯群岛"，英国称"福克兰群岛"。——译者注

坐在桌子中央的红金色头发的女子十分了解灾难，因为在过去三年中，灾难一直在啃噬她的脚跟。伦敦的股市崩盘，利率徘徊在16％上下，工厂里的机器开始生锈，300万英国人失业。民意测验选出她为有历史记录以来最不受欢迎的首相。摇滚乐队平克·弗洛伊德准备录制一张唱片专门抨击她的管理能力。而次年的连任选举——甚至是挺过不信任投票的可能——希望渺茫。

然而，阿根廷蓝白两色的旗帜在福克兰群岛上簌簌飘扬这一画面，即便是对于故作低调的英国来说，也实在是一个新的低谷。这等于是宣布维多利亚女王的全球化帝国已经行将就木，一个香蕉共和国都可以夺取它的财产而不受到惩罚。[①] 不列颠从世界性帝国到纸面上的帝国的转变已经几乎完成。经过三百年岁月，日不落帝国的太阳终于要落了。

而玛格丽特·撒切尔的首相生涯看似也要落幕了。

她从小就信奉老派的英国例外主义。玛格丽特，英国格兰瑟姆一个中产杂货商的女儿。在她十四岁那年，英国遭到了德国轰炸机的重创。从首相温斯顿·丘吉尔桀骜不驯的演讲中，她汲取到了抵抗纳粹主义的力量。

丘吉尔铿锵有力的话语在无线电波中传送着，这位伟大的"斗牛犬"将莎士比亚、雪莱（Shelley）和萧伯纳（Bernard Shaw）的

_____

① 香蕉共和国：对经济体系为单一经济（通常是依赖经济作物，如香蕉、可可、咖啡等）、拥有不民主或不稳定的政府，特别是那些拥有广泛贪污和强大外国势力介入的国家的贬称。通常指中美洲和加勒比海的小国家。——译者注

语言融入自己的讲话，调动人民进入战备状态，这种表达方式令她沉迷。枪炮声平息后的数年岁月中，敏感的青少年对老首相几乎充满了崇拜，提及他时，她喜欢称呼他为"温斯顿"，总是故作十分熟悉的样子，每次都会惹来别人的白眼和嘲讽。

战争期间，这个长相可人的蓝眼睛女孩在牛津只招收女生的萨默维尔学院中学习化学。学院生活巩固了她的保守理论，她加入牛津大学保守党协会，那里为她提供了围绕英国面临的严肃政治议题辩论的机会。

和许多同学不同，玛格丽特的宗教信念并未被学院生活动摇。她阅读 C. S. 刘易斯（C. S. Lewis）的作品，后来，她写下如此评论："有谁曾比他更机智、更令人信服地描述邪恶如何利用我们人性的弱点呢？"她去当地的卫理公会礼拜堂参加宗教活动。从某些方面说，她的基督教信仰，更多是基于《旧约》（Old Testament）而非《新约》，塑造出了关于是非善恶的严格看法。她长大成人后依然深信，是与非，善与恶，中间没有折中妥协的空间。

毕业后，玛格丽特进入一家塑料公司工作。但是，身穿白大褂，用乳化剂做各种实验，并不能激发智慧的火花。政治科学压倒自然科学，成为她的激情所在，她还吸收了丘吉尔宣扬的保守主义。1950 年，二十五岁的化学家以达特福德保守党候选人的身份竞选议会席位，而达特福德是工党的根据地之一。[①]

在接下来的几年中，玛格丽特三次竞选均告失败，但刺激的竞

---

① 达特福德保守党的一名支持者的儿子在音乐方面极有天赋，这个当时七岁的孩子名叫米克·贾格尔（Mick Jagger），长大后成了滚石乐队的主唱，是对撒切尔所代表的当权派的反对的象征。后来，米克·贾格尔表达了他对撒切尔捍卫自己信仰的意愿的尊重，即使这些信仰被证明不得民心。

争过程令她陶醉。在这个过程中，她与丹尼斯·撒切尔（Denis Thatcher）相爱并成婚。丹尼斯是一名成功的商人，在二战期间曾经在意大利和法国服役。两年后，失败的地方政治家，依然野心勃勃的肯特郡家庭妇女，生下了一对双胞胎。

　　在抚育年幼的孩子的过程中，撒切尔也改造了自我。她攻读并获得法学学位，搬家到伦敦北部的芬奇利，这是一片欣欣向荣的城郊地区，是保守党竞选人的沃土。1959 年，她赢得芬奇利"托利党"① 的支持，又克服了选民不愿意把票投给女性的情绪，击败自由党和工党的对手。这是她的第四次尝试，她终于赢得了在议会的席位。

　　在之后的二十年中，撒切尔在保守党的阶梯上一路拼搏向上。1964 年，保守党失去多数支持，她担任忠诚的后座议员。1970 年，保守党扳回局势，重新获胜，她担任教育大臣。五年后，保守党在民意调查中惨败，党内议员们将传统偏见放在一边，推选玛格丽特·撒切尔成为保守党 141 年历史中首位女性领袖。

　　在撒切尔担任反对派领袖最初几次的海外之旅中，有一次是飞往印度会见英迪拉·甘地（Indira Gandhi），二人是萨默维尔的校友。这两个人没有什么相似性：一个是印度的社会主义者，其父是促使英国最大殖民地脱离英国独立的功臣；而另一个，是为大英帝国理想献身的资本主义者。但二人一见如故。撒切尔十分珍视自己与英迪拉·甘地的友谊，以她为榜样借鉴学习。两个人都自信十足、能力卓著，都理解通往权力的道路对任何人来说都是崎岖而危

――――――――――

　　① 托利党：1679 年成立，是保守党的前身，1833 年更名为保守党，但之后以托利党来称呼保守党仍是非常常见的事情。——译者注

险的，无论男女，尤其是对女人而言。

但撒切尔知道路是能走通的，即便是一个女人，即便是在英国，即便是在保守党中。过去二十年中，她一直脚踩着高跟鞋去攀爬滑溜溜的权力阶梯；"男孩们"喝着威士忌时偶尔冒出的黄色笑话，她也能悠然以对。和果尔达·梅厄一样，她无法理解为什么其他女性没有男性的施舍就无法走下去，至少，那些愿意无休止地工作、为了事业牺牲家庭时间、舍得将完美生活交换为更有意义的生活的女性，为什么还要男性的施舍？

有一次，在以反对派领袖的身份出访美国期间，一个芝加哥的记者问撒切尔，是否觉得自己需要感谢妇女解放运动。"在妇女解放运动开始之前很久，我们当中的一些人就一直在这么干了。"她直截了当地回答。

在肆无忌惮的造谣中伤横行的英国政治世界中，撒切尔的性别引发了来自对手的大范围攻击。20 世纪 70 年代，"赶走那婊子！"是工党议员中振奋人心的圣歌，而她削减政府在学校牛奶上的花销又促生了新口号："撒切尔，偷奶贼。"嘴尖舌酸的自由党议员克莱门特·弗洛伊德（Clement Freud）给她起绰号"母鸡中的阿提拉"（Attila the Hen），而法国总理弗朗索瓦·密特朗（François Mitterrand）对她的形容是：拥有一双斯大林的眼睛和玛丽莲·梦露（Marilyn Monroe）的声音。[①] 有一幅漫画描绘一个泼妇甩动塞满备忘录的皮包重击大臣们，促使手提包（handbag）这个词语多了一项政治引申义，具有了"猛烈抨击"的意义。这种挖苦，是其他任

---

① 密特朗在福克兰群岛危机中是支持撒切尔的，他所说的"斯大林的双眼"这一评价，可能是作为恭维。密特朗的俏皮话还有其他的版本，如："卡利古拉（Caligula）的双眼，玛丽莲·梦露的嘴""长着卡利古拉双眼的碧姬·芭铎（Bridgitte Bardot）"。

何重要政治家都不必经受的。

政治家们都习惯了攻击。羞辱和厌恶是他们栖身的敌意灌木丛的一部分。他们如同犀牛一般，长出一层厚厚的保护层，抵挡住在草原中穿行时会遇到的棘刺。但撒切尔的学校午餐计划如同发酸的牛奶一般充斥在公众的鼻子里，经久不散，个人攻击对她造成的伤害远远超过她在公开场合表露出来的。和丘吉尔一样，她不相信要忍住眼泪，至少在私下里，不止一次，郁结的挫败感和苦涩爆发为在丈夫肩头的哽咽抽泣。

"为什么要继续呢？"丹尼斯曾经问她。当眼泪顺着她的脸庞滑落时，他亲切地安慰她。

为什么要继续呢？

对撒切尔来说，这个问题听来十分古怪，甚至十分陌生。她止住哭泣，深吸一口气，然后用还湿漉漉的双眼挑衅地看着丹尼斯。

"我要看他们先下地狱。"她断然地说，"谁也没办法强迫我去任何我不愿意去的地方。"

† † †

地狱必须要等待，因为玛格丽特给她的工作带来的，不仅仅是染过的金发和冷酷决绝。她有着惊人的敬业精神、严肃的实践态度、严格的是非观念，以及野心勃勃的性格。她在正确的时机、正确的地方长大成人，她信奉自由市场经济思想和社会传统主义，这些思想在 20 世纪 70 年代末的英国选民中已经成为主流。

20 世纪 80 年代就在不远的未来，工党的统治地位饱受中产阶级不满的暗流的冲击，报纸戏称这一年为"不满的冬天"。对于英国放弃传统价值和帝国势力的削弱，保守派和温和派的投票者都怒气冲冲。通货膨胀侵蚀家庭储蓄，北爱尔兰笼罩着恐怖主义的阴影，罢工动摇着乡村地区，犯罪和黄色书刊在城市中猖獗。英国的年轻人——帝国的未来，不满情绪尤其严重，跳着碰碰舞迎来了后披头士时代的流行文化。卡带播放器里，性手枪乐队尖叫着"英国的法西斯政权""没有未来"；夜总会和唱片店中传播着无政府朋克的风尚，激发着性与毒品的反主流文化，令全国上下的父母都惊恐万分。

撒切尔利用了这种恐惧，表现出一种不折不扣的保守主义风格。她呼吁在国内回归传统价值——这一信息引起了公众的共鸣。

即便她的信息得到很好的接纳，但她的风格却引发了选民们的不安。这并非因为她不够强硬、无法胜任工作（在20世纪70年代末，称玛格丽特·撒切尔为"保守党中最厉害的男人"已经是老生常谈）。

不，事实上正好相反：撒切尔毫不妥协的策略，听来更像是布狄卡王后，而非维多利亚女王，"斩尽杀绝"的风格令其政党的选票在流失。

为了增加吸引力，撒切尔软化了形象。她用昵称"玛吉"（Maggie）登上电视，接受平面媒体的采访，将自己塑造成一个具备传统英国价值观的普通家庭妇女。她总是戴着丈夫丹尼斯在双胞胎出生时送给她的珍珠项链①——这一标志她保持了终生——拎皮包的手上还戴着老式的白手套。她向劳伦斯·奥利维尔（Laurence

---

① 顾问们曾建议她放弃珍珠项链，因为这对城镇选民来说太土气了。但撒切尔说珍珠是不容协商的。"该死的，我真不知道我为什么不能戴珍珠，"她向友人们抱怨，"这是丹尼斯送我的礼物。"

Olivier）爵士等声音教练请教，他们教会她如何压低声音，徐徐道来，如何不再吓到观众，而最重要的是，如何发自内心地讲话。

玛格丽特还将她犀利的经济观念掩盖在普通男女不会畏惧的舒服而陈旧的理念中。"关于我，人们没有意识到的一点是：我是个非常普通的人。"她告诉伦敦的《每日镜报》（*Daily Mirror*），"看着家人享用美味的早餐，我十分享受。而购物令我与人发生联系。"

当然，她不是普通人。撒切尔的方法，是掌控一个男人发明的游戏，同时还为自己保留了一点女性气质。她对妆容一丝不苟，最喜欢的化妆品品牌是倩碧，她和她的私人助理熟读一期又一期的《时尚》杂志，学习关于服饰、香水和发型的时尚窍门。不过，她也必须要有大英帝国首相的样子。她预见到 20 世纪 80 年代的高级女装风尚，放弃鲜艳的无袖连衣裙和田园风格的帽子，选择了干练有型的金发和深蓝色的权力套装。她和她的助理谨慎地选择出席重要场合的战衣，形成了一套独特的衣橱缩略语，例如，准备即将到来的会议上的造型时，会提到她的"会议蓝"或"格但斯克绿"套装。佳士得拍卖行的一位服饰专家曾经如此形容她："她是终极的力量着装者。她十分清楚电视的力量及其可以实现的力量，她总是穿着得体。"

形象风格的确重要，而且撒切尔不认为形象改造中有什么虚伪的地方。相反，她认为这是她的欲望和野心的一种体现。后来，她写道："每一个政客都必须决定他或她准备在多大程度上为了媒体改变行为举止和外貌。拒绝做出任何让步，听起来可能勇敢又体面，但公众人物的这种态度最有可能暴露出他们对赢得权力不够认真。"

撒切尔将淳朴乡土的吸引力与谢菲尔德钢铁般的原则性融为一

体。1979 年 5 月大选，选民们走入投票厅，撒切尔的支持者留在了她的阵营中。当选民们离开投票厅时，保守党以 21 席优势赢得多数，杂货商的女儿开始执掌女王陛下的政府。

爱尔兰

撒切尔以经济保守主义的政纲当选，开始削减税收和政府开支。她的预算缩减在英国的劳工阶层中引发强烈混乱，钢铁、煤等传统工业遭到重创。失业率飙升，小型企业陷入困境，而她的头号公开敌人——通货膨胀却毫不动摇。

随着经济下滑的，是她的受欢迎度——跌至 23％。但撒切尔坚持路线。温和派的内阁大臣们被她称作"温暾人"，他们力劝她撤销这些做法，她生猛地反驳说："这位女士一条路走到黑。"这一说法成了她的政治魔咒。

尽管在外交政策上是鹰派，但撒切尔的削减也没有放过军事方面。她的国防大臣约翰·诺特（John Nott）十分注重成本，觉得基本没必要保留大型的远洋海军，便纠缠着撒切尔，令她勉强同意了将英国三艘航空母舰中的一艘卖给澳大利亚，然后寻找其他方法来削减曾经统治波涛的舰队数量。那些其他方法包括：削减皇家海军的导弹护卫舰和驱逐舰队数量，淘汰三艘潜艇，从福克兰群岛撤走一艘勘测船，出售两艘大型攻击舰。她的第一诫是"不可超支"。

她刚一执政，对意志的考验便紧随而来，暴力运动已经持续六十年的临时派爱尔兰共和军迈开大步，想将北爱尔兰从联合王国手中抢走。1979 年 8 月，撒切尔刚刚执掌权力三个月，爱尔兰共和军暗杀了路易斯·蒙巴顿（Louis Mountbatten）勋爵，蒙巴顿是伊丽莎白二世（Elizabeth Ⅱ）女王的亲戚，二战中的英雄。一位广受爱戴的公众人物突然死亡，对新政府及掌管新政府的女人来说，是致命的消息。

撒切尔迅速回应，加强了英国在贝尔法斯特以及北爱尔兰多处关键地点的驻军。她飞到爱尔兰边境，探访驻扎在克罗斯马格伦的军队，出现在照片中的她身穿作战夹克、头戴阿尔斯特防卫团的贝雷帽。

这一画面成为英国各大报纸的头版，激怒了爱尔兰民族主义者。撒切尔并不在乎。她坚持，北爱尔兰是不列颠的，除非其人民出于自由意志投票要脱离联合王国，否则它将一直是属于不列颠的。"任何一个民主国家都不会违背当地大多数民众的意志，放弃在某部分领土上的责任。"她宣布，其中阐述的原则将成为她的外交政策中不可动摇的北极星。

面对英国强势的回复，爱尔兰共和军转而采用新的战术：道德勒索。1981 年 3 月，一个名为鲍比·桑兹（Bobby Sands）的被关押的爱尔兰共和军枪手开始绝食抗议，强迫政府承认所有爱尔兰共和军的囚犯为政治犯。其他犯人加入了桑兹的抗议行动。这些二十出头的爱尔兰小伙子本来高大魁梧，开始日渐消瘦虚弱。对爱尔兰事业的同情纷纷出现。孩子气的鲍比·桑兹微笑着的照片印刷在爱尔兰共和军的征军海报上，张贴在爱尔兰全境内的电话杆和酒吧墙壁上。共和军的官方政党新芬党称，英国政府一直将北爱尔兰谋求独立的抗争作为犯罪处理。

尽管面对国内和国际的压力，但撒切尔拒绝让步。于她而言，北爱尔兰是关乎原则的问题，而在原则问题上，她可以固执到以救世主自居的地步。

在经过六十六天的绝食后，桑兹死了。她对公众说，爱尔兰共和军的囚犯们不过是幕后黑手的棋子。"对爱尔兰共和军来说，那些结束了自己生命的死去的绝食者比活着的成员更加有用。"她对一个观众说，"这是他们精心策划的。"

敌人谴责撒切尔冷血无情、荒谬无理、不懂变通、罪行累累。但她赢了。经过令人痛苦的六个月后，爱尔兰共和军屈服于公众压力，呼吁停止绝食抗议。暴力会造成伤口，炸弹能杀伤人命，1984年的一次酒店爆炸几乎夺走撒切尔的生命，但玛格丽特·撒切尔向世界表明：她不会退缩。

吉普尔与铁娘子

作为自由市场经济的信徒，撒切尔意识到苏联在1979年入侵阿富汗后名誉崩坏得多么严重，因此，她敦促英国运动员抵制1980年莫斯科夏季奥运会。

在国内，她通过增加英国对北约的捐赠及从美国购买技术最先进的三叉戟核导弹来弥补常规军事力量的削减。她的鹰派立场引来了左派指责她煽动战争的批评。苏联的国有报纸嘲笑撒切尔为"铁娘子"（Iron Lady），而她将这个绰号当作一种恭维。

她外交政策的基石是英国与美国的关系，以及她与美国总统罗纳德·里根（Ronald Reagan）的私人关系。将撒切尔推上首相位置的保守主义浪潮同样推送了里根，他于1980年当选为美国总统。里根温文尔雅，平易近人，缺乏撒切尔那种对细节的关注力，但他对自由市场民主的献身精神，恰如撒切尔一模一样。他们的友谊将维系终生。

对撒切尔来说，幸运的是，里根并不排斥意志强硬的女人；要论起坚毅的意志力，鲜有人能与他的妻子南希（Nancy）相提并论。有一次，撒切尔通过一条保密线路给里根打电话，开始就一个问题发表长篇大论，他将话筒举得远远的，以便让房间里别的人能听到她的嚷嚷声。里根满面笑容，开玩笑说："她很不可思议，不是吗？"

他们之间的私人友好关系是共同信念的结果，也是对富兰克林·罗斯福与温斯顿·丘吉尔的"特殊关系"的传承。在通信中，他们舍掉了对方的头衔，以"罗"（Ron）①和"玛格丽特"来称呼彼此。罗纳德·里根 1981 年就职，在这之后撒切尔第一次出访华盛顿时，引用了四十年前罗斯福派去见丘吉尔的特使哈里·霍普金斯（Harry Hopkins）的话："我们英国与你们同在一起……你们的问题就是我们的问题，当你们需要朋友时，我们就在这里。"

里根笑容灿烂地回答："在一个危险的世界中"，"有一桩事毫无疑问：英国和美国将并肩携手"。

这可能的确是一个危险的世界，但在 1981 年初，两个国家都处于和平状态，在和平中并肩携手是轻而易举的事情。

而在战争中并肩携手则是困难重重的事。

---

①　本节标题中的吉普尔（Gipper）亦是指里根。吉普尔是美国人对 20 世纪初知名橄榄球运动员乔治·吉普（George Gipp）的昵称。里根在从政前为演员，曾经在 1940 年关于吉普的教练克鲁特·勒克纳（Knut Rockne）的传记电影中扮演吉普，这一形象令他获得了广泛的知名度，因而也得到了"吉普尔"的昵称。他在竞选过程中曾用电影中的台词"为吉普尔赢一场"作为宣传语。——译者注

福克兰群岛

1982 年 3 月，在国内外各种呼声的喧嚣当中，军事情报部门的报告将撒切尔的目光吸引向一场正在酝酿的风暴，而风暴所在地，是她在地图上根本都找不到的弹丸之地：福克兰群岛。

福克兰群岛位于南大西洋，距离阿根廷海岸 300 英里，1833 年起为英国所占据。群岛之上有 1 820 名居民，绝大多数为英国人，和北爱尔兰的同胞一样，他们将英国视作安全与自由的保护者，帮助他们对抗充满敌意的大多数南美人。

群岛主权是存在争议的。这里被阿根廷人称作马尔维纳斯群岛，过去近 150 年中，一直都是反帝国主义怒火的焦点。当阿根廷的民情糟糕时，这里也是布宜诺斯艾利斯当局能直接利用的分散注意力的目标。这种情况经常发生。

1982 年，阿根廷的民情变得格外糟糕，在莱奥波尔多·加尔铁里（Leopoldo Galtieri）将军领导的军政府看来，简直是"糟透了"。在过去五年多的时间中，阿根廷政府花了很大一笔钱购买武器，但人民无法吃武器。面对经济崩溃、政治动荡以及让政敌"消失"的习惯操作引发的骚乱，当局发现自己遭遇了一系列的密谋叛变和危机。1982 年刚开年之时，军政府无比需要一个集结号令人民团结起来。

已经进入中年的加尔铁里将军长相犹如年长的黑手党老大，不怒自威，令人尊重。在他看来，马尔维纳斯群岛就是为了阿根廷的团结量身定制的。日不落帝国在巴勒斯坦、埃及、印度、罗德西亚、新赫布里底和伯利兹都已经落日，每一次当一块殖民地又被从女王手中夺走时，大英雄狮已经失去獠牙的事实就越加明显。1976年，阿根廷军方派出 50 名士兵，占领了南桑威奇群岛中一个无人居住的英国岛屿。当时执政的工党政府所做出的回应仅仅是象征性的外交抗议。

而此时，1982 年，似乎是再从垂死的帝国身上咬下一口肉的合适时机。在撒切尔执政期间，英国正削减军事预算；而到 6 月，群岛将进入南大西洋糟糕透顶的气候中最糟糕的时期。加尔铁里一边幻想着如果他能重夺回 150 年前被窃取的土地，人民该如何崇拜他，一边准备着赶走帝国主义殖民者。

1982 年 3 月，加尔铁里军政府将几个平民建筑承包商移民到南乔治亚岛，以此试探英国的态度。南乔治亚岛实际上就是一块"大石头"，其上的居民主要是几千只企鹅，主要建筑为几个摇摇欲坠的棚屋，另外岛上还有数名英国南极观测站成员。阿根廷没有请求英国政府的批准，直接将建筑商安置在岛屿的港口，然后将阿根廷国旗插在一个生锈的发电机外壳上。岛上一名英国观测站官员要求阿根廷人离开，遭到了建筑商首领的拒绝。

撒切尔批准由勘探船"坚忍号"去恫吓入侵者，但也警告皇家海军不要采取任何敌意行动。加尔铁里的回应是派遣了一支海军陆战小队前往南乔治亚，随后又将两艘导弹护卫舰停泊在该岛岸边。

在高贵的英国外交人员看来，南乔治亚的一幕不过是麦克白（Macbeth）口中的"喧哗与骚动"，没什么大不了的。外交部不愿伤害外交关系，官员们纷纷劝说撒切尔解除戒备。他们建议说，这样做能让加尔铁里有一个喘息之机，重新思考一下自己的所作所为。

而实际上，这样做令加尔铁里有理由相信，英国人不想打仗，是时候准备夺回马尔维纳斯群岛了。

尽管女王陛下的政府中似乎无人愿意承认，但福克兰群岛就是环绕在国家脖颈上的重负。群岛距离伦敦将近 8 000 英里之遥，岛上人类居民数量与羊的数量比为 1∶300，更别提和在群岛嶙峋的海岸边以捕鱼为生的五个品种的企鹅的数量比了。除非巴拿马运河出人意料地封锁，否则，福克兰群岛不会给英国提供任何的经济优势或战略优势——那里正如撒切尔的丈夫丹尼斯所形容的，不过是"一英里又一英里，空空无一物"。

问题在于岛上的居民。和北爱尔兰的英国人一样，福克兰岛民很担心如果阿根廷军政府取代了英国政府，岛上人会遭到迫害。他们对英国撤军表示反对，加之威斯敏斯特大厅中效果斐然的陈情，限制住了政府的手脚，无论是自由派，还是保守派，都无法缩减英国对群岛的义务。

玛格丽特·撒切尔期待可以降级南乔治亚岛上的僵局，但她也苦恼地意识到，这次意外可能会升级为需要动用军事选项的危机。3 月 25 日，她命令国防大臣做出海军行动的应急方案，以防外交手段失败。她还悄悄命令国防部将三艘攻击型潜艇部署到福克兰群岛周围。

国防部派出了潜艇，但警告撒切尔"针对阿根廷人可能做的任何事情，采取有效军事行动的余地都极其有限，我们可以做的任何事情基本都将为时过晚，且/或代价极其昂贵"。英国的战舰集中在欧洲北部，与福克兰群岛分散在世界两端；阿根廷的海军，比它们离岛近 7 700 英里，宣称自己有 1 艘航母、1 艘巡洋舰、4 艘潜艇、9 艘驱逐舰，以及 5 个海军陆战营，能够实施水陆两栖的进攻。

而英国在主岛东福克兰岛上的守军，仅有 80 名皇家海军陆战队队员，装备的武器是轻型步枪，能够做的不过是象征性的抵抗。从英国派遣援兵过去需要一个月才能到达，所以毫无疑问，如果阿根廷动作迅速，群岛就会失守，英国不得不与一个站稳了脚跟、准备充分的敌人展开争夺战。鉴于撒切尔出了名的吝啬，她的大臣们给她的每一份评估几乎都包括如下警告：任何足以阻止入侵的特遣部队都将是"昂贵的"。

3 月最后几天，阿根廷的报纸宣称，军政府已经派遣一支海军前去"保护"南乔治亚岛上被压迫的阿根廷公民。航空母舰"5 月25 日号"入海。3 月 30 日，英国驻布宜诺斯艾利斯大使报告说，阿根廷的两艘驱逐舰、两艘小型护卫舰和一艘潜艇航向福克兰群岛。

撒切尔自当选以来主要在削减开支和对抗苏联。她从来都没有想过要为了英国最后的一点财产打一场老式的殖民战争。

眯着眼进入神谕的洞穴，她看到的是两条黑暗而危险的小路。向南美军政府让步，将预示着自 1956 年英国失去苏伊士运河以来最大的国家耻辱，甚至可能鼓励世界各地的其他小独裁者拿走属于大英帝国的东西。但坚定立场就意味着战争，而战争意味着死亡。不论英国的立场是对是错，世界上大部分国家都将反对英国，自然，整个拉丁美洲是确定会反对的。

加尔铁里令撒切尔陷入了困境，这并没有逃过英国观察者们的眼睛。保守党议员伊诺克·鲍威尔（Enoch Powell）向议会中的同僚预测，撒切尔的回应将会决定她的任期。他从绿色的软垫长凳上站起，大声说：

> 首相刚上任没多久，就得到了"铁娘子"的诨名……接下来一两个星期，下议院，整个国家，以及尊贵的夫人自己，都会知道她到底是什么金属做的。

3月31日将近傍晚时，焦虑的玛格丽特·撒切尔将顾问们召集到下议院的保守党领袖办公室，讨论英国的军事选项。在询问穿黑西装、打领带的白厅官员们的看法时，她听到了"风险"、"劣势"和"危险"等字眼。

国防大臣约翰·诺特是一个瘦高的光头男人，戴着厚厚的眼镜。他毫不掩饰地告诉她，这个群岛如果被阿根廷夺走，是不可能重新夺回来的。

撒切尔震惊地看着他。

"我们说的可是大不列颠——人类历史上最强大的国家之一。它不能抵抗住一个'要完蛋的南美小集团'？"

后来，她回忆说，那是"我一生中最糟糕的时刻"。

但她从打击中恢复了过来，表情冷肃地回击："如果群岛被入侵，我们必须得夺回来。"

"我们办不到。"诺特说。

"你们必须办到。"她坚持。

她不知道该如何指挥军事行动，更别说是计划该如何在8 000英里之外狂风呼啸、满是鸟粪的石头堆上进行复杂的水陆两栖行动了。她寻找着解答。

在这片愁云笼罩的海上，来了海军上将亨利·利奇爵士（Sir

Henry Leach），他刚乘直升机从朴次茅斯赶来。利奇对首相毫无保留，直接宣布：如果阿根廷通过武力占领了福克兰群岛，皇家海军可以夺回来。舰队到达群岛需要三个星期，士兵们在空中掩护下不会被发现。天气是两栖作战的宿敌，可能会很不稳定，但事情能行得通。

理解了上将的话语后，撒切尔的脉搏加快了。她走入这个房间时，是初涉军事的新手，但她渴望战斗，而非投降，她的冲动得到了一个受人尊重的海军老兵的支持。

"此时，我的愤怒，我的决心，为宽慰和自信的感觉抵消。"后来，她写道，"亨利·利奇向我表明，如果发生战斗，英国武装部队的勇气和专业将赢得最终胜利。"

撒切尔在议会中的办公室的老壁炉上方，镌刻着一句诺曼法语的座右铭：Fais Bien Craigns Rien（但行好事，无畏无惧）。她的恐惧渐渐退潮，便命令诺特集结军队。如果在舰队抵达福克兰群岛之前危机降级，掉头回来就是了：船舵不就是控制方向的吗？但如果没有舰队，外交手段也不会有什么成果。

那一天，玛格丽特·撒切尔是无知者无畏，所以士气鼓舞。如果她对战争的风险能像利奇上将、诺特部长一样熟悉，即便是像她的丈夫丹尼斯一样有点了解，在发动布狄卡的战车之前，她可能都会犹豫迟疑。一个大臣评价说："如果她是个男人，如果她曾经在战争期间服过役，她就不会这么做了。那她就会意识到一切都可能发展为多么可怕的错误。"

但在她狭隘的非黑即白的光谱中，撒切尔只看到了维护道德原则的需要。她不承认英国会有丝毫的失败的可能。

几天后，一个记者问她："如果你失败了，你会觉得应该辞职吗?"

"我不谈论失败。"她坚定地回答。她用蓝色的双眼牢牢地凝视着提问的人。

"我要讨论的是我对英国舰队的无比自信……最高级的船只,最先进的设备,最训练有素的专业团队,最值得尊重的女王陛下的勇敢军人们。失败?你还记得维多利亚女王曾经说过的话吗?'失败——可能性根本不存在。'"

温斯顿·丘吉尔在十六年前已经过世,而此时,他的战斗精神通过一个杂货商的女儿之口又一次发声。

罗萨里奥行动

阿根廷人威胁着群岛,但他们还没有实际行动,危机并没有超出政治斡旋的范畴。撒切尔指示外交大臣向美国国务卿亚历山大·黑格(Alexander Haig)求援。她还发了一封电报给里根总统,请他对加尔铁里施压,确保阿根廷不会"入侵"福克兰群岛。

里根跟加尔铁里通了电话,花了五十分钟,试图说服这位军政府领导人召回士兵,但加尔铁里将军已经令国民陷入了民族主义的狂热。示威者纷纷涌入布宜诺斯艾利斯的街道,高声欢呼着支持政府,令军政府的虚张声势更加膨胀,根本不可能打退堂鼓。加尔铁里放出了战争的恶犬,已经不能将它们叫回来了。

4月2日凌晨,阿根廷士兵分散开来,开始实施罗萨里奥行动:这一行动是对两个主岛东福克兰岛和西福克兰岛的攻占。数千名士兵依靠手榴弹和机关枪作战,集中攻击皇家水兵的营房、机场,以及岛上的首府斯坦利港的政府办事处。随着村庄被占领的消息传开，该岛的总督悲伤地说："看起来这些混蛋是认真的。"

这些混蛋的确是认真的。到当天结束时，阿根廷的旗子已经飘荡在斯坦利港上空，英国皇家海军"坚忍号"的指挥官向舰队司令官总结汇报："这真是充满耻辱的一天。"

† † †

在伦敦，撒切尔的首要任务是发声表达英国人感受到的愤怒，并让人民感受到最高层坚定的领导力。对此，她知道该从何处寻找灵感。她一直都保存着温斯顿·丘吉尔演讲的副本，丘吉尔慷慨激昂的"在海滩上战斗"和"最好的时刻"都是最值得铭记的英语篇章。在战时，对一位英国领导人来说，丘吉尔就是最优秀的导师。

撒切尔披挂起斗牛犬的气势，站在下议院议员们面前。这些男人曾经故意刁难她，发出嘘声，发出怪叫，号叫着"赶走那个婊子"，此刻却没有起哄。

老旧的木头讲坛上，格莱斯顿（Gladstone）讲过话，皮特（Pitt）讲过话，阿斯奎斯（Asquith）讲过话，丘吉尔讲过话。撒切尔在这里微昂下巴，眼神矍铄，以低沉而有控制的声音谈及国家之间的法律。她没有拔高声音的愤怒，没有歇斯底里，没有浮夸的比手画脚。她所需要的，仅仅是一张坚定果决的脸。

她用有力而又节制的语言表达了一个她认为值得为之战斗的原则：

> 福克兰群岛的人民，就和英国的人民一样，是岛上民族。他们的生活方式是英国的，他们拥护英国王室。他们人数不

多，但他们有权生活在和平中，有权选择自己生活的方式，有权决定自己效忠拥护何人。尽我们所能，去捍卫这种权力，是英国人民的愿望，也是女王陛下的政府的责任所在。

她结束演讲后，保守党议员们纷纷起身，向她欢呼。威斯敏斯特的呐喊声如同涟漪一波波传遍整个不列颠岛，公众们的支持又摇摆向了困局中的首相。从北方的贝尔法斯特到南方的法尔茅斯，从西岸的加的夫到东岸的多佛，从苏格兰高地到英格兰中部，冬天的狮子告诉世界，它已经醒了过来，正在清嗓子准备发出咆哮。

撒切尔发表演讲两天后，一支皇家海军的先遣队从朴次茅斯起锚出航，指挥官为海军少将约翰·桑迪·伍德沃德（John "Sandy" Woodward）。4月5日，航空母舰"无敌号"和"赫尔墨斯号"出发，同行的还有11艘驱逐舰和护卫舰、3艘潜艇、水陆两栖突击舰"无畏号"。

这些只是第一线的战斗船只。每艘军舰身后，都有油轮、补给船、扫雷舰和医疗船支持，运载着各种各样的东西，从炸弹到豆子应有尽有，令行动的范围、成本和风险都随之增大。

"人们并不总是能够理解，要让一支庞大的特遣部队航行半个地球，并计划进行会遭到反抗的登陆，需要极大的后勤工程。"后来，撒切尔写道，"最后，我们派出了100艘舰船，运送了2.5万名人员。"

身处布宜诺斯艾利斯的加尔铁里将军算计着手中能打的牌，他相信自己已经将生米煮成熟饭。他的夺岛行动会面临伦敦的叫嚣、冗长无聊的联合国决议、无力的经济制裁，仅此而已。正如他对美国的军事代表弗农·沃尔特斯（Vernon Walters）所言，他有十足的自信，"那个女人"不敢尝试来夺回曾经属于英国的岛屿。

沃尔特斯却想到了爱尔兰共和军的绝食抗议，说自己并不那么确信。他用西班牙语回答说："那个女人曾经让与自己相同种族出身的饥饿的抗议者活活饿死，眼睛都没有眨一下。我要是你，我就不这么想。"

陷入战争

英国舰队按照大西洋航行海图移动期间，"那个女人"有充足的时间反思自己的决定对人类的影响。她痛苦地意识到，她从来都没有接受过关于战争的训练。她是化学家、税务律师、政治家，职业生涯以削减成本为基础。她已经下令出售正在驶往福克兰群岛支援的船只。大不列颠上一次面对这样的挑战，已经是三十年前的事情了，而上一次，以惨败收场。

她知道她需要大量的援手，并咨询曾经经历过战争的人的建议。

"你到底怎么运作战争？"一次星期日午餐时，她喝着杜松子酒问副国防大臣弗兰克·库珀（Frank Cooper）爵士。库珀在二战期间担任喷火式战斗机飞行员。他仔细思考了一下，然后说：

"首先，你需要一个小的战争内阁。其次，不论遇到什么困难，内阁都必须定期开会。再次，你不需要一大堆官僚在眼前晃来晃去的，比方说，不要财政部的人，他们总是把成本摆在成功前面。"

咨询过库珀、前首相哈罗德·麦克米兰（Harold Macmillan）以及其他一些老兵的建议后，撒切尔组建了一个战争内阁，冠以冗长的"海外与国防委员会南大西洋分会"的名号。战争内阁成员包括撒切尔本人和四名资深官员，每日早晨 9:30 在唐宁街 10 号一楼的书房中开会，讨论确定英国对阿根廷挑战的回应。

和所有战争一样，歼敌只是达到目的的手段而已，而那些目的，是由政治领导人设定的。撒切尔的海陆空三军将领们催促她界定清楚英国的目标和当务之急。比方说，要看重最大限度地减少阿根廷人的伤亡吗？政府是否支持对阿根廷本土发动军事行动？英国是否能容忍岛民的"重大生命损失"作为可接受的胜利代价？

特遣队在海上航行的全程中，这些政治问题都困扰着撒切尔。

政治目标至关重要，而技术细节也几乎同样重要，且更加棘手。攻击型潜艇何时能被容许与阿根廷水面舰艇交战？特遣队是按照最慢的舰船的速度航行，还是让速度较快的舰船领先一步？英国要派陆基轰炸机协助作战吗？在哪里给飞机补充燃料？

战争内阁花费诸多时间争论军事议题，并向白厅的海陆空三军将领咨询。

在战术问题上，玛格丽特·撒切尔是几乎绝对无能的。而白厅顾问中有四分之三曾经在军中服役，撒切尔提出的建议往往引得他们强忍着笑声或露出傲慢的哂笑。比方说，关于对阿根廷空中袭击的回应，她问："我们不能设置烟幕吗？"人们耐心地向她解释为什么烟幕不现实。她建议占领火地岛，他们向她解释为什么这里不值得冒险。一个乐于助人的海军助理摊开南大西洋的地图，她充满自信地指向她认为的福克兰群岛所在位置。助理悄悄地引导她指向地图上正确的位置。

但她学得很快，欠缺军事经验迫使她去听从军事专家的建议。后来，她用德国战争理论家卡尔·冯·克劳塞维茨（Carl von Clausewitz）会赞赏的说法解释了自己的思路："通过制定交战的规则，政治家授权了一个框架，在符合这个框架的前提下，军队可以自由做出行动决定。"

> 他们必须满足于特定军事行动要实现的目标。他们还必须给现场的人合理的自由，在必要时随机应变，能自由做出决定，并且知道他们的决定能得到政治家们的支持。所以，规则必须界定清楚，并且涵盖所有可能发生的事件。

"所有可能发生的事件"涵盖很多问题，官员们提出的每个问题都包含着未直接言明的警告：冬天要来了，海上风浪大，失败潜藏在每一波寒冷刺骨的浪涛中。

而在福克兰群岛的失败，也意味着玛格丽特·撒切尔的政府这条大船会沉没，如一块石头直沉海底。

撒切尔接受这些风险，拒绝让步。后来，她坦言："所有这些考虑都十分应该。但是，当你在战争中，你不能容许困难来主宰你思考的方式；你必须用钢铁的意志将问题列出来，然后去解决克服它们。"这位女士依然选择"一条道走到黑"①。

七百年来，英国的安全依赖于盟国的行动，撒切尔也希望能够依靠英国最强大的盟友——美国。但是，美国公众并没有如英国人所预料的那般愤怒。大多数美国人从来都没有听说过福克兰群岛，

---

① 撒切尔一直都没有"宣战"。她的顾问提醒她，宣战这一举动会自然令所有其他国家都处于中立——无法给英国提供支持——除非它们采取积极的举动否认中立，而这肯定是它们不愿意做的。她选用的说法是"冲突"。

在他们眼里，这种冲突不过是类似在杜恩斯伯利漫画中出现的一段搞笑情节。罗纳德·里根表示，英国和阿根廷真的因为"那边那块冰冷的小地方"开战了，令他十分惊讶。

而公众不知道的是，里根的顾问们存在意见分歧。联合国大使珍妮·柯克帕特里克（Jeane Kirkpatrick）担心，支持英国会导致美国与拉丁美洲之间的不和，中美洲地区的国家会从中牟利。里根的国防部长卡斯帕·温伯格（Caspar Weinberger）认为美英同盟关系比美阿之间的关系重要，他私下里容许皇家海军使用南大西洋中阿森松岛上的一个美军基地，他还令英国有权获得美国的大量军事情报。

在雾谷的美国国务院中，国务卿亚历山大·黑格——一位北约前将领——在应对拉丁美洲的共产主义威胁与对美国最重要的盟友表示支持的需要间举棋不定。黑格要担任诚实的中间人，不得不在公开场合保持中立。

而居住在宾夕法尼亚大道 1600 号白宫中的那个人一直未公开表明自己的想法。"这对美国来说是非常艰难的处境，因为我们与这场争端的双方都是朋友，我们准备尽一切可能去帮助他们。"4月5日，里根对记者们说，"我们所希望的，以及愿意去帮助缔造的，是和平的解决方案，不动用武力行动，不发生流血事件。"

如果不得不选一边，里根知道他必须守护"特殊关系"。但他希望不要发展到这样的局面。在一次与国家安全团队磋商的白宫会议上，他重申："我们必须要做的最重要的事情就是把这两个打架的人赶出酒吧。"

为了守好自家的门，他让国务卿黑格去促成双方的妥协。黑格提出安排停火并协商主权的计划，令撒切尔感到吃惊。她认为他的提议是一种"有条件的投降"，因为这样结束战争的结果是阿根廷人占领群岛，让阿根廷拥有了假定的统治权。吉米·卡特任总统期间，52 名美国外交官被伊朗激进分子劫持，这给英国公众留下了关于超级大国耻辱的深刻印象。女王陛下的政府无意容许 1 800 名福克兰岛民继续做加尔铁里军政府的人质，无论英国最好的朋友和盟友怎么想。黑格抵达伦敦时，她要把事情说得一清二楚。

撒切尔将黑格及其随行人员迎至唐宁街 10 号。开会之前，她先向他展示了两幅新近挂上墙的肖像，其中一幅是威灵顿公爵（Duke of Wellington）——他曾经在滑铁卢战役中击败拿破仑，另一幅是特拉法尔加海战中的英雄纳尔逊勋爵（Lord Nelson）。

她的重点没有被国务卿忽视。不过，撒切尔不是个狡黠的女人，而且她对威灵顿的军事胜利的评论不过是她为一个历史教训暖场的方式而已。

美国提议由美国成立一个组织，来负责解决撤军问题。听到撒切尔将之比作二战前对希特勒的绥靖政策，黑格皱起了眉头。撒切尔湛蓝色的双眼眼神坚定，她对黑格说："我恳求你能记得，1938 年时内维尔·张伯伦（Neville Chamberlain）就坐在这同一张桌子边，讨论一项安排，那安排听起来就非常像你要求我接受的这个……我们英国只是拒绝奖励入侵。这就是我们从 1938 年学到的教训。"

说到激动处，撒切尔的语速开始变快。她昂起下巴，向对方探身。当她强调一个又一个要点时，她张开的双手在空中一戳一戳的。面对黑格，她处于最佳状态，先发制人，阻止了围绕包含让阿根廷统治群岛的解决方案的任何讨论。

撒切尔的顾问们，包括外交大臣弗朗西斯·皮姆（Francis Pym），都静静地坐着。黑格察觉到他们并不是完全支持首相。皮姆一度神色十分不安，劝撒切尔先听黑格说完。撒切尔顶了回去："善良的主让我生在这个星球上，并不是为了我可以容许英国公民置身于阿根廷独裁者的铁蹄之下。"

皮姆退缩回座椅中。

黑格迫切要求妥协，但他知道，他遇到的这个女人的发言不仅仅是为了公众消遣，她是一个真正的有信念的人。

"首相有她自己的一套，出于国家统一和平息议会愤怒的政治需要，也因为她自己对至关重要的原则的信念。"会议结束后，黑格给里根发电报，"她很明显准备使用武力。"

黑格尝试扮演和事佬的笨拙之举，令撒切尔心怀恼火地结束了会议。她理解美国的平衡行为，也准备做出一些小让步，前提是不会奖励阿根廷或出卖岛民。但美国和英国是世界上最亲密的盟友，她觉得她可以要求里根对待她要像对待盟友一样。

"请别见怪。"她在电话里对黑格说，"在某方面，我们对美国的立场相当失望——民主与独裁截然不同，美国并没有给予相应的重视，我们都受到了一样的待遇。"①

如果阿根廷军队不全部撤离，她就不会满足。但她也不愿意公开与美国人决裂，不得不在她的特遣部队南下过程中保持外交手腕。根据约翰·诺特的建议，她用一项外交策略来回避黑格：她要求黑格首先使加尔铁里承诺遵守华盛顿当局提出的和平建议。她认为，军政府在接受妥协方面不会比她强。

---

① 在痛斥黑格之后，撒切尔重复了三十七年前丘吉尔与富兰克林·罗斯福在就柏林的一次争执中所表达的情绪。"我希望你意识到我们有多赞赏并感激你的到来，以及我们所表现出的坦诚是唯有最亲密的朋友之间才有可能出现的。"她告诉黑格，"对别的所有人，我们都只是友好而已！"

　　她没猜错。军政府认为自己占了上风，故意对黑格的随从无礼，拒绝在阿根廷对这些岛屿的主权问题上妥协。加尔铁里甚至威胁要向古巴求援，古巴则可能会将苏联海军拉来，击沉"无敌号"航母，然后让阿根廷享受杀戮的荣誉。

　　由于无法让加尔铁里让步，里根政府不再骑墙，最终同意支持英国。武器和物资从美国军火库大规模流出。5 月 6 日，玛格丽特·撒切尔如释重负，她终于能告诉下议院："我们现在得到了美国的全力支持，这是我们应该期待的，也是我觉得我们一直都认为应该拥有的。"

"贝尔格拉诺将军号"被击沉

　　4 月底，当战争由口水战升级为导弹战，撒切尔就需要美国的支持了。4 月 25 日，一个英国突击队夺回南乔治亚岛，俘虏了 180 名阿根廷人以及潜艇"圣达菲号"。伍德沃德将军用无线电报向伦敦汇报任务胜利的消息，并补充说：英方没有伤亡。

　　因为有了好消息，撒切尔欢欣鼓舞，立即前往温莎城堡，亲自向伊丽莎白二世告知这一消息。回到唐宁街 10 号之后，她让国防大臣诺特向宅邸门外街道上等待着的记者们宣布这次小小的胜利。眉毛浓密的诺特戴着大眼镜，凑到手写的信息上，向记者们念出了伍德沃德无线电报中的内容，架势宛如 BBC 烹饪节目中展示牧羊人馅饼的食谱那般故弄玄虚。但玛格丽特·撒切尔激发着当晚的热情。她一直身板挺直，面对战争的面孔冷漠而坚定。当诺特念到没有英国人伤亡时，她流露出一抹微笑。

诺特宣布完消息后，一个记者大声问出了一个问题："接下来会怎样呢？"

撒切尔蹙起了眉毛。在这个属于女王陛下的时刻、属于英国的时刻，这个问题就像是黑胶唱片上的划痕一样突兀。

"就为这个消息开心吧，并祝贺我们的武装部队和海军陆战队！"她咆哮道，每发出一个音节，本来柔和的下巴都要向前一探。

她的粗鲁行为令记者们为之一惊。她向门走去，准备进屋，另一个记者大声问："撒切尔夫人，我们要对阿根廷宣战吗？"

"开心。"她重复道，大步走入唐宁街 10 号，没有再回头看一眼。

还会有很多事情值得开心，但也有很多需要哀悼。5 月 2 日，伍德沃德上将电报伦敦：阿根廷巡洋舰"贝尔格拉诺将军号"，在两艘装备飞鱼导弹的驱逐舰护卫下，正巡弋在英国的 200 海里禁区之外。国防部担心，"贝尔格拉诺将军号"会和其护卫舰对英国的主力舰队进行夹击。伍德沃德说，英国潜艇"征服者号"正尾随着"贝尔格拉诺将军号"，指挥官要求准许发动攻击。

阿根廷的举动令撒切尔陷入了艰难处境。击沉"贝尔格拉诺将军号"，会引来苏联和阿根廷的盟国的谴责。但如果放掉这艘船，可能会在大西洋的漩涡中失去它的踪迹。他们下一次再听说它，也许就是一枚反舰导弹全速飞向英国运兵船的声音。

对撒切尔来说，只能有一个答案。第二天，她对下议院说："['贝尔格拉诺将军号']对我们特遣队的人是非常明显的威胁。如果我们晚些再处理它，可能就为时太晚了，我可能就不得不带着我们的一些船只沉了的消息来到下院了。"

战争内阁同意了。一份加密信息传出，三枚鱼雷飞出，"贝尔格拉诺将军号"被击穿破裂，沉入大西洋黑暗的深处。船上的 321

名阿根廷士兵一同进入无声的坟墓。

"贝尔格拉诺将军号"的沉没令阿根廷海军大受刺激，他们拒绝出航，并在整个战争期间一直停留在港口中。但是，阿根廷空军依然构成重大威胁。"贝尔格拉诺将军号"被摧毁两天后，一架阿根廷强击机将一枚飞鱼导弹投向驱逐舰"谢菲尔德号"侧舷，造成21名英国船员死亡①。

"谢菲尔德号"被攻击，是自1945年以来英国战舰第一次因敌方行动而遭受损失。这消息如同惊雷般击中撒切尔。她被告知消息后，就回到在下议院中的私人休息室，眼泪顺着她的脸颊滚落。

"别让任何人进屋。"一位好心的官员对门口的安保人员说，"她想要一个人待会儿。"

双方都有军舰损失，撒切尔和英国公众也不愿再接受谋求不彻底和平的扭曲计划。这就是战争，英国要打赢。然而，撒切尔仍将不得不与善意但心软的人斗争——她担心这些人执意要达成的妥协会使阿根廷的夺岛行为合法化。

她最不放心的就是她的外交部。报纸调侃说，外交部对抗外国进攻最强大的武器就是"先退一步"。所以，她将怒气发泄在了那些人身上。一位曾经给她送来几份由黑格起草的和平提议的特使在日记中如此写道：

> 撒切尔夫人还没有把我关押到伦敦塔；但我听说，她在内阁内部会议上浏览我的电报时，声音降低了两个危险的分贝。

---

① 英国军人奉献了一幕只有他们才能完成的黑色幽默表演："谢菲尔德号"上失去船只的"孤儿"船员被一艘救援船救走，他们聚集在救援船的甲板上，唱着搞笑喜剧团体蒙提·派森（Monty Python）的赞歌《永远看向生活好的一面》（"Always Look on the Bright Side of Life"），向正在下沉的"谢菲尔德号"告别。

要是我把黑格的所有请求都写入信息中，那声音不知会在忍耐但不宽容的愤怒中低到什么程度呢！

七个星期的协商什么结果都没有实现。冬天渐近，就如同1914年时的铁路时刻表，战争的时间表并没有推迟安排太久。阿尔比恩①的枪支去实现外交无法实现的事情的时刻越来越近。

"谢菲尔德号"沉没五天后，战争内阁通过了萨顿行动，这是由伍德沃德少将提出的在东福克兰岛西岸两栖登陆的计划。如果一切进行顺利，5月21日，英国国旗会在圣卡洛斯海湾升起。

随着登陆日临近，撒切尔的神经越发紧张。在普通的和平时期，她夜里睡眠都很少超过五个小时。而现在，决定已下，她除了等待别无他事，基本上就完全睡不着了。在唐宁街10号坐立不安了一整天后，她终于问战争内阁的秘书："你就不能找点什么事情来让我做做决定吗？我发现一直这么等着真是太难了。"

尽管内心纠结万分，但她知道，为了后方士气，她必须保持"一切如常"的样子。登陆发生的那天，她在她家所在的芬奇利地区的一处仓库门口发表演说。讲完话后，她坐上了叉车，与工人们共进午餐，拍摄了无忧无虑的照片。之后，她返回唐宁街，等待着命运的裁决。

抢滩之战

大不列颠的海神三叉戟的尖端，是伍德沃德少将的特遣部队，

---

① 阿尔比恩：英国的古称。——译者注

包括"赫尔墨斯号"和"无敌号"航母、20架鹞式战斗机、"格拉摩根号"驱逐舰，以及"大刀号"、"雅茅斯号"和"乐意号"导弹护卫舰。先锋队之后，是富丽堂皇的"伊丽莎白二世女王号"，这是一艘豪华的远洋定期客轮，和二战时的前辈们一样，船上载满了英国士兵——此次，包括3 000名威尔士和苏格兰警卫队成员，他们要负责支持伞兵部队和皇家海军陆战队的登陆行动。

　　行动风险极大。皇家海军要在不确定的天气条件下用非常紧张的预算执行一次海上登陆夺岛行动。特遣队的鹞式战斗机不到24架，而要面对的阿根廷战机则有100多架。而且，天时也于加尔铁里有利：到了6月中旬，就要入冬了。

　　看样子，大自然背弃了英国。就在登陆之前，一架搭载着一队很厉害的英国空军特种部队突击队员的"海王"直升机撞上了一只信天翁，信天翁笨拙的身体掉到发动机进气口里，直升机因而落入汪洋。还没开战，这次反常的意外便杀死了22名精英战士。①

　　天气虽然令英国飞机的飞行危险重重，但同时也能掩护登陆舰艇逃过阿根廷的飞行猛禽的视线。5月21日，舰队在阴云和炮火的掩护下，抵达东福克兰岛的圣卡洛斯港。随着曳光弹划出弧线，炮弹沿着岛屿的海岸爆炸，登陆艇从大船上放下，向海岸行驶。

　　似乎是为了弥补信天翁意外事件上的过失，这一次，海神在关键时刻没有插手，登陆船摇摇摆摆地驶入圣卡洛斯湾内时，水面未起波澜。过了一会儿，海军陆战队和伞兵部队已经蜂拥赶至岛西的海滩。登陆进展顺利。趁着夜幕，伍德沃德的手下在海滩上放下了

---

　　①　"无敌号"上另一架"海王"直升机的飞行员便是安德鲁（Andrew）王子，伊丽莎白二世女王的次子，约克公爵。国防大臣建议王子转移离开船只，但女王坚持儿子要留在自己的岗位上。

共计 5 000 人，包括伞兵、突击队员和陆战队员。

阿根廷海军依然因"贝尔格拉诺将军号"的沉没而畏惧，但空军并没有。美国制造的"天鹰"攻击机对驱逐舰"考文垂号"发动攻击，将其击沉，并造成 19 名英军死亡。英方护卫舰"热情号"在另一次空袭中起火，22 人死亡。而护卫舰"阿尔戈号"和驱逐舰"明智号"也都严重受损。

阿根廷战斗轰炸机像巴塔哥尼亚鹰一样在海滩上空盘旋，轰炸滩头的英国步兵。炮火猛烈至极，伍德沃德少将不得不将航母远远停在海上以保证安全，这限制了宝贵的鹞式战斗机在东福克兰岛上空保卫地面人员的时间。失去了空中掩护的英国士兵们缩在圣卡洛斯港，牢骚满腹，怒气冲冲地将这里称为"炸弹巷"。①

皇家海军最大的损失不是战舰，而是 1.8 万吨的运输船"大西洋运送者号"，船上有 4 架大型"支奴干"直升机，伍德沃德计划用这些直升机将部队运送至岛东面的斯坦利港，但其中 3 架皆随船沉入海底。没有了这些直升机，突击队将不得不徒步行走 56 英里崎岖的道路，每个士兵携带有 80 磅重的武器、食物、水和弹药，一步一步，步履维艰。由于阿根廷人掌握了岛东部和中部地区的制空权，所以缓慢行进的队伍就是在赴屠杀的邀请。

少女时代的玛格丽特·撒切尔曾列出自己与温斯顿·丘吉尔之间千丝万缕的幻想的联系，而这种种联系始终影响着她，她对那些在绿色原野的前线上用自己的生命为女王和国家战斗的年轻人有着

---

① "炸弹巷"的死亡人数本来可能会更多，但许多从阿根廷飞机上投下的美国制造的炸弹在低空使用时没有爆炸。炸弹制造商有专门的手册，说明如何在炸弹触地或撞击时重新引爆，以解决这个问题，但美国政府没有将手册转发给阿根廷。阿根廷认为这种"客户服务"实在太过劣质，因而对美国人怒气满怀。

深厚的个人感情。"玛吉"与这些活在刀尖上的人保持着友好的关系，唐宁街宅邸中的住客也很少有人像她一样赢得了战士的忠诚。

但凡事皆有两面。因为她将战争看作个人的圣战，所以其造成的伤亡也都是关乎她个人的。"考文垂号"起火的那天夜里，她回到唐宁街 10 号楼上的房间里，亲自给每一个死者的父母手写信件。5 月 25 日，她得到"大西洋运送者号"被击中的坏消息时，还同时收到了一份不实报告，称航母"无敌号"也被击中了。她的丈夫丹尼斯走入卧室时，发现她正坐在床边哭泣。

"又一条船！我的那些小伙子们！"她抽泣着说。

丹尼斯坐在她身边，平静地说："战争就是那个样子，亲爱的。我参加过战争。我知道。"

到战争结束，玛格丽特·撒切尔要给再也无法回家的 255 人的家人写信。这是令人煎熬心痛的重担，支撑着她的，是她不可动摇的是非观、善恶观，是她对原则的坚持。和平时期民主制度下那些令人头昏脑涨的问题——财政成本、民调数字、媒体批评——对她来说毫无意义。在撒切尔心中，她知道她在为了她宣誓要捍卫的民族进行一场正义的战争，对抗赤裸裸的侵略。

对她来说，这是唯一重要的。

当她的战士们在圣卡洛斯的海滩上遭受重创时，撒切尔抑制住了一种几乎无法抑制的冲动：打电话给地面指挥官朱利安·汤普森（Julian Thompson）准将并命令他从滩头阵地突围。她强迫自己要耐心。在一次保守党女性见面会上，她说："我们必须预料到他们会遭到新的攻击，不可能迫使部队指挥官过早地向前推进。对时机的判断必须靠他，而且只能靠他，我们信任他的判断。"

英国伤亡在增加，但阿根廷犯下了一些致命的错误。阿根廷海军的潜艇一直安全地停在港口里，因而，英国舰船可以自由地掌控作战区域。在英方灵敏的鹞式战斗机出色表现的威慑下，阿根廷空军的指挥官也变得风声鹤唳，不敢让"天鹰"战机冒险去倾全力摧毁滩头阵地。阿根廷的陆军只能单兵作战。

阿根廷的步兵大多是来自国家北部较温暖地区的一年期应征士兵，也没有多少激情去面对寒冷的天气和炽烈的英军炮火，不比他们的兄弟部队强。最初的夺岛军力几乎都被撤回阿根廷，留下来的人并不想为被一堆石头和羊群盘踞的荒凉海岛献出自己的生命。

有 1 000 人固守在圣卡洛斯南端的关键位置古斯格林。但是，在进行了一些抵抗后，阿根廷士兵向英国伞兵部队投降。6 月一开场，阿根廷就被逼退到斯坦利港周围的高地上。

随着天平向有利于英国的方向倾斜，各国的外交官和领导人们向撒切尔施压，要求她宣布停火并接受调解方案。教皇约翰·保罗二世（John Paul Ⅱ）呼吁休战，德国总理赫尔穆特·施密特（Helmut Schmidt）批评英国在将战争扩大。

对于这些声音，撒切尔置之不理。后来，她指出，女王陛下的政府不会"从军事胜利的口中去夺取外交上的失败"，即便这要求来自她最亲密的盟友。虽然撒切尔和美国总统是好友，但在与他讨论时也从未犹豫。她说着战争的语言，而里根保持缄默。5 月 31 日，里根给撒切尔打电话，劝说她停火，引用了丘吉尔关于"胜者的宽宏大度"的说法。

撒切尔无动于衷，告诉他，她在赢得真正"胜利"之前不会考虑"宽宏大度"。

"假设阿拉斯加被入侵，"她对里根说，"你把你所有的人都派去了，要把那里夺回来，这时候有人跟你建议可以安排你们双方接触［并居中调停］，你不会接受的。”

“的确不会。”里根承认，“不过，玛格丽特，我必须得说我觉得阿拉斯加情况不一样——”

“差不了多少。”她打断他，“罗，我现在不会交出那些岛……我不能损失了我们士兵的生命和鲜血，然后再搞什么接触谈判，把那些岛交出去。这不可能。罗，在我们损失了很多最优秀的小伙子后，你肯定不能这么要求我，你肯定不会说阿根廷撤军后我们的军队、我们的行政管理就会立刻无所事事？我之前不得不长途跋涉，动员了半个国家。”

里根什么都没有说，因为他知道自己也会做同样的选择。“玛格丽特，我……是呀，其实……其实，玛格丽特，我知道我冒犯了，我知道——”

“你没有冒犯，我很开心你能打电话来。”她轻快地打断了他。简短地表现过英国礼仪对细节的关注后，她挂断了电话。

撒切尔有能力去忽略外交上的不和谐声音，听到代表真理的音符。这一次，那便是军事胜利的声音。

但她无法永远抵挡杂乱而纷繁的声音。在和平提议的压力下，她显然需要一场决定性的战场胜利——占领岛上的首府斯坦利港——以自己的方式结束战争。如果英军不能徒步穿越东福克兰岛并迅速占领首府，那么，很快，停火协议就会有效地结束英国的战役，有效得就如同千枚导弹齐发。

“最高品质的铁”

当部队准备对斯坦利港发动最后总攻时，阿根廷空军又给了不列颠人一击。6月8日，强击机摧毁了两艘登陆舰"加拉哈德爵士号"和"特里斯特拉姆爵士号"，死49人，伤115人，其中大部分人来自英国久负盛名的威尔士卫队。三天后，当英国的伞兵部队和海军陆战队对斯坦利港的外围防御发动夜袭时，驱逐舰"格拉摩根号"被一枚飞鱼导弹击中。几分钟内，便又有13人死亡。

"我无法描述这些时候内心的感受。"后来，撒切尔写道，"在为了自由的战斗中，我们失去了最勇敢、最优秀的人——多么不公平、多么令人心碎啊。"

而死亡是战争领域的货币。撒切尔坚持自己的路线，熬夜等待新闻通报；执勤人员一将军事急件送来，她就立刻一把抢过来。"和在英国的所有人一样，我守在收音机边等着听新闻——我严格遵守我自己制定的规则，不要在冲突正在进行时去打电话。"她回忆说。

终于，在6月14日，阿根廷的马里奥·梅内德斯（Mario Menendez）准将率他麾下斯坦利港指挥部的5 000人投降。此役，英国士兵、水手和飞行员共计阵亡255人，阿根廷649人阵亡，福克兰岛平民3人死亡，付出这样的代价后，联合王国的旗帜重新飘荡在福克兰群岛上空。

当投降的消息送达伦敦，如释重负的放松席卷了心力交瘁的首相。她强撑着才挺过了所经历的一切。"那天晚上，我很晚才睡。睡前，我意识到，从我肩头卸下的重担有多么沉重。"后来，她写道，"我涌上一种感觉：不管我现在要经历什么事情，至少都不必再去经历那段可怕的时期的感觉了。那段日子，每次电话铃声响起，每次门打开，我都在担心。"

威斯敏斯特的首相办公室是她最初做出开战决定的地方，如今，顾问们齐聚一堂，手执酒杯，一起向英国的铁娘子祝酒。

"我认为，除你之外的任何人都做不到。"副首相威利·怀特洛（Willie Whitelaw）笑容满面地说。外交部的安东尼·阿克兰（Antony Acland）曾经与她有过多次冲突，回想当时说："她哭了，是因为彻底的放松。"

她的丈夫丹尼斯脸上挂着骄傲的笑容，用手臂揽住带着点点泪痕的妻子，简单地说："干得好。喝一杯吧。"

† † †

福克兰群岛的胜利令玛格丽特·撒切尔从一个面临重重困境、即将一任下台的首相转变为偶像般的战争领袖。在斯坦利港投降的新闻发布后，她回到唐宁街时，加入了聚集在街上的人群，和大家一齐高唱英国海军军歌《统治吧，不列颠尼亚！》（*Rule Britannia！*）。她的支持率一飞冲天。阿根廷国旗降下两天后，曾经问过铁娘子"到底是什么金属做的"那位议会成员上台回答了自己的问题：

> 尊贵的女士是否知道，公众分析员对某种最近接受分析的物质的报告已经完成，而我也拿到了一个副本？报告表明，被检测的物质由最高品质的铁组成，具有出色的抗张强度，高度抗磨损、抗拉扯、抗压力，可被有效用于所有的国家目的。

饱受非议的国防大臣约翰·诺特后来仔细思考过这个意志强硬的女人和她的男性顾问圈："首先，她拥有一个女人的勇气。这与男人的勇气是不同的。她比男人更勇敢、更顽强。她真的相信所有的男人都太'温暾'，特别是那些被称作'绅士'的男人。"他如此写道，"她应对政府的危机，关上心门，不去理会在 8 000 英里外做出如此冒险之举的风险。这是一个女人的战争——而这个女人赢了。"

英国的军事声名鹊起。英国伞兵部队和海军陆战队成了战争中的顶级精英，与苏联军队在阿富汗的困境、美国在伊朗和黎巴嫩的惨败形成鲜明对比。次年 1 月，撒切尔前往福克兰群岛，和"小伙子们"共度数小时，询问他们获得胜利的故事，让他们分享在坦布勒当、马洛顶、古斯格林和斯坦利港的经历。

撒切尔陶醉于自己作为一名胜利的战争领袖的角色。三年后，一位摄影师抓拍下一张首相坐在英国的"挑战者"坦克的炮塔上的照片，她的脸被一条与画面格格不入的白色头巾包裹着。这张照片立刻引发人们将她与驾着战车的先驱布狄卡王后相比，布狄卡的雕像就与国会建筑及其标志性的钟楼隔街相望。

之后的十多年中，福克兰战争的胜利都对英国政治产生着强大影响。250 年来第一个领导英国参战的女人轻松赢得了连任选举。直到 1990 年，玛格丽特·撒切尔才放开战车的缰绳，卸任首相之职。铁娘子踩着高跟鞋的脚步声的回响将一直伴随着英国进入 21 世纪。

尾声

女王们的最后手段

路易十四将战争称作"王者的最后手段"，要参与这个游戏，需要坚定的手和坚强的胃。有些女人是游戏中的卒子，有些是骑士，有些却可以横扫棋盘。

如果将战争女王们编织的挂毯反过来看，就会发现她们信手使用的细线令人眼花缭乱。满都海的粗糙编织显示出一个被她缝合修补出的破败帝国；叶卡捷琳娜二世的优雅丝线反映出一个开明的专制君主的理性思维；布狄卡的血红色线条向四面八方散开，恰如在她的故事落幕前就已经干涸的血流。

千百年中由不同的手缝制，这些纤维很难拼合在一起。但是，当我们把画面反转到正面，退后几步再看，我们能够看到重复的模式，其中一些揭示出女性执掌战时权力的惊人真相。尽管文化千差万别，但这些挥舞刀剑的姐妹们有着数个明显的特征。

第一，在战争迫近的危急时刻，抚育子女、厌恶暴力的母亲的刻板形象是很少见到的。当面临生死存亡的威胁时，成功的战争领导人通常冷静，精于计算，处事机敏、果决——甚至残忍。塔玛拉派军队去屠杀、奴役邻国的敌人。叶卡捷琳娜二世用战争在黑海站稳脚跟，并夺得波兰的片片领土。正如吉卜林所说，物种中的雌性可能不是最为致命的，但其致命性已经足以胜任使命。

第二，坚持不懈的敬业精神是先决条件。管理是艰苦的工作，战时管理的艰难程度更以指数倍增。没有捷径可走，没有办法避免繁重费力、昼夜不停的劳作。伊丽莎白一世、克娄巴特拉、叶卡捷琳娜二世每天都要花费漫长而枯燥的时间来处理内政和军事事务，其中大多数事务既不有趣也不好玩。撒切尔的日常行程表与她的工作狂偶像温斯顿·丘吉尔不相上下。果尔达·梅厄将胜过以色列政府中所有男男女女作为自己的使命。成功的统帅更乐于做干活的役马，而不仅仅是表演的马。

第三，知道个人专业知识的限制是绝对必要的。果尔达·梅厄尽管在制定宏观策略方面十分成功，但若去做个准将都无法胜任；果尔达不知道一个师有多少名士兵。叶卡捷琳娜二世的时间都花在沙龙中与书桌边，而不是在战地指挥部或营房。

一个女人对战争的细枝末节不熟悉，并不会影响她作为总司令的成功。乔治·巴顿（George Patton）说，战术属于营一级，不属于最高指挥官的殿堂。巴顿曾在日记中写道："没有一个将官，实际上也没有一个上校，需要知道任何战术。将军们知道的战术越少，他们插手干预的就越少。"

成功女性会与经验丰富的军事顾问合作，如马克·安东尼、波将金亲王、利奇上将。她们通常能坚持她们最了解的东西：战略目标、外交和政治。一个指挥官若愿意在战术上听取正确专业人士的看法，耐心地接受硬性限制，同时紧紧抓住最高目标，便具有成为一名成功战争领导者的素质。

第四，女性战争领导人不会害怕使用传统的男性形象来为指挥官和军队树立信心。尽管战争女王们被约翰·诺克斯称作"违反自然秩序的女性统治者"，但为了她们，士兵们会冒生命危险。有时需要看到身居高位的人展示一些视觉证据，证明自己铁石心肠的能力。以符合战争气质的外形和装备示人，又看起来十分舒服的女性，能够与支持她们的士兵和立法者建立视觉联系，以满足这项需求。恩津加是这一策略的最热情的实践者（她和手下一起训练、挥动武器）。而卡泰丽娜·斯福尔扎（佩戴弯刀，身着刻花胸甲）、伊丽莎白一世（穿银胸甲，执元帅短杖）、满都海（佩戴弓、箭筒和头盔）、撒切尔（戴军帽，乘坦克）和叶卡捷琳娜二世（佩剑，穿普列奥布拉任斯基近卫团制服），虽然程度轻一些，但都证明，如果情况需要，她们可以泰然自若地把形象从"女王"变为"王"。

第五，政治家风范是推动战时成功的另一种品质。当战争的激情点燃议会、将领和公众时，一个领导人必须知道何时进行长期博弈，即使这意味着放弃短期优势。克娄巴特拉、果尔达·梅厄和叶卡捷琳娜二世，她们都是"零售式"外交的修习者，是具有远见的国际主义者，能够同时下两三盘棋。俄国女皇将奥斯曼帝国推向战争，瓜分波兰，是在仔细审查了其他大国的态度和能力之后才做的决定。果尔达否决进行先发的空袭和使用核武器，是具有格外重大的意义的，第一个决定与她的军事专家的建议背道而驰，第二个决定保证了战争不会失控，两个决定都受到外交考量的驱动。对阿拉伯邻国来说，果尔达可能是一名强硬的犹太复国主义者，但当涉及超级大国势力时，她低调行事，从不会偏离主流过多。

✝ ✝ ✝

历史中的大元帅们在战争的大地图上留下了独特的脚印。但他们也受制于战时的规则，这些规则对于国王和女王是同样适用的。

首先，也是最重要的，一个国家领导人的军事选择从根本上来说是由其手中的经济牌和地理牌决定的。战略顺应资源，而不是资源顺应战略。伊丽莎白一世和玛格丽特·撒切尔的财政都不充裕，她们急于避免毫无限制的军费开支，所以，她们坚持有限的战争是很自然的。克娄巴特拉与之相反：缺少优良的本土军队，却富甲天下。所以，她操纵埃及的经济力量来拉拢收买罗马的军团。在英国与拿破仑进行战争时，英国首相小皮特（Pitt the Younger）也使用相同的方法，用英国的黄金去交换外国的鲜血。

最好的战争领导者也会利用他们国家的技术资源。虽然大多数技术优势都能影响战场——伊丽莎白战争中配备大炮的大型帆船、恩津加战争中的滑膛枪、撒切尔战争中的鹞式战斗机——但果尔达等领导人能很好地利用空中旅行和通信技术，来维系战略盟友的支持，或获取有用的军事情报。她们充分理解这些优势，将其作为战争中的力量倍增器，但从未犯过过度依赖技术、以其替代合理战略的错误。

战争的基因编码就记录在地图里，地理也在战争中发挥着重要作用。优秀的战争领导人在设定军事目标时，会利用空间与时间。叶卡捷琳娜二世、果尔达都面临双线作战，利用她们的居中位置将捉襟见肘的军力在东西线或南北线间转移，应对困难的战场。拿破仑、杰弗逊·戴维斯（Jefferson Davis）、兴登堡（Hindenburg）和希特勒利用国内防线阻止不可避免的事情发生时也是应用同样的方法。而恩津加在与葡萄牙的单线作战中，因实力不足，便采取了一种打了就跑的游击策略，利用马坦巴的内陆森林来保护自己，乔治·华盛顿、亚历山大一世也都采用这样的方式来避免与敌人正面对抗。

其次，赌博是不可避免的。正如德怀特·艾森豪威尔（Dwight Eisenhower）将军曾写道的，在战争中，领导者可能会被迫跳进深渊，而他并不知道渊底是铺着羽毛还是用砖头砌成的。在这种情况下，一秒钟长的好运或厄运，便可能决定一个领袖是戴上皇冠还是人头落地。

战争领导人必须愿意接受风险。阿尔忒弥西亚在薛西斯的注视下撞向盟军的战舰，并不知道薛西斯是否会看到她自相残杀的举动，也不知道卡林达船只上是否会有幸存者游上海岸在国王面前揭发她。在南大西洋上，季节性的暴风对玛格丽特·撒切尔来说就是灾难的魔咒。而荷兰舰队适时地出现在安格拉（及其六年后不适时地消失），令恩津加的命运陡然逆转。就像拿破仑在马伦哥、山姆·休斯敦（Sam Huston）在圣哈辛托或巴顿在卡萨布兰卡一样，命运女神虽然是出了名的善变，但对女人和男人都是决定性的。命运可以被预估，可以被诱导，但永远不能被掌控。

最后，失败也是战争的危害之一。"几乎"，无论在任何语言中，都是最令人失望的词语之一；而在战争日志和事后报告中，这个词出现的频率令人沮丧。套用托尔斯泰的话：成功的战争都是相似的，而失败的战争各有各的失败。有些女武神，如克娄巴特拉，犯了战略性错误，与资源丰富又有战争到底的政治意愿的大帝国开战。有些则如恩津加，将希望寄托在被证明无法胜任的盟友身上。

　　然而，大多数决定性的失败，都是平淡无奇的，"缺了一颗钉子"那种。[①] 布狄卡被盲目的愤怒驱动，富有激情，却不擅后勤；在食物和水供给不足的情况下，缺乏训练的部队又被迫在不利的地势条件下与罗马人开战。卡泰丽娜·斯福尔扎将赌注压在了牢固的防御上，最终弗利却失守。克娄巴特拉追随安东尼的领导，在海军失去了与埃及的生命联通线之后还坚持在希腊进行消耗性战争。在资源匮乏、下属无能等基本要素的影响下，女性和男性一样，也不能免于失败。

　　瓦尔哈拉圣殿中的女王们留下了装着各种个性、策略、战术和经验的锦囊。她们一齐为战神漫长的暴力交响乐贡献了高八度的奏鸣曲，并将关于冲突的洞见传递给未来，而未来冲突的指挥官中，可能会诞生下一代的撒切尔、叶卡捷琳娜二世和恩津加。

---

　　① "缺了一颗钉子"：出自英国古代童谣。歌谣全文为："缺了一颗钉子，失了一个马掌；缺了一个马掌，失了一匹战马；缺了一匹战马，失了一个骑兵；缺了一个骑兵，失了一场战争；失了一场战争，失了一个国家。这全都因为缺了一颗马掌钉。"比喻不起眼的细节决定成败。——译者注

致谢

任何一本涵盖了两千五百年历史中领导过埃及人、凯尔特人、蒙古人、希腊人、不列颠人、土耳其人、犹太人、意大利人、俄罗斯人、姆邦杜人和高加索人的女性的书，都需要诸多帮助。很多卓越的专业知识是由一些在各自的历史研究领域中的世界顶级专家慷慨分享的，我们对以下人士不胜感激：牛津大学的 Susan Doran 博士，耶鲁大学的 Erica Benner 博士，加利福尼亚大学洛杉矶分校的 Kara Cooney 博士，斯坦福大学的 Joel Beinin 博士，加的夫大学的 Miranda Aldhouse-Green 博士，麦卡莱斯特学院的 Jack Weather-ford 博士，山姆·休斯敦州立大学的 Stephen Rapp，Jr. 博士，北佐治亚大学的 Timothy May 博士，以及传记作者 Claire Berlinski。

我们也感谢一群"可怕的朋友"，他们在这本书没完没了的重写过程中提供了编辑、创作和道德上的支持。我们由衷地感谢：Jonathan Addleton 大使，文学经纪人 Suzy Evans，Sally Jordan，

Samantha Holt，Allegra Jordan，Sarah Primrose，Austin Jordan，Sarah Borders，Shannon Baur，Jim Hornfischer，Leia Shermohammed，Julie Pace 博士，Zachary Mullis，Hal Elrod，Thad Wilson，Connor Walden，Rachel Jordan，Elizabeth Lally，Galina Cramer，Virginia McGuffey，Jennifer Elrod，Nadia Saleem，Kate Jordan，Andy Jordan，Kappa Kappa Gamma 姐妹团，以及卓越的编辑 Melanie Madden，感谢大家提供的文学建议、对草稿的评论、对我们的鼓励，愿意听我们没完没了的辩论，讨论哪些领导人应该收入本书、哪些领导人应该被排除在外——以及我们可以从这些杰出的女性身上学到什么。

满怀爱与感激
艾米莉·安妮·乔丹
乔纳森·W. 乔丹

参考资料

1. "血多到你喝不完"

马萨格泰人及其文化等背景，根据 A. Abetekov and H. Yusupov，"Ancient Iranian Nomads in Western Central Asia," in Harmotta 484；Herzog 33 n. 84；Jhutti 2；Gera 189 - 190, 203；Herodotus 1：215, 1：216（"If a man," "This they consider"）；Minns 441。托米丽司和居鲁士之间的战争、居鲁士的命运，出自 Herodotus 1：204（"There were many"），1：205（"for the queen"），1：206（"King of the Medes"），1：207（"Apart from"），1：211, 212 - 213（"Glutton as you are"），1：214（"After the battle"）；Abetekov and Yusupov, in Harmotta 44；Gera 199 - 200, 203；Carey 32；Kuhrt 99 - 102；Muhammad A. Dandamayev，"Cyrus the Great," *Encyclopedia Iranica Online*；以及 Mallowan 14。关于居鲁士之死的其他说法见于 Ctesias, *Persica*, book 7（死于与德比克部的战争中），以及 Xenophon, *Cyropaedia*, 8. 7. 25（寿终正寝于帕萨尔加德）。

2. 当妇人成为男人

希波战争的背景、卡里亚王国，见 Herodotus 7：65, 87, 99（"There is no reason"），184；Polyaenus, *Strategems*, 8：53. 2；Muller 2：460；Wallinga 45；and Gera 205。萨拉米斯海战和阿尔忒弥西亚在战前和战争过程中的举动，载于 Green 174 - 176，

180 - 182，189 - 190，196；Aeschylus, *The Persae*（331 triremes），338 - 401（"An echoing"），418 - 421（"Crushed hulls"）；Warry 28；Fraser 33；以及 Herodotus 8：44 - 48（371 triremes），67 - 69（"Tell the king"），87 - 88（"My men"）。同时参见 Wallinga 69，147，n.38，他认为希罗多德的版本不可信。战争的后果和阿尔忒弥西亚给薛西斯的建议，见 Herodotus 8：100（"It is not"），101 - 102（"Under the present"），103，以及 Polyaenus, *Strategems*，53.2，53.3 - 53.5。

3. 最后的法老

托勒密家族的背景，罗马对亚历山大政局的介入，克娄巴特拉与托勒密十三世的不和，庞培的死亡，克娄巴特拉逃离亚历山大，载于 Plutarch, *Antony*，25：3，27：2（"not so"），27：3 - 4（"Her tongue"）；Schiff 11 - 12，19 - 26，28，58 - 59，248；*The Godfather*（"Blood is a big expense," Virgil Sollozzo）；Lucan, *Pharsalia*，book Ⅷ；Plutarch, *Pompey*，79；Cassius Dio, *Roman History*，xlii，4；Livy, *History of Rome*，cxii，2；Tyldesley 48；以及 Dando-Collins 6，41 - 45，50。克娄巴特拉与恺撒的私情，王宫被围，亚历山大之战的结局，载于 Caesar, *De Bello Civili*，3：112；Plutarch, *Antony*，25：3（"This little"）；Dando-Collins 4 - 5，42，53，55 - 56，61 - 67，69 - 71，73，95，108 - 110，125 - 128，136 - 144；Schiff 14，42 - 45，64 - 65；Dodge 598 - 603，以及 Fraser 36。克娄巴特拉在埃及的统治，恺撒返回罗马，恺撒被暗杀，共和战争的开战，见 Suetonius, *Caesar*，76.3；Schiff 70 - 71，94 - 97，102 - 105，108 - 109，115，123，138 - 140，144；Kleiner 84；Fuller 257；Beard, *SPQR* 346 - 347；以及 Fraser 37。共和战争的结局、对安东尼的描述，根据 Philostratus, *Life of Apollonius*，1.7（trans. Conybeare）；Dando-Collins 41，233 - 234；Schiff 144，147，150 - 152，167 - 169，以及 Plutarch, *Antony*，25：4 - 26：1，36：4（"did not confine"）。克娄巴特拉与安东尼在塔尔苏斯的会面，他们的联合统治，出征帕提亚，安东尼与屋大维的关系，见 Plutarch, *Antony*，26：1 - 3（"gilded," "revel"），29：1，36：3，37：3，38：1 - 3，51：1；Dando-Collins 65，236 - 237（"There are two"）；以及 Schiff 170 - 180，187 - 190，208 - 221，224。分封和安东尼与屋大维的决裂，根据 Plutarch, *Antony*，53：3 - 5，54：3 - 9，60：1；Holbl 245；Jones, *Cleopatra：A Sourcebook*，99（"Because Antony"），以及 Schiff 226，231 - 232，241 - 246，258。在希腊的战役和亚克兴海战，载于 Dio 50：17：3（"You yourselves"），19：5；Plutarch, *Antony*，56：1 - 2，60：3，61：1，64：1，65：1；Rodgers，521，523 - 525，527 - 530，532 - 535；Schiff 246，260 - 261，268 - 270，272，以及 Warry 185。屋大维的追击，安东尼和克娄巴特拉的死亡，根据 Rodgers 536；Schiff 279 - 280，284 - 288，290，293 - 297，300 - 301；Plutarch, *Antony*，71：4 - 5，73：1，74：1，76：4 - 5（"Never was"），77：3，78：3，79：2 - 3，81：1 - 2，84：2，85：4（"A fine"）；Dando-Collins 238 - 239。

4. 血腥渴望

布狄卡被鞭笞，载于 Tacitus, *Annals of Imperial Rome*，Michael Grant 译（Penguin Books, 1992.），14.30；Aldhouse-Green 177 - 179，以及 Fraser 61 - 62。凯尔特人、艾西尼及其习俗，载于 Strabo, *Geographica*，246 - 247，257；Caesar, *De Bello Gallico*，4：33，5：21（"great Iceni"），6：16；Aldhouse-Green 22 - 28，71，87，173 - 177；Fraser 43，45 - 49，52 - 53，64 - 66；Tacitus, *Agricola*，15（"We gain nothing," "Nothing is"）；Tacitus, *Annals*，328, and Wester 61。罗马人的掳掠和起义的开端，见 Tacitus, *Annals*，328；Tacitus, *Agricola*，16（" admit no"" kingdom"）；Aldhouse-Green 67 - 73；Schiff 119 - 120，125（"The greatest"）；Fraser 5，引自 Petruccio Ubaldini, *Le vite delle Donne illustri del regno d'Inghilterra, e del regno di Scotia...*（1591）（"Tyranny"），55 - 57，59，61（"kingdom"）。卡姆洛杜努姆被摧毁，见 Tacitus, *Annals*，14.32 - 14.33；Aldhouse-Green 180 - 185；Fraser 67, Fraser 70 - 71，引自 John C. Overbeck, "Tacitus and Dio on Boudica's Rebellion," *American Journal of Philology*，vol. 40（1969）136 n. 27，74 - 76，以及 "Dig Uncovers Boudicca's Brutal Streak," *The Guardian*，12/3/00。伦底纽姆和维鲁拉米恩被摧毁，见 Tacitus, *Annals*，14.32 - 33，in Grant 328 - 329；Aldhouse-Green 187 - 191；Peddie 35，以及 Fraser 78 - 87，引自 Dio, LXII, 7.2（"Those who were taken"），90 - 93。布狄卡与苏埃托尼乌斯的交锋，布狄卡的死亡，载于 Tacitus, *Annals*，14.35 - 37，in Grant 329, 330（"Just keep," "We British"），331；Cassius Dio, *Roman Histories*，62：12；Aldhouse-Green 138 - 139；Delbruck 412 - 428；Webster 229，出自 Dio, 62：12；Goldsworthy 52 - 53；Webster 112 n. 6，229；Beard, *SPQR*，513 - 517；Fraser 93 - 100；Kaye, "Finding Boudica"。叛乱的后果，根据 Tacitus, *Annals*，331；Aldhouse-Green，210 - 214，以及 Fraser 102 - 103。

5. 高加索之狮

章节正文前引文出自 Eastmond 93（"Though she"）。开场描写，根据 Zakaria Machitadze, *Lives of the Georgian Saints*，David 和 Lauren Ninoshvili 译（St. Herman Press, 2006）；Mariam Lordkiphanidze- "Georgia in the XI-XII Centuries,"（Tblisi：Ganatleba 1967），英文版重印见 georgianweb. com/history/mariam/index. html。塔玛拉的祖辈，格奥尔基的战争，塔玛拉继承王位，与教会和贵族的斗争，根据 "History and Eulogy of the Kings," in Met'reveli 236，239，241 - 243；Basili Ezosmodzghvari, "The Life of Tamar, the Great Queen of Queens," in Met'reveli 287 - 291（"She began to sharpen," "Nobody was sorry"）；"The Chronicle of Giorgi Lasha and His Time," in Met'reveli 202 - 203（"fortunate and God-fearing,"　"she was fond"）；*Psalms* 124：6（"Blessed be the

Lord"), *Psalms* 124:7 ("the snare"); Suny 37 – 39; Eastmond 94, 101 – 102, 106 – 108, 111; Rayfield 107 – 109。塔玛拉婚姻方面的困难，见 "History and Eulogy of the Kings," in Met'reveli 243, 245; "History and Eulogy of the Kings," in Met'reveli 244; Basili Ezosmodzghvari, "The Life of Tamar, the Great Queen of Queens," in Met'reveli 290 ("He subjected"); Rayfield 109 – 110 ("God save," "the Russian"); Fraser 174。与尤里离婚，与达维特·索斯兰结婚，详细记载见 "History and Eulogy of the Kings," in Met'reveli 247 ("of medium build"), 248 ("God is my witness"); Basili Ezosmodzghvari, "The Life of Tamar, the Great Queen of Queens," in Met'reveli 290; "The Chronicle of Giorgi Lasha and His Time," in Metrreveli 203; Rayfield 110。与尤里的战争，见 Basili Ezosmodzghvari, "The Life of Tamar, the Great Queen of Queens," in Met'reveli 300; "History and Eulogy of the Kings," in Met'reveli 241, 249 – 250, 254; Eastmond 112; Rayfield 111。塔玛拉的征战，沙姆基尔之战，详细记载见 Rayfield 111 – 113 ("in the name"); "The Chronicle of Giorgi Lasha and His Time," in Met'reveli 204; "History and Eulogy of the Kings," in Met'reveli 252 – 253, 255 – 257 ("Their arrows"), 259 ("In the places"); Basili Ezosmodzghvari, "The Life of Tamar, the Great Queen of Queens," in Met'reveli 292 – 295 ("Let not your hearts"), 296 ("She did not allow"), 308 n. 38; Rayfield, *Literature of Georgia*, 89。巴西亚尼之战，占领特拉布宗，见 "History and Eulogy of the Kings," in Met'reveli 268 – 269 ("The battle began"), 271 – 272; Basili Ezosmodzghvari, "The Life of Tamar, the Great Queen of Queens," in Met'reveli 297 ("took counsel with them"), 298; "The Chronicle of Giorgi Lasha and His Time," in Met'reveli 203; Mikaberidze 655 – 656; Eastmond 153; Fraser 178。塔玛拉统治末期，以及她留下的遗产和影响，详细记载于 Eastmond 96, 101; Suny 40 ("peasants were like"); Basili Ezosmodzghvari, "The Life of Tamar, the Great Queen of Queens," in Met'reveli 291 ("We know"); Fraser 178。

6. 虎年

开场，关于满都海在对神龛说话时的选择的描述，载于 Weatherford 157, 159 – 160, 186 – 188, 引自 *The Mongol Chronicle Altan Tobci*, Charles Bawden, trans. (Otto Harrassowitz 1955), § 102 ("You will"), 197 – 199, 202。蒙古帝国的背景，蒙古统一帝国的衰落，孛儿只斤氏命运的最低谷，根据 Weatherford 82 – 83, 129, 148 ("If it is a girl"), 155 – 156, 219。巴彦蒙克可汗短暂的一生和死亡，满都海的婚姻，见 Hidehiro Okada, "The Khan as the Sun, The Jinong as the Moon," in Kellner-Heinkele 186; Weatherford 77 – 79, 157, 156, 159 – 165, 177 – 185, 216。满都海征服扎布汗，见 Weatherford 212 – 213, 214 – 215（引自 *Altan Tobci*, verse 101）("Queen Manduhai"), 218, 219 – 220, 引自 *Altan Tobci*, verse 102, 220 – 221（引自 *Yellow Chronicle of the Oirat*），226 - 272，以及 Adams 27 - 41。明与蒙古的商贸与战争，与瓦加思兰的战争，满都海对瓦加思兰和亦思马因的复仇，载于 Lungfei Feng，"Tumu Crisis and the Weaknesses of the Military System of the Ming Dynasty," *Asia Social Science*（June 2009）；Wang，Yuan-Kang，*Harmony and War*（Columbia University Press 2013）；Arthur Waldron，"Chinese Strategy From the Fourteenth to the Seventeenth Centuries," in Murray 107；以及 Weatherford 223 - 228，236，241，243 - 244（"They caught up"），248 - 249。满都海和达延汗的联合统治，王朝的传承，详见 Weatherford 256，253 - 254，258 - 261，269。

7. 佩剑的蒙娜丽莎

本章正文前引文出自 Jansen 40。开场，载于 Niccolo Machiavelli，*Discourses*，3：6；Lev 139 - 140。斯福尔扎家族背景和卡泰丽娜的童年生活，载于 Hairston 687；Lev 2 - 6，14 - 18，19，21 - 23，26 - 28；Benner 97 - 99；Fraser 197。她与吉罗拉莫的婚姻，载于 Lev 37 - 38，47 - 49，53，59，62 - 64，221；Jansen 40 - 41；以及 Hairston 688。卡泰丽娜占领圣天使堡，与红衣主教们对峙，根据 Lev 91 - 92（"So he wants"），93 - 94；以及 Jansen 40 - 41。吉罗拉莫和卡泰丽娜对弗利的联合统治，载于 Maike Vogt-Luerrsen，"The Identification of Caterina Sforza in Renaissance Paintings through Symbolism," at www. kleio. org/en/books/caterina _ symbols/cs _ en/；Lev 107 - 108；"Mona Lisa Revealed as an Adventurous Beauty," *The Guardian*，3/14/02；"Lorenzo di Credi," in Virtual Ufizzi Gallery，at www. virtualuffizi. com/lorenzo-di-credi. html；Lev 102 - 104，105（"You don't know"），110，112 - 114，116 - 118；Jansen 41。吉罗拉莫被刺杀和卡泰丽娜的报复，载于 De Vries，引自 Machiavelli，*The Prince*，ch. 20：6（"In our days"）；Machiavelli，*Florentine Histories*，8：7（"As soon as she was"）；Hairston 688 - 689，695，699 - 709（引自 Machiavelli，*Florentine Histories*）；Lev 120 - 124，128 - 129（"don't you," "Give the fortress"），132 - 133（"Do it then"），134（"She will fight"），135 - 140，142 - 143（"My people"），145 - 147；Benner 99；Jansen 43；Fraser 199。卡泰丽娜对贾科莫的爱，载于 Breisach 131 - 132，136 - 139；De Vries，"Shifting Representation of a Woman Ruler," 176；Lev 164，166，175。15 世纪末动荡的地理政治学局势，见 Jansen 47；Lev 170 - 178。卡泰丽娜与乔凡尼·迪·美第奇的关系，见 Jansen 45 - 47；Lev 178 - 180（"The countess"），182 - 185，186（"unheard-of"），188 - 189。拉瓦蒂诺被围和卡泰丽娜被俘，载于 Breisach 218 - 229，250 - 251，335，n. 78；Lev 198，200 - 201，204 - 205（"daughter"），213 - 215，217 - 219（"All of Italy"），221 - 222，225（"This is Sunday"），226（"wounded many men"），227（"Madame"）；Jansen 47 - 48，引自 Caterina to Ludovico，1498（"If I have to lose"），1449（"Signor duke"）；以及 Fraser 200。卡泰丽娜被囚禁，未成功的审判，被释放，见 Lev 228，引自 Machiavelli，

On the Art of War, Book Ⅶ（"The poor defenses"），230（"She defended"），231（"Although this woman，" "Under her feminine body"），238，240，242，247（"If I could"），326；Benner 109；Machiavelli，*The Prince*，20：6（"The best possible"）；Breisach 238，243 - 244。晚年生活的概述见 Lev 252 - 256，死亡与影响，载于 Breisach 251 - 253，255 - 256；Jansen 50；Ray 14 - 15；Frazer 200；Lev 246 - 250，252 - 256，266 - 269。

8. 国王之心

伊丽莎白的背景、童年以及在玛丽女王统治时期的生活，载于 Doran，*Circle*，14 - 42，Weir 1，3，16，41，以及 59。统治初期和宫廷中的生活，根据 Weir 14 - 18，35，43 - 53，56，59，222（"It is，" "Although"），224，234，431。战争经济和伊丽莎白早期对战争的态度，据 Doran，*Foreign Policy*，6；Weir 62；Hammer 28 - 29，31 - 34，44 - 53。西班牙、法国、天主教国家与新教国家的地理政治，载于 Hammer 54，引自 Calendar of State Papers 2：3（"a bone"），55 - 56；Weir 62。伊丽莎白在苏格兰的军事行动，按时间顺序记录在 Doran，*Foreign Policy*，17 - 19；Doran，*Circle*，66，Weir 89，91，269；Hammer 55 - 59（引自 A. Clifford, ed.，*The State Papers and Letters of Sir Ralph Sadler*（2 vols.，London：1809）1：438 - 439），60 - 62。对胡格诺派的支持，从欧洲大陆的败退，预算削减，见 Doran，*Foreign Policy*，11；Weir 20，57 - 59，91，116，131 - 133，141，144（"God help"），167 - 168；Hammer 62 - 67，78。与西班牙的敌对，私掠船战争，海军扩张，刺杀阴谋，与苏格兰女王玛丽的问题，详见 Doran，*Foreign Policy*，13 - 16；Hammer 69，78 - 79，80 - 86，89 - 91，93 - 94，96 - 97，105 - 106，107，引自 Parker，*Grand Strategy*，4 - 5，164 - 167（"Even Christ"），111；Doran 65 - 89；以及 Weir 193，202，210 - 211，213，282 - 284，278 - 288，309，334。对国家彩票的介绍，根据 British Library，"The Great Lottery，" bl. uk/learning/timeline/item102765. html。伊丽莎白介入荷兰叛乱和腓力决定推动英格兰计划，载于 Hammer 116 - 117，120 - 127，132，135（"rather to make"）；Weir 345 - 346，349 - 350，357 - 359（"hazard a battle"），370 - 371。对中年伊丽莎白的描写，根据 the Hillard miniature（1572），the "Phoenix" portrait（1575），the Darnley portrait（1575），the Ermine Portrait（1585），以及 the Plimpton "Sieve" portrait（1579）。巴宾顿阴谋，玛丽的处决，西班牙的计划，见 Hammer 137，引自 Parker，*Grand Strategy*，157，181（"to fight"），138；Weir 224，276，367 - 368，377 - 378。无敌舰队出征，详见于 Burghley to Andreas de Loo，7/18/1857，in Robert Leng，*Sir Francis Drake's Memorable Service Done Against the Spaniards in* 1587（1963 年重印），43；Philip Ⅱ to Medina Sidonia，5/4/1587，Library of Congress；Drake to Privy Council，3/30/1588，in Laughton 1：123（"With fifty"）；Dr. John Rogers to Elizabeth，4/1/1588，*Calendar of State Papers：Elizabeth* 21，*part*

4；Weir 388 - 389 （"For the love"）；Drake to Elizabeth，4/13/1588，in Laughton 1：148 （"The advantage"）；Medina Sidonia，fleet instructions，1588，Library of Congress；Adams，Robert，*Expeditionis Hispanorum in Angliam* vera description （1588），Library of Congress；Laughton 1：liii；Valentin Dale to Walsingham，7/25/1588，Library of Congress；Nelson 124 - 125，128；Hammer 138 - 140，145，146 - 148，152，引自Martin and Parker 179 （"riddled"）；Mattingly 347 （"It is a comfort"）；Doran，*Circle*，141；Hutchinson 111 - 112 （"so great a danger，" "For the love of God"），121 （"time to finish the game"），122 - 125，127 - 128，137 - 160，164 - 170，212；Weir 382，384，388 - 390；McDermott 262 - 264，268 - 272。无敌舰队之战的后果和蒂尔伯里演讲，详见于McDermott 280；Weir 392 - 394 （"had so inflamed，" "lost her presence"），399 （"She is only，" "would compare"）；Doran，*Circle*，141；Hammer 152；Hutchinson 136 （"subdue，slay or kill"），174 - 180，215；Frye，95 - 114；以及 Marcus xvii，325。伊利莎白介入鲁昂，与西班牙的海战，埃塞克斯伯爵引发的麻烦，载于 Weir 394，403 - 404，410，415，420 - 421，423 （"If any man"），426 - 427，428 （"You vex"），429 （"I will never"）；Hammer 156 - 161，164 - 165，172 - 181，193，194 （"I know"），195 - 204；Hutchinson 229 - 241，246 - 248。伊丽莎白在爱尔兰的战争，埃塞克斯伯爵之死，伊丽莎白之死，据 Weir 434 （"the Antichrist"），435 - 439，442 （"If you compare"），443 - 447 （"We absolutely"），449 - 466；Doran，*Circle*，185 - 189，289；Levin 153 - 154；Hammer 204 - 205，207 - 208，211 - 215，217 - 219，230 - 231。

9. 鲜血的洗礼

正文前引文出自 Heywood 140，引自 Cavazzi，*Istorica Descrizione*，book 6 para. 32 （"When I was young"）。恩东戈的背景，载于 Thornton，*Warfare*，115；Thomas 128 - 131；Heywood 4 - 5 （map），9 - 14，18，25 - 32；Thornton，"Legitimacy，" 29 - 30；Cadornega，*Historia Geral*，in Newitt 143 （"not only useful for commerce"）。青少年时代的恩津加，详情见 Heywood 35 - 44，45，引自 Cavazzi，MSS Araldi，2：23 （"while boiling"），50，55 - 60。恩津加前往罗安达的使命，载于 Cadornega，*Historia Geral*，in Newitt 143；Thornton，"Legitimacy，" 31 - 32；Thornton，*Warfare*，100 - 102；Heywood 37 - 40，49 - 50，51 - 64，引自 Cavazzi，MSS Araldi，2：24 （"He who is born free"）；Heywood and Thornton 124 - 125。恩津加势力崛起，见 Thornton，"Legitimacy，" 38；Heywood 22，54 - 55，引自 Cadornega，*Historia Gerao*，1：161 （"helped him to die"），61，64 - 65，76；Heywood and Thornton 127。恩津加与哈里和葡萄牙人的战争，见 Njinga to Cardoso，3/3/1626，in McKnight 43 （"Nothing is accomplished"）；Heywood 67，引自 De Souza to government，8/22/1625，in Antonio Brasio，ed.，*Monumenta Missionaria Africana：Africa Ocidental* （15 vols.，Lisbon：Agencia Geral do Ultramar，Divisao de Publicoes e Biblioteca，1952 – 1988) 7：365 – 368，68 – 69，引自 De Souza to government，3/19/1625 and 7/8/1626，in Beatrix Heintze，ed.，*Fontes para a Historia de Angola do Secula* XVII，(2 vols.；Weisbaden：Franz Steiner 1985 – 1988)，1：364 ("the war and the uprising")，2：129 ("she would give them," "better off")，69 – 71，引自 de Sousa to king，2/21/1626，in Antonio Brasio，ed.，*Monumenta Missionaria Africana：Africa Ocidental* (15 vols.，Lisbon：Agencia Geral do Ultramar，Divisao de Publicoes e Biblioteca，1952 – 1988)，7：417 ("a woman")，72，79，引自 "Governador a Seus Filhos," in Beatrix Heintze，ed.，*Fontes para a Historia de Angola do Secula* XVII (2 vols.；Weisbaden：Franz Steiner 1985 – 1988)，1：245 ("necessary and just")；以及 "Carta de Fernao de Sousa a El Rei," 2/21/1626，in Antonio Brasio，ed.，*Monumenta Missionaria Africana：Africa Ocidental* (15 vols.，Lisbon：Agencia Geral do Ultramar，Divisao de Publicoes e Biblioteca，1952 – 1988)，7：418 – 419 ("for God")，79，80 – 82，引自 "Governador a Seus Filhos," in Beatrix Heintze，ed.，*Fontes para a Historia de Angola do Secula* XVII (2 vols.；Weisbaden：Franz Steiner 1985 – 1988)，1：242 – 243；引自 Njinga to Cardoso，3/3/1626，同上，1：244 – 245；引自 Bento Banha Cardoso to Njinga，3/15/1626，同上 1：245 ("God protect")，83 – 84；Thornton，"Legitimacy," 37 – 38；Thornton，*Warfare*，105 – 107，114 – 116，引自 Catornega，Istoria，2：283 ("all their defense")，115；Filippo Pigafetta，*Relatione del Reame di Congo et Delli Circonvicine contrade tratta dalli scritti and ragionamenti di Odoardo Lopez Portoghese* (1591)，in Newitt 140 – 141 ("These people go.")；Heywood，in *Afro-Latino Voices*，40 – 41；Lee 183。与阿泽维多的战役，见 E. G. Ravenstein，ed.，*The Strange Adventures of Andrew Battel* (复制于 gutenberg. org/files/41282/41282-h/41282-h. htm)，166；Heywood 83，引自 "Governador a Seus Filhos," in Beatrix Heintze，ed.，*Fontes para a Historia de Angola do Secula* XVII (2 vols.；Weisbaden：Franz Steiner 1985 – 1988)，1：252 ("woman and queen")；Heywood 107，166；Heywood 87 – 90，101，104 – 107，110。融入伊姆班加拉社会，据 Thornton，*Warfare*，110 – 112；Thornton，"Legitimacy," 32，38，Heywood 75，84，119 – 125，127，引自 Cavazzi，MSS Araldi 2：38，and Heintze，*Angola non Seculos XVI e XVII*，344，348 ("a vassal of the Portuguese")；Joseph Conrad，*Heart of Darkness* (nightmare of her choice)。1640 年的战争，载于 Heywood 121 – 130，引自 Antonio Franco，*Synops Annalium Societatis Jesu in Lusitania* (Augusburg：Wieth 1726) doc. 1632 par. 7，p. 260 ("an unmarried life")；Heywood 129，引自 Carto de Padre Goncalo de Sousa en Nome da Camara de Luanda，7/6/1633，MMA 8：242 – 243 ("The country does not produce much," "the armies that Njinga")；Heywood and Thornton 134。与荷兰结盟，根据 E. G. Ravenstein，ed.，*The Strange Adventures of Andrew Battel*，171；Heywood 133 – 35 – 41，引自 Louis Jadin，*L'Ancien Congo et l'Angola*，1639 – 1655 (Brussels：Institut Historique Belge de Rome，1975）1：416 – 417（"the persecutions"），以及 Cadornega，*Histo-ria Geral*，1：352，404（"these few whites"）。1646 年的征战和坎布的被俘，载于 E. G. Ravenstein，ed.，*The Strange Adventures of Andrew Battel* 173；Heywood 142 – 147，152，160，引自 "Avis du Conseile d'Outre-mer sur le Rapport au Roi d'Antonio de Abreu de Miranda，" 7/23/1644，in Jadin，*Ancien Congo*，1：556（"infernal woman"），引自 "Carta de Francisco de Sotomaior a El-Rei D. Joao IV，" 12/4/1645 and 12/18/1646，in Antonio Brasio，ed.，*Monumenta Missionaria Africana：Africa Ocidental*（15 vols.，Lisbon：Agencia Geral do Ultramar，Divisao de Publicoes e Biblioteca，1952 – 1988），9：402 – 406，471，以及 Cadornega，*Historia Geral*，1：393 – 432。失去荷兰盟友，载于 Meuwese 218 – 224，以及 Heywood 151 – 156。1657 年的战争，见 Heywood 157 – 161，引自 Cavazzi，MSS Araldi，2：76（"cleverer with a distaff"），以及 *Informazione sopre la Regina Jinga*，Ambaca，10/20/1650，Congo，*Angola Documenti*，1646 – 1653，2：234（"I have seen Njinga"）。与葡萄牙的和平，载于 Njinga to Luis Mendes de Sousa Chicorro，12/13/1655，in McKnight 45 – 51；Thornton，"Legitimacy，" 32 – 33；Heywood 165 – 167，171，174 – 178，181，189 – 191，引自 Cavazzi，MSS Araldi，2：71 – 73，以及 Cavazzi，*Istorica Descrizione*，book 6，para.2。老年生活和死亡，载于 Thornton，"Legitimacy，" 32，以及 Heywood 192 – 193，197 – 198，200 – 201，226 – 230，235 – 244。

10. 北方的女皇

正文前引文，开场，叶卡捷琳娜和彼得的童年生活，出自 Montefiore 160（"soul of Caesar"）；Madariaga 9，10（"In spite of"），11，12（"madcap childish"），13 – 17；Massie 28，52 – 57，72 – 88，95 – 118，125 – 133，151 – 165；Coughlan 172 – 174，178，265。彼得短暂的当政期和叶卡捷琳娜的政变，根据 Madariaga 1，23 – 24，29 – 33；Montefiore 44 – 52，60（"Our philosophy"）；Fraser 254（"For a man's work"）；Coughlan 177，180 – 184，Coughlan 185（"I have come"）（"The soldiers rushed"），186 – 187，280；Massie 241 – 265；Massie 252，引自 Bain，*Peter* Ⅲ，130（"She is"）；Massie 254，引自 Bain 192（"It was then"）；Massie 261（"join the nearest"）；Massie 266（"He allowed"）；Massie 275，引自 Catherine to Poniatowski（"At last"）。加冕仪式，载于 Madariaga 187，287 – 288，引自 Scott Thompson，85 – 86（"a woman of"）。初期统治和外交政策，根据 Montefiore 60（"I felt certain"），61（"Time belongs，" "not as easy"）；Madariaga 151 – 152，153（"The first"），155 – 156（"a civil society"），157（"liberte est"），187，327 – 329，339（"You work only on paper"）；Davies，*Russo-Turkish War*，92 – 94；Coughlan 207 – 208，235（"Lady Prayerful"）；Massie 305，322 – 337，343 – 352，355 – 361。对波兰的行动，载于 Madariaga 188 – 189，201 – 204；Montefiore 77；

Coughlan 228 - 231，233；Davies，*Empire and Military Revolution*，250 - 252；Massie 363 - 364，370 - 373；Upham 2：272 - 273；Fuller，*Strategy and Power*，146。第一次土耳其战争，载于 Montefiore 77 - 83，84（"became a volcano"），85 - 91，217 - 218；Madariaga 205 - 236，224，228 - 229（"On no account"）；Fuller，*Strategy and Power*，141 - 146，156；Hartley 8；Coughlan 234 - 237；Davies，*Russo-Turkish War*，105 - 108，172 - 177；Davies，*Empire and Military Revolution*，251 - 258，266 - 277，284；and Massie 374 - 375，引自 Catherine to Voltaire, in Haislip 182（"At the risk"），376 - 385。对普加乔夫叛乱的处理，根据 Montefiore 97 - 98，100，128 - 135；Massie 397 - 410，403（"If God"），405 - 406，引自 Catherine, in *Alexander*，174（"Since you like"）；Madariaga 239 - 268，249（"What need is there"），267（"As regards executions"）；Coughlan 246 - 251。波将金扩张进入黑海领域，根据 Davies 234 - 235（"creates a breach"）；O'Neill x（"You will achieve"），38，44 - 46；Montefiore 105（"wittiest and most original"），123 - 124，138 - 139，220 - 222，232 - 234，248，249（"We hereby declare"），250，252 - 256，274 - 276，278 - 280，293，345（"Easily disgusted"），354 - 356，363 - 365，370 - 371；Coughlan 289 - 311；Madariaga 262 - 263，364 - 398；Massie 495 - 496（"Cleopatra's Fleet"），498 - 500（"This is the way"），508 - 509，引自 de Ligne to Segur（"I behold"）；Fuller，*Strategy and Power*，142。第二次土耳其战争，载于 Montefiore 385 - 386，387（"Lady Matushka"），388，396 - 397，404 - 411，412（"like a strong whirlwind"），413 - 415，411 - 443，448 - 453，472（"If you want to take"）；Sicker，*The Islamic World*，78；Coughlan 315 - 318；Madariagra 395 - 398（"You are impatient"）；Massie 503 - 505。俄罗斯与瑞典的战争，详情见 Montefiore 402 - 403，411 - 418，425 - 429，441，442（"We've pulled"），463 - 465；Massie 507（"this insane note"），514 - 515；Duffy 189（"I would be prepared"）；Fuller，*Strategy and Power*，145（"extricated ourselves"）；Coughlan 317（"Amidst the roar"），325；Madariaga 414（"We have pulled"）。镇压波兰的起义，见 Montefiore 146 - 147，440 - 441；Massie 336（"Our Lady"），484 - 485，488 - 489，537 - 549；Madariaga 421（"It's a veritable"），以及 Gooch 100（"set in motion"）；Clarke 47。反民主政策和最后一次瓜分波兰，见 Montefiore 438 - 439，462 - 463，472 - 473；Madariaga 428（"I am breaking"），430（"half wills"），446（"the whole"），447；Massie 555 - 558（"to extinguish"），560（"now reunited"）；Coughlan 328 - 329。入侵波斯和死亡，根据 Montefiore 495 - 496；Coughlan 254，319；Massie 560 - 562，引自 Cronin 289（"Our sight"），570 - 571。

11. 老祖母

果尔达重复出现的梦境，详见 Klagsburn 525 以及 Burkett 257 - 258，引自 Amnon

Barlizai，"Golda Meir's Nightmare，" *Ha'aretz* (10/3/03) ("Suddenly")。童年，移民美国，参与犹太复国运动，载于 Fallaci 109 - 115；Steinberg 115 - 122，引自 Meir，*My Life*，102 ("In Jerusalem")；以及 "Golda Meir，" *Time*，11/18/10 ("There is a type of woman")。果尔达在以色列独立战争中的作用，见 Klagsbrun 299 - 332；Burkett 109，引自 Mapai，minutes，3/27/44 ("We have")，115，117，引自 *The Pioneer Woman* (3/47) ("Kudos")；Klagsbrun 305 ("The Yishuv")；Fallaci 112 ("I've always found")；Klagsbrun 308 ("When history")，233 ("Does putting an end")；Burkett 133，148，引自 Golda Meir，*My Life*，235 ("Make up your minds")。在以色列建国初期政府中的作用，包括在 1956 年苏伊士危机中的作用，根据 Klagsbrun 375 - 420，456 ("no point")；Steinberg 128 - 129，143，引自 Eban，*Personal Witness*，554 ("Golda Meir had")，153，引自采访，Simcha Dinitz，2/11/03 ("Golda entertained")；Avner 201 - 202；Burkett 174 - 175，197，引自 Ester Herlitz，interview，12/16/04 ("Many people")，217；Fallaci 87；"Golda Meir，" *Israel & Judaism Studies*，at www. ijs. org. au/Golda-Meir/default. aspx。六日战争和果尔达的作用，根据 Klagsbrun 492 - 493 ("We don't want wars")，596 ("If we have to have a choice")；Steinberg 133；Burkett 219 - 223，引自 David Kimche and Dan Bawley，*Sandstorm* (Stein and Day 1968) ("I understand")；Israel Ministry of Foreign Affairs，"The Six-Day War，" at www. mfa. gov. il/mfa/aboutisrael/history/pages/the％20six-day％20war％20-％20june％201967. aspx；Kissinger，*Years of Upheaval*，197。担任总理的最初几年，根据 Klagsbrun 514 - 551；Burkett 225 - 226，引自 Abraham Harmon，采访，1981，Golda Meir Library-Archives，University of Wisconsin-Milwaukee ("Golda knew")，225，引自 *Newsweek*，3/17/69 ("She comes clumping")，232 - 233，引自 Rinna Samuel，采访，12/18/04，233 - 235，引自 Golda Meir，*My Life*，379 ("I became")，240 - 241；"Levi Eshkol，Israel's Third Prime Minister，Dead at 73，" *Jewish Telegraphic Agency*，2/27/69；Fallaci 120 - 121。果尔达对战争的观点，见 Kissinger，*Years of Upheaval*，220 ("Golda Meir was")；*Life*，10/3/69 ("We have always said")；Fallaci 94 - 95 ("I've so often")，96 ("We don't like")，101 ("Are we")，122 ("There's no difference")；*Vogue* (July 1969) ("We don't thrive")。埃及看法的变化，以色列在"观点"中的短视，见 "Golda：My Heart Was Drawn to a Preemptive Strike，" *Times of Israel*，9/12/13；"Three Years Too Late，Golda Meir Understood How War Could Have Been Avoided，" *Times of Israel*，9/12/13；Kissinger，*Years of Upheaval*，197，220 - 224；Rabinovich 8 ("that derives")，11 - 13，21 - 24，38，40，47 - 53，55；Burkett 267 - 269，引自 Meir，interview，9/22/69 ("If the Arabs")，312 - 315 ("eyes and ears")；Avner 222 - 224。战争逼近时果尔达的决定，载于 Klagsbrun 610 - 623；Rabinovich 17 - 18，48，54，66；Avner 225；Burkett 326 ("There's a contradiction")，317 - 318。不发动攻击和动员的决定，见 "Golda：My Heart Was Drawn to a Preemptive Strike，" *Times of Israel*，9/12/13；"Three Years

Too Late，Golda Meir Understood How War Could Have Been Avoided，" *Times of Israel*，9/12/13；Rabinovich 18 - 19，83 - 84，89 - 90，94；Keating to Kissinger，10/6/73，NARA，见 http：//nsarchive. gwu. edu/NSAEBB/NSAEBB98/octwar-09. pdf；Klagsbrun 620 - 622（"Land of Israel"）；Burkett 319，引自 Meir，My Life，426，以及 Rabinovich，*The Yom Kippur War*，89 - 90（"None of us"）；"Who Killed the 20th Century's Greatest Spy?" *The Guardian*，9/15/15；Steinberg 141，引自 Golda Meir，采访，12/26/78，引自 Safran，*Israel：The Embattled Ally*，285 - 286（"Look，this war"），Burkett 270，引自 Robert Slater，Golda（Jonathan David 1981）（"Do you think"），319；Brent Scowcroft to Henry Kissinger，10/5/73，NARA（见 http：//nsarchive. gwu. edu/NSAEBB/NSAEBB98/octwar-07. pdf）；Memorandum of Conversation，Dinetz and Kissinger，10/7/73，NARA（见 http：//nsarchive. gwu. edu/NSAEBB/NSAEBB98/octwar-18. pdf）；Keating to Kissinger，10/6/73，NARA（见 http：//nsarchive. gwu. edu/NSAEBB/NSAEBB98/octwar-09. pdf）（"I believe"）；Richard Nixon 与 John Chancellor 的对话，12/24/71，见 https：//video. scroll. in/316/listen-to-us-president-nixon-call-in-dira-gandhi-tougher-than-men-in-secret-white-house-tapes（"look around the world"）；Kissinger to Nixon，10/6/73，NARA（accessed at Keating to Kissinger，10/6/73，NARA，见 http：//nsarchive. gwu. edu/NSAEBB/NSAEBB98/octwar-10. pdf）；会谈备忘录，Dinetz and Kissinger，10/7/73，NARA（见 http：//nsarchive. gwu. edu/NSAEBB/NSAEBB98/octwar-18. pdf）。战争的爆发和初期的失败，根据 Rabinovich 114 - 116，171（"We know how"），175，177 - 179；Burkett 321 - 323；Klagsbrun 624 - 626；"In 1973，Dayan Suggested Israel Prepare Nukes for Action，" *Ha'aretz*，10/3/13；Top Secret Memorandum，White House Map Room，10/9/73，NARA（400 tanks and 49 warplanes）。核武器的备选方案和进一步失败，根据 Avner Cohen，"How Nuclear Was It?"（"There is no reason"）；Arnan Azanyahu，采访，January 2008，Woodrow Wilson Institute，www. wilsoncenter. org/publication/avner-cohen-collection? utm _ source ＝ social& utm _ medium＝general&utm _ campaign ＝social _ media；Adam Raz，"The Significance of the Reputed Kippur War Nuclear Affair，" *Strategic Assessment*（January 2014）；Rabinovich 220（"Get Simcha"），230 - 231。前线稳定，见 Rabinovich 232 - 252，259（"Holocaust Basement"），260 - 268，270，303 - 304；Avner 249；Burkett 325（"Today we hit"），326 - 329；Zeev Schiff，*October Earthquake*（Tel Aviv：University Pub. Projects 1974）148（"It was strange"）。美国军事介入，载于 Klagsbrun 629（"bloodied in the process，" "We can't allow"）；Kissinger，*Years of Upheaval*，203 - 204（"When all was"）；会谈备忘录，Dinetz and Kissinger，10/7/73，NARA（见 http：//nsarchive. gwu. edu/NSAEBB/NSAEBB98/octwar-18. pdf）；Rabinovich 323 - 324，491；Avner 246 - 248；Burkett 332。战争的最后阶段，载于 Avner 235 - 236（"The stench"），239 - 241（"My father"）；Rabinovich 358；Burkett 332，引自 Donald Neff，*Warriors Against*

Israel（Amana Books 1988）（"We are back"）；Rabinovich 348 – 366，393，412（"You were there?"）。关于停火的谈判，根据 Rabinovich 436，442，454，465（"How can"），466，477，487；Steinberg 183；会谈备忘录，10/22/73，1：35 p. m.，NARA，见 nsarchive. gwu. edu/NSAEBB/NSAEBB98/♯ doc54；Memorandum of Conversation，10/22/73，4：15 p. m.，National Archives and Records Administration，见 nsarchive. gwu. edu/NSAEBB/NSAEBB98/♯ doc54；UN Security Council Resolution 338，10/22/73；Burkett 332，引自 Golda，采访，*CBS Face The Nation*，10/28/73（"For God's sake"）；334 – 335，引自 Isaacson，*Kissinger*，528（"In Vietnam"），336，引自 Meir，*My Life*，371 – 372（"There is only one"），343 – 344，引自 White House，会谈备忘录，11/1/73，NARA（"Madam Prime Minister"）；Kissinger（"She felt herself"）；Avner 249。和谈，戴维营协议，以及果尔达的死亡，根据 "Golda Meir：'My Heart Was Drawn to a Pre-Emptive Strike,'" *Times of Israel*，9/12/13；Burkett 346，引自 Meir，*My Life*，448（"For the first time"）；Avner 250；Steinberg 143；*Hamilton*（"legacy"）。

12. 飓风交火

开场，载于 Thornton xviii；Thatcher，*Autobiography*，343 – 344；Moore 665 – 666；以及 Campbell 180 – 182。青少年时代、教育和努力成为保守党领袖，根据 Thatcher，*Autobiography*，1 – 25，32 – 68；Berlinski 16 – 19，21 – 45，71 – 103；Aitken 27 – 28，131 – 132；Charles C. Johnston，"Thatcher and the Jews," *Tablet*，12/28/11；Campbell 29 – 31，66，191；Moore 101 – 102；Steinberg 213，216，243 – 244；"Why the Iron Lady Was the Ultimate Women's Libber," *The Daily Mail*，2/3/12（"Some of us"）；"How Margaret Thatcher Built the Myth of the Iron Lady," *The Independent*，4/9/13（"Ditch the Bitch"）；Shepherd 34，160（"Stalin's eyes"）；"Sir Mick Jagger：'Margaret Thatcher Didn't Change for Anyone,'" *The Telegraph*，6/12/13；Ogden，*Maggie*，112（"I'll see them in hell"）。撒切尔的形象改造和 1979 年竞选，根据 Steinberg 213；Campbell 66 – 68，74，引自 *Daily Mirror*，2/3/75（"What people"）；"How Maggie Thatcher Was Remade," *The Telegraph*，1/8/12（"Every politician"）；Thatcher，*Autobiography*，182 – 183；"The Margaret Thatcher Look," *The Guardian*，4/8/13；Shepherd 22，25，226 – 228（"ultimate power dresser"）；"Margaret Thatcher," *Bio. com*，4/19/13；Brian Monteith，in Dale 513（"ideological steel"）。初期经济政策，根据 Steinberg 219，221；Moore 660；Thornton 32 – 33（"no alternative," "The lady's not"），39 – 41；Berlinski 159；Campbell 185 – 186；Hastings 11。与爱尔兰共和军的斗争，载于 Moore 608 – 609；Campbell 340 – 341，引自 MT，speech，11/20/80（"There can be"）；Campbell 341，引自 MT，speech，5/28/81（"It would seem"）；Campbell 190；Campbell 337 – 339，引自 MT，Airey Neave Memorial Lecture，3/2/80（"No dem-

ocratic country"）；Campbell 340 - 342。与里根的关系，根据 Thornton 38 - 39；Campbell
217 - 219，引自 Thatcher, speech, 6/5/80 和 11/25/82（"We should"）；Campbell 260,
引自 Geoffrey Smith, *Reagan and Thatcher*, 26（"Isn't she"）；Thornton 239（"In a
dangerous world"）。福克兰群岛的背景，根据 Hastings 48 - 50；Moore 662 - 663；
Thornton 94 - 95, 107。阿根廷最初的行动，载于 Hastings 45 - 48, 50, 60 - 63, 66；
Thornton 7, 43, 84, 114 - 115（arguing *HMS Superb* had been dispatched on March
25）；UKE to FCO, 3/20/82, FCO to Port Stanley 3/20/82, CINCFLEET to *HMS En-
durance*, 3/20/82, MODUKNAVY to CINCFLEET, 3/23/82, MODUKNAVY to RB-
DWCR and NP 8901, 3/23/82, 均见 Thatcher Archives；Campbell 205, 引自 Carol
Thatcher, *Below the Parapet*（Harper Collins 1996）, 201（"miles and miles"）；Arm-
strong to Thatcher, 3/31/82, Thatcher Archives；Thatcher to Carrington, 3/25/82,
Thatcher Archives；Thatcher 341；MOD to Thatcher, 3/26/42, Thatcher Archives；
Nott to Thatcher, 3/29/82, Thatcher Archives；CIA Directorate, Situation Report ♯2,
4/3/82, Thatcher Archives；FCO to UKE Buenos Aires, 3/27/82, Thatcher Archives；
UKE Buenos Aires to FCO, 3/27/82, Thatcher Archives；UKE Buenos Aires to
MODUK Navy, 3/30/82, Thatcher Archives；Berlinski 158 - 161, 179, 引自 Thatch-
er, *The Downing Street Years*, 184（"The Prime Minister"）；Moore 656 - 657, 663 -
664, 673；Campbell 185 - 186。撒切尔开战决定，载于 Thatcher, *Downing Street
Years*, 179 and Moore 665 - 666（"The worst moment," "We can't"）, 682（"She
wouldn't have done it"）；Berlinski 161（"If they are"）；Hastings 66 - 69；Thatcher 344；
"Bitter Royal Navy Battle With Sir Henry Leach Before Falklands," *Huffington Post*,
12/30/11；Engagement Diary, 3/31/82, Thatcher Archives；"Admiral of the Fleet Hen-
ry Leach," *The Telegraph*, 4/26/11（"If we"）；Undated memorandum on the history of
the Prime Minister's room, PREM 19/866, at www. margaretthatcher. org（" Fait
Bien"）；Moore 667；Hastings 66 - 68；Thatcher 344（"Now my"）；Thatcher, inter-
view for ITN, 4/5/82, Thatcher Archives, in Berlinski 167（"I am not talking"）；
Moore 677；Campbell 188。福克兰群岛投降，根据 Carrington to Haig, 3/28/82,
Thatcher Archives；Thatcher to Reagan, 3/31/82, Thatcher Archives；Jim Rentschler,
diary, 4/1/82, Thatcher Archives（"The Argentines"）；Moore 668；Hastings 73（"It
looks"）；Campbell 188 - 189；*HMS Endurance* to CINCFLEET, 4/2/82, Thatcher Ar-
chives（"This has been"）；Moore 656；Thornton 112, 125, 129。团结鼓舞公众，根据
Thatcher, speech to House of Commons, 4/2/82（audio recording）, Thatcher Archives；
Thatcher, notes for speech, 4/3/82, Thatcher Archives；Moore 672 - 673；Campbell
188；Berlinski 165 - 166；Thornton, citing Haig, *Caveat*, 284 for public opinion polls。
舰队筹备，根据 Moore 677；Thatcher 350（"It was not"）。初期美国的外交政策，根据
Campbell 342, 引自 Renwick, *Fighting With Allies*, 342（"That woman"）；Thornton

62. 撒切尔的战争管理，出自 Campbell 189，引自 Peter Hennessy, *The Prime Minister*（Allen Lane 2000）104（"First"）；"Sir Frank Cooper," *The Guardian*，1/31/02；Moore 679，681；Thatcher 349－350；Hastings 82－83；Moore 680；Armstrong, Thatcher 简介，4/6/82，Thatcher Archives；Moore 681，引自采访，Sir John Coles and Sir David Omand；Thatcher 346（"All these"），359（"The rules"）。美国的摇摆和决定支持英国，根据 Jim Rentschler, diary, 4/1/82, Thatcher Archives；Thatcher, notes of meeting with Alexander Haig, 4/14/82, Thatcher Archives；Campbell 194－195，引自 Caspar Weinberger, *Fighting for Peace*, 149；Armstrong to Thatcher, 4/6/82, Thatcher Archives（"we have only to ask"），and 196，引自 Thatcher, speech, 5/6/82（"We now"）；Thatcher 346，349；Moore 679，683－684，引自 David Gompert，采访（"How can we"），685，引自 Reagan, press conference, 4/5/82（"It's a very"）引自 Jim Rentschler，采访（"The main thing"），686－687，引自 Edward Streator，采访（"If you think"），引自采访，Jim Rentschler，688，引自 David Gompert，采访（"The Good Lord"），690－694，701，709，引自 Reagan, press conference, 4/30/82（"ice-cold bunch"），710，引自采访，Cecil Parkinson（"If the Argentinians"）；Haig to Reagan, 4/9/82, at www. documentcloud. org/documents/329522－19820409-memo-to-the-president-discussions-in. html（"The prime minister"）；Edward Streator, "Memorandum of Conversation: Secretary's Meeting with Prime Minister Thatcher on 8 April 1982," 4/10/82, at www. documentcloud. org/documents/329527-19820410-secretarys-meeting-with-prime-minister. html；Berlinski 170，引自 James Rentschler, diary, 4/8/82, Thatcher Archives（"I beg you"）；Hastings 102，105－106，169－170；Thatcher, telephone conversation with Haig, 4/14/82, Thatcher Archives（"Please don't"）；Henry Kissinger, in Dale 495；Thornton 156－157，168（"conditional surrender"），170－171，212－213。占领南乔治亚岛，根据 Hastings 130；Moore 704；Berlinski 171，173－174（"Pleased to inform"）；Thatcher, press announcement, 4/25/82（"Rejoice!"）；Thornton 171。"贝尔格拉诺号"和"谢菲尔德号"被袭击，详见 Thatcher 368－369；Campbell 197，引自 Thatcher, 5/4/82（"posed a very obvious"）；Moore 711－713，716，引自 Barry Strevens，采访（"Don't let"）；CIA Directorate, memorandum, 4/2/82, Thatcher Archives；Thatcher conversation with Nott, Pym, and Lewin, 4/10/82, Thatcher Archives；Campbell 196；Moore 713；Hastings 151－154，168；Thornton 207－209。关于战争花费的坚持，根据 Jeremy Moore and John Woodward, "The Falklands Experience," *Royal United Services Institute for Defence Studies*（March 1983）28；Moore 716，728－731，736，引自 Henderson, *Mandarin*, 465－466（"Mrs T"）；Andrew Roberts, lecture, New York Historical Society, 4/30/15（"preemptive cringe"）；Campbell 198，引自 Geoffrey Smith, *Reagan and Thatcher*, 83（"He couldn't"）；Berlinski 175；Thatcher, "Notes on Falklands War,"（"Many of the public"）；Thatcher 369，372；Campbell

197 – 198；Berlinski 175；Hastings 168 – 171，173；Campbell 200，引自 Andrew Thompson，*Margaret Thatcher*：*The Woman Within*（Allen Lane 1989），174 – 178；Shephard 38（"not had such"）。登岛攻势，载于 Thatcher 360，373 – 375（"How long"）；Campbell 191 – 193，引自 Ronald Millar，*A View From the Wings*，298；Roberts，lecture，4/30/15；Thornton 84，引自 Woodward，*One Hundred Days*（Naval Institute Press 1991）at 92（"The land battle"），106；Moore 734（"Can we"），735，引自采访，Denis Thatcher（"Another ship！"）；Thatcher，speech to Conservative Women Conference，5/26/82，Thatcher Archives（"We must expect"）；Hastings 89，193，205 – 207，229；Hine 66 – 74；Campbell 198；Moore 676，732 – 733（"You couldn't find"），742，747 – 748。圣卡洛斯登陆后撒切尔强硬路线的谈判，见 Thatcher 376（"snatch"）；Moore 715，735，743 n.；Campbell 201（"magnanimity"）；"UN Defers Vote On Cease-Fire Resolution，" *New York Times*，6/4/82；"U. S. and the British Veto Resolution on Falklands，" *New York Times*，6/5/82（"I am told"）；Berlinski 176，引自 *Sunday Times*，3/8/92（"Just supposing"）；Moore 734，737 – 738，740 – 741，745 – 746。最后的投降，根据 Thatcher 378 – 379（"How bitterly，" "Like everyone"），380（"As I went"）；"Margaret Thatcher and the Falklands War，" *The Telegraph*，4/8/13（"A feeling"）；Moore 749 – 750，引自 Antony Acland，采访（"I don't think…Have a drink. "）。政治影响，根据 Moore 750 – 751，引自 *House of Commons Debates*，6/17/82（"Is the right"）；Hastings 313；Campbell 204；John Nott，in Dale 524（"Above all"）。

尾声

尾声部分的资料来源包括如下：Jansen 9 – 11，20 – 21；George S. Patton，Jr.，diary，6/22/44，Library of Congress，Patton Papers（box 3）（"No general officer"）；Harry Butcher，*My Three Years With Eisenhower*（Simon & Schuster 1946），8；Jonathan W. Jordan，*Brothers Rivals Victors*（NAL 2011），83 – 84（"brickbats"）；Rev. Jody Ray，sermon，10/22/17（"Almost"）。

参考文献

书籍

Abadi, Jacob. *Tunisia Since the Arab Conquest: The Saga of a Westernized Muslim State*. Reading, UK: Ithaca Press, 2012.

Abun-Nasr, Jamil M. *A History of the Maghrib in the Islamic*. Cambridge University Press, 1993.

Adcock, F.E. *The Roman Art of War Under the Republic*. Barnes & Noble Books, 1995.

Aitken, Jonathan. *Margaret Thatcher: Power and Personality*. Bloomsbury, 2013.

Aldhouse-Green, Miranda. *Boudica Britannia*. Pearson, 2006.

Avner, Yehuda. *The Prime Ministers: An Intimate Narrative of Israeli Leadership*. Toby Press, 2010.

Beard, Mary. *Women & Power: A Manifesto*. Liveright, 2017.

———. *SPQR: A History of Ancient Rome*. Liveright, 2015.

Behan, Mona, and Jeannine Davis-Kimball. *Warrior Women: An Archaeologist's Search for History's Hidden Heroines*. Warner Books, 2002.

Benner, Erica. *Be Like the Fox: Machiavelli In His World*. Norton, 2017.

Berlinski, Claire. *There Is No Alternative: Why Margaret Thatcher Matters*. Basic Books, 2011.

Biran, Michal. *The Empire of the Qara Khitai in Eurasian History: Between China and the Islamic World*. Cambridge University Press, 2005.

Breisach, Ernst. *Caterina Sforza: A Renaissance Virago*. University of Chicago Press, 1967.

Burkett, Elinor. *Golda*. Harper, 2008.

Caminos, Ricardo A. *The New-Kingdom Temples of Buhen*. Egypt Exploration Society, 1974.

Campbell, John. *The Iron Lady:Margaret Thatcher, From Grocer's Daughter to Prime Minister*. Penguin, 2011.

Castor, Helen. *She-Wolves: The Women Who Ruled England Before Elizabeth*. Harper, 2011.

Clark, Emily, and Mary Laven. *Women and Religion in the Atlantic Age, 1550–1900*. Ashgate, 2014.

Clarke, George S. *Russia's Sea-Power, Past and Present*. John Murray, 1898.

Clausewitz, Carl von. *On War*. Penguin, 1982.

Cline, Eric H., and David O'Connor, eds. *Thutmose III: A New Biography*. University of Michigan Press, 2006.

Cooney, Kara. *The Woman Who Would Be King:Hatshepsut's Rise to Power in Ancient Egypt*. Crown, 2014.

———. *When Women Ruled the World: Six Queens of Egypt*. National Geographic, 2018.

Coughlan, Robert. *Elizabeth & Catherine*. G.P. Putnam's Sons, 1975.

Custine, Marquis de. *Empire of the Czar*. Doubleday, 1971.

Dale, Iain, ed. *Memories of Margaret Thatcher: A Portrait, by Those Who Knew Her Best*. Biteback Publishing, 2013.

Dando-Collins, Stephen. *Cleopatra's Kidnappers: How Caesar's Sixth Legion Gave Egypt to Rome and Rome to Caesar*. Wiley, 2005.

Darnell, John Coleman, and Colleen Manassa. *Tutankhamun's Armies: Battle and Conquest in Ancient Egypt's Late 18th Dynasty*. Wiley, 2007.

Davies, Brian. *Empire and Military Revolution in Eastern Europe: Russia's Turkish Wars in the Eighteenth Century*. Bloomsbury, 2013.

———. *The Russo-Turkish War, 1768-1774: Catherine II and the Ottoman Empire*. Bloomsbury, 2016.

De Pauw, Linda Grant. *Battle Cries and Lullabies: Women in War from Prehistory to the Present*. University of Oklahoma Press, 1988.

Delbrück, Hans, and Walter J. Renfroe, Jr., trans. *Warfare in Antiquity: History of the Art of War*. University of Nebraska Press, 1990.

Dhillon, B.S. *A History and Study of the Jats*. Beta Publishers, 1994.

Dixit, J.N. *India-Pakistan in War & Peace*. Routledge, 2002.

Dixon, Norman. *On the Psychology of Military Incompetence*. Pimlico, 1994.

Dodge, Theodore Ayrault. *Caesar: A History of the Art of War Among the Romans*. University of Nebraska Press, 1990.

Doran, Susan. *Elizabeth I and Her Circle*. Oxford University Press, 2015.

———. *Elizabeth I and Foreign Policy, 1558–1603*. Routledge, 2000.

Duffy, Christopher. *Russia's Military Way to the West: Origins and Nature of Russian Military Power 1700-1800*. Routledge, 2015.

Dunn, Jane. *Elizabeth and Mary: Cousins, Rivals, Queens*. Vintage Books, 2005. Earenfight, Theresa. *Queenship in Medieval Europe*. Macmillan, 2013.

Eastmond, Antony. *Art and Identity in Thirteenth-Century Byzantium: Hagia Sophia and the Empire of Trebizond*. Routledge, 2017.

———. *Royal Imagery in Medieval Georgia*. Penn State Press, 2010.

Edgerton, Robert B. *The Fall of the Asante Empire: The Hundred-Year War for Africa's Gold Coast*. Free Press, 1995.

Elfasi, M., ed. *Africa from the Seventh to the Eleventh Century*. Heinemann Educational Publishers, 1995.

Falki, Hanadi. *Field Marshal Sam Manekshaw*. Prabhat Prakashan, 2011.

Fallaci, Oriana. *Interviews with History*. Houghton Mifflin, 1976.

Farrokh, Kaveh. *Shadows in the Desert: Ancient Persia at War*. Osprey, 2007.

Frank, Katherine. *Indira: The Life of Indira Nehru Gandhi*. HarperCollins, 2001.

Fraser, Antonia. *The Warrior Queens: The Legends and the Lives of the Women Who Have Led Their Nations in War*. Alfred A. Knopf, 1989.

Fuller, John F.C. *Julius Caesar: Man, Soldier, and Tyrant*. Da Capo Press, 1991.

Fuller, William C. Jr. *Strategy and Power in Russia, 1600–1914*. Free Press, 1992.

Gabriel, Richard A. *The Military History of Ancient Israel*. Praeger, 2003.

Gaddis, John Lewis. *On Grand Strategy*. Penguin UK, 2018.

Gera, Deborah Levine. *Warrior Women: The Anonymous Tractatus de Mulieribus*. Brill, 1997.

Goldsworthy, Adrian. *The Complete Roman Army*. Thames & Hudson, 2003.

Green, Peter. *The Greco-Persian Wars*. University of California Press, 1996.

Gristwood, Sarah. *Blood Sisters: The Women Behind the War of the Roses*. Basic Books, 2013.

Guy, John. *Queen of Scots: The True Life of Mary Stuart*. Mariner Books, 2005.

Hammer, Paul E.J. *Elizabeth's Wars*. Macmillan, 2003.

Hannoum, Abdelmajid. *Colonial Histories, Post-Colonial Memories*. Heinemann, 2001.

Harmatta, Janos, ed. *History of Civilizations of Central Asia*. UNESCO Publishing, 1994.

Hartley, Janet M. *Russia, 1762–1825*. Praeger, 2008.

Hastings, Max, and Simon Jenkins. *The Battle for the Falklands*. Norton, 1983.

Hay, David J. *The Military Leadership of Matilda of Canossa, 1046–1115*. Manchester University Press, 2008.

Herzog, Chaim. *The War of Atonement*. Casemate, 2009.

———, and Mordechai Gichon. *Battles of the Bible*. Greenhill Books, 1997.

Herzog, François, and Janet Lloyd, trans. *The Mirror of Herodotus*. University of California Press, 1988.

Heywood, Linda M. *Njinga of Angola: Africa's Warrior Queen*. Harvard University Press, 2017.

———, and John K. Thornton. *Central Africans, Atlantic Creoles, and the Foundation of the Americas, 1585–1660*. Cambridge University Press, 2007.

Hölbl, Günther. *History of the Ptolemaic Empire*. Routledge 2001.

Hrbek, Ivan. *Africa from the Seventh to the Eleventh Century*. University of California Press, 1992.

Hutchinson, Robert. *The Spanish Armada: A History*. St. Martin's Press, 2013.

Ilahiane, Hsain. *Historical Dictionary of the Berbers*. Scarecrow Press, 2006.

Isaacson, Walter. *Kissinger: A Biography*. Simon & Schuster, 1992.

Jacob, J.F.R. *Surrender at Dacca: Birth of a Nation*. Manohar Publishers, 1997.

Jackson, Guida M. *Women Rulers Throughout the Ages*. ABC-CLIO, 1999.

Jagchid, Sechin. *Mongolia's Culture and Society* .Westview Press , 1979.

James, Liz, ed. *Women, Men and Eunuchs: Gender in Byzantium*. Routledge, 1997.

Jansen, Sharon L. *The Monstrous Regiment of Women: Female Rulers in Early Modern Europe*. Palgrave MacMillan, 2002.

Jayakar, Pupul. *Indira Gandhi*. Pantheon, 1988.

Johnson, Linda Cooke. *Women of the Conquest Dynasties: Gender and Identity in Liao and Jin China*. University of Hawai'i Press, 2011.

Jones, Prudence J. *Cleopatra: A Sourcebook*. University of Oklahoma Press, 2006.

Kellner-Heinkele, Barbara, ed. *Altaica Berolinensia: The Concept of Sovereignty in the Altaic World*. Harrassowitz, 1993.

Kissinger, Henry. *Years of Upheaval*. Simon & Schuster, 1982.

Klagsbrun, Francine. *Lioness: Golda Meir and the Nation of Israel*. Schocken Books, 2017.

Kleiner, Diana E.E. *Cleopatra and Rome*. Harvard University Press, 2009.

Kuhrt, Amélie. *The Persian Empire*. Routledge, 2013.

Laughton, John Knox, ed. *State Papers Relating to the Defeat of the Spanish Armada, Anno 1588*. 2 vols. London: Navy Records Society, 1894.

Lee, Lily Xiao Hong, and Sue Wiles, eds. *Biographical Dictionary of Chinese Women: Tang Through Ming, 618–1644*. M.E. Sharpe, 2014.

Lee, Wayne E. *Empires and Indigenes*. New York University Press, 2011.

Lev, Elizabeth. *The Tigress of Forli*. Houghton Mifflin Harcout, 2011.

Levin, Carole. *The Heart and Stomach of a King*. University of Pennsylvania Press, 2003.

Loewe, Michael. *Everyday Life in Early Imperial China During the Han Period*. Hackett Publishing, 1968.

McDermott, James. *England and the Spanish Armada*. Yale University Press, 2005.

McMahon, Keith. *Women Shall Not Rule*. Rowman & Littlefield, 2013.

Mansingh, Surjit. *India's Search for Power*. Sage Publications, 1984.

Marcus, Leah S., et al., eds. *Elizabeth I: Collected Works*. University of Chicago Press, 2000.

Massie, Robert K. *Catherine the Great: Portrait of a Woman*. Random House, 2012.

Mathur, K.P. *The Unseen Indira Gandhi*. Konark Publishers, 2016.

Mattingly, Garrett. *The Armada*. Houghton Mifflin Harcourt, 1959.

Maurer, Helen E. *Margaret of Anjou: Queenship and Power in Late Medieval England*. Boydell, 2003.

McKnight, Kathryn Joy, and Leo Garofalo, eds. *Afro-Latino Voices: Narratives from the Early Modern Ibero-Atlantic World, 1550–1812*. Hackett Publishing, 2009.

Meir, Golda. *My Life*. Putnam, 1975.

Met'revelli, Roin, and Stephen Jones, eds. *Kartlis Tskhovreba: The Georgian Chronicle*. Artanuji, 2014.

Meuwese, Mark. *Brothers in Arms, Partners in Trade*. Brill, 2012.

Mikaberidze, Alexander. *Historical Dictionary of Georgia*. Rowan & Littlefield, 2015.

Minns, Ellis Hovell. *Scythians and Greeks*. Cambridge University Press, 2010.

Montefiore, Simon Sebag. *Catherine the Great & Potemkin*. Vintage, 2016 .

Monter, William. *The Rise of Female Kings in Europe, 1300–1800*. Yale University Press, 2012.

Moore, Charles. *Margaret Thatcher*. Alfred A. Knopf, 2013.

Mote, F.W. *Imperial China, 900–1800*. Harvard University Press, 2003.

Müller, Karl Otfried. *The History and Antiquities of the Doric Race*. 2 vols. London: John Murray, 1834.

Murray, Williamson, et al., eds. *The Making of Strategy*. Cambridge University Press, 1994.

Naylor, Phillip C. *North Africa: A History from Antiquity to the Present*. University of Texas Press, 2009.

Nelson, Arthur. *The Tudor Navy*. Conway Maritime Press, 2001.

Nelson, Sarah Milledge. *Ancient Queens: Archaeological Explorations*. AltaMira Press, 2003.

Newitt, Malyn, ed. *The Portuguese in West Africa, 1415–1670*. Cambridge University Press, 2010.

Nicholas, Sir Harris, ed. *Proceedings and Ordinances of the Privy Council of England*. Commissioners of Public Records, 1837.

O'Neill, Kelly. *Claiming Crimea: A History of Catherine the Great's Southern Empire*. Yale University, 2017.

Ogden, Chris. *Maggie: An Intimate Portrait of a Woman in Power*. Simon & Schuster, 1990.

Panthaki, Behram, and Zenobia Panthaki. *Field Marshal Sam Manekshaw*. Niyogi Books, 2016.

Pasolini, Pier Desiderio. *Caterina Sforza*. 3 vols. Ermanno Loescher & Co., 1893.

Peddie, John. *The Roman War Machine*. Combined Books ,1996.

Pelley, Patricia M. *Postcolonial Vietnam*. Duke University, 2002.

Phaf, Ineke, and Tiago de Oliveira Pinto, eds. *AfricAmericas*. Iberoamericana, 2008.

Rabinovich, Abraham. *The Yom Kippur War*. Schocken Books, 2008.

Randall-MacIver, D., and C. Leonard Wooley. *Eckley B. Coxe Junior Expedition to Nubia*. Vol. VIII: Buhen. University Museum, 1911.

Rashba, Gary L. *Holy Wars: 3,000 Years of Battles in the Holy Land*. Casemate, 2011.

Roberts, Andrew. *Leadership in War: Essential Lessons From Those Who Made History*. Viking, 2019.

Ray, Meredith K. *Daughters of Alchemy*. Harvard University Press, 2015.

Rayfield, Donald. *The Literature of Georgia: A History*. Routledge Books, 2013.

———. *Edge of Empires: A History of Georgia*. Reaktion Books, 2012.

Rodgers, W.L. *Greek and Roman Naval Warfare*. Naval Institute Press, 1937.

Roehrig, Catharine H., ed. *Hatshepsut: From Queen to Pharaoh*. Yale University Press, 2005.

Rudolph, Lloyd I, and Susanne Hoeber Rudolph, eds. *Making U.S. Foreign Policy Toward South Asia: Regional Imperatives and the Imperial Presidency*. Indiana University Press, 2008.

Schiff, Stacy. *Cleopatra: A Life*. Back Bay Books, 2011.

Shephard, Gillian. *The Real Iron Lady: Working with Margaret Thatcher*. Biteback Publishing, 2013.

Sicker, Martin. *The Islamic World in Decline*. Greenwood Publishing, 2001.

———. *The Rise and Fall of the Ancient Israelite States*. Greenwood Publishing, 2003.

Singh, Arvindar. *Myths and Realities of Security and Public Affairs*. Ocean Books, 2008.

Sisson, John Richard, and Leo E. Rose. *War and Secession*. University of California Press, 1990.

Smith II, Andrew M. *Roman Palmyra*. Oxford University Press, 2013.

Southern, Pat. *Empress Zenobia: Palmyra's Rebel Queen*. Continuum Books, 2008.

Standen, Naomi. *Unbounded Loyalty: Frontier Crossings in Liao China*. University of Hawai'i, 2007.

Stapleton, Timothy J. *A Military History of Africa*. 3 vols. ABC-CLIO, 2013.

Steinberg, Blema S. *Women in Power*. McGill-Queens University Press, 2008.

Sun Tzu. *The Art of War*. Tuttle, 1996.

Suny, Ronald Grigor. *The Making of the Georgian Nation*. Indiana University Press, 1994.

Tanner, Harold M. *China: A History*. Hackett Publishing, 2009.

Taylor, Keith Weller. *The Birth of Vietnam*. University of California Press, 1983.

Thatcher, Margaret. *Margaret Thatcher: The Autobiography*. HarperCollins, 2010.

Thomas, Hugh. *The Slave Trade*. Simon & Schuster, 1997.

Thornton, John K. *Warfare in Atlantic Africa, 1500–1800*. Routledge, 1999.

Thornton, Richard C. *The Falklands Sting: Reagan, Thatcher, and Argentina's Bomb*. Brassey's, 1998.

Troyat, Henri. *Terrible Tsarinas: Five Russian Women in Power*. Algora Publishing, 2001.

Tyldesley, Joyce. *Cleopatra: Last Queen of Egypt*. Basic Books, 2008.

Upham, Edward. *History of the Ottoman Empire*. 2 vols. Constable & Co., 1829.

Van de Ven, Hans. *Warfare in Chinese History*. Brill, 2000.

Vickers, K.H. *Humphrey Duke of Glouster*. Archibald Constable & Co. Ltd., 1907.

Volkovskii, N.L., and D.N. Vokovskii. *Russkaya Voennaya Cila*. Polygon, 2006.

Wagner, John. *Encyclopedia of the Wars of the Roses*. ABC-CLIO, 2001.

Wallinga, H.T. *Xerxes' Greek Adventure: The Naval Perspective*. Brill, 2005.

Wang, Yuan-Kang. *Harmony and War: Confucian Culture and Chinese Power Politics*. Columbia University Press, 2013.

Warry, John. *Warfare in the Classical World*. University of Oklahoma Press, 1995.

Watson, Alaric. *Aurelian and the Third Century*. Routledge, 1999.

Weatherford, Jack. *The Secret History of the Mongol Queens*. Crown, 2010.

Webster, Graham. *The Roman Imperial Army*. Barnes & Noble Books, 1994.

Weir, Alison. *The Life of Elizabeth I*. Ballentine, 2008.

———. *Queens of the Conquest*. Ballentine, 2017.

Wyatt, Donald J. *Battlefronts Real and Imagined: War, Border, and Identity in the Chinese Middle Period*. Palgrave Macmillan, 2008.

其他资料

Adams, Ryon F. "Outfought and Outthought: Reassessing the Mongol Invasion of Japan." Master's thesis, U.S. Army Command and General Staff College, 2009.

Bedrosian, Robert, trans. *Kirakos Ganjakets'i's History of the Armenians*. http://rbedrosian.com/kgtoc.html.

Boyd, John. "Destruction and Creation." Thesis, U.S. Army Command and General Staff College, 1976.

Blythe, J.M. "Women in the Military: Scholastic Arguments and Medieval Images of Female Warriors." *History of Political Thought* (Summer 2001).

Carey, Brian Todd. "Cyrus II of Persia: Great Before Alexander." *Strategy & Tactics* (May–June 2016).

Carney, Elizabeth D. "Women and Military Leadership in Pharaonic Egypt." *Greek, Roman and Byzantine Studies* 42 (2001).

Clothier, Stephen. "Greek Perspectives on Cyrus and his Conquests." Open Access Dissertations and Theses, Paper 6824, 1997.

De Vries, Joyce. "Caterina Sforza: The Shifting Representation of a Woman Ruler in Early Modern Italy." *Lo Sguardo: Riviista di Filisofia* 13, no. 3 (2013).

Donvito, Filippo. "The Lioness of the Caucasus." *Medieval Warfare* 4, no. 2 (2014).

Frye, Susan. "The Myth of Elizabeth at Tilbury." *The Sixteenth Century Journal* (Spring 1992).

Gabriel, Richard A. "Israel's First Great General." *Military Chronicles* (December 2010).

Gupta, Jessica, dir. "The Life of Field Marshal Sam Manekshaw, MC." Film, UNESCO Parzor Project, 2002.

Hairston, Julia L. "Skirting the Issue: Machiavelli's Caterina Sforza." *Renaissance Quarterly* (Autumn 2000).

Heywood, Linda. "Njinga and Memory in Colonial Angola." Presentation, Harvard University Center for African Studies, November 28, 2016. https://vimeo.com/194683568.

Hine, Douglas O. "The 1982 Falklands-Malvinas Case Study." Study No. 1036, U.S. Naval War College, June 4, 2010.

Husby, Tristan K. "Justice and the Justification of War in Ancient Greece: Four Authors." http://digitalcommons.conncoll.edu/classicshp/1.

Jhutti, Sundeep S. "The Getes." *Sino-Platonic Papers* (October 2003).

Johnson, Charles C. "Thatcher and the Jews." *Tablet* (December 28, 2011).

Kak, Kapil. "India's Grand Strategy for the 1971 War." *CLAWS Journal* (Summer, 2012).

Kaye, Steve, "Finding Boudica," www.bandaarcgeophysics.co.uk/arch/boudica_logistics.html

Mallowan, Max, "Cyrus the Great." *Iran* 10, 1972.

Marcus, Joyce, "Breaking the Glass Ceiling: The Strategies of Royal Women in Ancient States." *Gender in Pre-Hispanic America*, Dumbarton Oaks Research Library and Collection (2001).

Margaret Thatcher Foundation Archives. www.margaretthatcher.org.

Mitchell, Lynette G. "The Women of Ruling Families in Archaic and Classical Greece." *The Classical Quarterly* (May 2012).

Moore, General Sir Jeremy, and Admiral Sir John Woodward. "The Falklands Experience." *Royal United Services Institute for Defense Studies* (March 1983).

Nichter, Luke A. and Richard A. Moss. "Superpower Relations, Backchannels, and the Subcontinent: Using the Nixon Tapes to Examine the 1971 India-Pakistan War." Nixontapes.org. http://nixontapes.org/india-pakistan.html.

Nixontapes.org. nixontapes.org/transcripts.html.

Özer, Abdürrahim. "The Ottoman-Russian Relations Between the Years 1774–1787." August 2008.

Reece, Stuart. "Voltaire's Correspondence with Catherine II." Master's thesis, State University of Iowa, 1914.

Rhee, Jong Min. "Empress Wu of the Tang Dynasty: Becoming the Only Female Emperor in China." Master's thesis, University of Southern California, December 2008.

Richard Nixon Presidential Library. www.nixonlibrary.gov/virtuallibrary/tapeexcerpts.

Roberts, Andrew. Lecture, New York Historical Society, April 30, 2015.

Seawright, Caroline. "The Process of Identification: Can Mummy KV60-A Be Positively Identified as Hatshepsut?" www.thekeep.org.

Thompson, A.A. "The Appointment of the Duke of Medina Sidonia to the Command of the Spanish Armada." *The Historical Journal* (June 1969).

Thornton, John K. "Legitimacy and Political Power: Queen Njinga, 1624–1663." *Journal of African History* 32 (1991).

Ward, Simeon L. "The Falklands War April–June 1982: Operation CORPORATE." Master's thesis, U.S. Marine Corps Command and Staff College, April 3, 2008.

Yener, Emir. "Ottoman Seapower and Naval Technology During Catherine II's Turkish Wars 1768–1792." *International Naval Journal* 9, no. 1 (2016).

Zosimus. *New History*. London: Green and Chaplin, 1814. Reprinted. www.tertullian.org /fathers/zosimus01_book1.htm.

译后记：愿每位女性都能书写自己的传奇

让我们来做个小测试吧。

一位上市公司的总裁开车送儿子去一家公司面试，路上，儿子的手机响了。电话接起，里面说："儿子，祝你好运，你一定可以的，爸爸相信你！"请问总裁、儿子、电话那端的爸爸是什么关系？

听过这个小故事的人也请回忆一下第一次看到时的反应，是不是也思考了如下种种可能：总裁和爸爸一个是儿子的生父，一个是儿子的养父；爸爸是儿子的干爹，关系十分亲密；爸是儿子的好朋友，和儿子开玩笑；电话是总裁提前设定的鼓励儿子的录音程序，应该在父子分手后打过来，只是时间出了问题……

有一个最简单直接的答案却很容易被忽略：总裁是儿子的妈妈，是一位女性。

†　†　†

　　人们对很多社会角色已经形成了约定俗成的概念。当想到权威人物时——君主、将军、军师、大臣、科学家、教授、校长、董事长、厂长、村长，等等——很多人在心中浮现出的，都是男性形象。各位读者刚刚看完了一整本的讲述女性统帅的书，现在请想象一位率领人马血战沙场的将军，或运筹帷幄、在地图沙盘上指点江山的将领，请问有多少人心中想的依然是一个男性形象？

　　女性与权威形象，似乎是不相容的。约翰·诺克斯认为英女王伊丽莎白一世的统治"违反自然秩序"，还有其他学者长篇大论女性存在种种缺陷，天然不适合担当领导。在男权、父权主导的社会背景中，女性要想脱颖而出，需要面对重重困难，粉碎无数障碍。男主外女主内，男孩学习修身治国，舞刀弄剑，女孩学习家务管理，烹饪缝纫。从一出生，女性就要面对社会对性别角色做出的规范和限制，无权参与到公共领域中。对男性来说，天然可得的条件，女性必须首先竭尽所能证明自己，不仅要证明自己具备能力，更要证明自己胜过男性，且胜过男性中的大多数人，家族为了大局利益，才愿意去投资她，培养她。当女性终于得以获得与男性竞争角逐的资格，其要面对的性别带来的障碍和歧视，才不过刚刚开始。

　　女性要获得权威，往往必须放弃自己的女性形象，变成"男人婆"，变成"女汉子"，如此才能服众。然而，当她成为这样的强者时，则又会被评价为"不适合娶回家做老婆"。女性被要求平衡事业和家庭，被认为去追求事业和成功与她们身为女子、为人妻、为人母相冲突。舞蹈家杨丽萍将青春献给艺术，却被评价为"不结婚生子人生不完整"。女性几乎处于一种进退皆输的境地中，听从社会的训诫只能活在狭窄的世界中，而向前一步，则需要放弃作为女性的特质。

而男性只要取得了事业上的成功，便能自然弥补他在其他方面的不足，一位男性将军只需要征战沙场，一位男性科学家只需要投身科学，一位男性企业家只需要做好企业管理，他的成功能够令他平凡的相貌增添光彩，令他矮小的身材变得高大，如果他因为事业未婚，人们会歌颂他，如果他的子女走上歧途，人们也不会指责他不是一个好父亲，而是责怪他的妻子不是一个好母亲。现在舆论尚且如此，在古代自不必提。

无论女性在公共领域付出多少努力，实现多少成就，当她们死去时，书写历史的笔却往往握在男人手中，女性的成就极可能被男人夺走，一位女君主所做出的贡献，可能会变成她的大臣的或继任者的智慧，女性在历史中的地位会被抹杀。然而，依然有了不起的女性在重重障碍中冲杀出来，在历史的画卷上留下重彩，即便是在历史上最小心翼翼为男性"保留"的领域：战争。

本书选择 12 位杰出女性作为代表，从公元前纵马横刀与波斯帝国抗争的马萨格泰女王托米丽司，到当代指挥着拥有核武器国家军队的女性领导人们，不同时代、不同民族、不同风格的女性，谱写出一曲高八度的战争交响乐。这其中有胜利者，也有失败者，但无论她们在当时的战役中是胜利还是失败，她们都是历史的胜利者，战胜了岁月的侵蚀，将自己的故事传递给我们，将她们的非凡勇气传递给我们。

历史上并非仅有这 12 位战争女王。篇幅所限，作者必须对其写的内容进行筛选，除了详细叙述的这 12 位主角外，在每卷的卷首语中，作者还提及了诸多女性的名字，她们的故事未能详尽展开，对所有人来说都是十分遗憾的。译者本想在正文后做一个附录，整理一下这些女性的故事，然而却发现，这个名单依然远远不够，还有很多很多的女性未被提及。我们在书中读到了克娄巴特拉的故事，但缔造了古埃及空前繁荣的女法老哈特谢普苏特，以女王或王后身份摄政的美丽奈茨、塞贝克涅弗鲁、尼托克丽丝、纳芙蒂蒂等人，均未被提及名字。

而如果我们去掉"王"或"战争"的限制，历史上便有更多女性的故事等着我们去挖掘，花木兰和圣女贞德只是女战士，不是女王，但她们在战场上缔造了传奇，王贞仪、居里夫人不是战士，但她们在科学的领域中开天辟地。除了这些大名鼎鼎的人物外，还有太多太多的女性值得我们去从历史中打捞起她们的传奇。

每一次书写，也都是一次筛选，让我们记住一些人的故事，也让我们舍弃了更多的人物。但每一个故事，每一个人物，也都是一个诱饵，让人们关注到女性做出的贡献，关注到可能被历史掩藏、被我们忽视的其他女性。所以，希望读者们在读完本书中女性的故事后，能够自己去挖掘出更多的女性的故事，将她们从历史长河中打捞出来，将她们的勇气传递给我们的后代。

希望本书中这些女性赋予我们的勇气与感动能激励着我们前行，希望每位女性都能书写自己的传奇。

2021 年 4 月

图书在版编目（CIP）数据

玫瑰与利剑：改变历史的非凡女性/（ ）乔纳森
·W. 乔丹（Jonathan W. Jordan），（ ）艾米莉·安妮
·乔丹（Emily Anne Jordan）著；王秀莉译 . -- 北京：
中国人民大学出版社，2021.10
书名原文：The War Queens：Extraordinary Women
Who Ruled the Battlefield
ISBN 978-7-300-29889-4

Ⅰ.①玫… Ⅱ.①乔… ②艾… ③王… Ⅲ.①女性-
名人-传记-世界 Ⅳ.①K818.5

中国版本图书馆 CIP 数据核字（2021）第 190240 号

玫瑰与利剑：改变历史的非凡女性
乔纳森·W. 乔丹（Jonathan W. Jordan）
艾米莉·安妮·乔丹（Emily Anne Jordan）　　著
王秀莉　译
Meigui yu Lijian

出版发行	中国人民大学出版社	
社　　址	北京中关村大街 31 号	**邮政编码**　100080
电　　话	010 - 62511242（总编室）	010 - 62511770（质管部）
	010 - 82501766（邮购部）	010 - 62514148（门市部）
	010 - 62515195（发行公司）	010 - 62515275（盗版举报）
网　　址	http：//www.crup.com.cn	
经　　销	新华书店	
印　　刷	涿州市星河印刷有限公司	
规　　格	145 mm×210 mm　32 开本	**版　次**　2021 年 10 月第 1 版
印　　张	14 插页 9	**印　次**　2022 年 11 月第 2 次印刷
字　　数	317 000	**定　价**　89.00 元